Amitai Etzioni

Vom Empire zur Gemeinschaft

Ein neuer Entwurf der Internationalen Beziehungen

Aus dem Amerikanischen
von Karin Wördemann

S. Fischer

Die englische Originalausgabe erschien 2004 unter dem Titel
»From Empire to Community« im Verlag Palgrave Macmillan, New York

Satz: C. H. Beck, Nördlingen
Druck und Bindung: GGP Media GmbH, Pößneck
Printed in Germany
ISBN 978-3-10-017024-8

Dieses Werk wurde im Auftrag von St. Martin's Press LLC durch die Literarische Agentur Thomas Schlück GmbH, 30827 Garbsen, vermittelt.

Inhalt

Die wichtigste Veränderung, die Menschen vornehmen können, ist die Veränderung ihrer Weltsicht. Wir können Studienfächer, Arbeitsplätze, Wohngegenden, sogar Länder und Kontinente wechseln und doch so bleiben, wie wir immer waren. Doch ändere unseren grundlegenden Blickwinkel, und alles verändert sich – unsere Prioritäten, unsere Werte, unsere Bestrebungen. Diese totale Umwälzung in der Vorstellungskraft hat in der Geschichte der Religion immer wieder den Beginn eines neuen Lebens markiert … eine Umkehr des Herzens, eine »Metanoia«, durch die Menschen mit neuen Augen sehen und mit neuen Gedanken verstehen und ihre Energien neuen Lebensweisen zuwenden.

Barbara Ward, 1971

Vorwort zur deutschen Ausgabe

In den Naturwissenschaften wird die Wiederholbarkeit für wesentlich gehalten. Ein Ergebnis wird erst dann vorbehaltlos anerkannt, wenn es wiederholt werden konnte. In dem gleichen Geist erlaubt diese Einführung den Lesern, die Gültigkeit der Beobachtungen und Trends zu prüfen, die in einem Buch vorgestellt wurden, dessen erste Ausgabe im Jahr 2004 erschien.

Das Buch vertrat die Ansicht, dass die »West-These« – das heißt die Idee, dass der Westen ein Monopol für die universellen Werte besitzt und die Welt Menschenrechte und Demokratie übernehmen sollte – durch eine kommunitaristische Synthese korrigiert werden müsse und auch korrigiert wird. Diese Synthese vereint die Grundwerte des Westens mit Gemeinwohl und Autorität, den Anliegen »östlicher« Provenienz. Seit der Veröffentlichung des Buchs hat die triumphale Stimmung des Westens, die dem Zusammenbruch des Kommunismus folgte, erheblich nachgelassen, und die These, die während des Einmarschs in den Irak im Jahr 2003 laut wurde – das Land könne im Handumdrehen demokratisiert werden und den gesamten Nahen Osten auf dieselbe Weise »umdrehen« –, hat viel von ihrer Überzeugungskraft eingebüßt. In der Folge des Irakkriegs hat es die Regierung Obama darüber hinaus vorgezogen, die weltweite Förderung der Menschenrechte herunterzuspielen.[1] Und in den letzten Jahren haben die ostasiatischen Vorstellungen von Gemeinwohl und Autorität mehr Gefolgschaft gefunden. Ein Autor ging in der Tat so weit zu erklären, dass ein »Peking-Konsens« (über den autoritären Kapitalismus) den »Washington-Konsens« (über einen globalen Marsch, der geschichtlich in die Richtung eines liberalen Kapitalismus mit freiem Markt gehe) ersetzt habe.[2] Tatsächlich hat aber eine gewisse Zurückstufung der Förderung von Menschenrechten – und die zusätzliche Aufmerksamkeit, die anderen normativen und politischen Systemen zuteil wird – die Welt einer kommunitaristischen Synthese nähergebracht, insofern es für beide Arten von zentralen Werten ein wachsendes Interesse gibt. Besonders gut sichtbar ist das bei den gemeinsamen verstärkten Bemühungen um Klimakontrolle und die Umwelt im Allgemeinen (ungeachtet der Streitigkeiten auf internationalen Konferenzen, auf denen China beschuldigt wurde, die Zielsetzungen im Kampf gegen den Klimawandel zu schwächen),[3] um nachhaltiges Wachstum und um globale Sicherheit (weltweite Terrorabwehr und Verhinderung der Verbreitung von Atomwaffen, wie sie in den Sanktionen gegen Iran zum Ausdruck kommen).

Das Buch verteidigte die Notwendigkeit, dem Kapitalismus Grenzen zu setzen, und für diejenigen, deren Grundbedürfnisse bereits erfüllt sind, Sinn und Zufriedenheit in Projekten zu suchen, die nicht kapital- oder arbeitsintensiv, sondern sozial und transzendent sind. Die weltweite Finanzkrise von 2008/2009 gab dieser Thematik neuen Antrieb. Der Konsens, dass der Kapitalismus durch Regulierung eingedämmt werden muss, ist heute viel stärker als vor acht Jahren. Gleichzeitig hat sich aber die Erkenntnis, dass den Werten des Materialismus und Konsumismus auf lange Sicht andere Werte entgegengesetzt werden müssen, im großen Maßstab nicht durchsetzen können.[4]

Das Buch warnte vor den Annahmen zur Nationenbildung, die das Engagement in Irak und Afghanistan leiten. Es riet vorsichtshalber, sich von der neuen Verfassung Afghanistans nicht zu viel zu erhoffen, und verwies darauf, dass Hamid Karsai »kaum die Hauptstadt unter Kontrolle hat«, dass Karsai rund um die Uhr auf militärische Bewachung angewiesen sei, weil er »seinem eigenen Volk nicht trauen kann«, und was möglicherweise entscheidend ist, dass der Rest Afghanistans »weiterhin von nicht gewählten kriegerischen Stammesführern beherrscht wird – wie die Jahrhunderte vorher«. Den vorschnellen Siegeserklärungen verpasste das Buch eine kalte Dusche, indem es erklärte, »die Behauptung, eine Macht von außen könne Nationen im Schnellgang demokratisieren, mit wenig Vorbereitung auf eine demokratische Form des Schutzes, widerspricht alten Gewissheiten aus früherer Erfahrung, die in Irak und Afghanistan täglich bestätigt werden«.[5] Diese Ermahnungen gelten weiter in vollem Umfang und darüber hinaus.

Das Buch hob hervor, dass Pläne, den Übergang von einer Welt mit 200 Nationalstaaten zu einer Weltgemeinschaft direkt zu vollziehen, durchaus utopisch sein mögen, vertrat aber den Standpunkt, dass die Errichtung regionaler supranationaler Blöcke als Trittstein zu einer solchen globalen Architektur dienen könne. In diesem Zusammenhang verwies das Buch auf die EU als fortgeschrittenste Bemühung, eine post-nationale Gemeinschaft zu bilden. Allerdings sprach es auch die Warnung aus, dass die EU durch einen »Gemeinschaftsmangel« behindert ist: Ihre Mitglieder empfinden nicht die Gemeinschaftsbindungen und Loyalitätsgefühle, die notwendig sind, um füreinander einzustehen, wie es Mitglieder einer Nation als Gemeinschaft tun. Das Buch führte das Beispiel Westdeutschland an, wo die Menschen bereit sind, für den Wiederaufbau Ostdeutschlands mehr als eine Trillion Dollar auszugeben – weil es einen Teil der nationalen Gemeinschaft darstellt. Damals sagte das Buch voraus, dass die Westdeutschen »für andere nichts tun würden, was im entferntesten an solche Beiträge heranreichen würde«.[6]

Überdies stellte das Buch eine Verbindung zwischen diesem Mangel an Gemeinschaft und dem vielgescholtenen »Demokratiedefizit« in der EU her und vertrat den Standpunkt, der erste Mangel hätte zu letzterem beigetragen. Es sah die EU in einer bedenklichen Klemme zwischen einer »niedrigen Supranationalität«, in der ihre Effektivität durch ein schwerfälliges System behindert ist, in welchem alle Mitglieder Vetomacht besitzen, und »hoher Supranationalität«, in der eine Stimmenmehrheit von Mitgliedsstaaten den Sieg für sich verbuchen würde. Die EU würde in der Zwischenposition nicht lange gedeihen können, war die im Buch vertretene Meinung. Sie müsse entweder einen verkleinerten Rahmen ihrer gemeinsamen Aktivitäten akzeptieren, oder sie müsse den Gemeinschaftsgrad entwickeln, der für die nächste Stufe der Supranationalität nötig sei: Die EU »muss sich entweder auf ein höheres oder ein niedrigeres Niveau der Integration zubewegen«,[7] um auf Dauer zu bestehen. Diese wesentliche Feststellung gilt nach wie vor.

Schließlich gab und gibt es eine starke Tendenz, internationale zivile Körperschaften wie internationale NGOs und informelle Netzwerke von Führungspersönlichkeiten zu protegieren, eine These die insbesondere von Anne-Marie Slaughter forciert wird, die inzwischen Direktorin der Strategieplanung im US-Außenministerium ist.[8] Diese Körperschaften können die Last transnationaler Aufgaben teilweise übernehmen und tragen sie in der Tat. Das Buch macht jedoch darauf aufmerksam, dass es mehrere wichtige Gründe dafür gibt, warum diesen Körperschaften der Zivilgesellschaft starke Grenzen gesetzt sind, sofern sie nicht durch einen nationalen oder regionalen – oder eines Tages vielleicht globalen – Staat unterstützt werden. Zivile Körperschaften können Staaten nicht ersetzen, weil sie die Staaten zu ihrer Sicherheit brauchen, weil sie zu einem beträchtlichen Teil ihrer wirtschaftlichen Mittel auf Staaten angewiesen sind und weil das Spektrum der Aufgaben, die sie durchführen können, sehr begrenzt ist. Neuere Erfahrungen in Afghanistan und Haiti liefern weitere Belege für diese Diagnose.

Am Ende wird sich die Welt von einem »Imperium« – von der Beherrschung durch eine Supermacht (oder Hegemonialmacht) – wegbewegt und andere Nationen werden an Macht hinzugewonnen haben (insbesondere China, in einem geringeren Grade Brasilien und Indien sowie in noch geringerem Grade die Staaten der EU). Bislang hat diese weniger hierarchische, stärker multipolare Welt kaum signalisiert, dass neue Mächte bereit sind, wie globale Teilhaber aufzutreten oder die Entwicklung globaler Gemeinschaftsbindungen und globalen Regierungshandelns zu unterstützen. Das Hauptargument des Buches, dass solche Entwicklungen auf lange Sicht unverzichtbar sind, weil die Probleme zunehmend transnationalen Charakter haben, die Nationen in wachsendem Maße überfordert sind und mit diesen Problemen nicht selbst fertig werden können, ist heute bedauerlicherweise noch genauso gültig wie zu dem Zeitpunkt, als diese These zum ersten Mal vorgebracht wurde.

Vorwort

Viele Jahrzehnte lang war man sich einig, dass eine Weltregierung ein Luftschloss wäre, ein Tagtraum, den nur blauäugige Idealisten träumen, doch jetzt entdecken wir, dass die wachsenden transnationalen Probleme nicht von Nationalstaaten oder von internationalen Organisationen allein bewältigt werden können. Diese Probleme schreien förmlich danach, eine zusätzliche Ebene des Regierungshandelns zu schaffen, deren Zuständigkeit dem Bereich der unverkennbar globalen Probleme, die uns herausfordern, gerecht wird.

Die globale Regierung, die derzeit gebildet wird, ist von der demokratischen Regierung, die sich Idealisten erhofft hatten, weit entfernt. Sie wurde aus Blut geboren, aus dem Blut der Opfer von Terroristen, der Terroristen selbst und anderer Menschen, von denen oft nur als »Kollateralschaden« die Rede ist. Sie wird als Imperium bezeichnet, eine Regierungsform, in der ein paar mächtige Länder zahllosen anderen Ländern ihre Politik aufzwingen. Das neue Imperium wird von den Vereinigten Staaten und deren Verbündeten geführt, doch sein Einflussbereich erstreckt sich bis zu den vier Weltenden und umspannt sieben Meere. Seine Streitkräfte sind in 170 von annähernd 200 Nationen stationiert, und die meisten Nationen arbeiten aus dem einen oder anderen Grund mit seinem Antiterror-Feldzug zusammen. Es ist eine Form von Weltregierung – aber wohl kaum die Form, die von den meisten erwartet wurde.

Worauf will ich hinaus? Auf den folgenden Seiten vertrete

ich die Auffassung, dass Nationen, die geschichtlich unter Gewaltanwendung zusammengekittet wurden (Deutschland, Italien, das Vereinigte Königreich, die Vereinigten Staaten) im Laufe der Zeit dennoch demokratische Regierungssysteme und ein beträchtliches Maß an Gemeinschaft entwickelt haben. Das Gleiche könnte auf globaler Ebene erreicht werden. Welche Rolle werden die Vereinten Nationen, die selbst noch zu einer besseren Vertretung für die Völker der Welt werden müssen, bei der Herausbildung der neuen Weltordnung spielen? Sind regionale Organisationen wie die Europäische Union bei der Entstehung einer echten Weltregierung hilfreich oder hinderlich? Welche Rolle sollten supranationale Institutionen wie der Internationale Strafgerichtshof (ICC) und die Welthandelsorganisation (WTO) ausfüllen? Wie viel von dem, was zu tun ist, kann von der globalen Zivilgesellschaft übernommen werden? Kann die globale Zivilgesellschaft für eine neue globale Ordnung einstehen, ohne irgendwelche Charakteristika einer Weltregierung aufzuweisen?

Meine Arbeitshypothese besagt, dass die Entwicklung einer Weltregierung, so eingeengt ihr Rahmen und Mandat anfänglich auch sein mag, an das Aufkommen der Nationalstaaten erinnert und auch weiter Anklänge daran haben wird. In beiden Fällen war Sicherheit das vorrangige Ziel. Der erste Flügel der entstehenden neuen Regierungsform ist im Grunde genommen eine globale Polizeibehörde, die bislang weitgehend darauf beschränkt ist, den Terrorismus zu bekämpfen. Der zweite, rasch wachsende Flügel befasst sich ebenfalls mit der Sicherheit: Dieser Flügel versucht, die Nuklearwaffen unter Kontrolle zu halten. Atomare Waffen in den Händen von Schurkenstaaten, die sie möglicherweise benutzen werden oder von denen Terroristen sie erwerben könnten, sind sehr viel gefährlicher als Terroristen, deren Ausrüstung auf Kartonmesser, Maschinengewehre und Autobomben begrenzt ist. (Mit anderen Worten, die »Pakistans« dieser Welt sind viel gefährlicher als die Zellen von Al-Qaida.) Andere Flügel, die sich in weniger ausgereiften Entwicklungsstadien befinden, bemühen sich um die Bekämpfung von Pandemien (wie SARS z. B.) und sehen humanitäre Interventionen zur Verhinderung eines Genozid vor. Flügel, die nicht direkt mit sicherheitsbezogenen Fragen zu tun haben, sondern sich beispielsweise um die Umwelt oder die Umverteilung des Reichtums kümmern, fehlen bezeichnenderweise. Ich frage danach, unter welchen Bedingungen sie besser ausgestattet werden könnten.

Alle der hier aufgezählten Themen beanspruchen die zweite Hälfte dieses Buchs. Ich widme die erste Hälfte ganz bewusst solchen Themen, die von denjenigen, die internationale Beziehungen größtenteils als eine Angelegenheit militärischer Überlegenheit und ökonomischer Leistungsfähigkeit behandeln, normative Fragen aber belächeln, seltener untersucht werden. Durch diese Herangehensweise versuche ich die folgenden Fragen zu beantworten: Welche moralischen Normen sollten in der nahen Zukunft für außenpolitische Strategien und internationale Beziehungen leitend sein? Kann die Weltgemeinschaft an westlichen Werten wie Freiheit und Menschenrechten ausgerichtet sein – oder hat der Osten, der sogar noch variantenreicher ist als der Westen, nicht auch viel zu bieten? Und wie könnten diese verschiedenen Werte zu einer Synthese zusammengeführt werden, um eine begrenzte, aber überzeugende Auswahl von Normen zu bilden, auf die wir uns alle einigen können, anstatt einen »Kampf der Kulturen« einzuläuten? Können wir dem spirituellen Hunger begegnen, der vielen Teilen der Welt zusetzt (die Wohlstandsregionen eingeschlossen), und Milliarden Menschen daran hindern, sich unterschiedlichen selbstzerstörerischen Formen des religiösen und säkularen Fundamentalismus anzuschließen?

Auf den folgenden Seiten werden viele spezielle Fragestellungen und eine ganze Reihe von Vorschlägen zur politischen Programmatik ausgebreitet. Letzten Endes kreisen sie alle jedoch nur um eine einzige Frage: Was wird zu einer Welt führen, die sicherer, gesünder, freier und weniger rücksichtslos ist und in der alle Menschen ein großzügig bemessenes Existenzminimum haben werden, so dass sie in Würde leben können? Können wir ohne irgendeine Art von Weltregierung überhaupt vorankommen? Und falls wir eine globale Regierung brauchen – wie könnte sie am besten gebildet werden?

Einleitung

Das Alte Testament erzählt von Samson, der auf einen jungen Löwen stieß und ihn mit bloßen Händen zerriss. Als er ein paar Tage später den Kadaver sah, lebte ein Bienenschwarm im Leib des Löwen und war emsig damit beschäftigt, Honig zu erzeugen. Samson stellte fest: »Aus einem Starken [Mächtigen] kam Süßes.«[1] Die Welt benötigt dringend eine neue globale Architektur, und dieses Buch zeigt, wie das amerikanische Semi-Imperium in eine solche legitime Architektur umgebaut werden kann. Die jüngste globale Machtdemonstration Amerikas kann beim Aufbau einer neuen Weltordnung eine Rolle spielen; im Zuge vieler Bestrebungen zur Nationenbildung hatte es eine Anwendung von Zwang auf ähnliche Art und Weise gegeben. Auf die Anwendung von Machtmitteln folgten häufig institutionelle und soziale Veränderungen – darunter auch Demokratisierung und Gemeinschaftsbildung –, die das neue Regierungssystem legitimer gestalteten und die Aufgaben ausweiteten, um die es sich kümmerte.

Um es direkter auszudrücken: Ganz gleich, ob man die globale Machtdemonstration Amerikas höchst kritisch sieht oder ob man feiert, dass die Vereinigten Staaten ihre Bestimmung akzeptiert haben, der Welt Ordnung und Freiheit zu bringen, diese Macht ist gegenwärtig eine harte Wahrheit, die das Leben von Menschen überall betrifft. Man kann das amerikanische Imperium »light«, »virtuell«, »neo« oder sogar »liberal« nennen, aber in jedem Fall ist es omnipräsent.[2] Sicher, Ende des Jahres 2003 begann das Imperium schon, eine Metamorphose in ein anderes Gebilde durchzumachen – die künftige Entwicklung wird es zeigen. Die Fragen lauten also: Welche Richtung nehmen wir? Und wie können wir unsere Welt freundlicher machen?

Dieses Buch bewegt sich auf zwei Ebenen: Die eine Ebene beschäftigt sich mit kurzfristigen Entwicklungen und geht darauf ein, welche Lehren daraus gezogen werden können, wie die Vereinigten Staaten den Terrorgefahren nach dem 11. September 2001 begegneten und wie sie gegenüber Saddam Husseins Irak 2003 auftraten. Diese Lehren sind nicht bloß für amerikanische Parteistrategen, sondern auch für Verbündete, Kritiker und Kontrahenten gleichermaßen interessant. Trotz des Debakels im Irak müssen wir in der unmittelbaren Zukunft noch lernen, wie wir mit Massenvernichtungswaffen in der Hand gescheiterter Staaten und von Terroristen umgehen. Die zweite Ebene befasst sich mit längerfristigen Entwicklungen, die Antworten auf eine viel längere Liste transnationaler Probleme verlangen, angefangen bei internationalen Mafiaorganisationen bis zur Umweltzerstörung, von der Cyberkriminalität zum Menschenhandel mit Sexsklaven – Entwicklungen, die die Nationen der Welt nicht allein bewältigen können.

Das Buch zeigt einen Pfad auf, der sich zwischen einem Kurs des »Macht-ist-Recht«, einer Jackson-Variante der neokonservativen internationalen Beziehungen, und einem hyperliberalen Kurs des »Konsens-ist-Macht« bewegt und voraussetzt, dass eine neue Ordnung auf internationalem Recht, internationalen Institutionen und multilateralen Verpflichtungen beruhen sollte. Die Verbitterung über den amerikanischen Kurs ist mittlerweile so groß wie nie zuvor, und auch die Kosten dafür, das von den Vereinigten Staaten auferlegte Regime aufrechtzuerhalten, erreichen beispiellose Höhen. Die amerikanische Öffentlichkeit selbst ist über den verfolgten Kurs zutiefst gespalten und wird auf lange Sicht nicht gewillt sein, die Kosten einer solchen missliebigen weltweiten Präsenz zu schultern.[3] Diesmal sind die Reisfelder über die gesamte Welt verteilt.

Gleichzeitig ist der hyperliberale Ansatz – der sich für Verhandlungen, Wirtschaftshilfe, Schuldenerlass und freien Medikamentenzugang ausspricht, um den »Terrorsumpf trockenzulegen«, und die Bildung internationaler Institutionen vorzieht, um einen Regimewechsel einzuleiten – völlig unzulänglich. Dieser Ansatz verkennt, dass Gewaltanwendung in einer brutalen Welt manchmal gerechtfertigt ist, und das nicht nur bei humanitären Interventionen. Er lässt sich nicht auf die Frage ein, ob der weltweit operierende Terrorismus und die Verbreitung von Atomwaffen einen ganz neuen Ansatz erfordern, um Weltprobleme zu bewältigen, einen Ansatz, der sich auf die öffentliche Sicherheit konzentriert. Stattdessen möchten sich viele Liberale auf die Wilson-Phantasie verlassen, die Welt zu demokratisieren, um sie zu befrieden. Eine sehr reizvolle Idee, aber auch eine gefährlich täuschende und auf Abwege führende Idee, die, wie wir sehen werden, Recht und Ordnung auf der Welt in der absehbaren Zukunft nicht einmal im minimalen Umfang verlässlich aufrechterhalten kann. Sicherheit ist jedoch das grundlegendste Bedürfnis, um das sich die entstehende globale Ordnung kümmern muss, so wie es für den Nationalstaat bislang maßgeblich war und auch weiter ist, für Sicherheit zu sorgen.

Weder der Ansatz »Macht-ist-Recht« noch der Ansatz »Konsens-ist-Macht« antwortet wirklich auf die Frage, wie wir mit der steigenden Flut zahlloser weiterer transnationaler Probleme fertig werden sollen. Jeder neue Ansatz für eine globale Problemlösung muss nicht nur den Test bestehen können, ob er die Sicherheit erhöht, sondern auch den Test, ob er in der Lage ist, auf diese zusätzlichen Anforderungen zu antworten. Deshalb wird zweifellos ein dritter Weg gebraucht.

Es ist verlockend vorzuschlagen, wir sollten einfach etwas aus Rubrik A (*hard power*) und etwas aus Rubrik B (*soft power*) nehmen und würden auf diese Weise schon eine ausgewogene Mischung legitimer Macht erhalten. Die vorliegende Erörterung dreht sich eher darum, wie wir von A zu B gelangen, oder anders gesagt, wie wir eine Weltordnung schaffen können, die sich weniger auf Gewalt und mehr auf andere Mittel stützt.

Schlüsselfragen für den dritten Weg

Um einen dritten Weg im internationalen Bereich aufzuzeigen, stelle ich die folgenden Fragen:

- Welche normativen Grundsätze, welche Werte, sollen bei der Bahnung des neuen Wegs leitend sein? Lediglich westliche Werte – Demokratie, individuelle Rechte und freie Märkte? Sollte es keine Werte geben, die die übrige Welt, oft vereinfachend als »der Osten« bezeichnet, einbringen kann? Und wenn die Antwort auf die letzte Frage eine deutliche Bejahung ist, wie lassen sich die beiden Gruppen von Prinzipien dann miteinander verbinden? Und welche Folgen haben sie für die internationalen Beziehungen und für bestimmte Arten der Außenpolitik?
- Werte gehen der Entwicklung von Institutionen oft voran, und die Errichtung solcher Institutionen ist sehr anspruchsvoll. Aber ist es denn wirklich notwendig, eine neue globale Architektur aufzubauen? Ist es wirklich wahr, dass das sogenannte alte System (Nationalstaaten und zwischenstaatliche Organisationen) anders als früher immer weniger in der Lage ist, mit den stetig wachsenden transnationalen Problemen fertig zu werden? Wenn hierauf eine bejahende Antwort gegeben werden muss, welche transnationalen und supranationalen Institutionen werden dann gebraucht, um das alte System mit neuen Ebenen des Regierungshandelns zu ergänzen?
- Ich halte es für selbstverständlich, dass in Anbetracht der begrenzten Mittel, des beschränkten Wissens und Willens nicht alle globalen Probleme zur selben Zeit angegangen

werden können. (Keine voraussetzungsvolle Annahme.) Daher müssen wir die Frage der Vorrangigkeit berücksichtigen. Ist es am besten, die Menschenrechte zu fördern, bevor demokratische Regierungsformen entwickelt sind? Die wirtschaftliche Entwicklung vor Menschenrechten und Demokratie? Oder verlangen neueste Veränderungen in der globalen Situation noch einen anderen Ansatz?

- Was können wir aus der globalen Machtdemonstration Amerikas seit dem Jahr 2001, insbesondere im Hinblick auf den Irak, lernen, wenn wir sie mit dem langfristigen Kampf gegen den Terrorismus vergleichen?
- Was die fernere Zukunft angeht: In welchem Umfang können die größer werdenden transnationalen Probleme von nichtstaatlichen Akteuren, von der entstehenden globalen Zivilgesellschaft, von transnationalen sozialen Netzwerken, Freiwilligenverbänden und sozialen Bewegungen bewältigt werden? Wie viel globale Steuerung ist ohne irgendeine Form von globaler Regierung möglich?
- Einmal angenommen, die Kombination aus altem System und Nichtregierungsorganisationen reicht nicht aus, in welchem Umfang können wir uns dann auf neue Institutionen stützen, die erst noch entwickelt werden, und speziell auf Institutionen, die man als supranational auffasst?
- Können die verschiedenen neuen Institutionen im Wesentlichen als eigenständige Instanzen arbeiten, wie es der Internationale Strafgerichtshof tut, oder benötigen sie letztlich die Eingliederung in eine globale Architektur? Steht ein Regionalismus wie derjenige der Europäischen Union der Gestaltung eines neuen globalen Systems im Weg, oder kann er als Trittstein dienen? Und kann es überhaupt eine effiziente globale Regierungsbehörde ohne eine globale Gemeinschaft geben?

Eine kommunitaristische Perspektive

Wer ist das »wir«, für das ich schreibe? Als jemand, der in Europa geboren wurde, in Asien aufwuchs, amerikanischer Staatsbürger ist und das Weiße Haus in der Ära Carter beriet,[4] versuche ich in diesem Band eine globale Perspektive zu formulieren, eine Perspektive, die sich dafür interessiert, was Menschen aus ganz verschiedenen Gegenden der Erde dienen könnte, und nicht dafür, wie man über andere Menschen herrschen kann. Soweit die hier vorgestellten Überlegungen von einer umfassenden öffentlichen Philosophie getragen sind, handelt es sich im Gegensatz zu konservativen und auch liberalen Denkweisen um eine internationale Form des Kommunitarismus.

Obwohl der Blickwinkel dieses Buchs kein amerikanischer, sondern ein kommunitaristischer ist,[5] konzentriert sich die Diskussion in weiten Teilen auf die Vereinigten Staaten, weil sie derzeit die einzige Supermacht sind. Das Buch skizziert jedoch auch, wie Änderungen des außenpolitischen Kurses den USA dabei helfen können, dem Allgemeinwohl besser zu dienen, ohne die eigenen Interessen zu leugnen. Was ich unter internationalen Beziehungen und Außenpolitik im kommunitaristischen Sinn verstehe, ist ein Thema, das sämtliche Seiten dieses Buches und mehr in Anspruch nehmen wird, aber einige Punkte seien hier schon einmal angedeutet:

- Ein Kommunitarist beurteilt sowohl aktuelle Strategien als auch Maßnahmen, die diese ersetzen sollen, nach zwei Maßstäben: Sind sie legitim und aus eigener Kraft wirksam? Stärken sie die Bildung von Gemeinschaft, oder untergraben sie diese? Anhänger des Multilateralismus und Verfechter der Einhaltung internationalen Rechts (auch wenn man dieses Recht dabei noch umgestalten oder erweitern will) betonen oft die Notwendigkeit des Aufbaus von Institutionen. Hier wird, wie wir noch sehen werden, eine dichtere Vorstellung von Konstruktion verwendet.

- Eine kommunitaristische Strategie will nicht nur legitim sein (mit vorherrschenden Werten übereinstimmen), sondern sorgt auch für eine Konvergenz der Interessen bei den unterschiedlichen beteiligten Akteuren. Sie geht davon aus, dass Legitimität gut ist, aber nicht gut genug; ein Vorgehen, das zusätzlich den Interessen aller Beteiligten entspricht (wenn auch nicht immer im gleichen Maße), ist vorzuziehen. Denn es ist anzunehmen, dass die neue Struktur nicht lange aufrechterhalten werden kann, wenn sich nicht auch die konstituierenden Länder des amerikanischen Semi-Imperiums auf die entstehende globale Architektur einlassen, weil ihre Interessen angesprochen sind und nicht bloß die Interessen des imperialen Zentrums. In der Vergangenheit wurde dem Niedergang und Verfall verschiedener Imperien, besonders des römischen Reichs und des britischen Weltreichs viel Aufmerksamkeit geschenkt. Ich konzentriere mich stattdessen darauf, weshalb sie so lange bestanden, wie es tatsächlich der Fall war.
- Ein kommunitaristischer Ansatz zu den internationalen Beziehungen befasst sich mit der Frage, ob eine Gruppe von *Nationen* ein robustes gemeinsames Ziel und Interesse teilen kann, ohne eine Gemeinschaft zu bilden, weil es unweigerlich bedeutet, erhebliche Opfer füreinander zu bringen, so wie es die Westdeutschen in den 1990er Jahren für die Ostdeutschen taten. Die amerikanische Geschichte legt nahe, dass eine Gemeinschaft unverzichtbar ist, denn die Vereinigten Staaten, die bis in die 1870er Jahre hinein auf der nationalen Ebene schwach ausgebildete gemeinschaftliche Bindungen hatten, erlebten einen schrecklichen Bürgerkrieg. Eine ähnliche Frage stellt sich nun der Europäischen Union. Ein Kommunitarist muss also fragen, ob wirksames globales Regierungshandeln ohne eine globale Gemeinschaft auf lange Sicht möglich ist.

Aufholen: Die Etablierung eines Primat des Humanen

Abgesehen davon, dass dieses Buch auf die unmittelbaren Herausforderungen eingeht, die grundlegende Sicherheitsbedürfnisse betreffen – massiver Terrorismus, Massenvernichtungswaffen in unzuverlässigen Händen –, untersucht es neue Ansätze zu einer ganzen Reihe erschreckender transnationaler Probleme, mit denen sich die Welt herumschlägt. Es steht auf dem Standpunkt, dass diese Schwierigkeiten eine tiefgreifende Herausforderung widerspiegeln, mit der die Menschen überall konfrontiert sind: nämlich, veraltet ausgedrückt, »einen Menschen an die oberste Stelle zu setzen«, oder anders gesagt, das *Primat des Humanen* zu gewinnen. Mit diesem Ausdruck, den ich hier durchgängig verwenden werde, verweise ich auf den Sachverhalt, dass man dafür sorgen muss, dass Mittel dem Zweck dienen, und nicht zulassen darf, dass sie unsere Absicht pervertieren. Diese Problematik ist oft unter dem Aspekt der Entfremdung unserer modernen Existenz formuliert worden. Neu ist allerdings, wie ich zeigen werde, dass *die Entfremdung aus einer vornehmlich innerstaatlichen Malaise zu einer transnationalen wird*, und dass die Entfremdung auf ebendieser Ebene auch behandelt werden muss.

Das bestimmende Kennzeichen des modernen Zeitalters ist die enorme Erweiterung der menschlichen Fähigkeiten, der ungeheure Zuwachs bei der Leistungskraft von Apparaten und Instrumenten. Wir können Nutzlasten zum Mond schicken, ganze Nationen wegsprengen, ohne einen Fuß in ihr Territorium zu setzen, Millionen Menschen mit fürchterlichen Krankheiten infizieren, Milliarden von Geschirrspülmaschinen, Mobiltelefonen und anderer nützlicher oder trivialer Dinge herstellen, die als Teil der Zivilisation betrachtet werden, und wir können beim Gebrauch von Ressourcen sehr viel effizienter, rationaler und berechnender sein, als es Menschen jemals waren. Während sich die Leistungskraft unserer technischen und wirtschaftlichen Mittel mehrere Male vervielfacht und immer wieder um mehrere Größenordnungen gesteigert hat, ist aber unsere Fähigkeit, diese Werkzeuge unserem Nutzen zuzuführen, immer weiter zurückgeblieben. Die Atomenergie sollte kostengünstige, sichere Energie liefern – keine beispiellose Gefahr für das Überleben des Menschen darstellen. Armeen – die Verwahrer der Gewaltmittel – sollten ihren Regierungen dienen und diese nicht stürzen oder hinter den Fassaden dominieren. Die Biotechnik war dazu gedacht, uns bei der Verbesserung unserer Feldfrüchte und Viehbestände zu helfen, Krankheit und Hunger zu besiegen und nicht der Eugenik oder künstlichen Mikroorganismen Tür und Tor zu öffnen. Märkte sollten Ressourcen effizient verteilen und für ihren rationalen Gebrauch sorgen, nicht humanitäre Gesichtspunkte und soziale Werte untergraben. Konzerne – die wichtigsten Verwahrer der Produktionsmittel – sollten ursprünglich Güter und Dienstleistungen erzeugen und nicht bedeutende Segmente der Innenpolitik und internationalen Politik kontrollieren. Öffentliche Angestellte sollten die öffentlichen Richtlinien umsetzen und sie nicht abwehren. Kurzum, die Logik der Instrumente hat allzu oft Vorrang gewonnen vor der Begründung von Zielen.

Der Aufstand der Werkzeuge als Kennzeichnen des modernen Zeitalters ist in vielen Kulturen und Traditionen mit starken Bildern treffend eingefangen worden, die alle denselben Punkt beleuchten. Den Europäern wird er durch die Geschichte vom Zauberlehrling vermittelt, den Amerikanern in Filmen um die Frankenstein-Gestalt, den Juden durch den Golem. Alle diese Allegorien haben ein Thema gemeinsam: Wir gestalten einen Gehilfen, der unendlich viel mächtiger ist als wir selbst, und planen, ihn nutzbringend einzusetzen. Doch sobald der Gehilfe gelernt hat, auf eigenen Füßen zu stehen, folgt er seinen inneren Gesetzmäßigkeiten oftmals auf zerstörerische Weise und droht uns dabei zu zermalmen. Wir können ihn weder vernichten (genauso wenig wie wir die Atomwaffen beseitigen können), noch mögen wir dies wünschen (da wir hoffen, seine Kräfte noch für unsere Ziele einzuspannen). Wir fuchteln hilflos herum beim Versuch, die Macht im Zaum zu halten, die wir entfesselt haben, damit sie uns diene, doch bislang vergeblich.

Das Ergebnis ist eine weitverbreitete Entfremdung, das tiefsitzende Gefühl, dass die Welt um uns herum von Kräften regiert wird, die wir weder verstehen noch beherrschen. Wir haben deshalb oft ein ernüchtertes Verhältnis zur Politik, dem Forum, auf dem unsere kollektiven Ziele artikuliert und durch unsere gewählten Vertreter vorangetrieben werden sollten, von Vertretern, die eigentlich das (direkt oder indirekt) lenken sollten, was regiert werden muss. Dasselbe Gefühl des Überdrusses kennzeichnet unser Wirtschaftsleben, eine sisyphosgleiche Suche nach dem immer höheren Einkommen und den dafür käuflichen Waren, die wir letzten Endes nicht wirklich zufriedenstellend finden.[6] Daher kommen der weitverbreitete, oft stumme Zorn oder die Ängste von Millionen, die verschiedene Arten von Therapien oder Kulten suchen oder mit Hilfe des einen oder anderen »Prozac« leben und die ruhelose Suche der Jungen nach bewusstseinsverändernden Drogen oder nach »Betätigungsfeldern«. Kein Wunder, dass, wie Sozialwissenschaftler feststellen, die Mehrheit der Menschen in Dutzenden von Ländern nicht froh ist über die Richtung, in die ihre Nation gesteuert wird.[7] Und das internationale System, in dem es nach wie vor Kriege gibt und das zunehmend Probleme am Hals hat, die einmal für lokal oder national gehalten wurden, ist für unsere Werte noch weniger empfänglich als die Nationen.

Um herauszufinden, was getan werden muss, damit wir die Verantwortung übernehmen, damit wir dafür sorgen, dass die Instrumente, die wir hervorbringen, auch unseren Zielen dienen werden, damit wir das etablieren, was ich das Primat des Humanen nenne –, um das herauszufinden, sollten wir am besten fragen, was uns eigentlich daran hindert, diese phänomenalen neuen Kräfte, die gesteigerte Leistungskraft technischer Instrumente und die gigantischen ökonomischen Vermögenswerte, welche die Moderne hervorgebracht hat, unseren Zielen unterzuordnen. Zwei Faktoren stechen hervor und bilden den Mittelpunkt dieser Untersuchung: Der eine betrifft die Werte, die wir teilen und die auch die Ziele definieren, denen unsere Mittel dienen sollen. Der andere betrifft unsere politischen Institutionen, die dafür sorgen sollen, dass wir die Verantwortung haben.

Um als Erstes auf die normativen Fragen einzugehen: Unsere moralische Reifung ist hinter dem Wachstum unserer Werkzeuge zurückgeblieben. Einige wenige Beispiele reichen, um das Problem zu veranschaulichen. Das Klonen von Menschen ist ein neues wissenschaftliches Unternehmen, eine neue Möglichkeit unseres Tuns. Aus einer moralischen Perspektive sind wir jedoch bislang unfähig gewesen, mit der Frage zurechtzukommen, ob wir uns ein derartiges Klonen aneignen sollten, ob wir es beschränken oder verbieten sollten; ob das Klonen unserer Intention, ja sogar unserer Menschlichkeit entspricht, entgegensteht oder sie untergräbt. Ein ähnlich gelagerter Fall ist das Internet. Es transportiert unter anderem verderbliche Botschaften – rassistische, gewalthaltige, pornographische und für Kinder schädliche Botschaften, aber bis heute haben wir keine gemeinsame moralische Auffassung dazu ausbilden können, ob die freie Meinungsäußerung im Cyberspace alle anderen normativen Überlegungen neutralisieren können soll. (Die Antwort darauf mag vielen fortschrittlichen amerikanischen Intellektuellen leichtfallen, aber für die meisten Menschen und für gewählte Vertreter anderer Nationen ist sie es nicht.) Da die Volkswirtschaften konkurrenzbetonter und effizienter werden, stellt sich die Frage: Welche sozialen und persönlichen Werte sollten den Gesichtspunkten des Marktes entzogen bleiben? Auch diese Frage steht unbeantwortet im Raum.

Wir sind nicht nur unfähig, gemeinsame Auffassungen in Bezug auf das zu formulieren, was getan werden sollte, sondern die Formulierungen des Guten, die wir einst teilten, sind an den Rändern zerfallen. Die Moderne baute auf einer Rebellion gegen die starren traditionellen Werte auf, die religiöse Regimes in früheren Zeitaltern den Menschen auferlegten. Das zwanzigste Jahrhundert wurde schwer gezeichnet von säkularen totalitären Regierungen, die ihren eigenen und anderen Völkern ihre absoluten Überzeugungen aufzwangen. Im gleichen Zeitraum wurden Imperien, die in früheren Jahrhunderten errichtet wurden, und die von ihnen kultivierten Werte von nationalen Befreiungsbewegungen zu Grabe getragen. Viele andere traditionelle Werte, die beispielsweise die patriarchale Familie verherrlichten, unbedingten Respekt vor Autorität geboten, die Überlegenheit weißer Menschen feierten oder Männern höhere Wertschätzung beimaßen als Frauen, verschwanden in den Abfalleimern der Geschichte.

Im Laufe dieser Entwicklungen wurden die meisten, wenn nicht gar alle starken gemeinsamen Formulierungen des Guten suspekt; die Menschen mussten sich ihre eigenen moralischen Urteile bilden. Darüber hinaus wurde das Urteilen mit Vorverurteilung gleichgesetzt. Moralische Codes wurden oft durch äußersten Relativismus und schrankenlosen Multikulturalismus ersetzt. All das führte zu einem weitverbreiteten moralischen Vakuum, gerade auch in den Gesellschaften, die sich für die fortgeschrittensten, modernsten und freiesten hielten. Der religiöse Fundamentalismus – in seiner christlichen, hinduistischen, islamischen und jüdischen Spielart – entstand zum Teil als Versuch der Abwehr, in dieses Vakuum hineingezogen zu werden, und zum Teil als ein besonders unguter und sogar gefährlicher Versuch, das Vakuum zu füllen. Die Frage der Zeit lautet nicht, wie wir gemeinsame Formulierungen des Guten vermeiden können, wie viele Liberale in Reaktion auf die totalitären Schrecken des 20. Jahrhunderts vertreten haben, sondern ob sich moralische Werte finden lassen, die gemeinhin geteilt werden können, ohne Zwang und Unterdrückung zu legitimieren.

Als das 21. Jahrhundert anbrach, gab es zu den Fragen, die

von der Moderne und ihren Werkzeugen aufgeworfen wurden, nur wenige Auffassungen, die in breiter Übereinstimmung geteilt wurden. Sollten die mächtigen Staaten andere Länder dazu bewegen, ihre Massenvernichtungswaffen aufzugeben, oder sollten sie sich auf ein Gleichgewicht des Schreckens verlassen? Auf welche Energiequellen sollten wir setzen, und welche sollten gedrosselt, wenn nicht gar verboten werden? Sollten wir die Märkte noch freier gestalten, oder sollten wir sie stärker kontrollieren? Und dergleichen Fragen mehr. In den Zeiten, als Schiffe noch von Segeln getrieben wurden, bemerkte Montesquieu, dass kein noch so starker Wind einem Schiff reichen wird, das keinen Bestimmungshafen hat. Ohne gemeinsame Werte kann niemand die Instrumente und die Institutionen, insbesondere den Staat und die Körperschaften, die sie in hohem Maße ermächtigen, zu einem guten Ziel lenken. Nennen wir das den moralischen Rückstand.

Über die letzten Jahrzehnte ist dieser moralische Rückstand immer größer geworden, weil nun häufig nicht einmal mehr eine gemeinsame Formulierung des Guten innerhalb einer Nation ausreicht. Wenn eine Nation, und wäre es sogar eine Supermacht wie die Vereinigten Staaten, beschließen würde, dass das Klonen von Menschen verboten werden sollte, könnte das Klonen immer noch anderswo durchgeführt werden, es sei denn, es gäbe ein sehr viel umfassender geteiltes moralisches Verständnis. Die amerikanischen Bürger und die vieler anderer Nationen wären gezwungen, die negativen Folgen solchen Klonens zu tragen, ob sie solche Gebrauchsweisen des Klonens billigen oder nicht. Ebenso können Kanada, Großbritannien und Deutschland volksverhetzende Reden wohl verbieten, wenn aber andere Nationen dies dulden, weil sie die Meinungsäußerung höher bewerten, können Bürger aller Länder im transnationalen Internet auf jede Hassrede zugreifen, die sie wünschen, und mehr als das. Die Menschen der einen oder anderen Nation könnten zu dem Schluss kommen, dass die Reduktion der Erderwärmung einen hohen Wert hat, aber ihre

Bereitschaft, verschiedene Maßnahmen einzuführen, die den Einsatz klimaschädlicher Instrumente – speziell den Autoverkehr – begrenzen, wäre vergebens, wenn andere Nationen dieses Verständnis nicht teilen würden. Die Entfremdung ist zu einem globalen Phänomen geworden, und auf dieser Ebene wird sie auch behandelt werden müssen.

Wir werden sehen, dass der vollständige globale Konsens gar nicht erforderlich ist. Gleichwohl liegen diese Angelegenheiten mit Sicherheit nicht mehr bloß im Zuständigkeitsbereich innenpolitischer Überlegungen. Dieser wachsende moralische Rückstand auf der globalen Ebene ist der thematische Schwerpunkt von Teil I.

Im Mittelpunkt von Teil II und Teil III steht der politische Rückstand, oder anders gesagt, der fehlende Ausbau der Institutionen, mit deren Hilfe wir regieren, worin der zweite Grund dafür zu sehen ist, dass unsere Instrumente das Primat des Humanen untergraben. Da es institutionell bedauerlich unzureichende Verbesserungen gegeben hat, mangelt es selbst dann, wenn Menschen eine moralische Auffassung teilen – gleichgültig, ob es Mitglieder einer lokalen Gemeinschaft, einer Nation oder einer noch größeren Einheit sind –, an der Leistungsfähigkeit von Institutionen, die neuen Vorgaben umzusetzen, die auf diesen Auffassungen basieren.

Die Parlamente, das ist Allgemeinwissen, wurden geschwächt, als die Befugnisse der Exekutive der Regierung vergrößert wurden, so dass sie von den Angelegenheiten des Etats bis zu Personalangelegenheiten, von Gesetzen und Bestimmungen bis zu Gefängniszellen reichten. Außerdem ist die Exekutive aus gutem Grund als bürokratisch charakterisiert worden, denn häufig drückt sie den Aufstand der Instrumente aus, da die Beamten und öffentlichen Angestellten ihre eigenen Absichten verfolgen, anstatt die Zielsetzungen zu verwirklichen, die vom Volk durch dessen gewählte Vertreter festgelegt wurden. Schlimmer noch, in vielen Teilen der Welt ermöglicht die Korruption (einschließlich illegaler Wahlgeschenke) den unterschiedlichen Sonderinteressen, eine Beeinflussung politischer Institutionen, um die eigenen Bedürfnisse zu bedienen.[8] Obwohl diese Institutionen schon bei vielen demokratischen Regierungen mit den meisten Problemen nicht fertig werden, sind andere Nationen in einer viel schlechteren Lage. Dort dienen die Regierungen einer kleinen Elite, den Launen (und dem Schweizer Bankkonto) eines Autokraten oder sind durch stark polarisierte Konfliktparteien gelähmt. Und all das geschieht in Nationalstaaten, deren Unabhängigkeit vor und während des 20. Jahrhunderts für höchst erstrebenswert gehalten wurde, weil man eben annahm, dass ein eigener Staat und die Gewährleistung der Selbstbestimmung die Menschen mit einer Regierung ausstatten würde, die sie in der erwünschten Weise führen werde. Weit gefehlt.

Auf der internationalen Ebene ist der politische Rückstand viel schwerwiegender. Diese Situation schlug weniger zu Buche, solange die Nationen noch stärker in der Lage waren, mit Problemen im innenpolitischen Bereich fertig zu werden. Die Probleme und die Macht, mit ihnen umzugehen, sind dem Nationalstaat im Laufe der letzten paar Jahrzehnte jedoch entrissen worden (insbesondere den weniger mächtigen Nationen) und befinden sich nun im Niemandsland der Transnationalität, was in Zukunft noch vermehrt der Fall sein wird. Natürlich ist der Schutz von Leib und Leben, die Prävention von Kriegen schon seit langem teilweise eine internationale Angelegenheit. Zunehmend müssen aber auch andere Herausforderungen, die ich bereits aufgezählt habe, von internationalen Institutionen in Angriff genommen werden, wobei diese sogar im Vergleich mit ihren oftmals ohnmächtigen nationalen Pendants besonders schwach sind.

Wenn der moralische und der politische Rückstand entschieden verringert, wenn nicht gar überwunden werden könnten, wären wir in der Lage, das Primat des Humanen zu etablieren, die Entfremdung zu beenden und sogar den Golem zu lenken, anstatt von ihm herumgeschubst zu werden. Daher konzentriert sich dieses Buch darauf, wie diese Rückstände erheblich vermindert werden können. Auf den folgenden Seiten untersuche ich zunächst den moralischen und dann den politischen Rückstand auf der transnationalen Ebene. Ich beschäftige mich mit den normativen und mit den soziologischen Fragen, die hinter der Außenpolitik und den internationalen Beziehungen stehen, so wie man diese typischerweise versteht, sowie mit den normativen und soziologischen Implikationen für diese Politik und Beziehungen.

Die Entwicklung der Institutionen und Gemeinschaftsbindungen, die zur Errichtung des Primats des Humanen erforderlich sind, ist eine gewaltige Aufgabe, um es milde auszudrücken. Aber es gibt ein Quäntchen guter Nachrichten. In dem Maße, wie wir transnational geteilte moralische Auffassungen entwickeln können und einige neue, wenngleich begrenzte, globale Behörden einführen können – zum Beispiel solche, die vergleichbar einer effizienteren Internet Corporation for Assigned Names and Numbers (ICANN) zur Verwaltung des Internets benötigt werden, einen neugeordneten Internationalen Strafgerichtshof und eine besser reagierende und umfassendere Welthandelsorganisation –, profitieren wir von einer wichtigen Tatsache: Es wird kein Versteck mehr geben, keine extraterritorialen Räume. Neuerdings werden selbst Nationen, die immer noch einigermaßen kompetent waren, daran gehindert, mit anstehenden Problemen wirksam umzugehen. So hatten die Philippinen zum Beispiel keine Gesetze gegen die Erzeugung von Computerviren; viele hielten den Erfinder des »Love Bug«, eines Virus, der überall auf der Welt Computer infizierte, sogar für einen Helden. In derselben Haltung beherbergen ein halbes Dutzend Nationen Terroristen, die andere Nationen bedrohen, und gewähren ihnen Hilfe. Es hat nur begrenzten Wert, wenn Flüsse am unteren Flusslauf in den USA geklärt werden, flussaufwärts in Mexiko aber weiterhin Abfälle in die Flüsse gekippt werden. Beispiele dieser Art können beliebig fortgesetzt werden. In dem Umfang, wie weltweite Abkommen ausgearbeitet und umgesetzt werden, ob sie Massenvernichtungswaffen, Pandemien, Umweltzerstörung, den Elfenbeinhandel, die Waljagd, Landminen oder den Menschenhandel mit Sexsklaven betreffen, wird ein Problem, das die Nationen heimsucht, nicht mehr auftauchen: Diejenigen, die sich über solche Abkommen hinwegsetzen, werden keine sicheren Häfen mehr finden, wo sie sich verstecken und von denen aus sie aktiv werden können. Dann wird das Primat des Humanen – die Regierung der Ziele über die Mittel – tatsächlich Aussicht auf Verwirklichung haben.

Teil I

Die Entstehung der globalen normativen Synthese

1. Die Grundrisse

Die im Folgenden darzustellende Faktenlage legt nahe, dass aus den unharmonischen, oft heftigen, widersprechenden Stimmen aus Ost und West allmählich eine neue Komposition entsteht. Die gemischte Melodie hat ein begrenztes Register, in vielen Fragen werden weiterhin abweichende Stimmen zu hören sein, und sicherlich werden in verschiedenen Teilen der Welt und im Laufe der Zeit voneinander abweichende Interpretationen zugelassen werden müssen. Dennoch wird die neue Komposition ausreichen, um eine stärkere Unterstützung für den Aufbau globaler Institutionen bereitzustellen, als in den letzten Jahrzehnten verfügbar war. Die metaphorisch gemeinten »Stimmen«, von denen ich spreche, sind Ausdruck grundlegender normativer Positionen, Weltanschauungen und Ideologien. Sie betreffen Werte, die definieren, was für legitim gehalten wird,[1] was als eine wichtige Grundlage der Gesellschaftsordnung und einer guten Regierung angesehen wird.

Meine Position unterscheidet sich erheblich von zwei leitenden Ideen, die dem außenpolitischen Denken im Westen hauptsächlich zugrunde liegen; beide beanspruchen vorherzusagen, in welche Richtung sich die Welt bewegen wird, und beanspruchen auch vorzuschreiben, in welcher Weise sie sich fortentwickeln sollte.

Anhänger der ersten Leitidee meinen, die Welt bewege sich in die Richtung (und müsse dazu ermutigt werden), bestimmte vom Westen beanspruchte Grundwerte und die sie verkörpernden Institutionen zu übernehmen, wie individuelle Rechte, demokratische Regierungen und freie Märkte. Diese Position wurde unter anderem von Francis Fukuyama, Michael Mandelbaum und Fareed Zakaria vertreten.[2] Sie wurde von der Regierung Bush übernommen, deren Strategiedokument aus dem Jahr 2002 erklärt:

> Die großen Kämpfe des 20. Jahrhunderts zwischen Freiheit und Totalitarismus endeten mit einem klaren Sieg für die Kräfte der Freiheit – und einem einzigen haltbaren Modell für nationalen Erfolg: Freiheit, Demokratie und freies Unternehmertum. [...] Die Menschen wollen sich überall frei äußern können; wählen können, wer sie regieren soll; beten, wie es ihnen passt; ihre Kinder – Jungen und Mädchen – erziehen; Eigentum besitzen und die Früchte ihrer Arbeit genießen. Diese Freiheitswerte sind für jede Person, in jeder Gesellschaft richtig und wahr.[3]

Tony Blair, der seine New Labour Partei auf die Ideen Gemeinschaft und Verantwortung gründete, wich von diesen kommunitaristischen Werten ab, als er von der Weltgesellschaft sprach. Er erklärte: »Unsere Werte sind keine westlichen Werte, es sind universelle Werte des menschlichen Geistes. Immer und überall, wo gewöhnliche Menschen die Chance haben zu wählen, fällt die Wahl gleich aus: Freiheit, nicht Tyrannei; Demokratie, nicht Diktatur; die Herrschaft des Rechts, nicht die Herrschaft der Geheimpolizei.«[4]

Die Anhänger der zweiten Leitidee meinen, die Welt außerhalb des Westens werde größtenteils von religiösen Fundamentalismen oder anderen fremden Werten regiert, die mit westlichen Werten unvereinbar seien, und dass diese antithetischen Zivilisationen gezwungenermaßen aufeinanderprallen müssen. Samuel P. Huntington und Bernard Lewis sind die Vertreter dieser Auffassung.[5] Um nur eine Textstelle von Huntington zu zitieren:

> Oberflächlich betrachtet hat ein Großteil der westlichen Kultur den Rest der Welt in der Tat durchdrungen. Auf einer tiefer liegenden Ebene unterscheiden sich westliche Begriffe jedoch grundlegend von denen, die in anderen Zivilisationen vorherr-

schen. Westliche Ideen des Individualismus, Liberalismus, Konstitutionalismus, der Menschenrechte, Gleichheit, Freiheit, Rechtsstaatlichkeit, Demokratie, von freien Märkten, der Trennung von Kirche und Staat finden in islamischen, konfuzianischen, japanischen, hinduistischen, buddhistischen oder orthodoxen Kulturen oft wenig Widerhall.[6]

Beide Perspektiven beinhalten die Vorstellung, dass nichtwestliche Nationen wenig zur globalen Entwicklung der politischen und ökonomischen Institutionen oder zu den Werten, die diese verkörpern, beizutragen haben.[7] Rechte, Freiheit und Kapitalismus sind schließlich westliche Beiträge. (Bei Thomas L. Friedman heißt es im knappen Journalistenjargon, der Westen hat den gestylten, modernen Lexus, der Osten die alten, staubigen Olivenbäume.)[8]

Ich erlaube mir, anderer Meinung zu sein. Erstens werden wir sehen, dass es wichtige Lektionen gibt, welche die Welt von nichtwestlichen Kulturen lernen kann und lernen sollte, und zwar sowohl was die Entwicklung nationaler Gemeinwesen und Volkswirtschaften als auch die internationalen Beziehungen und den Entwurf neuer globaler Architekturen angeht. Das gilt besonders für alles, was den Respekt vor Autorität, die Verpflichtung auf das Gemeinwohl und die Pflege von Gemeinschaftsbindungen betrifft, obgleich nur dann, wenn diese Werte und die relevanten Institutionen sehr gemäßigt sind.

Außerdem werde ich Befunde vorstellen, die darauf schließen lassen, dass sich die Welt tatsächlich auf eine neue Synthese zubewegt: eine Synthese zwischen der großen Achtung für individuelle Rechte und Wahlen im Westen und der Achtung für soziale Verpflichtungen im Osten (fraglos in einer Vielzahl von Formen), zwischen der Sorge des Westens um die Autonomie und der Sorge des Ostens um die soziale Ordnung, zwischen dem rechtlichen und politischen Egalitarismus des Westens und dem Autoritarismus des Ostens, zwischen der Ablehnung großer Ideologien, des Utopismus, im Westen und der umfänglichen normativen Charakterisierung des »was man tut« und »was man nicht tut« im Osten, zwischen dem westlichen Säkularismus, westlichem moralischen Relativismus und östlichen Glaubenssystemen, darunter des Hinduismus, Konfuzianismus und ausgewählter afrikanischer Traditionen mit ihren Visionen des Lebens nach dem Tod und metaphysischen Bedeutungen. Der Synthetisierungsvorgang umfasst auch die Veränderung der Elemente, die in ihn eingehen; es handelt sich nicht um eine mechanische Kombination östlicher und westlicher Elemente, sondern vielmehr um etwas, das einer chemischen Verbindung gleicht. Aus Gründen, die noch deutlich werden, könnte man die daraus hervorgehende Synthese als »weichen Kommunitarismus« bezeichnen.

Man kann die unterschiedlichen Glaubenssysteme natürlich nach vielen anderen Skalierungen vergleichen und zu ganz anderen Ergebnissen und Einordnungen gelangen. Um nur ein Beispiel zu geben: Wenn wir die Glaubenssysteme nach dem Grad ihrer übertriebenen Sparsamkeit oder der monotheistischen Überzeugung einteilen würden, würden einige Religionen des Ostens mit Religionen des Westens in eine Gruppe kommen, im Gegensatz zu einigen anderen östlichen Religionen. Ich habe allerdings nicht die Absicht, ausgefeilte Typologien zu liefern oder weitere interkulturelle Vergleiche anzustellen. Ich mache lediglich geltend, dass die Einordnung von Kulturen nach Osten und Westen für einige aktuelle Schlüsselfragen als erste Annäherung ausreicht. Ich werde zeigen, dass es auf manche Punkte bezogen zwei Lager gibt. Dieser Verallgemeinerung wird die Hervorhebung der Unterschiede in jedem der Lager folgen.

Eine Exklusivität des Westens?

Francis Fukuyama hat die These vorgebracht, dass sich die ganze Welt in dem Prozess einer Übernahme liberaler demokratischer Regime und des Kapitalismus befindet, in einem

Prozess, den er bekanntermaßen das »Ende der Geschichte« nannte. Er erkannte, dass viele Nationen noch »in der Geschichte« sind, doch seit dem Zusammenbruch des kommunistischen Blocks sieht er den Trend zu einer wachsenden weltweiten Dominanz des Individualismus. Weil die in den Prozess verwickelten Werte und Institutionen alle um den Respekt für individuelle Würde und die durch den Staat geschützte Freiheit der Person kreisen, ihre eigene politische und ökonomische Wahl zu treffen, verweise ich auf diese Begriffe zusammenfassend und in Form eines Kürzels als Individualismus. (Die Leser werden sich vielleicht fragen, warum ich Fukuyamas Halbwahrheit übernehme und Huntingtons »Kampf der Kulturen«-Idee weitgehend ignoriere, wenn man bedenkt, dass viele meinen, die Ereignisse vom 11. 9. 2001 hätten den Ansatz des Letzteren bewahrheitet. In einem gewissen Sinne ist mein ganzes Buch, das auch *Der Dialog der Kulturen* heißen könnte, eine Erwiderung auf Huntingtons Standpunkt.)

Fukuyamas These – und die weiterer Autoren wie Mandelbaum und Zakaria, die verwandte Argumentationen entwickelt haben – besagt, dass die gesamte Welt auf dem Weg ist, westliche Werte anzunehmen. Diese Geisteswissenschaftler neigen dazu, die individualistischen Werte als »universelle« Werte anzusehen, die von nichtwestlichen Gesellschaften zwar recht spät anerkannt wurden, nun aber als zwingend erkannt werden.[9] (»Die Freiheit, die wir loben, ist kein Geschenk Amerikas für die Welt; sie ist Gottes Geschenk für die Menschheit«, wie George W. Bush diese Idee ausdrückte.)[10] Wir sollten dabei beachten, dass sich dies auf einen globalen Trend intranationaler Entwicklungen bezieht und nicht auf die Entwicklung einer globalen Gesellschaft und Regierung. China und Indien, so heißt es, würden ihre Märkte allmählich liberalisieren und öffnen; von den Vereinten Nationen, der Weltgesundheitsorganisation und den internationalen Nichtregierungsorganisationen hingegen glaubt man nicht, dass sie einen entsprechenden Wandel durchlaufen.

So wie ich es verstehe, ist das Argument, der Individualismus gewinne eine wachsende weltweite Gefolgschaft, triftig, aber nur zur Hälfte richtig. Es ist deshalb triftig, weil es trotz mancher Rückschläge (wie zum Beispiel in Lateinamerika) gewichtige und sich häufende Belege gibt, dass zahllose Nationen langsam und schrittweise – einige sogar zügig – in diese Richtung gehen. Es ist nur begrenzt wahr, weil der Osten, ungeachtet der Tatsache, dass er sogar noch heterogener ist als der Westen, von sich aus etliche Grundwerte in den globalen Dialog einbringt und moralische Ansprüche an den Westen richtet, die er mit größerer Selbstsicherheit in Bezug auf ihre universale Gültigkeit vertritt, als dies der Westen mit seinen Ansprüchen gegenüber dem Rest der Welt tut.

Bevor ich zum nächsten Punkt übergehe, sollte ich wiederholen, dass die Rede von zwei normativen Ansätzen, so als ob das alles wäre, selbstverständlich nur eine erste Annäherung ist, auch wenn viele so reden. Huntington zählt neun Zivilisationen auf, andere haben weit längere Listen. Vor kurzem gab es viel Aufhebens um die Unterschiede zwischen europäischen und amerikanischen Glaubenssystemen. Allein zu den Verschiedenheiten zwischen den Überzeugungen des Ostens ließe sich eine ganze Bibliothek von Büchern finden. Dennoch gibt es bedeutende Gemeinsamkeiten unter den verschiedenen westlichen Überzeugungen, wie es auch Übereinstimmungen zwischen all den anderen nichtwestlichen Überzeugungen gibt. Es gehört zum Allgemeinwissen, dass der Westen eine Verpflichtung auf Rechte, Demokratie und Kapitalismus teilt – ungeachtet der Unterschiede, wie rein sich einzelne Länder den Kapitalismus einverleiben. Diese Überzeugungen sind grundlegend dafür, wie der Westen sich selbst und andere sieht. Sie sind wesentlich für seine öffentliche Philosophie und was er anderen vermitteln will.

Ebenso teilen nichtwestliche Glaubenssysteme, auf die man oft unter dem Ausdruck »Osten« verweist, einige wichtige Gemeinsamkeiten, wenngleich weniger offensichtlich. Diese Gemeinsamkeiten umfassen vielleicht nicht jede einzelne Kultur, aber sie schließen die meisten Kulturen ein, darunter auch solche, zu denen viele Millionen Menschen gehören. (Weil ich den Begriff »Osten« wie viele andere so verwende, dass er alles bedeutet, was nicht »Westen« ist, muss ich einen Platz für Lateinamerika finden. Für die Zwecke dieser Analyse ist dessen Platz, so wie ihn die Geographen bestimmen, in der westlichen Hemisphäre.)

Die normativen Positionen, die der Osten favorisiert, könnte man vielleicht als »autoritären Kommunitarismus« bezeichnen. Während die westliche Position das Individuum in den Mittelpunkt stellt, ist der Mittelpunkt für die östlichen Kulturen eher eine stark geordnete Gemeinschaft. In ihrer stärksten Form sind die Kernprinzipien des Osten nicht individuelle Rechte, sondern soziale Verpflichtungen gegenüber einer sehr umfänglichen Menge geteilter gemeinsamer Güter und gegenüber verschiedenen Mitgliedern der Gemeinschaft; nicht Freiheit, sondern Unterordnung unter einen höheren Zweck und höhere Autorität, sei sie religiös oder säkular; nicht die Maximierung von Konsumgütern, sondern der Dienst an einem oder mehreren Göttern oder an gemeinsamen Gütern, die ein säkularer Staat formuliert.

Diese Werte der Sozialordnung sind ein Herzstück des Islam, bilden den Kern mehrerer asiatischer Philosophien und Religionen und spielen im traditionellen Judentum eine zentrale Rolle. Die vorangegangene Feststellung ist so verbreitet und ist so häufig dokumentiert worden, dass ich mich mit ein paar Zitaten begnüge, um diese Glaubenssysteme fassbarer zu machen. Lee Kuan Yew, früherer Premierminister von Singapur, erklärt zum Beispiel:

> Als ein ganzes System gesehen, finde ich Teile davon (der Vereinigten Staaten) vollkommen inakzeptabel: Schusswaffen, Drogen, Gewaltkriminalität, Obdachlosigkeit, ungehöriges Verhalten in der Öffentlichkeit – kurzum der Zusammenbruch der Zivilgesellschaft. Die Ausweitung des Rechts des Individuums,

sich zu benehmen oder danebenzubenehmen, wie es ihm gefällt, geht auf Kosten der geordneten Gesellschaft. Im Osten ist das wesentliche Ziel, eine wohlgeordnete Gesellschaft zu haben, so dass sich jeder in höchstem Maße seiner Freiheiten erfreuen kann. Diese Freiheit kann nur in einem geordneten Staat existieren und nicht in einem Naturzustand der Auseinandersetzung und Anarchie.[11]

Hau Pei-tsun, früherer Premierminister von Taiwan, hält Folgendes fest:

> Es ist sehr wichtig, nach Erfolg zu streben und seine Ideale zu verwirklichen, glaube ich, aber es ist noch wichtiger, dass individuelle Erfolge akkumuliert werden, um daraus den Erfolg der Nation als ein Ganzes zu machen, und die Verwirklichung der individuellen Ideale wird dazu führen, dass die gesamte Gesellschaft ihre Ziele erreicht. [...] Individuen sind in der Gesellschaft wie Zellen in einem Körper. Damit der Körper gesund ist, muss jede Zelle gleichartig wachsen. [...] Jeder sollte seinen Platz in der Gesellschaft genau kennen, sollte sein richtiges Verhältnis zur Gesellschaft herstellen, dann seine persönlichen Ziele formulieren und anfangen, für sie zu arbeiten.[12]

Teil einer Gemeinschaft zu sein ist für islamische Lehren zentral: »Von jedem Muslim wird erwartet, ein Verantwortungsgefühl für diejenigen zu haben und zu akzeptieren, die ihm nahestehen, aber auch noch für andere, die seinem unmittelbaren Kreis nicht angehören.«[13] (Weiteres über den Islam folgt noch.) Im Hinblick auf die jüdische Tradition, die anfänglich in Asien begründet wurde und die einige ihrer ursprünglichen kommunitaristischen Elemente bewahrt hat, schreibt Rabbi Herbert Bronstein, dass das »zusammenhängende Begriffscluster (Torah, mitzvah, b'rit) eine spirituelle Geisteshaltung impliziert, die eine Autorität unterstellt, die das individuelle Ego und die persönliche Wahl transzendiert, und damit über das individuelle Selbst hinaus ein Verpflichtungsgefühl gegenüber einem ›Anderen‹ stärkt. Torah, mitzvah, und b'rit implizieren nicht nur ein starkes Verpflichtungsgefühl in

Bezug auf Gott, sondern da Gottes Bund mit der Gemeinschaft Israels besteht, auch ein Gemeinschaftsbewusstsein, ein Wir-Gefühl, welches das individuelle Selbst transzendiert.«[14] Entsprechend der jüdischen Tradition haben die Armen kein Anrecht auf Wohlfahrt und auch kein Recht auf Almosen, sondern die Mitglieder der Gemeinschaft haben Verantwortung, sich um die Armen zu kümmern.

Diese Zitate vermitteln etwas von dem Fluidum der wichtigsten Lehren, die in den östlichen Glaubenssystemen zu finden sind.[15] Außerdem folgt aus fast allen diesen Gesichtspunkten, dass der Westen anarchisch, materialistisch, hedonistisch und lasziv ist,[16] seine Bürger selbstbezogen und bedauernswerterweise der Gemeinschaft und Autorität beraubt.[17] Wenn diese Kritik gegen den Westen erhoben wird, reagieren dessen Repräsentanten und Sprecher oft defensiv, so wie die des Ostens, wenn ihnen ihr Mangel an Achtung für Rechte und Freiheiten vorgehalten wird. Der Westen kann zu Recht darauf erwidern, dass die westliche Gesellschaft durchaus einen Sinn für Verantwortung, Gemeinschaft, Gemeinwohl und Autorität hat. Wie aber Soziologen wie Ferdinand Tönnies, Emile Durkheim, Robert Park, Robert Nisbet, Robert Bellah und seine Mitarbeiter, Alan Ehrenhalt und ich deutlich gemacht haben – und was durch weitere Daten gestützt wird, die vor kurzem von Robert Putnam und Fukuyama vorgelegt wurden –, ging der Trend im Westen zur Delegitimierung von Autorität, zur Schwächung von Gemeinschaftsbindungen und zur Verringerung eines Pflichtgefühls für das Gemeinwohl und hin zu einem Individualismus sowohl der expressiven (psychologischen) als auch der instrumentellen (ökonomischen) Form. *Hier ist etwas, was der Osten in großem Überfluss hat, während es dem Westen mangelt und nicht umgekehrt.*

Da die Vereinigten Staaten den Marsch in den Individualismus angeführt haben (gefolgt von anderen Nationen angelsächsischer Prägung – Vereinigtes Königreich, Kanada und Australien – mit dem Rest des Westens im Schlepptau), ist ihre

Geschichte für den zu klärenden Punkt besonders relevant. Einige Historiker haben die Vereinigten Staaten als eine Gesellschaft geschildert, die sich an Locke'schen Werten orientiert, bei denen Rechte, Freiheit und Individualismus maßgeblich sind.[18] Tatsächlich ist man sich mittlerweile weitgehend einig, dass die Vereinigten Staaten von Anfang an einen starken kommunitaristischen und einen individualistischen Zug hatten, eine Synthese aus republikanischen Tugenden und liberalen Werten.[19] Weil die gemeinsamen Institutionen und die Autorität stark und, ebenso wie ein Gefühl der Verpflichtung gegenüber der Gesellschaft, gut verankert waren (die Nation wurde den lokalen und regionalen Gemeinschaften in der Tat als eine gedachte Gemeinschaft hinzugefügt, als sich die amerikanische Gesellschaft herausbildete), lag jedoch das Hauptaugenmerk in den ersten 190 Jahren der Republik auf der Ausweitung des Bereichs individueller Rechte, demokratischer Regelung und der Marktkräfte. Diese Aufmerksamkeit spiegelte sich in Entwicklungen wie beispielsweise der Regelung, dass Besitzlose für ein Amt kandidieren dürfen; der Ausweitung des Wahlrechts (und sehr viel später in einem gewissen Grad von sozialen und wirtschaftlichen Rechten) auf Frauen, Minderheiten und junge Erwachsene; in der Erweiterung der De-jure- und De-facto-Rechte von Behinderten, von Einwanderern und Menschen abweichender sexueller Orientierungen; der Einrichtung einer Direktwahl der US-Senatoren; der Eindämmung der Korruption in der Regierung und in der Deregulierung der Märkte. Wie allerdings häufig festgestellt wurde, entwickelten die Vereinigten Staaten und zunehmend auch Europa in den letzten Jahrzehnten – ungefähr seit den 1960er Jahren – etwas, das man als einen Mangel an Gemeinschaft bezeichnen könnte (oder als eine Knappheit an sozialem Kapital). Das Gleiche gilt für Autorität, was sich in einem hochgradigen Misstrauen gegenüber Führungspersonen zeigt – von Lehrern über gewählte Vertreter bis hin zu Generälen und Klerikern.

Während das westliche Gemeinschaftsdefizit ein verhältnismäßig neues Phänomen ist, war das Fehlen robuster kultureller und institutioneller Grundlagen für individuelle Rechte, demokratische Regierung und freie Märkte im Zeichen des Individualismus über lange Zeiträume in der Geschichte des Ostens offensichtlich, trotz zahlreicher Varianten im Wechsel der Zeiten und in unterschiedlichen Gesellschaften. So wie amerikanische Historiker ganz richtig der Ansicht sind, dass die Vereinigten Staaten nicht ohne jegliche Gemeinschaft und Autorität waren, so argumentieren Wissenschaftler des Ostens, dass der Osten nicht ohne Aufmerksamkeit für die Würde des Einzelnen war. Amartya Sen zum Beispiel vertritt den Standpunkt, dass Gelehrte in vielen Teilen Asiens mehrere Jahrhunderte lang über Freiheit nachgedacht haben.[20] Wenige streiten jedoch ab, dass diese individualistischen Elemente in der Regel schwach und oft sehr schwach waren.

Auch in Japan ist noch immer eine verhältnismäßig milde Form dessen anzutreffen, was Freiheitsdefizit genannt werden könnte. Zumindest bis vor kurzem nahm dieses Defizit die Form sehr starker informeller sozialer Kontrollen an, die zudem unter dem Gesichtspunkt des Spielraums individueller Verhaltensweisen sehr umfassend sind. (»Ein Nagel, der hervorsteht, wird eingehauen werden«, sagt ein verbreitetes japanisches Sprichwort, das den übermäßigen Gemeinschaftsdruck einfängt, den wir diskutieren.) Die Japaner fühlen sich oft nicht frei, individuellen Präferenzen, Wünschen oder Vorhaben zu folgen, weil ihr Leben der Einhaltung von Vorschriften ihrer Gemeinschaften gewidmet ist, was unter anderem die Pflichten gegenüber Eltern, Vorgesetzten und der Nation betrifft. Diejenigen, die diese sehr detailreichen, wenngleich informellen Gemeinschaftscodes und traditionell autoritären normativen Ansprüche verletzen, werden getadelt und geächtet. Die Angst davor reicht meistens aus, dafür zu sorgen, dass sie nicht aus der Reihe tanzen.

Eine gewöhnlichere und weniger milde Form der autoritären Gemeinschaft, die oft im Osten anzutreffen ist, kommt zustande, wenn die Gemeinschaft in einem Staat und dessen normativen Ansprüchen angelegt ist und den Staat in hohem Maße verstärkt, anstatt sich hauptsächlich auf soziale Bindungen und Ältere zu stützen. Das ist insbesondere in muslimisch dominierten Ländern der Fall, so in Afghanistan unter den Taliban und Iran unter den Ayatollahs, und etwas weniger extrem in anderen Nationen, welche die *Scharia* befolgen, wie zum Beispiel Saudi-Arabien. Ihre säkulare Version findet man in Nationalstaaten, die eigene Ordnungen durchsetzen, so wie Singapur, Saddams Irak und Assads Syrien. In der gleichen Weise wie westliche Nationen im Ausmaß ihres Gemeinschaftsdefizits variieren, unterscheiden sich östliche Nationen in dem Grad, in dem sie an Freiheitsmangel leiden. Der Mangel an Freiheit ist zum Beispiel in Tunesien, Marokko und Katar geringer als in Burma und Malaysia. Dennoch ist er im Osten offenkundig überall verbreitet.

Kurz gesagt, sowohl der Westen als auch der Osten tragen zu einer neuen normativen Synthese bei, die ihre jeweiligen Gesellschaften, ihre Gemeinwesen und, wie wir noch sehen werden, ihre Volkswirtschaften einem besseren Entwurf entgegenführt, als ihn Individualismus oder autoritärer Kommunitarismus bieten. Indem sie ihre »Überschüsse« an den Tisch bringen, werden die Elemente abgemildert, da sie mit jenen des anderen Lagers vermischt werden. Der Gebrauch des Ausdrucks »besser« wirft sogleich die Frage auf: Was wird für gut gehalten? Bevor ich die These, dass der Osten bedeutende Beiträge leisten kann, um die globale normative Synthese auszubilden, weiter ausführen und die Gültigkeit jener Werte beurteilen kann, die der Westen verkündet, muss ich als Erstes erläutern, was man sich unter einer guten Gesellschaft vorzustellen hat. Das Ergebnis liefert eine Grundlage für kommunitaristische internationale Beziehungen, einen Leitfaden für die Außenpolitik der Nationen aus allen Teilen der Welt. Bei der Verkleinerung der moralischen Lücke, einem wichtigen Schritt auf dem Weg zur Etablierung des Primats des

Humanen, wird die Vision einer guten Gesellschaft letzten Endes eine Rolle spielen. Einen Fortschritt an dieser Front wird man am ehesten mit Werten erzielen, die geteilte Werte sind, anstatt mit solchen, die unverträglich sind, oder mit einer Seite, die geltend macht, sie habe ein Monopol auf das, was gut ist.

Die gute Gesellschaft

Bevor ich genau klären kann, welche besonderen Beiträge der Osten und der Westen zu einem Kernbestand geteilter Werte beisteuern können, der in einer neuen globalen Architektur zum Ausdruck kommt, und in welcher Weise ihre jeweiligen Beiträge angepasst werden müssen, muss ich meine Kriterien für das erläutern, was eine Gesellschaft zu einer guten Gesellschaft macht. Ein Liberaler könnte zu bedenken geben, dass allein schon die Einführung des Begriffs von einer »guten Gesellschaft« die Diskussion verfälscht. Nach der Meinung von führenden zeitgenössischen Liberalen sollte die Formulierung dessen, was gut ist, in der Tat jedem Einzelnen überlassen bleiben, und Entscheidungen darüber, was richtig und nicht falsch ist, sollten im Privatbereich getroffen werden. Im Gegensatz dazu gehört die Idee geteilter Auffassungen des Guten zum Herzstück der kommunitaristischen Position. Ein solches Argument übersieht jedoch leicht den Unterschied zwischen Gesellschaft und Staat. Jede umfassende Erzwingung geteilter Formulierungen des Guten durch den Staat ist mit einer ausgeprägt liberalen Gesellschaft zweifellos unvereinbar.[21] Wegen dieses Zwangscharakters sind Liberale meistens gegen eine vom Staat ausgehende Durchsetzung des Guten. Die soziale Förderung des Guten – über informelle Kontrolle – hat aber keinen Zwangscharakter. Um die geteilten Normen durchzusetzen, wird kein Zwang ausgeübt.[22] Sie werden von Menschen gefördert, die einander ermutigen, das zu tun, was getan werden sollte, und diejenigen tadeln, die das nicht tun.

Wenn wir berücksichtigen, dass nicht alle Menschen aus eigenem Interesse ständig auf unsoziales Verhalten verzichten werden, erkennen wir in der Tat, dass es nur zwei Wege gibt, sozial förderliches Verhalten zu festigen: entweder Zwang oder informelle soziale Kontrolle. Wie wir von so unterschiedlichen Gemeinschaften wie israelischen Kibbuzim und amerikanischen Stadtrandsiedlungen wissen, lassen sich staatliche Eingriffe auf ein Minimum beschränken, wenn diese informellen normativen Kontrollen intakt sind. (Solche Gemeinschaften sind zwar in früheren Zeiten und noch heute in manchen Teilen der Welt mit Unterdrückung verbunden, aber in unseren modernen Gesellschaften, in denen es eine hohe Mobilitätsquote und Versammlungsfreiheit gibt, so dass sich Menschen aussuchen können, welchen Gemeinschaften sie sich anschließen und oft Mitglieder von zwei oder mehr Gemeinschaften sind – zum Beispiel am Arbeitsplatz und am Wohnort –, ist die normative Kontrolle der Gemeinschaften meist recht milde.) Jonathan Rauch, ein Libertärer, der sich für die Kontrolle in Gemeinschaften ausspricht, bezeichnet diese Position als weichen Kommunitarismus. Er erklärt: »Ein weicher Kommunitarist ist eine Person, die einen großen Respekt vor dem hat, was ich ›verborgene Gesetze‹ nenne – die Normen, Konventionen, impliziten Abmachungen und Volksweisheiten, welche soziale Erwartungen organisieren, das Alltagsverhalten regeln und zwischenmenschliche Konflikte bewältigen.«[23] Er führt weiter aus, dass die Beschämung, die damit verbunden ist, nicht schön ist, dass sie aber dem, was er ganz richtig Alternativen der realen Welt nennt, weit überlegen ist, nämlich der sozialen Anarchie und Anomie oder den staatlichen Zwangsmaßnahmen.

Mit diesen Überlegungen im Hinterkopf stütze ich mich hier auf eine kommunitaristische Vorstellung von der guten Gesellschaft. Da ich deren typische Eigenschaften schon an anderer Stelle beschrieben habe (in einem Buch mit dem Titel *The New Golden Rule*), erwähne ich hier nur drei wesentliche

Charakteristika der guten Gesellschaft. Erstens ist eine solche Gesellschaft auf ein sorgfältig austariertes Gleichgewicht zwischen Autonomie und sozialer Ordnung gegründet. (Der Begriff »Autonomie« umfasst bei mir die Rechte des Einzelnen, eine demokratische Regierungsform und freie Märkte. Unter sozialer Ordnung verstehe ich eine Ordnung, die sowohl auf staatlicher Erzwingung als auch auf informellen, sozialen, normativen Kontrollen, d. h. der sogenannten harten und weichen Macht beruht.) Das heißt, es ist eine Gesellschaft, die Grundrechte und Freiheit wachsam schützt und auch eine Reihe gemeinsamer Verpflichtungen auf das Gemeinwohl pflegt, wie sie die nationale Sicherheit und der Umweltschutz darstellen. (Sie tut das, auch wenn dies beinhaltet, den Mitgliedern der Gesellschaft einige Pflichten aufzuerlegen, die sie vielleicht nicht einhalten würden, wenn es ihnen selbst überlassen bliebe. Daraus ergibt sich die ihr innewohnende Spannung zwischen Autonomie und sozialer Ordnung.)

Zweitens überprüfen gute Gesellschaften das zwischen Autonomie und Ordnung zustande gebrachte Gleichgewicht laufend. Um die Balance aufrechtzuerhalten, korrigieren sie Überhänge, die sich in die eine oder andere Richtung entwickelt haben, und passen das Verhältnis den veränderten historischen Zusammenhängen an (wie es die Vereinigten Staaten nach dem Terroranschlag vom 11. September 2001 taten).

Drittens kommt eine Gesellschaft einer guten Gesellschaft umso näher, je mehr die soziale Ordnung auf moralischer Überzeugung und informeller sozialer Kontrolle (»normativer Kontrolle«) beruht, je weniger sie den Staat benötigt und je beschränkter das Spektrum der Verhaltensweisen ist, das der staatlichen Kontrolle unterliegt. In den Vereinigten Staaten ist das in zahllosen öffentlichen Räumen geltende Rauchverbot, das fast ausschließlich auf moralischer Überzeugung und informeller sozialer Kontrolle beruht, den Verboten, die stark auf staatliche Durchsetzung angewiesen sind, wie in der Vergangenheit die Prohibition, weit überlegen. In einer guten Gesellschaft wird ein Großteil sozialer Tätigkeiten übernommen, weil die Menschen bestimmte Pflichten verinnerlicht haben – von der Kinderbetreuung und der Rücksicht auf die Umwelt bis zur Spendenbereitschaft für wohltätige Organisationen, die sich um Alte und Kranke kümmern –, die sie für moralische Verpflichtungen halten. Das heißt, die soziale Ordnung einer guten, kommunitaristischen Gesellschaft ist in weiten Teilen eine weiche Ordnung, und zwar sowohl in dem Sinne, dass sie die Rechte und Präferenzen ihrer Mitglieder achtet, als auch in dem Sinne, dass sie weitgehend auf moralische und soziale Formen setzt, um sicherzustellen, dass ihre Mitglieder ihren Verpflichtungen füreinander und für das Gemeinwohl nachkommen, anstatt auf die staatliche Herstellung von Recht und Ordnung zu bauen.

In besonderen geschichtlichen Zeiten neigen bestimmte Gesellschaften dazu, dieses Gleichgewicht in die eine oder andere Richtung zu stören. Bei ihrem Bestreben, sich zu verbessern und sich auf denselben grundlegenden Gesellschaftsentwurf hinzubewegen, werden sie sich dann vielleicht in die spiegelbildlich entgegengesetzte Richtung bewegen müssen. So hätten die Vereinigten Staaten in den 1980er Jahren und danach, vom Standpunkt des Entwurfs der guten Gesellschaft betrachtet, die Gemeinschaftsbindungen und das Vertrauen in die Autorität wiederherstellen müssen. China dagegen hätte in der gleichen Zeit mehr Spielraum für Autonomie schaffen müssen, und zwar sowohl gegenüber den Machthabenden als auch im Verhältnis der Menschen zueinander.[24] Mit diesem Begriff von einer guten Gesellschaft als einer Art von Bezugspunkt oder Evaluierungskriterium – der auf eine sich ausbildende Weltgesellschaft angewandt wird – können wir nun beurteilen, in welcher Weise sich der Westen und der Osten dem globalen Geben und Nehmen den Werten nähern, die zukünftige und bereits existierende internationale Institutionen leiten sollten.

In den vorangegangenen Aussagen sind zwei Hypothesen

enthalten, die ich ausdrücklich benennen sollte. Ich erwarte, dass sich allmählich irgendein globales Modell von einer guten Gesellschaft herausbilden wird, ein Modell, dem viele Nationen den Vorzug geben werden, obwohl sie sich erheblich darin unterscheiden werden, wie sie dessen Wesen im Detail interpretieren, und noch erheblicher darin, in welchem Maße sie bei der Einhaltung seiner Grundsätze vorankommen. Ich meine auch, dass eine Weltgesellschaft, wenn sie gut sein soll – ebenso wie eine gute nationale Gesellschaft –, die Achtung für die Rechte des Einzelnen mit einer Verpflichtung auf das Gemeinwohl (z. B. die globale Umwelt) verbinden muss und das Anliegen der schrittweisen Entwicklung politischer Demokratie (beispielsweise vermittelst der strukturell stark erneuerten Vereinten Nationen) mit der Sorge um Recht und Ordnung (z. B. vermehrter Einsatz von friedenssichernden Streitkräften) vereinen muss.

Freiheit: Vakuum oder weiche Ordnung?

In der triumphalen Haltung des Westens wird Autonomie leicht mit dem Fehlen von Regeln und Normen verwechselt – oder deutlicher gesagt, sie wird mit einem moralischen Vakuum verwechselt. Die geschichtliche Erfahrung zeigt, dass dann, wenn strenge, stark erzwungene Codes im Osten zusammenbrechen, diese durch irgendeine andere Grundlage für die soziale Ordnung ersetzt werden müssen. Es ist eine unbestreitbare Tatsache, dass Gesellschaften, die ihre stark »östlichen« Überzeugungen und Systeme aufgegeben und sich abrupt in die individualistische Richtung bewegt haben, aber nur wenige, wenn überhaupt irgendwelche neuen gemeinsamen Überzeugungen gebildet haben, einen jähen Anstieg unsozialen Verhaltens erleben. In vielen ehemals kommunistischen Ländern und Ländern, in denen ein repressives Regime beseitigt wurde, beobachten wir explodierende Verbrechensraten, Drogenmissbrauch, hohe HIV-Zahlen, Vernachlässigung von Kindern und ein starkes Gefühl von Machtlosigkeit und Überdruss.[25] In manchen Gegenden sind die zerrütteten Verhältnisse so erdrückend (die Arbeitslosigkeit ist so hoch und die Aussichten so düster), dass Millionen Menschen sagen, sie möchten am liebsten zu ihrem früheren, autoritären Regime zurückkehren.

Wegen der Bedeutung dieses Sachverhalts und weil dessen Implikationen für das Modell der guten Gesellschaft häufig übersehen werden, möchte ich zunächst einige Daten anführen, die diesen Punkt verdeutlichen. Zwischen 1989 und 1993 ist die Gesamtzahl der Kriminalfälle in Russland um 73 % oder 1 180 000 gemeldete Fälle gestiegen. Die Zahl der Morde stieg um 116 % und die der Körperverletzungen um 81 %. Es zeigt, wie schütter das soziale Gewebe geworden ist, wenn in 63 % der Kapitalverbrechen Verwandte oder Freunde des Täters die Opfer waren.[26] Der schon hohe Alkoholmissbrauch stieg zwischen 1989 und 1997 um nochmals 37 %. Das russische Gesundheitsministerium erfasste im Jahr 1999 2 500 000 »offizielle« Alkoholiker in anerkannten Therapien. Die Statistik für 2002 zeigt, dass Todesfälle aufgrund von Alkoholvergiftung seit 1991 um 155 % auf über 30 000 Fälle jährlich zugenommen haben.[27] (Im Vergleich dazu haben die Vereinigten Staaten bei einer zweimal so großen Bevölkerung durchschnittlich 300 Fälle tödlicher Alkoholvergiftungen im Jahr.)

Auch der Drogenmissbrauch und die HIV-Infektionen sind seit dem Zusammenbruch der Sowjetunion ständig gestiegen. Bis zum Jahr 2000 waren 3 Millionen Russen (2 % der Bevölkerung) von Drogen abhängig und die Rate der HIV-Infizierten näherte sich der 2-Millionen-Marke.[28] Die Suizidrate Russlands ist von 1989 bis 2000 um 60 % gestiegen.[29] (Was 2003 betrifft, hat Russland die zweithöchste Suizidrate in der Welt, nämlich 37,4 auf 100 000 Einwohner. Die USA haben eine Quote von 11,1 auf 100 000 Einwohner.) Es gab zudem einen drastischen Zuwachs bei Verkehrsunfällen, beim Waffen- und Devisenschmuggel und bei Raubüberfällen. Ähnliche Entwicklungen vollzogen sich auch in anderen ehemals kommunistischen Ländern, von Ostdeutschland bis China, obwohl es bei speziellen Zahlen signifikante Unterschiede gab.[30] Während des vorausgegangenen totalitären Regimes hatte es natürlich genauso unsoziales Verhalten gegeben, einschließlich des Alkoholismus und der Korruption, und auch das Regime selbst lässt sich als unsozial bezeichnen. Deshalb ist der Wunsch einiger Bürger dieser Länder, zu der »guten alten Zeit« zurückzukehren, besonders beunruhigend. Dennoch können wir nicht abstreiten, dass außer der Verherrlichung von Freiheit noch etwas getan werden muss, was die neuen Formen unsozialen Verhaltens angeht.

Erste Berichte weisen darauf hin, dass in den Nationen, wo die Taliban entmachtet wurden, ein ähnlich unsoziales Verhalten zunimmt. In wenigen Tagen nach der Befreiung Kabuls waren die Pädophilen zurück, die ihrer Obsession nachgingen. Als weiteren Anhaltspunkt für unsoziales Verhalten in der Zeit nach den Taliban haben wir einen sprunghaften Anstieg der Opiumproduktion, die von 185 Tonnen im Jahr 2000 auf geschätzte 3700 Tonnen im Jahr 2002 zunahm, im Vergleich zu mehr als 5000 Tonnen, die produziert wurden, bevor die Taliban den Anbau eindämmten. Afghanistan hielt 2002 den anrüchigen Titel des »weltgrößten Produzenten illegalen Opiums«.[31] Der Mangel an Recht und Ordnung während des Wiederaufbaus hat Ängste erzeugt, wonach Afghanistan leicht zu einem »Narkotika-Mafiastaat« werden könnte, mit einer drastisch eingeschränkten Fähigkeit, demokratische Institutionen zu übernehmen.[32] Im Irak war die Justiz der Bürgerwehren nach Saddam so gewöhnlich, dass man von dem Land sagte, es habe eine »Gesetzlosigkeit wie im Wilden Westen«.[33] Über die Zunahme weiterer Formen unsozialen Verhaltens wurde breit berichtet.

Über diese starken Steigerungen des unsozialen Verhaltens und der Anomie – und was außer verstärkter Überwachung gegen sie unternommen werden muss – wird dann, wenn die größere Autonomie (oder größerer Individualismus) gefeiert oder exportiert wird, selten diskutiert; stattdessen werden sie als Kosten abgetan, die für die Freiheit in Kauf genommen werden müssen, oder man nimmt vereinfachend an, die Probleme würden nach einer Übergangszeit, sobald der Lebensstandard höher ist, von selbst verschwinden. Es gibt jedoch mehr Möglichkeiten für die Menschen als das Leben in einer autoritären Gesellschaft – sei sie von religiösen Fundamentalisten, Kommunisten oder einer beliebigen anderen, staatlich oktroyierten Ideologie beherrscht – oder dem Leben in einer Gesellschaft, in der unsoziales Verhalten um sich greift. *Die Synthese von Autonomie und sozialer Ordnung, eine Synthese, die größtenteils auf moralischen Codes und normativen Kontrollen beruht, bietet eine bessere Alternative.*

Sobald der Bedarf an einigen geteilten Überzeugungen zugestanden ist, stellt sich sowohl im Hinblick auf den Osten wie auf den Westen die Frage, ob diese Überzeugungen säkular sein können oder ob sie spirituelle, vielleicht sogar weiche religiöse Elemente beinhalten müssen.

In der zweiten Hälfte des 20. Jahrhunderts konzentrierten sich bekannte Philosophen und Köpfe der politischen Theorie wie Hannah Arendt, Isaiah Berlin und Ernest Gellner, die die Schrecken des Faschismus und Kommunismus durchgemacht hatten und deren Stimme öffentliches Gewicht hatte, lange Zeit auf die Gefahren des Totalitarismus. Diese Geisteswissenschaftler widersetzten sich entschieden allen dichten normativen Schemata und Visionen einer guten Gesellschaft, die sie als Perfektionismus oder Utopismus verspotteten. Wenn es um die Frage ging, wie ein neuer Gesellschaftsentwurf zu gestalten sei, hieß es, diese normativen Schemata würden einen umfassenden Zwang legitimieren. Den Verzicht auf jede große Idee und die Gewährleistung, dass jede Person die Freiheit besitzt, ihre eigenen moralischen Erleuchtungen zu formulieren und zu befolgen, betrachtete man als entscheidende Garantie gegen die Rückkehr eines Hitler oder eines Stalin, von Konzentrationslagern und Gulags. Während diese Intellektuellen und

Scharen von Anhängern gebannt in ihre Rückspiegel starrten, erblickten sie jedoch nicht das riesige Schlagloch, das sich vor ihnen auftat: die Gefahr eines moralischen Vakuums und die Notwendigkeit, dieses mit irgendeinem moralischen Inhalt zu füllen, der mit Autonomie vereinbar ist, damit es nicht von einem Inhalt besetzt wird, der mit Autonomie unvereinbar ist.

Vom »Exportieren« von Hälften zum Service-Lernen

Die grundlegenden Konturen der langsam entstehenden globalen Synthese sind erkennbar, wenn wir auf den Entwurf der guten Gesellschaft zurückkommen, der soeben skizziert wurde. Als grobe Annäherung ließe sich sagen, dass der Westen mit der Autonomie ein Kernelement für die Entwicklung einer Reihe geteilter Werte und der globalen Architektur fördert und der Osten mit der sozialen Ordnung ein anderes Kernelement. So beschäftigen sich das US-Außenministerium, die National Endowment for Democracy, die Voice of America und andere Verfechter des westlichen Lebensstils normalerweise nicht mit den hohen Kriminalitätsraten im Westen, mit dem weitverbreiteten Drogen- und Alkoholmissbrauch und mit zahllosen anderen Formen unsozialen Verhaltens, die alle eine geschwächte soziale Ordnung widerspiegeln. Gleichzeitig haben die Befürworter einer sozialen Ordnung, die auf einer starren Interpretation des Islam beruht – die Ajatollahs in Iran, die Tugendwächter in Saudi-Arabien und die Verteidiger einer strengen Auslegung der *Scharia* überall –, wenig zu den massiven Verstößen gegen die Menschenrechte, zu umfassender Unterdrückung und Verletzung der Menschenwürde zu sagen, um die ökonomischen Kosten, die mit der Aufrechterhaltung der straffen sozialen Ordnung einhergehen, gar nicht erst zu erwähnen. Dasselbe gilt für mehrere autoritäre Regime in Asien wie Singapur, Malaysia und Burma beispielsweise. Jede Seite lobt die Schönheit der beiden Beine des Elefanten, die ihr lieb sind, und ignoriert, dass dieser alle vier Beine braucht, um sein Gleichgewicht zu halten.

Der weiteren Entwicklung der normativen Synthese wäre wohl am besten gedient, wenn beide Seiten einen Ansatz übernehmen würden, den man Service-Lernen nennen könnte. »Service-Learning« ist ein Begriff, der zuvor hauptsächlich für Politik im Inland benutzt wurde. Er fordert diejenigen, die den Armen oder den Minderheiten Bildungsmaßnahmen, religiöse Unterweisung und soziale Dienste anbieten, dazu auf, anzuerkennen, dass diese Gruppen selbst etwas vorzuweisen haben, dass wir uns davor hüten sollten, uns den Menschen verschiedener Subkulturen so zu nähern, als ob wir den Heiden das Licht brächten, sondern stattdessen eine Neugier zeigen sollten, von ihnen zu lernen, so wie wir das mit ihnen teilen, was wir für richtig halten.

Nun könnte man meinen, dass ein solcher Ansatz des Service-Lernens lediglich ein taktischer Zug ist. Die Menschen werden bereitwilliger akzeptieren, was die Mitarbeiter von Peace Corps, Vista, AmeriCorps und weiteren Organisationen ihnen auftischen, wenn die Mitarbeiter ihren Respekt für diejenigen zeigen, die sie erreichen wollen, indem sie darauf hinweisen, dass auch sie etwas von ihnen zu lernen haben. Das kann durchaus richtig sein; das Service-Lernen mag wohl für eine produktivere Haltung sorgen als die meisten, wenn nicht gar alle anderen Haltungen. Es ist aber weit davon entfernt, bloß eine Haltung zu sein. Jugendliche aus der Mittelschicht sind zum Beispiel oft außerordentlich naiv, was die Welten außerhalb ihrer eigenen Kreise angeht. Von Menschen mit andersartigem sozialen Hintergrund lernen kann ihnen die Realitätsprüfung ermöglichen und sie darauf vorbereiten, mit Menschen aus anderen Teilen der Gesellschaft als ihrem eigenen (und der Welt) umzugehen.

Besser noch, ein Ansatz des Service-Lernens fordert Personen des öffentlichen Lebens und gewählte Politiker dazu auf, sich der Welt mit der tiefen Überzeugung (nicht bloß einer

PR-Haltung) zu nähern, dass sie, ihre Nation und ihre Ideologie kein Monopol darauf haben, was gut ist, dass andere Kulturen nachhaltige und echte Beiträge zu der entstehenden globalen Synthese leisten können. Wie ich bereits andeutete, stehen die Argumentationen vom »Ende der Geschichte« und vom »Kampf der Kulturen« den nichtwestlichen Teilen der Welt so gegenüber, als ob diese für die Konzeption einer guten Gesellschaft – zumindest ihren politischen und ökonomischen Entwurf – oder für die Entwicklung der neuen globalen Architektur wenig, wenn überhaupt etwas zu bieten haben. Es hat sogar die Tendenz gegeben, und zwar besonders bei den Ökonomen des Internationalen Währungsfonds (IWF), Länder im Osten mit Druck dazu zu bringen, reinere Formen des Individualismus umzusetzen, als sie gegenwärtig im Westen existieren, zum Beispiel mit der Deregulierung und Öffnung ihrer Märkte für Akteure von außen. Auch hat der Westen sowohl vor als auch nach dem Zusammenbruch des Kommunismus gezielt versucht, die Anerkennung individueller Rechte und eine demokratische Regierungsform in Länder auf der ganzen Welt zu exportieren. Wie ich schon hervorhob, übersah er dabei häufig, dass Autonomie (Rechte, Freiheit und demokratische Regierung) nicht in einem Vakuum gedeihen kann, sondern teilweise auf den Grundlagen der Kulturen und Mentalitäten beruht und vor allem auf moralischen und sozialen Verpflichtungen. Um es auf den Punkt zu bringen, der Westen hat ein Modell exportiert, das seine eigenen Schwächen spiegelt – seine Gemeinschafts- und Autoritätsdefizite. Ähnliche Argumente wurden mit großer Überzeugungskraft und ausgiebiger Dokumentation unter anderem von Thomas Carothers und Robert Kaplan vorgetragen.[34] (Zusätzlich zu den hier genannten Punkten betonten diese Autoren das Fehlen anderer, nicht kommunitaristischer Elemente wie eine Mittelschicht und die notwendigen Niveaus bei Einkommen und Bildung.)

Der Osten hat charakteristischerweise die spiegelbildlichen blinden Flecken. Die Tatsache, dass die Ideologien und die sozialen Entwürfe, die der Osten »exportiert«, ordnungszentriert sind und die Autonomie missachten, ist so oft geschildert und angeprangert worden, dass sie kaum der Diskussion bedarf. Ich zähle deshalb nur kurz die wichtigsten Formen auf, die eine übertriebene Konzentration des Ostens auf soziale Ordnung angenommen hat, und führe einige Unterschiede zwischen ihnen an. Wie andere bereits deutlich gemacht haben, gibt es erstaunliche Ähnlichkeiten zwischen dem religiösen Fundamentalismus und den großen totalitären Bewegungen, speziell dem Kommunismus, dem der Westen abgeschworen hat.[35] (Daher ist der Begriff »totalitäre Religionen« völlig angebracht.) Ein wichtiger Grund, weshalb der Kommunismus zerfiel – der über Jahrzehnte auf der ganzen Welt als eine staatlich vorgegebene soziale Ordnung und Kommando-Wirtschaft angepriesen wurde –, lag darin, dass er der Autonomie zu wenig Raum ließ; das betraf sowohl die politische Äußerung als auch ökonomische Initiativen und Innovationen. Anderen Völkern musste der Kommunismus mit Truppen oder bewaffneten Minderheiten aufgezwungen werden, weil er – in der hier verwendeten kommunitaristischen Begrifflichkeit – so unausgewogen war. Er war dadurch im Grunde genommen nicht exportierbar, insbesondere nicht in Länder, die mit Autonomie schon einige Erfahrung gemacht hatten.

Der vom Osten exportierte Gesellschaftsentwurf ist in letzter Zeit hauptsächlich der von totalitären Religionen gewesen, insbesondere einer unnachsichtigen Version des Islam (speziell in der wahhabitischen Tradition). Die soziale Ordnung, die er vorgibt, ist besonders umfassend und streng und lässt so gut wie keinen Raum für Autonomie. Der Fundamentalismus hat eine aktive expansionistische Agenda. Er versucht, sein extremes Modell der sozialen Ordnung auf andere Nationen und letztlich auf die Welt zu übertragen. Ebenso wie beim Kommunismus nehmen diese Versuche viele Formen an, einschließlich der agitatorischen Form (Imame, die in westlichen Ländern predigen und Konvertiten gewinnen), der bewaffneten

Erzwingung der Scharia durch einige Gruppen bei anderen Volksgruppen (in Nigeria) und der bewaffneten Intervention von Agenten oder Truppen eines Landes in einem anderen (die Verstärkung muslimischer Streitkräfte in Bosnien durch wahhabitische Kämpfer und wahhabitische Unterstützung tschetschenischer Separatisten). Diese Regime, die in dem Sinne unausgewogen sind, als sie stark zur Seite der sozialen Ordnung neigen, jede Autonomie tilgen und ihre Ordnung erzwingen, anstatt sie auf informelle normative Kontrollen zu gründen, scheinen auf lange Sicht nicht beständiger zu sein als der Kommunismus. Diese Situation lässt sich am zunehmenden Widerstand gegen die Mullahs und ihr Regime in Iran beobachten,[36] an der Freude, mit der das afghanische Volk die Befreiung vom Taliban-Regime begrüßte und an der Entwicklung mehrerer Republiken zu Formen des Islams, die mehr Raum für Autonomie vorsehen, wie ich später noch ausführen werde.

Kurz gesagt, sowohl der Westen wie auch der Osten neigen bei Verkennung ihrer jeweiligen eigenen Mängel dazu, nur eine Hälfte dessen zu »exportieren«, was eine gute Gesellschaft ausmachen könnte, wenn die beiden Elemente zusammengeführt und dabei einander angepasst werden würden. Bevor ich zeige, dass es tatsächlich eine globale Bewegung in die Richtung der Synthese gibt, und andeute, wie die besonderen Konturen der sich bildenden Synthese aussehen, schildere ich kurz etwas, das wie eine Ausnahme wirken könnte: den Export der Zivilgesellschaft – eine Form der sozialen Ordnung, die vom Westen, und da speziell von den Vereinigten Staaten, gestaltet wurde.

Die Zivilgesellschaft: Ein Element der Autonomie und der sozialen Ordnung?

Wo passt die Zivilgesellschaft in den Gang der Analyse, den ich hier verfolge? Der Westen und hier vor allem die Vereinigten Staaten unternehmen beachtliche Versuche, die Zivilgesellschaft – freiwillige Zusammenschlüsse, ehrenamtliche Tätigkeit, Pluralismus und staatsbürgerliche Bildung – in die Entwicklungsländer, in ehemals kommunistische Gesellschaften und seit neuerem auch in die Einflussbereiche des religiösen Fundamentalismus, insbesondere die islamischen, zu exportieren.[37] Diese sozialen Gebilde werden oft als unabdingbar hingestellt, um ein freies, westliches Gemeinwesen aufzubauen. Die wohlbekannte Analyse von Alexis de Tocqueville wird oft wiederholt: Eine vielfältige Struktur freiwilliger Zusammenschlüsse schützt das Individuum vor staatlicher Bevormundung; sie dienen als Ausbildungsstätten der Demokratie, da Menschen, die lernen, wie man Verbände leitet, auch die in der Demokratie benötigten politischen Fähigkeiten entwickeln; das Organisieren politischer Parteien gleicht dem Organisieren freiwilliger Zusammenschlüsse und so fort. So gesehen ist die Zivilgesellschaft lediglich ein – allerdings wichtiges – Element des westlichen Exports von Autonomie.

Tatsächlich kann die Zivilgesellschaft auch eine wichtige Grundlage für die soziale Ordnung abgeben, die mit der guten Gesellschaft deshalb in hohem Grade vereinbar ist, weil die von ihr geförderte Ordnung hauptsächlich auf normativer Kontrolle beruht. Ihre Beiträge zur sozialen Ordnung können jedoch nur dann verwirklicht werden, wenn verstanden wird, dass eine Zivilgesellschaft viel mehr umfasst als freiwillige Tätigkeit, Steuerbefreiung bei Spenden für den guten Zweck, Interesse an öffentlichen Angelegenheiten und weitere solche der Autonomie förderlichen Eigenschaften. Das Wesentliche, was für eine soziale Ordnung gebraucht wird, die weitgehend auf normative Kontrolle gegründet ist, ist eine Zivilkultur, die an einigen kommunitaristischen Werten ausgerichtet ist. Und unter diesen Werten steht an oberster Stelle die Bereitschaft, für das Gemeinwohl einige Opfer zu bringen.

Dieses Gefühl der Verpflichtung auf das Gemeinwohl ist wesentlich für Gesellschaften, die gewillt sind, im Umgang untereinander Gewalt zu vermeiden, Kompromisse einzugehen, sich auf halbem Wege zu einigen und Menschen zu dulden, die zu anderen Göttern beten und abweichende Nischenkulturen haben. Individualisten werden versuchen, ein solches Verhalten mit dem Eigeninteresse zu erklären: Die Menschen machen Zugeständnisse, um den sozialen Frieden zu wahren. Wenn solche Kalküle reichen würden, dann hätten wir wohl kaum immer wieder die sinnlosen Bürgerkriege und das Blutvergießen gehabt, die in der Menschheitsgeschichte so häufig waren und die wir nun in vielen Teilen der Welt erleben. Solche gewalttätigen Versuche, mit den Unterschieden zwischen Menschengruppen umzugehen (in Abgrenzung zu denjenigen zwischen Individuen, in denen ein Partner zum Angreifer wird), sind am besten vermeidbar, wenn diese Gruppen sich als Mitglieder einer übergeordneten Gemeinschaft ansehen, für deren Integrität und Wohl sie zu einigen Opfern bereit sind. (Die Zivilkultur steht in starkem Gegensatz zu solchen Kulturen, die der Stammesgefolgschaft, religiöser Homogenität oder Rassereinheit viel Gewicht geben oder die an Begriffen ausgerichtet sind, die Achtung für jemandes Ehre verlangen und Rache billigen, wenn man sich gekränkt fühlt.)

Neben kommunitaristischen Werten und Loyalitäten – die viel schwieriger auf Abruf zu exportieren oder zu entwickeln sind als verlässliche Wahlmaschinen, Steuerbefreiungen für gemeinnützige Organisationen oder sogar staatsbürgerliche Bildung – verlangt eine auf diese Weise angereicherte Zivilkultur oft auch eine erhebliche Veränderung der Persönlichkeit, zumindest bei den Gewohnheiten des Herzens. Damit Menschen gute Mitglieder einer Zivilgesellschaft werden, müssen sie beträchtliche Selbstbeherrschung üben können. Wenn sie sich Menschen gegenübersehen, deren Grundwerte von den eigenen abweichen (eine Frage, der sich aufgrund der verstärkten Einwanderung überall von Japan bis Westeuropa mehr Nationen stellen müssen), oder deren Interessen zu Konflikten führen (wie zwischen Gewerkschaften und Management) oder wenn sie aufgerufen werden, für das Gemeinwohl Opfer zu bringen – zum Beispiel Wasser zu sparen –, ist Selbstbeherrschung unabdingbar. Selbstbeherrschung ist nötig, damit Mitglieder einer guten Gesellschaft davon Abstand nehmen, ihren Willen mit Gewalt durchzusetzen, damit sie gewillt sind, Opfer zu bringen, die im Zuge der Ergebnisse eines friedlichen Gebens-und-Nehmens zu akzeptieren sind, und damit sie sich nicht als Trittbrettfahrer schadlos halten. Die Selbstbeherrschung ist aber kein natürlicher Instinkt, die Menschen werden nicht damit geboren, noch gibt es ein Gen dafür. Im Laufe der Geschichte wurden die nötige Ordnung und Opfer in vielen Gesellschaften sogar von der Regierung oder von religiösen Autoritäten oder von beiden erzwungen. Wenn also die Zivilgesellschaft an Orte exportiert werden soll, wo sie nicht existiert, müssen diejenigen, die sie übernehmen sollen, in einem langsamen und schwierigen Prozess Selbstbeherrschung ausbilden. Es ist schwer zu sagen, was tollkühner ist – zu glauben, dass man Selbstbeherrschung nach Bedarf erzeugen kann, oder zu glauben, dass man eine Zivilgesellschaft ohne sie hervorbringen kann.

So kann die Zivilgesellschaft lediglich als Teil der Autonomieförderung des Westens exportiert werden, oder sie kann die Fundamente für eine Sozialordnung legen, die weitgehend auf normativer Kontrolle beruht, einem wesentlichen Element des weichen Kommunitarismus und der guten Gesellschaft. Der Westen hat die Zivilgesellschaft bislang fast ausschließlich in der ersten Weise exportiert, um aber die Ausbildung einer globalen normativen Synthese zu fördern, sollten beide Konzeptionen der Zivilgesellschaft vorangetrieben werden.

Ein anderes Feld, auf dem sich Osten und Westen treffen können und treffen werden, ist die wachsende Einsicht in die sektorielle Dreiteilung der Gesellschaft. Jede gute Gesellschaft weist nicht bloß die Einteilung in einen öffentlichen und einen privaten Sektor, in Regierung und Markt auf, sondern hat zudem einen wichtigen Platz für die Zivilgesellschaft, zu der nicht nur freiwillige Zusammenschlüsse und gemeinnützige Körperschaften gehören, sondern Orte der Religionsausübung und Gemeinden. Die meisten Gesellschaften im Osten wie im Westen gleichen einem Schemel, der zwei lange Beine und ein kurzes Bein hat;[38] sie würden davon profitieren, wenn sie die Zivilgesellschaft pflegten und den Grad, in dem Markt und Regierung das Leben ihrer Gesellschaftsmitglieder beherrschen können, verringerten.

Globale Vorboten. Ein Trend entfaltet sich

Die Synthese zentraler Werte östlicher und westlicher Provenienz erfolgt langsam, aber doch allmählich.[39] Dass der Osten auf dem Weg zu einer Lockerung von Gemeinschaft und Autorität langsam vorwärtskommt, im Krebsgang stets zwei Schritte vorwärts und einen Schritt zurück macht, und dabei langsam etwas Raum schafft für mehr ökonomische Freiheiten und – noch viel langsamer – für einige politische Freiheiten, ist gut dokumentiert worden und bedarf hier keiner weiteren Wiederholung.[40] Was allerdings längst nicht heißt, dass sich der Osten – wie es viele für selbstverständlich halten – auf ein westliches Modell hinbewegt; letzten Endes bewegt er sich auf eine Mittelposition zu. Das Gleiche gilt für den Westen. Er bewegt sich ostwärts – zwar nicht zum Osten hin, aber indem er das Gemeinschafts- und Autoritätsdefizit vermindert, auf eine Mittelposition zu. Ich behaupte nicht, dass Osten und Westen konvergieren werden, nur dass sie sich im Spektrum zwischen Autonomie / soziale Ordnung auf die Mitte hinbewegen und dass jede Seite erst einen Teil des Wegs zurückgelegt hat. Wir sollten ebenfalls beachten, dass die Bewegung nicht zu einem einzelnen synthetisierten Modell führt, sondern vielmehr zu einer Vielfalt gesellschaftlicher Entwürfe, die zwei profunde Eigenschaften teilen: eine Gesellschaft, die ausgeglichener ist als individualistische oder autoritäre Gesellschaften, und eine Gesellschaft, deren soziale Ordnung stärker auf moralische Überzeugung gegründet ist. Die Gesellschaften zeigen verschieden austarierte Gleichgewichte zwischen Autonomie und Ordnung und hinsichtlich des Umfangs, in dem sie auf moralische Überzeugung setzen. (Man vergleiche zum Beispiel die USA mit den skandinavischen Ländern oder China mit Japan.)

Ein wichtiger Grund, warum es schwierig ist, mit Gewissheit auszumachen, wo diese globalen Trends hinführen, liegt darin, dass der Trend zu einer Synthese ziemlich neu ist und die darin einbezogenen Gesellschaften sehr im Fluss sind. Außerdem lagen viele Nationen im Osten wie im Westen unter dem Gesichtspunkt der dafür entscheidenden Werte (und der sie verkörpernden Institutionen) so weit auseinander, dass sich jede noch Lichtjahre in die Gegenrichtung bewegen kann, bevor sie eine Mittelposition erreicht. (Eine schlichte Metapher beleuchtet die Hypothese einer Synthese: Die Tatsache, dass jemand die Westküste verlässt und nach Osten reist, bedeutet nicht, dass er schließlich ganz bis zur Ostküste geht, so wie jemand, der von New York nach Westen reist, nicht unbedingt ganz bis nach Kalifornien gelangen muss. Ob sie nun beide in Omaha bleiben, oder ob einer lieber in der relativ westlichen Stadt Denver bleibt und der andere in der östlicheren Stadt Chicago, ist eine zweitrangige Frage.)

Ob die globale Bewegung auf eine Gesellschaft zuläuft, die auf weiche kommunitaristische Prinzipien von der Art gegründet ist, wie sie die globale normative Synthese andeutet, oder ob sie auf ein individualistisches, libertäres Modell zuläuft, wird von mehreren Gesellschaften entschieden, die beim Wandel an der Spitze marschieren. Unter den kommunistischen Ländern ist China bei weitem das Wichtigste. Es gibt in diesem Stadium der Entwicklungen offenbar keine Möglichkeit, vorherzusagen, ob China mit der Liberalisierung, insbesondere im politischen Bereich, fortfahren wird, und ob es seine sozialen Bindungen und den Respekt vor Autorität zukünftig weiter lockert – somit immer mehr den Weg zu einem westlichen

Gesellschaftsentwurf nimmt –, oder ob es sich zu einer neuen asiatisch-liberalen Synthese entwickeln wird. Dennoch hat es sich im Laufe der Zeit von seiner autoritären kommunitaristischen Vergangenheit wegbewegt.

Japan hat sich nicht nur von seiner autoritären kommunitaristischen Vergangenheit wegbewegt, sondern hat auch einen unverwechselbaren Gesellschaftsentwurf geschaffen, der aus der Einführung politischer Institutionen des Westens nach dem Zweiten Weltkrieg hervorging. Es verfügt über ein recht solides demokratisches System (das allerdings lange von einer Partei dominiert wurde) und ein vertretbares Maß an individuellen Rechten (obwohl Frauen, Minderheiten und Menschen mit Behinderungen nicht voll berücksichtigt sind). Es hat zudem, obwohl die Ökonomie vom Ministerium für internationalen Handel und Industrie (MITI) gesteuert wird, ein starkes Maß an ökonomischer Freiheit, gekoppelt mit einer sehr starken, oft sogar übermächtigen, informellen sozialen Ordnung, die weitgehend auf moralischer Überzeugung basiert, das heißt auf normativer Kontrolle.

Einige islamische Gesellschaften haben ein paar Trippelschritte unternommen, die von ihren Versionen autoritärer kommunitaristischer Regime wegführen, indem sie die Abhängigkeit vom Staat in der Frage der religiösen Ordnung verminderten und indem sie weniger autoritär wurden. Bahrain zum Beispiel machte 1998 seine Verfassung zur obersten Quelle seiner Gesetze und legalisierte nichtstaatliche Organisationen.[41] Im Jahr 2001 ließ der Emir politische Gefangene frei, gewährte den Exilierten eine Amnestie und hob Sicherheitsgesetze auf, die benutzt wurden, um politische Dissidenten zu bestrafen.[42] Im Jahr 2002 fanden die ersten nationalen Parlamentswahlen in Bahrain seit 1973 statt, die allerersten, in denen Frauen kandidieren und wählen durften.[43] Im gleichen Jahr bildeten die Bahrainis ihre erste Gewerkschaft.[44] Die Regierung widerrief die strengen Gesetze, die der Bestrafung von Abweichlern dienten, sie untersagte aber nach wie vor den Zugang zum Internet und sogar zu Al Jazeera.[45] Katar gab seine Presse frei, gründete einen »politisch gewagten« Satelliten-Fernsehsender und hielt Kommunalwahlen ab, bei denen Frauen erlaubt wurde, für ein Amt zu kandidieren und zu wählen.[46] Im Jahr 2003 führte Katar mit Hilfe der RAND Corporation eine tiefgreifende Reform seines Bildungssystems durch, wobei nicht nur Lehrbücher neu geschrieben wurden, sondern auch versucht wurde, junge Menschen durch gewählte Schülerräte in den Schulen auf eine aktivere Rolle im Staat und in der Wirtschaft vorzubereiten.[47] Libanon und möglicherweise Kuwait sind weitere Länder, die sich in einigem, oft begrenztem Umfang liberalisiert haben. Die Richtung ist klar, ebenso die Entfernung, die noch zurückzulegen bleibt. Saudi-Arabien bekommt den Preis für den kleinsten und zögerlichsten Schritt in die besagte Richtung: 2003 wurde angekündigt, dass es Lokalwahlen durchführen wolle – ohne einen Termin dafür zu nennen.[48] Die Bewegung geht dennoch in die vorausgesagte Richtung.

Die Anhänger der These vom Ende der Geschichte schildern diese Trends häufig so, als stellten sie einen Beleg dar, der für die wachsende Akzeptanz westlicher Werte spräche, da immer mehr Menschen in immer mehr Ländern ein größeres Maß an Autonomie gewinnen. Wie wir jedoch gleich sehen werden, gibt es in denselben Ländern andere Entwicklungen, die für die normative These unmittelbar von Bedeutung sind: Einige dieser Gesellschaften kämpfen darum, für ihre soziale Ordnung eine religiöse Grundlage zu finden – die jedoch eine »weiche« sein soll. Sie wollen (nicht unbedingt bewusst) eine moderate Version des Islam annehmen, die auf Glauben und informellen Kontrollen beruht anstatt auf Tugendwächtern, Prügelstrafen und Steinigungen.[49] Sie unterscheiden sich in der Interpretation der Scharia so, wie sich beispielsweise das Reform-Judentum von seinen ultraorthodoxen Varianten unterscheidet, der Unitarismus von den extremeren Formen des christlichen Fundamentalismus oder die heutigen amerikanischen Katholiken von denen von vor fünfzig Jahren. Ein solcher weicher

Islam muss nicht mit dem Westen kollidieren, aber er wäre auch nicht säkular, libertär oder individualistisch. Er würde stattdessen eine Form von ost-westlicher Synthese darstellen. In ihr wäre eine starke soziale und moralische Ordnung, die auf Religion gegründet ist, mit viel Achtung vor Freiheit und Rechten vereint.

Ich vertiefe mich aus zwei Gründen in den Islam: Gegenwärtig wird er gemeinhin als das Glaubenssystem angesehen, das den westlichen Ideen am antagonistischsten gegenübersteht und folglich dasjenige ist, das mit dem Westen »kollidiert«. Und wenn der Islam an der globalen normativen Synthese teilhaben kann, können es andere Glaubenssysteme mit Sicherheit auch. Es ist eine Probe auf den härtesten Fall. Als Erstes zähle ich die wichtigsten Merkmale eines weichen Islam auf und gebe dann Orte an, wo dessen Saat gesät wurde.

Die Merkmale eines weichen Islam

Wie ich bereits angedeutet habe, ist ein wichtiges Charakteristikum der guten Gesellschaft, dass ihre soziale Ordnung vor allem auf moralischer Überzeugung und nicht auf Zwang beruht. Der harte Islam ist dafür bekannt, dass er auf Tugendwächter, Steinigungen, Auspeitschungen und auf weitere extrem gewaltsame Methoden angewiesen ist, die religiös gerechtfertigt werden.[50] Die Frage, ob der Islam mit der guten Gesellschaft kollidiert oder eine Basis abgibt, auf der sie errichtet werden kann, hängt von der Antwort auf die Frage ab, ob ein anderer Islam die Grundlagen für eine weiche kommunitaristische soziale Ordnung liefern kann. Dass die Idee, wonach die Religion in der postmodernen Welt eine maßgebliche Rolle zu spielen habe, den Ideen der Aufklärung widerspricht, die in vielen westlichen, oft wesentlich säkularen Positionen enthalten sind, sollte uns nicht daran hindern, die empirische Triftigkeit und das normative Potential dieser Idee zu erkennen.

Weil die These von einem weichen Islam sehr umstritten ist und weil sie oft mit einer verwandten, aber anderen Frage – ob der Islam mit der Demokratie vereinbar ist – vermischt wird, ist es der Mühe wert, die Hauptmerkmale eines weichen Islam zu untersuchen. Über dieses Thema ist in den letzten Jahren sehr viel geschrieben worden, was zu mehreren Typologien geführt hat, in denen ein liberaler, moderater, moderner oder ein Euro-Islam mit militanten, feindseligen und totalitären Varianten des Islam verglichen wurde.[51] Natürlich gibt es auch erhebliche Unterschiede bei der Interpretation der relevanten Texte und Traditionen. Um einige entscheidende Merkmale eines weichen Islam aufzuzählen, ist es weder möglich noch nötig, diese große Menge an Literatur durchzusehen. (Gemäßigte Versionen anderer Religionen können ebenfalls eine wichtige Rolle bei der Herausbildung einer globalen normativen Synthese spielen.) Deshalb bleibt die Darstellung auf ein paar Zitate und Anmerkungen beschränkt.

Muqtedar Khan vom Adrian College in Michigan hat die Vision eines weichen Islam gut eingefangen:

> »Gemäßigte Muslime streben nach einer Gesellschaft – einer Stadt der Tugend –, die alle Menschen mit Würde und Achtung behandelt. Für politische oder normative Einschüchterung wird es keinen Platz geben. Die Individuen werden ein ethisches Leben führen wollen, weil sie es als wünschenswert anerkennen. Die Gemeinden werden darin wetteifern, Gutes zu tun und die Politik wird bestrebt sein, zum Guten zu ermutigen und das Böse zu verbieten. Sie glauben, dass die Verinnerlichung der Botschaft des Islam die soziale Veränderung bewirken kann, die zur Errichtung der vortrefflichen Stadt notwendig ist. Der einzige Bereich, in dem gemäßigte Muslime den Exzess erlauben, ist der Idealismus.«[52]

Der weiche Islam unterscheidet sich von der fundamentalistischen Version darin, dass er die Mitglieder der Gemeinschaft zu Beratungen heranzieht (*schura*), anstatt sich auf die Entscheidungen der Mullahs zu verlassen.[53] Der Begriff der *Schura* wurde bis in vorislamische Zeit zurückverfolgt, in der Stammesräte wichtige öffentliche Fragen durch Beratung entschieden. Forough Jahanbakhsh von der Queens Universität in Kanada fügt hinzu, dass die meisten modernen Gelehrten der Ansicht sind, dass solche beratenden Organe aus Repräsentanten der gesamten Gemeinschaft und nicht bloß der Eliten zusammengesetzt sein sollten.[54]

Der iranische Präsident Mohammad Khatami, führender Mann der Reformkräfte, sagte im Jahr 2001, »die Verfassung [Irans] erklärt, dass die Herrschaft Allah gehört ... aber sie erklärt auch, dass diese göttliche Herrschaft auf die Meinungen der Menschen gegründet ist. Der Mensch ist Allahs Vertreter auf der Erde, und das Recht zu regieren, bezieht sich nicht auf irgendeine bestimmte Person. Es bezieht sich vielmehr auf all jene, die an Wahlen teilnehmen und die Regierungsagenda festlegen.«[55] Andere schreiben dem Propheten die Vorstellung zu, dass »jeder *mujtahid* (die Person, die sich darum bemüht, das Gesetz abzuleiten) ohne Tadel ist«. Das bedeutet, »man muss ohne Angst vor dem Scheitern nach dem Gesetz suchen ...«, und obzwar Menschen danach streben, den göttlichen Willen zu entdecken, »hat keiner die Autorität, einen ausschließlichen Anspruch darauf zu erheben«.[56]

Der iranische Historiker Hashem Aghajari geht auf das Wesen der Autorität der Mullahs ein: »Die protestantische Bewegung wollte die Christenheit vor dem Klerus und der Kirchenhierarchie retten – [Christen] müssen die Religion vor dem Papst retten. Wir [Muslime] brauchen keine Vermittler zwischen uns und Gott. Wir brauchen keine Vermittler, um Gottes heilige Bücher zu verstehen. Der Prophet sprach unmittelbar zu den Menschen. [...] Wir müssen nicht zum Klerus gehen; jede Person ist sein eigener Kleriker.«[57] Andere haben betont, dass der Koran für verschiedene Deutungen offen ist, anstatt eine strikte, starre, buchgetreue Linie zu befehlen. Khan schreibt dazu:

»*Ijtihad* wird eng gefasst als ein juristisches Werkzeug verstanden, das unabhängiges logisches Denken gestattet, um islamisches Recht für Fragen zu formulieren, zu denen die Textquellen schweigen. Doch gemäßigte muslimische Intellektuelle sehen *Ijtihad* zunehmend als den Geist islamischen Denkens, der für die Vitalität islamischer Ideen und islamischer Zivilisation notwendig ist. [...] Für gemäßigte Muslime ist *Ijtihad* eine Lebensweise, die es dem Islam erlaubt, im Herzen an oberster Stelle zu stehen, und gleichzeitig dem Denken die Erfahrung uneingeschränkter Gedankenfreiheit erlaubt. Ein gemäßigter Muslim ist deshalb einer, der die Gedankenfreiheit schätzt, während er die existentielle Notwendigkeit des Glaubens anerkennt.«[58]

Khaled Abou El Fadl von der University of California in Los Angeles liefert zwei Beispiele für abweichende Interpretationen. Der Koran gebietet »Nimm kein Leben, was Gott verboten hat, es sei denn aus einem gerechten Grund«, doch was einen »gerechten Grund« ausmacht, steht der Debatte offen. Der Koran gebietet auch »Und tötet euch nicht selbst«. Abou El Fadl sagt, es müsse debattiert werden, ob das Rauchen eine Form ist, sich selbst zu töten. Hinsichtlich des von vielen muslimischen Frauen getragenen Schleiers oder Kopftuchs (hijab) äußert sich Abou El Fadl so:

»Vor allen Dingen legen die historische Umgebung und die Komplexität des frühen Kontextes nahe, dass die Untersuchungen zur juristischen Grundlage des *hijab* nicht als häretisch betrachtet werden können. In diesem Sinne ist es obszön despotisch, den *hijab* als einen Teil des *usul* [Grundsätze des Glaubens, in denen Meinungsverschiedenheit nicht toleriert wird] zu bezeichnen und die Bezeichnung als eine Ausrede zu benutzen, um die Diskussion in der Angelegenheit zu beenden. Es mag durchaus so sein, dass dies noch eine weitere rechtliche Frage ist, wo das Gesetz Gottes den Überzeugungen des frommen Anhängers entspricht.«[59]

Gerade der letzte Kommentar ist ausnehmend wichtig. Wenn Religionen weicher werden, ob es nun dazu führt, dass

Predigten in der Umgangssprache gehalten werden oder Männer und Frauen gemeinsam am Gottesdienst teilnehmen dürfen, gibt es eine verbreitete Angst, die gesamte Konstruktion könne sich auflösen. Folglich ist die Einziehung einer Unterscheidung zwischen einem unangetasteten Kern und anderen Elementen ausschlaggebend für das Gefühl, dass Menschen verschiedene religiöse Gebote neu interpretieren können und zugleich die Essenz der Religion erhalten können. Der weiche Islam baut auf diese Unterscheidung zwischen dem Kern und dem Rest, der strenge Islam verneint von vornherein die Existenz eines solchen Unterschieds.

Ein besonders wichtiger Fall von zwei Ausdeutungen des Islam, die eine verhält sich antithetisch, die andere befürwortend zur zivilen Welt, findet sich in der Debatte über die Bedeutung des Wortes »jihad«. Einige Muslime interpretieren *jihad* als »heiliger Krieg«. Eine Gruppe von Scheichs in Kairo erklärte zum Beispiel: »Nach dem islamischen Recht wird der *jihad* für alle Muslime und Musliminnen zur Pflicht, wenn der Feind muslimisches Land betritt.«[60] Der irakische Imam Omar Hussein Asengawy sagte: »Lasst uns den *jihad* zusammen führen … dem Feind und den Ungläubigen ins Auge sehen.«[61] Für die Anhänger dieser Version des Islam sind alle Nichtgläubigen eine niedrigere Stufe Mensch, die verachtungsvoll als *kuffar* bezeichnet werden.[62] In anderen zivilen Interpretationen jedoch wird der *jihad* lediglich als ein geistiges Ringen aufgefasst. Abou El Fadl zufolge lässt sich das so verstehen: »*Jihad* bedeutet, sich zu bemühen, sich anzustrengen, zu kämpfen und zu beharren. In vielen Hinsichten ist der *jihad* gleichbedeutend mit einer starken spirituellen und materiellen Arbeitsethik im Islam […].«[63] Zum gleichen Thema sagt Seyyed Hossein Nasr: »*Jihad* ist deshalb der innere Kampf, die Seele von ihren Schwächen zu reinigen, das Gefäß der Seele von dem ätzenden Wasser der Vergesslichkeit, der Nachlässigkeit und dem Hang zum Bösen zu leeren und es für die Aufnahme des göttlichen Elixiers der Erinnerung, des Lichts und des Wissens vorzubereiten.«[64]

Diese kurze Diskussion und wenigen Zitate aus einer großen Menge Literatur sollen bloß den grundlegenden Charakter eines weichen Islam veranschaulichen: Er versucht zu erziehen und zu gutem Verhalten zu ermutigen, anstatt Zwang auszuüben, er ist offen für die Neuinterpretation aller Dinge bis auf seinen Kern, er ist offen für die Beteiligung der Mitglieder der Gemeinschaft und nicht von den Mullahs diktiert, und seine Verbreitung erfolgt auf spirituellem Wege anstatt durch das Schwert.

In unserem Zusammenhang lautet die Frage nicht, ob der Islam verwestlicht werden kann, sondern ob er eine Basis für eine gute Gesellschaft abgeben kann, indem sein Autonomiedefizit vermindert wird, selbst wenn er in vielen Einzelheiten Regime stützen wird, die sich von säkularen westlichen Regierungssystemen unterscheiden. Diese Frage lässt sich am besten empirisch, in der zeitgenössischen soziologischen Realität beantworten, und nicht aufgrund der historischen Vergangenheit des Islam oder durch Untersuchungen seiner Verhaltensgrundsätze und expansionistischen Ziele (also nicht in der Weise einer Untersuchung wie: »der Islam soll in früheren Zeiten ziemlich gemäßigt gewesen sein«) –, das heißt, indem man die Entwicklung in verschiedenen Ländern untersucht, die eine Synthese des Islam mit einem erheblich erweiterten Grad an Autonomie versuchen. Wir müssen unsere Aufmerksamkeit auf ganze Gesellschaften richten, in denen der Islam eine zentrale Rolle in der Regierung spielt. Dieses Vorgehen ist solchen Schlussfolgerungen vorzuziehen, die aus islamischen Minderheiten mit Sitz in Europa oder den Vereinigten Staaten gewonnen werden, wo die Regierung nicht auf islamischem Recht aufbaut und islamische Gemeinschaften in der Regel nicht in der Lage sind, die Regierung zur Erzwingung ihres Codes einzusetzen, ob sie dies nun gern wollten oder nicht.

Vorboten eines weicheren Islam

Zu den Gesellschaften, in denen ein weicher Islam ein unerlässlicher Teil staatlicher Herrschaft ist, gehören unter anderen Bangladesch, Indonesien, Malaysia, Mali, die afrikanischen Länder südlich der Sahara, und einige frühere Staaten der Sowjetunion. Sie unterscheiden sich allerdings erheblich hinsichtlich des Grads, in dem sie Beispiele für einen weicheren Islam sind. Eine Umfrage unter Muslimen in Bangladesch ergab beispielsweise, dass 60 % meinten, eine Frau solle das Recht haben, selbst zu entscheiden, ob sie sich verschleiern wolle, und mehr als die Hälfte waren nicht einverstanden damit, das gemeinsame Arbeiten von Männern und Frauen an der selben Arbeitsstätte nur mit Einschränkung zuzulassen.[65] In Indonesien haben die gemäßigten Moslems zwar noch nicht die Regierungsgewalt zurückgewonnen, aber eine bedeutende Zahl von Bürgern folgt einem weichen Islam und glaubt unter anderem, dass die Scharia an moderne Bedingungen angepasst werden sollte.[66] Einige sind sogar so weit gegangen, zu behaupten, jede Person könne ihre eigene individuelle Scharia gestalten.[67] Malaysia, das eine muslimische Mehrheit mit bedeutenden Minderheiten in der Bevölkerung hat, lebt ebenfalls mit einer etwas weicheren Version des Islam. Die Feiertage anderer Religionen sind nationale Feiertage; es gibt eine Machtteilung zwischen Muslimen und Nicht-Muslimen; den Frauen sind einige Rechte zugestanden.[68] In Mali glauben 71 % der Menschen, dass sich die Bildung »mehr auf praktische Gegenstände und weniger auf religiöse Erziehung konzentrieren« sollte.[69] Südlich der Sahara, wo eine Reihe von afrikanischen Ländern eine muslimische Mehrheit oder eine signifikante Minderheit haben, wird der Islam mit etwas Mäßigung praktiziert. Viele afrikanische Rituale und Zeremonien werden weiter abgehalten, manchmal als islamische; die Kleidung der Frauen unterliegt keinen Vorschriften, und Alkohol ist frei erhältlich und konsumierbar.[70]

In diesem Zusammenhang sind die Entwicklungen in Iran von besonderem Interesse. In diesem Land gab es seit Mitte der 1990er Jahre einen zwar langsamen, aber allmählichen Zuwachs an politischer und ökonomischer Autonomie. In den ersten Jahren nach der Revolution wurde Iran von charismatischen Mullahs regiert, doch ab 1997 wurden sowohl lokale als auch nationale Wahlen abgehalten. Obwohl einige Kandidaten der Reformkräfte von den Mullahs drangsaliert und verhaftet wurden, gewannen sie wiederholt eine Mehrheit auf beiden Wahlebenen. Durch den Wächterrat verfügten die Mullahs über die Vetomacht im Parlament, dennoch wurde es zu einem Ort der Opposition und des Protests. Die Unterdrückung hält an, aber sie ist weniger hart. Die Regierung schließt zum Beispiel oft eine Zeitung, gestattet ihr jedoch unmittelbar darauf, mit neuer Zulassung unter einem anderen Namen wieder anzufangen. Große Demonstrationen, die in den letzten Jahren oft geduldet wurden, zeigen den Wandel. Der Zugang zum Internet ist recht weit verbreitet. In wirtschaftlicher Hinsicht hat Iran seit 1997 seine Grenzen für den Tourismus geöffnet, trotz der (nicht unbegründeten) Angst, dass Touristen den sozialen Wandel noch weiter fördern würden. Und seit 1992 erlaubt Iran ausländischen Investoren, in dem Land tätig zu werden. Soweit sieht es danach aus, als würde Iran lediglich den Spielraum der Autonomie ausdehnen – das heißt, es wäre eine Verwestlichung.

Als ich 2002 an einem dreitägigen Dialog mit Reformvertretern in Iran teilnahm, ließ ich mich eines anderen belehren. Sie ließen keinen Zweifel daran, dass sie einen weichen Islam anstreben (wie oben definiert), eine säkulare Zivilgesellschaft nach westlichem Muster jedoch ablehnen. Die am häufigsten wiederholte Auffassung war, dass die Menschen die Scharia aus freien Stücken einhalten werden, sobald sie nicht mehr dazu gezwungen sind. Sie wären dafür, dass Frauen in gleicher Weise wie Männer beten würden, aber nicht, dass Frauen oder Männer ihre religiösen Überzeugungen aufgeben. Die Reformer befürworteten den Gedanken, dass Christen und Juden mit Achtung behandelt werden sollten, anstatt als minderwertige Menschen, als *kuffar*, betrachtet zu werden, weil die christliche und die jüdische religiöse Anschauung der des Propheten sehr nahestehen. Die Tatsache, dass immer weniger Frauen die Burka tragen, ihre Schals immer weiter sinken lassen oder gar Lippenstift auftragen, ist weniger einfach zu interpretieren. Es könnte schlicht bedeuten, dass der Einfluss der Religion nachlässt und die Autonomie zunimmt oder dass, zumindest bei den betreffenden Frauen, die Religion weniger im Verhalten ausgedrückt und mehr spirituell praktiziert wird.

Ich schließe mich daher anderen in der Voraussage an, dass Iran es durchaus schaffen könnte, nicht nur die liberalste und demokratischste Gesellschaft im Nahen Osten zu werden, sondern auch eine Gesellschaft, die von einem starken Sinn für Gebote und Verbote getragen ist und mit informellen normativen Kontrollen ausgestattet ist, die sehr viel lückenloser angelegt sind als in individualistischen Gesellschaften.[71] Die neuen Verfassungen von Afghanistan und Irak sind besonders wichtige Prüfungen für meine These. Afghanistans Verfassung enthält eine Mischung aus Menschenrechten und weichem Islam. Die irakische Verfassung ist zurzeit noch in der Ausarbeitung.

Alles in allem ist ein weicher Islam mehr als eine Denkweise. Für einige ist er eine Lebensweise und für Millionen andere eine verlockende Vision.

Weichheit: Eine entscheidende Dimension

An dieser Stelle ist eine kurze begriffliche Abschweifung angebracht. Ich habe am Anfang Osten und Westen als eine erste grobe Einteilung angesetzt, um die normativen Unterschiede und jeweiligen Beiträge zu einer globalen Synthese hervorzuheben. Mittlerweile ist meine Untersuchung so weit gediehen, dass größere Unterschiede in jedem der Lager erkennbar werden. Für die zu erörternde Thematik liegt der bei weitem wichtigste dieser Unterschiede in der Frage, wie stark ein Überzeugungssystem auf Zwang anstatt auf moralische Überzeugung zurückgreift – mit anderen Worten, wie »weich« es ist. Diese Unterscheidung trennt nicht eine Zivilisation von der anderen, sondern verläuft innerhalb jeder Zivilisation. Für meine Absichten sind daher die wesentlichen Unterschiede im Osten nicht die zwischen Buddhisten, Hindus, Muslimen und weiteren Zivilisationen, welche für Huntingtons Analyse die Basis bilden, sondern solche Unterschiede, die innerhalb dieser Überzeugungssysteme feststellbar sind.

Um das zu veranschaulichen: Die zwei wichtigsten politischen Traditionen in China sind der Konfuzianismus und der Legalismus. Der Konfuzianismus war der Herrschaft der harten Hand eher abgeneigt. Er bevorzugt eine Regierung durch Vorbild und Tugend anstatt durch Zwangsrecht. Die damit konkurrierende Tradition erhielt die Bezeichnung »Legalismus« (ihr bekanntester Vertreter ist Han Fei Tzu). Legalisten bevorzugen die Herrschaft durch Zwangsrecht, um den Staat (und insbesondere das Militär) sowie die soziale und politische Kontrolle starkzumachen.[72] Andere Autoren verwendeten zwar nicht die gleichen Begriffe, zogen aber ähnliche Schlüsse hinsichtlich der Unterschiede zwischen dem, was sie einen »weichen Autoritarismus« in ostasiatischen Überzeugungssystemen und, in der Implikation, harte oder Zwangsgewalt nennen.[73]

Auch in allen anderen Überzeugungssystemen lassen sich ähnliche Unterscheidungen wiederfinden. Diese Analyse ist für die Werte, die in den neuen globalen Architekturen zu institutionalisieren sind, von solch zentraler Bedeutung, weil Überzeugungssysteme, die Zwang (harten Zwang) gutheißen, nicht als Grundlage für eine zivile, geschweige denn für eine gute Gesellschaft geeignet sind. Sie sind rundweg indiskutabel. Im Gegensatz dazu sind diejenigen Überzeugungssysteme, die moralische Überzeugung großschreiben, besonders gut geeignet, um zu der entstehenden globalen Synthese beizutragen, wobei es wenig ausmacht, ob sie aus islamischen, hinduistischen oder afrikanischen Traditionen stammen.

Dasselbe gilt für die Unterschiede in westlichen Überzeugungssystemen. Radikal libertäre Überzeugungssysteme, solche, die das Eigeninteresse und individuelle Rechte hochhalten, für soziale Verpflichtungen und das Gemeinwohl jedoch nichts übrighaben, können in dem neuen globalen Kernbestand geteilter Werte keinen Platz finden.

Und der Westen bewegt sich ostwärts

Vielleicht werden mir viele zustimmen, dass sich muslimische Länder oder, noch allgemeiner, Gesellschaften des Ostens vielleicht nicht gerade auf eine westliche Gesellschaft, aber auf eine weiche, kommunitaristische Mittelposition hinbewegen. Aber nur wenige nehmen zur Kenntnis, dass auch die Vereinigten Staaten sich geändert haben und etwa seit 1990 auf eine vergleichbar weiche kommunitaristische Mittelposition hinsteuern. Die Vereinigten Staaten haben Jahrzehnte erlebt, in denen unsoziales Verhalten und Anomie zunahmen; Fukuyama bezeichnete dies als »tiefe Zerrüttung«.[74] Dann begann die amerikanische Gesellschaft in den frühen 1990er Jahren, die Gemeinschaft und gemeinsame Werte wiederherzustellen, und besann sich vermehrt auf informelle Kontrollen: Kontrollen, die man nutzte, um die Gewaltkriminalität zurückzudrängen (über das, was man den Broken-Window-Approach nannte), um die Einbindung konfessionsgebundener Gruppen in soziale Dienste auszubauen, um die charakterliche Erziehung zu verbessern und um Familien etwas Hilfe anzubieten (z. B. mit einem mageren, aber neuen Family and Medical Aid Leave Act und einer Verringerung des Verheiratetennachteils im Steuergesetzbuch). Zur selben Zeit verwarfen die Amerikaner die

Vorstöße christlicher Fundamentalisten, Religion auf staatlichem Wege durchzusetzen (mit dem Verbot von Schwangerschaftsabbrüchen und homosexueller Betätigung und einem verpflichtenden Schulgebet an öffentlichen Schulen). Vor allem erwachte der Sinn dafür, dass individuelle Rechte die Übernahme sozialer Verantwortlichkeiten mit sich bringen (ein Thema, das von der kommunitaristischen Bewegung hochgehalten wurde). Infolgedessen nahmen die meisten Formen unsozialen Verhaltens deutlich ab (besonders die Gewaltkriminalität),[75] während andere stagnierten und im Rückgang begriffen waren (Teenagerschwangerschaften und Drogenmissbrauch).[76] Ebenso führten verschiedene Skandale (wie die Enron- und Arthur-Anderson-Bilanz-Skandale) nach Jahrzehnten der Wirtschaftsderegulierung zu mehreren Maßnahmen der Re-Regulierung und Neuregulierung; solche Maßnahmen haben den Markt einem etwas höheren Niveau der politischen und sozialen Leitung unterworfen. Diese Schritte stellten den Anfang dar, einen individualistischen Überhang zu berichtigen, indem man der sozialen Ordnung, größtenteils vom normativen Typ, mehr Gewicht beimaß, wofür das weiche kommunitaristische Denken beträchtlichen Rückhalt liefert.

Dem amerikanischen Schritt zu stärkeren gemeinschaftlichen Verpflichtungen in den 1990ern folgte nach dem Angriff auf Amerika vom 11. September 2001 eine dramatische Verschiebung der Betonung von individuellen Rechten zur sozialen Ordnung. Die Vereinigten Staaten unternahmen einiges, um den Schutz des eigenen Landes zu erhöhen, ein Paradebeispiel für das Gemeinwohl, selbst wenn dies beinhaltete, einige Freiheiten zu beschneiden. Auch diese Entwicklung wird am besten im historischen Zusammenhang gesehen. In den 1970er Jahren wurde das FBI an die kurze Leine genommen, nachdem nachgewiesen war, dass es sich in zahllosen Fällen rechtswidrig engagiert hatte, darunter bei der Ausspionierung von Bürgerrechtlern und gewaltfrei aktiven politischen Abweichlern. Zwischen der CIA und dem FBI (wie auch anderen Behörden des

Rechtsvollzugs) wurden Brandmauern errichtet, um sicherzustellen, dass die Behörde, die zur Spionage im Ausland ermächtigt ist, ihre Methoden nicht im Inland anwenden wird. Bei den FBI-Agenten entstand daraufhin der Eindruck, dass sie ihre Karriere aufs Spiel setzen, falls sie auch nur beantragten, einen mutmaßlichen Terroristen unter Beobachtung zu stellen, und die CIA teilte Informationen über Terroristen nicht mit dem FBI. Kurz, man könnte sagen, dass die Regierung in den hier genannten Angelegenheiten zwischen Mitte der 1970er Jahre und 2001 ein starkes individualistisches Übergewicht gebildet hatte. Nach dem Terroranschlag vom 11. September, insbesondere nach der Verabschiedung des USA PATRIOT Act und ähnlicher Maßnahmen, wurde das Gleichgewicht wiederhergestellt; auf manchen Gebieten wurde ein gegenteiliges Übergewicht eingeführt, das in einem ständigen Bemühen, die richtige Balance zwischen Autonomie und sozialer Ordnung zu finden, demnächst wieder korrigiert werden muss. Alles in allem sind die Vereinigten Staaten im Laufe der letzten Jahre erheblich weniger individualistisch geworden und sind mehr an sozialer Ordnung orientiert.

Auch andere westliche Gesellschaften, viele in Westeuropa, dazu Kanada und mehrere lateinamerikanische Länder, suchten nach ihrem eigenen Gleichgewichtszustand zwischen Autonomie und sozialer Ordnung. Ihren Ort und ihre Bewegung auf dem Kontinuum zwischen exzessiver Autonomie und exzessiver sozialer Ordnung habe ich an anderer Stelle bereits beschrieben.[77] Es genügt deshalb, zu sagen, dass sie nicht alle im Gleichschritt auf eine vollkommene Balance zumarschieren, und ich möchte auch nicht behaupten, dass die Balance nur eine einzige Form annehmen muss. Trotzdem befanden sich einige dieser Gesellschaften, wie Kanada zum Beispiel, jahrzehntelang näher an dieser Zone der Ausgeglichenheit, und ihre Bewegungen sind daher weniger bemerkenswert als diejenigen der Ausreißer. Einige andere haben sich in die »richtige« Richtung bewegt, sind der Zone der Ausgeglichenheit näher gerückt (zum Beispiel Deutschland in den letzten beiden Jahrzehnten).[78]

All das legt nahe, dass verschiedene Gesellschaften eine Mittelposition ansteuern, in der sich eine weltweit entstehende normative Synthese widerspiegelt. Ihre sich wandelnden Wertesysteme werden innergesellschaftliche Veränderungen unterstützen, die sie nicht bloß einander, sondern auch einer Weltgesellschaft näherbringen, die auf dieselben Prinzipien gebaut ist. So wie diejenigen, die zu Hause Demokratie haben möchten, sie gern auf globaler Ebene verwirklicht sehen wollen, wenden diejenigen, die andere Werte gutheißen, diese zunehmend auf die Weltgesellschaft an. Dieser Trend wird sich noch verstärken, da die neue Weltgesellschaft, aus noch zu erörternden Gründen, eine größere Rolle spielen wird.

Entwicklungen im Hinblick auf die Allgemeine Erklärung der Menschenrechte der Vereinten Nationen stellen für die Untersuchung der sich herausbildenden Synthese einen interessanten Fall dar. Die Allgemeine Erklärung ist überall auf der Welt auf beachtliche Gefolgschaft gestoßen. Elie Wiesel ging so weit, sie als ein »heiliges Dokument« zu bezeichnen.[79] Bilahari Kausikan aus Singapur, der eigentlich die Idee einer asiatischen Andersheit vertritt, bekannte sich zu der wesentlichen Vorstellung, dass Staaten gemäß dem Kern der Allgemeinen Erklärung angesichts von Menschenrechtsverletzungen in anderen Staaten »ein legitimes Anliegen geltend machen können«.[80]

Gleichzeitig halten Kritiker, von denen viele im Osten beheimatet sind, die Allgemeine Erklärung für ein »westliches« Dokument,[81] weil es formuliert wurde, als die Vereinigten Staaten nach dem Zweiten Weltkrieg die Welt dominierten, und weil es sich hauptsächlich auf Rechte konzentriert. In Reaktion darauf sind über die letzten Jahre mehrere Versuche unternommen worden, die Erklärung neu zu formulieren, und zwar nicht, indem man Rechte beschneidet, sondern indem man eine Erklärung von Verpflichtungen anfügt.[82] (Die These, dass starke Rechte starke Verpflichtungen unterstellen, ist ein zentrales Thema des weichen Kommunitarismus, und sie spiegelt direkt die umfassende Idee der Ausbalancierung von Autonomie und sozialer Ordnung.)[83] Der bemerkenswerteste dieser Versuche war der Schritt von 24 ehemaligen Staatsoberhäuptern, viele davon Vertreter des Ostens, einen solchen Zusatz abzufassen und dessen Annahme durch die Vereinten Nationen anzustreben. Die Schwierigkeiten, auf die dieses InterAction Council stieß, sind vielsagend.[84] Die Mitglieder der Gruppe hatten es schwer, sich in Fragen zu einigen, in denen Rechte und Pflichten kollidieren. So schlugen die frühen Fassungen noch vor, dass Journalisten verantwortlich handeln sollten, was Kritiker als eine Gefährdung der Pressefreiheit und des Informationsrechts der Öffentlichkeit ansahen, die beide für eine freie Gesellschaft unverzichtbar sind. Darüber hinaus war die Gruppe trotz mehrfacher Umarbeitungen der Vorlage nicht in der Lage, genug Unterstützung zu gewinnen, um ihre Grundgedanken der Allgemeinen Erklärung anzuhängen. All dies veranschaulicht die Richtung, die die entstehende Synthese nimmt, die Art der Schwierigkeiten, denen diejenigen begegnen, die sie vorantreiben wollen, und die Tatsache, dass sich die Herausbildung der Synthese noch in einem frühen Stadium der Entwicklung befindet.

2. Spezielle Elemente der globalen normativen Synthese

Bislang hat sich unsere Untersuchung der globalen normativen Synthese hauptsächlich auf einer sehr allgemeinen Ebene bewegt, da sie sich mit den zentralen Grundwerten befasste. Als Nächstes geht es darum, zu zeigen, dass man sich auf die entstehenden gemeinsamen Formulierungen des Guten auch stützen kann, um aus ihr recht spezielle moralische Richtlinien abzuleiten, die über allgemeine Grundsätze hinausgehen.

Partikularismus im Universalismus

Auf den ersten Blick mag es so aussehen, als könne die westliche Verpflichtung auf individuelle Rechte und Freiheit und auf rechtliche und politische Gleichheit mit östlichen Verpflichtungen auf starke Gemeinschaft und Autorität nicht zusammengehen. Diesem scheinbar unvereinbaren Gegensatz wird man in verschiedenen Hinsichten begegnen. Politische Theoretiker und Soziologen beziehen sich auf den Unterschied zwischen »Universalismus«, demzufolge alle Bürger (oder Menschen) in der gleichen Weise behandelt werden müssen, und »Partikularismus«, demzufolge Menschen je nach Gruppe, der sie angehören, verschieden zu behandeln sind, sei diese Gruppe nun rassisch, ethnisch, religiös, politisch oder eine Kaste. Andere verweisen auf die »Rechtsstaatlichkeit« und vergleichen sie mit dem Kronyismus, dem Nepotismus und weiteren Formen der Korruption, bei denen Staatsangestellte,

Richter, Instanzen der Rechtsdurchsetzung und Aufsichtspersonen die Menschen auf der Grundlage sachfremder Kriterien (sagen wir, persönlicher Beziehungen anstatt des Verdienstes) unterschiedlich behandeln. Mit demselben, scheinbar diametralen Gegensatz ist man konfrontiert, wenn Menschen die Diskriminierung zum Beispiel wegen der Rasse oder des Alters vorgeworfen wird, also eine Bewertung nach sozialen Kriterien anstatt nach Verdienst. Wieder andere sind der Ansicht, dass eine Person entweder ein Kosmopolit ist oder sich dem Provinzialismus verschreibt.[1]

Der Westen hat den Aufstieg des Universalismus zudem jahrhundertelang als entscheidende Größe für Fortschritt, Wirtschaftswachstum, Effizienz und Gerechtigkeit betrachtet, während der Partikularismus mit Traditionalismus, Stammesorganisation und Provinzialismus verbunden wurde. Die Vorstellung, dass allein der König und implizit niemand sonst über dem Gesetz stehe, war eine wichtige Lehre des Bürgertums in der Behauptung gegen den Feudalismus und dessen mit dem Grundbesitz verknüpften Recht. Deshalb sind im Westen auch heute noch viele Menschen gegen Ausnahmen von verschiedenen Gesetzen – sie sind zum Beispiel dagegen, Immigrantengruppen von solchen Gesetzen auszunehmen, nach denen Zwangsehen verboten sind.

Die beiden Ansätze können dennoch zusammengeführt werden, wenn auch kaum ohne Schwierigkeiten oder Spannung. Ein Gesellschaftsentwurf, der universellen Rechten Vorrang einräumt vor Gemeinschaftsbindungen oder partikularistischen Werten, der diese Bindungen und Werte aber auf Gebieten legitimiert, die nicht von Rechten regiert sind, bietet eine solche Synthese, die sogar sehr stark ist. Das bedeutet ganz konkret, dass Gemeinschaften das Recht der Menschen auf freie Rede, das Wahlrecht oder das Versammlungsrecht nicht verletzen dürfen. Andere Angelegenheiten – von der Höhe der Steuern bis zur Art der Häuser, die Menschen errichten wollen – liegen jedoch im Zuständigkeitsbereich von Gemeinschaften, in dem sie letzte Schiedsrichter sind, solange die Vorschriften der Gemeinschaft keine indirekten Formen der Rechtsverletzung sind (etwa die Verhängung höherer Steuern für Menschen, die nach Auffassung der Gemeinschaft unerwünschte Reden führen).

Wenn wir dem Modell folgen, dass der Universalismus Vorrang hat vor dem Partikularismus, diesem aber in Angelegenheiten, die nicht von universellen Rechten geregelt sind, sondern Gegenstand demokratischer politischer Lösungen sind, weiten Raum lässt, werden die umfassenderen Körperschaften (nationale wie supranationale) über den lokalen Organen stehen. (Diese Rechte werden erforderlich sein, weil universelle Rechte typischerweise in der Landesverfassung und nicht in lokalen Gesetzen und Vorschriften niedergelegt sind. Ausnahmen gegenüber dieser Regel müssen hier nicht untersucht werden.) Solche Körperschaften können jedoch den Gebilden, die sie umfassen, beträchtlichen Raum lassen für partikularistische Präferenzen und Entscheidungsfindung. Charakteristischerweise kommen föderale Regierungssysteme und Verfassungen, die den Gemeinschaften alle Befugnisse überlassen, die nach den Verfassungsstatuten nicht der Bundesregierung zugewiesen sind, einer Synthese von Universalismus und Partikularismus entgegen. Demgegenüber tun sich zentralistische Staaten wie Frankreich schwer damit, solche Kombinationen einzurichten. Doch selbst in diesen Staaten werden Städte und Regionen autonomer. Außerdem muss der Partikularismus nicht unbedingt geographisch sein. Die europäischen Staaten lernen etwas widerstrebend, dass sie legitime Unterschiede zwischen den religiösen und ethnischen Gruppen tolerieren können und hören auf, alle Angelegenheiten der Bekleidung, des Schulwesens, der Bestattung und Tierschlachtung als universelle Angelegenheiten zu behandeln, in denen alle einem Code zu gehorchen haben.

Wenn man der umfassendsten Gemeinwesenstruktur in Angelegenheiten universeller Rechte und demokratischer Entscheidungsfindung Vorrang einräumt, aber nicht alle partikularistischen Regelungen ausschließt, hat das einen weiteren Gestaltungsvorteil: Es hilft, dafür zu sorgen, dass die Gemeinschaften nicht anmaßend sein werden, wie sie es in früheren Zeiten waren und in vielen Teilen der Welt nach wie vor sind. Die auf diese Weise eingebundenen Gemeinschaften können die Menschen nicht daran hindern, wegzugehen, zu reisen und zurückzukehren oder Zusammenschlüsse zu bilden, und seien diese oppositionell; was die Gemeinschaften von traditionellen Dorfgemeinschaften radikal unterscheidet. Amy Guttman hat den Kommunitaristen einmal vorgeworfen, ein Salem ohne Hexen anzustreben.[2] Und das ist genau das, was die Synthese zwischen (den vom Westen favorisierten) universellen Rechten und (den vom Osten geschätzten) partikularistischen Bindungen begünstigt und was auf beiden Seiten hervorgebracht wird.

Ich kann gar nicht genug betonen, dass ich nicht davon rede, einen »umgekehrten Tönnies« auf den Weg zu bringen. Ferdinand Tönnies war ein führender Soziologe, der die moderne Gesellschaft als eine sah, die sich von der Gemeinschaft zur Gesellschaft wandelt.[3] Viele andere schlossen sich seiner Meinung an und schilderten diesen Trend in einem positiven Licht. Die historische Entwicklung von der Gemeinschaft zur Gesellschaft wurde als befreiend betrachtet. Dann setzte eine neuromantische Reaktion ein, welche die Gemeinschaft als einen warmen, schützenden Ort charakterisierte und die moderne Gesellschaft als eine Anomie erzeugende Lebensform. Die Kommunitaristen werden manchmal so gesehen, als befürworteten sie einen umgekehrten Tönnies – eine Rückkehr in den Schoß der Gemeinschaft. Ich bin der Meinung, dass eine gute Gesellschaft Wege finden kann, die engeren sozialen Bindungen einer Gemeinschaft mit einem Respekt für Rechte und Autonomie, den eine freie moderne Gesellschaft bietet, zu verbinden.

Schließlich unterscheide ich mich mit meiner Konzeption von den Verfechtern des sozialen Kapitals oder der Zivilgesellschaft, insofern ich der Ansicht bin, dass eine gute Gesellschaft nicht bloß Bindungen der Zuneigung miteinander teilt, sondern auch eine moralische Kultur. Soziales Kapital findet sich auch bei Banden, Milizen und anderen eng verbündeten, aber unsozialen Entitäten; gut sind sie deshalb nicht. Das heißt, wir müssen einen zusätzlichen Test durchführen, der neben Nähe und Vertrautheit darüber Auskunft gibt, was einen empfehlenswerten Gesellschaftsentwurf auszeichnet. In einer ersten Annäherung wird eine sorgfältig austarierte Balance zwischen Autonomie und sozialer Ordnung sowie eine Ordnung, die hauptsächlich auf moralischer Überzeugung anstelle von Zwang aufbaut, ausreichen. Weitere Spezifizierungen werden noch folgen.

Ein autoritativer Gebrauch der Macht und ein weicher Mix

Ich vermute, dass sich der gegenwärtige Trend, die Gebrauchsweisen der Macht sowohl an den Fronten im Inland wie im Ausland legitimer zu gestalten, noch verstärken wird, wenn die globale normative Synthese weiter fortgeschritten ist. Auf den ersten Blick mag es so aussehen, als sei dies dieselbe These wie das Argument, dass sich eine Nation, insbesondere eine Supermacht, mehr auf weiche Macht und weniger auf harte Macht stützen sollte, als es die Außenpolitik unter G. W. Bush getan hat. Der Begriff »weiche Macht« wurde von Joseph Nye, Jr. eingeführt,[4] und seine Verwendung ist inzwischen weitverbreitet. Weiche Macht wird als die Macht der Anziehung definiert. Anziehungen können allerdings von zweierlei Art sein: Die eine beruht darauf, ein Interesse zu erzeugen, oftmals indem sie einen ökonomischen Anreiz bereithält (oder einen ökonomischen Nachteil aufhebt). Die Vereinigten Staaten boten der Türkei zum Beispiel viel Geld dafür, dass sie Truppen zur Friedenserhaltung in den Irak entsenden würden. Die zweite Art ist dann im Spiel, wenn die Führung einer Nation die Führung und das Volk einer anderen Nation von dem normativen Vorzug des Vorgehens der ersten Nation überzeugen, indem sie entweder an Werte appellieren, welche die Bürger dieser anderen Nation bereits gutheißen, oder indem sie diese Bürger zunächst davon überzeugen, sich diesen Werten anzuschließen. Als die Vereinigten Staaten im Jahr 1991 die Truppen von Saddam zurückdrängten, nachdem diese in Kuwait eingefallen waren, wurde die Legitimität dieser Aktion von den meisten Nationen anerkannt, und man war sich einig, dass es eine Verletzung anerkannter Werte ist, wenn eine Nation das Land einer anderen besetzt.

Der Unterschied zwischen dem, was ich zuvor utilitaristische Macht (oder ökonomische Macht) und normative Macht (Überzeugung oder Beeinflussung)[5] genannt habe, ist der, dass die erste Art von Macht eine Konvergenz der Interessen erzeugt und die letztere eine Konvergenz normativer Urteile. Obwohl beide eine weiche Macht sind, führt die ökonomische Macht zu einer instabilen Anziehung, weil diejenigen, die ihr unterworfen werden, nicht bekehrt sind und folglich ständig weiter bezahlt, bestochen oder anderswie mit Anreizen gehalten werden müssen. Wenn ein Bieter mit höherem Anreiz auftritt, werden die Hofierten im Nu die Seiten wechseln. Die Ausübung ökonomischer Macht erzeugt auch sehr oft, wie ich gezeigt habe, zumindest einen Rest von Verärgerung, weil diejenigen, die ihr unterworfen sind, zu einem Kurswechsel veranlasst wurden, während sie es eigentlich vorgezogen hätten, ihrem ursprünglichen Kurs zu folgen.[6] (Diese Verärgerung ist natürlich viel größer, wenn sie gezwungen worden sind.)

Im Gegensatz dazu beruht die normative Macht auf echter Überzeugung, einer Überzeugung, die das, was das betreffende Volk oder die Nation anstrebt, gründlich verändert. Wenn also ein Volk in einem islamischen Land wie Iran überzeugt ist, dass eine demokratische Lebensweise dem Leben mit der Scharia vorzuziehen ist, wird es einen selbsterwirkten Regimewechsel mit ganzer Kraft unterstützen. Infolgedessen hat die

Anwendung normativer Macht einen Nutzen, der normalerweise verlässlicher, stabiler und kostengünstiger ist als die Anwendung ökonomischer Macht, obgleich es viel schwieriger ist, ihn zu erreichen. (In ökonomischer Begrifflichkeit würde man sagen, die normative Macht erzeugt keinen Wandel bei den Preisen, sondern bei den Präferenzen.) Ich werde im Weiteren den Ausdruck »weiche Macht« verwenden, wenn es keine Rolle spielt, welche Art der Anziehung zur Debatte steht, und »normative Macht«, wenn die Legitimation im Mittelpunkt steht. Von denen, die den Begriff »weiche Macht« verwenden, setzen ihn sogar die meisten auf diese Weise ein.[7]

Meine These, dass der Anteil von zwingender Macht im Verhältnis zur normativen Macht in naher Zukunft abnehmen wird, sollte nicht so gedeutet werden, als erwarte ich, sie werde verschwinden, wie es manche Liberale, insbesondere in Westeuropa, für möglich halten.[8] Mein Ausgangspunkt ist die Annahme, dass die Ausübung von Gewalt nicht ganz vermeidbar ist, dass sie ein Grundzug eines geordneten Lebens und einer guten Gesellschaft ist, dass es aber umso besser für alle Beteiligten ist, je legitimer ihr Gebrauch ist, nämlich besser für diejenigen, die die Macht ausüben und besser für diejenigen, die ihr unterworfen sind.

Diese Idee wird mit dem Begriff »Autorität« erfasst (im Unterschied zur Macht), die am besten als legitimer Machtgebrauch definiert wird.[9] Diese Definition kontrastiert schroff mit einer Definition von Herbert Simon, in der Autorität einfach die »Macht [ist] Entscheidungen zu fällen, die die Handlungen anderer leiten«.[10] (»Autorität« ist ein sparsamerer Begriff als die Charakterisierung einer Handlungsfähigkeit als Kombination aus harter Macht und überzeugenden Formen weicher Macht, was auf dasselbe hinausläuft.) Wenn aber Autorität in dieser Weise gebraucht wird, ist der Begriff dichotom: Die Ausübung von Macht ist oder ist nicht legitim. Ich verwende den Begriff »autoritativ« als eine graduelle Variable, da sie es einem erlaubt, festzustellen, dass der Mix sich verändert und mehr (oder weniger) legitim wird und damit die Anwendung der Macht mehr (oder weniger) autoritativ sein lässt. Verhältnisse und Institutionen autoritativer zu machen, steht völlig im Einklang mit einer Kernthese des weichen Kommunitarismus: nämlich die soziale Ordnung möglichst mehr auf moralische Überzeugung als auf Zwang zu stützen. Die globale normative Synthese gibt uns Auskunft darüber, welche Machtausübung in hohem Maße legitim oder autoritativ ist, im Vergleich mit anderen Fällen der Machtausübung, die es weniger sind.

Der Druck, legitimer zu handeln, zeigt sich an der Tatsache, dass Regierungen in immer mehr Nationen ihre politischen Institutionen verändern, damit sie »offener« oder »demokratischer« werden. Er zeigt sich außerdem in dem wachsenden Respekt für die Vereinten Nationen und den Forderungen an Nationen, die Menschenrechte und weitere Grundsätze einzuhalten. Die Bedeutung der Legitimität steigerte sich dramatisch, als die Regierung Bush, die anfänglich der Meinung war, dass die Vereinten Nationen keinerlei Bedeutung hätten, 2003 zunächst entschieden, dass es doch wünschenswert wäre, für ihre Invasion des Iraks die Zustimmung der Vereinten Nationen zu erhalten. Als der Segen der Vereinten Nationen ausblieb, sprach die Regierung Bush wieder abschätzig über die Vereinten Nationen – nur um dann gezwungenermaßen mit dem Hut in der Hand wieder zu ihr zurückzukehren, weil sie ihre Legitimation brauchte, um Truppen und Finanzierung von anderen Nationen einzubeziehen.

Extreme Neokonservative halten das internationale Recht für so biegsam, dass sie kaum, wenn überhaupt, einen Sinn darin sehen, dessen Grundsätze einzuhalten, um sich für künftige Vorhaben Legitimität zu sichern. Robert Kagan ist zum Beispiel der Ansicht, es sei Amerikas Verteidigung anderer Nationen gewesen, die der US-Politik während des Kalten Kriegs Legitimität verliehen hätte und nicht der »Gehorsam gegenüber den Diktaten des internationalen Rechts oder gegenüber dem offenkundig dysfunktionalen Sicherheitsrat der Vereinten Nationen«.[11] Andere Neokonservative betrachten die Vereinten Nationen als einen reinen Debattierclub oder Schlimmeres. George F. Will schreibt, die »entscheidende Funktion« der Vereinten Nationen bestehe darin, »Amerika in hinderliche Verfahren zu verstricken«.[12] Und dieselben Neokonservativen meinen, dass Macht – und der Wille, sie zu gebrauchen – das ist, was auf internationaler Ebene zählt. Charles Krauthammer erklärt unverblümt, »die Bändigung der Araber läuft nicht mit Beschwichtigung und freundlicher Vertraulichkeit, sondern mit roher Gewalt und Sieg«.[13]

Die Reaktionen auf die Invasion der USA in den Irak im Jahr 2003 waren bei vielen amerikanischen Verbündeten, ehemaligen Verbündeten und den meisten anderen Nationen so negativ und forderten so hohe Kosten (ausführlicher in Teil II), dass ein legitimeres Vorgehen beträchtlich an Rückhalt gewonnen hat.[14] Dass schwächere Nationen im Osten und im Westen auf legitimes Verhalten drängen werden, ist nicht weiter überraschend, denn schließlich werden dadurch eher ihre Interessen geschützt. Dennoch stellten die Vereinigten Staaten in der Folgezeit des zweiten Irakkriegs fest, dass es den eigenen Absichten ebenfalls zugutekommt, wenn man einem ordentlichen Verfahren, dem Völkerrecht und den entstehenden globalen Werten mehr Rücksicht angedeihen lässt. Ihr Auftreten gegenüber Nordkorea und Iran steht zumindest bisher mit der Anwendung internationaler Autorität sehr viel mehr im Einklang als mit Anwendung roher Gewalt. (Kritiker werden sagen, dass hier ein multilateraler Ansatz zum Zuge kommt, habe mehr praktische als prinzipielle Gründe, im Ergebnis ist es allerdings dasselbe.) Die Tatsache, dass es einen solchen Trend gibt, bedeutet nicht, dass es keine Rückschläge geben wird, doch der Trend selbst ist unverkennbar.

Obgleich es zahllose Meinungsverschiedenheiten dazu gibt, was als legitim zu betrachten ist, schält sich so etwas wie ein gemeinsames Verständnis des Legitimen heraus. Man schätzt die Achtung internationalen Rechts und internationaler Abkommen (zum Beispiel das Abkommen zur Begrenzung von Abfangraketensystemen und das Kyoto-Protokoll) sowie internationaler Institutionen (insbesondere der Vereinten Nationen) und hält vor allem die Begrenzung des Einsatzes von Gewalt für richtig. Im Mittelpunkt der sich entwickelnden Synthese stehen Verfahren und nicht substantielle Inhalte, wie es typisch ist, wenn erst wenige normative Prinzipien geteilt werden. Diese Tatsache macht die entstehende Synthese jedoch nicht sinnlos, denn im Laufe der Zeit kommt die Substanz hinzu (zum Beispiel in Angelegenheiten, welche die Menschenrechte und die Gründe für humanitäre Interventionen betreffen).

Als die aufstrebende imperiale Macht geriet die USA ins Kreuzfeuer der Kritik,[15] wobei jedoch der Punkt übersehen wurde, dass autoritatives Handeln nicht nur bedeutet, auf weiche, normative Macht zurückzugreifen – legitim zu handeln –, sondern auch, Gewalt legitim einzusetzen. Obwohl es selbstverständlich erscheinen mag, dass Gewalt legitim ausgeübt werden kann, gilt diese Selbstverständlichkeit für viele Europäer nicht, und ganz besonders nicht für deutsche Intellektuelle, die semipazifistische Standpunkte vertreten und glauben, dass alles durch Verhandlungen und Vermittlung erreicht werden kann und werden sollte. Für sie ist der Ausdruck »gerechter Krieg« ein Oxymoron. Er ist auch für jene Liberale nicht selbstverständlich, die der Meinung sind, dass der Weg zur Gewaltvermeidung darin besteht, allen in der Welt einen anständigen Lebensstandard und eine wirksame Wahlstimme (um sie zu »ermächtigen«) zu gewähren, ganz zu schweigen von denen aufseiten der Linken, die meinen, dass US-Konzerne das Problem verursachen und dass im Grunde genommen deren Eindämmung nötig ist, um die Welt zu befrieden. Das ist nicht die Richtung, die die globale normative Synthese nimmt. Diese konzentriert sich auf den autoritativen Gebrauch von Zwangsmacht (harter Macht) – was wiederum beinhaltet, dass sie selten und nur dann eingesetzt wird, wenn alle anderen Maßnahmen gescheitert sind – und vertraut nicht nur auf weiche Macht, wie immer diese definiert wird.

Weit weniger vorangetrieben ist die kommunitaristische Idee, dass wir einer guten Gesellschaft umso näher kommen, je mehr die soziale Ordnung auf Überzeugung gegründet ist und je weniger sie auf Zwang beruht. Damit die Überzeugung oder die moralische Stimme funktionieren können, müssen die Menschen eine geteilte moralische Kultur und affektive Bindungen haben – meine Definition von Gemeinschaft. Nun erwerben zwar Nationen einige Attribute von Gemeinschaften, doch es wird gemeinhin angenommen, dass jegliche Vorstellung von einer globalen Gemeinschaft ein visionärer Traum ist. In Teil III werde ich auf diese Frage zurückkommen, weshalb hier der Hinweis genügen soll, dass es unzählige Anzeichen dafür gibt, dass sich eine schmale, aber alles andere als bedeutungslose transnationale Gemeinschaft zu bilden beginnt. Diese Entwicklung ist ein Grund dafür, warum die globale Ausübung von Macht autoritativer werden kann. Andere Gründe umfassen wohlbekannte Faktoren wie die Leichtigkeit der Kommunikation, die Verbreitung von Bildung, die Öffnung von Gesellschaften und das Aufkommen einer de facto geteilten Sprache. Überaus wichtig ist der zunehmende Eintritt der Massen in die Politik. Es sind allzu viele Bürger einbezogen, als dass man sie kaufen oder mit Gewalt unter Kontrolle halten könnte. Damit ein Regime längere Zeit bestehen kann, muss es sowohl im Inland wie im Ausland Legitimität gewinnen.

Begrenzt, aber nicht schmal

Die sich entwickelnde normative Synthese bringt den Osten und den Westen auch unter dem Aspekt des Spielraums des Verhaltens, den sie durch den Staat oder durch informelle normative Kontrolle regulieren wollen, näher zusammen. In der Vergangenheit haben kommunistische Gesellschaften ebenso wie religiös fundamentalistische Gesellschaften immer versucht, sehr genau und in allen Einzelheiten vorzuschreiben, wie Menschen arbeiten und was sie konsumieren, welche Musik sie hören (die Kommunisten, die Mullahs und andere religiöse Fundamentalisten verboten den Jazz), welche Filme sie ansehen (verboten sind Western, jugendgefährdende oder englischsprachige Filme), ob sie tanzen dürfen oder wie ihr Sexualverhalten aussehen soll und anderes mehr. Darüber hinaus haben sie alle versucht, nicht bloß das Verhalten zu formen, sondern auch das, was Menschen fühlen und denken.

Im Gegensatz dazu zieht der liberale Entwurf eine schmale kollektive Agenda vor (einschließlich einer sehr begrenzten Auswahl gemeinsamer Artikulationen des Guten). Obwohl keine westliche Gesellschaft diesen Entwurf vollständig umsetzt, ist der Widerstand selbst gegen informell erzwungene moralische Normen im Westen, speziell in den Vereinigten Staaten, stärker als in anderen Gesellschaften. Dafür werden zwei wichtige Gründe genannt. Der erste Grund ist, dass informell gepflegte, gemeinsame moralische Artikulationen zu staatlich verordneten führen können. Der zweite Grund ist, dass solche normativen Kontrollen sogar dann, wenn diese Artikulationen lediglich informell erzwungen werden, die persönliche Autonomie verletzen können.

Gegenüber der Vorstellung, dass die Welt verwestlicht wird oder werden sollte – was in diesem Zusammenhang heißen würde, die kollektive moralische Agenda der Gesellschaften auf ein Minimum auszudünnen –, verlangt der synthetisierte Entwurf eine dickere Schicht moralisch definierter Aufgaben, die von informellen normativen Kontrollen getragen werden. Wie dick diese Schicht werden wird und welcher Bereich des Verhaltens es ist, den die geteilten Vorschriften umfassen werden, sind Fragen, auf die zu diesem frühen Entwicklungsstand der globalen normativen Synthese noch keine Antworten gegeben werden können. Man kann jedoch gewiss vermuten, dass die Synthese nicht annähernd so umfassend sein würde wie die vieler östlicher Gesellschaften und nicht so schmal wie die der amerikanischen Gesellschaft.

Tatsächlich wird sogar eine flüchtige Untersuchung zeigen, dass zahllose östliche Gesellschaften immer mehr Verhaltensbereiche von ihren formellen und informellen Kontrollen ausnehmen, darunter auch, welche Fernsehsender die Menschen einschalten, welche Rundfunksendungen sie hören und sogar welche Websites sie im Internet aufsuchen. Gleichzeitig gibt es im Westen eine langsam wachsende Erkenntnis, dass Gebiete, die der öffentlichen Überprüfung entzogen waren, irgendeiner Form der öffentlichen Leitung, wenn nicht Regulierung bedürfen. Diese Gebiete betreffen zum Beispiel die Kulturgüter, die Kindern zugänglich sein sollen oder denen sie ausgesetzt werden dürfen, genauso wie Transaktionen im Internet. Auf anderen Gebieten wird ein gewisses Maß an Re-Regulierung gefordert – zum Beispiel bei den Vorschriften für die Bilanzbuchhaltung von Konzernen. (Ein weiterer Fortschritt in dieser Fragestellung kann von Ergebnissen aus kulturübergreifenden moralischen Dialogen erwartet werden, die in Kapitel 4 noch erörtert werden.)

Ein Ansatz der Zurückhaltung

Die westliche Weltsicht, besonders aber die amerikanische, spiegelt eine Kombination aus Optimismus und Fortschrittsglauben und sozialtechnischer Machbarkeit gemischt mit einem Triumphgefühl. Sie verleitet den Westen zu der Annahme, man könne in den unterschiedlichen Gesellschaften des Ostens ohne weiteres Autonomie (Respektierung von Rechten, Demokratie und freie Märkte) einführen. Sie hat westliche Berater dazu verleitet, Länder zu drängen, den Sprung aus dem Steinzeitalter oder zumindest aus sehr unterentwickelten Zuständen in eine Staatsform und Wirtschaft nach amerikanischem Vorbild zu machen. Diesen Nationen wurde mit Nachdruck geraten, sie könnten dies schaffen, wenn sie nur ihre Haushaltsdefizite verringern, ihre Märkte öffnen und ein paar weitere solcher Veränderungen mit einem Federstrich durchführen würden. Abgesehen von der Beratung haben der Internationale Währungsfonds, das US-Außenministerium (insbesondere die Behörde für Internationale Entwicklung) und andere solcher Körperschaften immensen Druck mit dem gleichen Zweck ausgeübt.

Östliche Weltanschauungen neigen – trotz aller Unterschiede zwischen ihnen – zu einer Kombination aus Pessimismus, in manchen Fällen sogar von Fatalismus, mit einem Gefühl für die Dauer der Geschichte. (Gerade die Chinesen haben eine tausendjährige Perspektive.) Eine solche Weltsicht bringt Menschen zu der Erwartung, dass der soziale Wandel langsam, schwierig und voller unvorhergesehener Konsequenzen sein wird. Der Kommunismus, der als Ideologie im Westen geschaffen wurde, war in diesem Sinne besonders ehrgeizig, denn er versuchte, sowohl die Gesellschaft als auch die Persönlichkeit ihrer Mitglieder umzumodeln. Als sich beides als halsstarrig erwies und nicht nachgab, wurden Millionen umgebracht, beim verzweifelten Versuch, den Wandel zu beschleunigen und die Kontrolle zu behalten. Letzten Endes obsiegten die alten Grundlagen des Ostens. Diese Regimes sind zwar weiterhin intakt, akzeptierten die Gesellschaft jedoch zunehmend so, wie sie sie vorfanden – sie erlaubten zum Beispiel den Bauern, private Parzellen zu bearbeiten, und gestatteten den Handel –, anstatt weiter zu versuchen, sie nach den Vorgaben ihres Masterplans zu verändern.

Auf diesem Gebiet wäre es am besten, die Ost-West-Synthese neigte sich in die östliche Richtung, im Sinne einer Anerkennung gravierender Beschränkungen, mit denen die soziale Neuorganisation zu kämpfen hat. Eine solche Neigung würde Enttäuschung und Zynismus vorbeugen, von der massiven Ausübung von Zwang gar nicht erst zu reden, zu dem es allzu häufig dann kommt, wenn überzogen optimistische normative Pläne wenig sozialen Wandel bewirken.

Diesen Ansatz bezeichne ich als Ansatz der Zurückhaltung. Andere sprechen von Bescheidenheit oder tadeln Nationen wegen ihrer Überheblichkeit. Ein solcher Ansatz würdigt die Tatsache, dass unsere Kräfte oft beschränkter sind, als wir wahrhaben wollen, und dass sich Versprechungen, mehr einzulösen, als wir können, in ihr Gegenteil verkehren. Ein zurückhaltender Ansatz steht außerdem auf dem Standpunkt, dass wir alle mehr davon haben, wenn wir uns zurückhalten, wenn wir nicht alle Machtmittel einsetzen, über die wir verfügen, sondern die Zusammenarbeit anderer gewinnen und Institutionen aufbauen, die uns langfristig nutzen werden, selbst wenn sie auf kurze Sicht einige Zurückhaltung mit sich bringen.

3. Den Kapitalismus eindämmen

Grenzen setzen

Die Tendenz des Westens, im Wesentlichen nur ein Element der guten Gesellschaft zu exportieren – nämlich die Autonomie – und den Grundlagen der sozialen Ordnung weniger Aufmerksamkeit zu schenken, wird dann besonders sichtbar, wenn die Tugenden der freien Märkte angepriesen werden und Ländern aufgenötigt werden, die deren Segnungen bislang vermisst haben.[1] In dem Grade, wie wir diese Maßnahmen als dringend benötigte Korrektive für staatlich gesteuerte Volkswirtschaften sehen anstatt als wirkliche Vorschriften für ungebändigte Märkte, sind sie oftmals berechtigt. Die Volkswirtschaften Chinas und Indiens zum Beispiel konnten sich entfalten, als sie ihre umfassenden Kommando- und Kontrollsysteme beschnitten. In den früheren Republiken der Sowjetunion – wo die Entfesselung des Marktes viel umfänglicher ausfiel und in denen die notwendigen sozialen Grundlagen ganz besonders fehlten – waren die Resultate verheerend.

Das Exportmodell des freien Marktes hatte nicht berücksichtigt, dass erfolgreiche Volkswirtschaften sowohl einige rechtliche (z. B. staatliche) als auch moralische und soziale Absicherungen voraussetzen. Bestechung, Korruption und Nepotismus müssen entweder durch das Recht, aber besser noch durch moralisch begründete Selbstbeherrschung auf niedriger Stufe gehalten werden, wenn der Kapitalismus funktionieren soll. Der Respekt vor dem Recht, Privateigentum zu besitzen und zu kontrollieren, ist nicht natürlich vorhanden und kann auch nicht durch den Markt selbst produziert oder aufrechterhalten werden. Bürger und Großindustrielle müssen anfangs gewillt sein, mehr zu sparen und zu investieren, als sie konsumieren, was, wie Max Weber gezeigt hat, der Geist des Kapitalismus ist: Sie sind gezwungen, dies aus moralischer Überzeugung zu tun, anstatt aufgrund der Verheißung höherer Erträge in ferner Zukunft. Eine moderne effiziente Volkswirtschaft kann nicht funktionieren, wenn die beteiligten Seiten das Recht nicht achten und wenn sie einander nicht trauen. Im Gegenzug muss die Gesellschaft vor Exzessen des Markts geschützt werden, oder er wird seine Legitimität verlieren. All das wird im Grunde ignoriert, wenn Jeffrey Sachs und andere Berater die Länder nötigen, den »Sprung« in den Kapitalismus zu wagen, um den Übergang so schnell wie möglich zu vollziehen.[2] Ein solcher Übergang braucht sehr wahrscheinlich Jahrzehnte. Vor allem muss man verstehen, dass der Markt nicht auf seinen eigenen Fundamenten beruht, sondern vielmehr in eine soziale Ordnung eingebettet sein muss. Der Export von Freiheiten ohne entsprechende soziale Ordnung, auf die sie gegründet sind, ist wie der Export von Autos mit Steuerrad bei fehlendem Chassis.

Freie Märkte, die der ökonomischen Theorie zufolge mit einem vollkommenen Wettbewerb verbunden sind, haben in der Geschichte der Menschheit nie existiert. Die Vereinigten Staaten, die von allen die vergleichsweise freieste Ökonomie haben, »intervenieren« regelmäßig und ausgiebig in die Wirtschaft und regulieren sie im Namen einer Vielzahl sozialer Güter. Diese Güter umfassen den Schutz von Kindern, Arbeitnehmern und Verbrauchern, sie verhindern den unlauteren Wettbewerb im Inland wie im Ausland, sie erhöhen die nationale Sicherheit und dienen der Umwelt, sie schützen gefährdete Arten und leisten dergleichen mehr.

Bei einigen speziellen Gegenständen könnte man sagen, dass eine gegebene Regulierung (oder eine andere Form der

Markteindämmung) der Wirtschaft sogar nutzt – so zum Beispiel bei der Setzung von Industriestandards. Die meisten Gesetze und Vorschriften spiegeln jedoch andere öffentliche Notwendigkeiten, normative Erwägungen und politische Erfordernisse. Amerikanische Befürworter des freien Marktes exportieren dieses Ideal häufig so, als bedeute es einen völlig ungehinderten Markt, aber sowohl die geschichtliche als auch die gegenwärtige Erfahrung zeigt, dass das, was eigentlich zur Debatte steht, *Niveau und Reichweite* der Marktregulierung und Marktkontrolle ist, und nicht die Frage, ob es überhaupt Regulierung und Kontrolle geben sollte. Das heißt, die Vereinigten Staaten selbst sind irgendeiner Art des Kompromisses zwischen Autonomie und Ordnung in der Wirtschaftssphäre näher, als das suggeriert wird, wenn einzelne Ökonomen, das Außenministerium und der Internationale Währungsfonds andere Gesellschaften unter Druck setzen, bereitwillig »freie Märkte« zu übernehmen, oder ihnen eine Rüge erteilen wegen verschiedener Beschränkungen, die sie Importen, dem einheimischen Wettbewerb oder dergleichen auferlegen. Dieser Druck sollte am besten nicht für bare Münze genommen werden, sondern sollte als Streben nach weniger staatlicher Kontrolle und weniger gesteuerten Ökonomien gedeutet werden – nicht nach freien Märkten.

Verglichen mit den USA haben sich viele Gesellschaften (z. B. in Westeuropa) in der Tat dafür entschieden, bedeutend größere Wohlfahrtsstaaten zu unterhalten und Gesetze zur Einhegung des Markts zu erlassen. Es ist sicherlich verfrüht, anzunehmen, dass etliche Gesellschaften des Ostens Märkte haben wollen, die so wenig gelenkt sind wie die der Vereinigten Staaten, und nicht versuchen werden, ihre eigene Balance zwischen einem Laissez-faire in der Wirtschaft und staatlichem Dirigismus zu finden. Der Osten bewegt sich zugegebenermaßen mit der Lenkung seiner Volkswirtschaften in die Richtung eines westlichen Modells. Dieser Schritt ist aber nicht mit einer Missachtung nichtökonomischer Werte und Institutionen verbunden, sondern vielmehr mit der Suche nach einer Mittelposition zwischen übertriebenen, äußerst peniblen und straff durchgeführten staatlichen Kontrollen und einem anarchischen Zustand bar jeder Vorgaben durch die Regierung. Und selbst wenn wir hier und da – in einigen Sektoren der russischen oder chinesischen Wirtschaft etwa – eine raue Form des ungehobelten Kapitalismus sehen, können solche Fälle durchaus Übergangsphänomene sein, da diese Gesellschaften ihre eigene Form der Balance suchen, über das Ziel hinausschießen und dann versuchen zu ergründen, wie weit sie die Entwicklungen zurückdrehen müssen. Kurz gesagt, der Osten und der Westen werden als Teil der Suche nach einer sorgfältig austarierten Balance zwischen Autonomie und sozialer Ordnung die wichtige spezielle Frage zu klären haben, wie sehr den Marktkräften freie Zügel gelassen oder in welchem Umfang sie von den Erfordernissen der sozialen Ordnung eingedämmt werden sollen, wie es die Förderung des Primats des Humanen verlangt.

Es ist richtig, dass viele Nationen im Osten eine Phase durchlaufen, die durch einen verhältnismäßig anarchischen, rohen Kapitalismus charakterisiert ist, wie ihn die Vereinigten Staaten im 19. Jahrhundert hatten. Wir müssen aber davon ausgehen, dass nach aller historischen Erfahrung zu urteilen, eine solche Phase sehr wahrscheinlich von der Einführung neuer Maßnahmen zur Markteindämmung abgelöst wird, wie wir das aus Russland unter Wladimir Putin bereits kennen. Die humanen und sozialen Kosten sind beim rohen Kapitalismus zu hoch, um toleriert zu werden, und sobald die selben Gesellschaften vergleichsweise demokratischer werden (weniger autoritär, sollte ich sagen), finden diese Kosten meistens eine politische Artikulation. »Eindämmung« bezieht sich sowohl auf eine Reihe von Werten als auch auf Regierungskontrollen, die den Marktkräften im Großen und Ganzen freie Hand zusichern, zugleich aber klare und erzwungene Grenzen setzen. (Die Tatsache, dass größere Konzerne dazu neigen, einige Maßnahmen staatlicher Regulierung aus eigenen Gründen zu unterstützen, verbessert die politische Machbarkeit solcher Einhegungsentwicklungen.)

Mit »Eindämmung« will ich keine Rückkehr zu Kommando und Kontrolle andeuten, zur Planwirtschaft also, sondern auf eine oder andere Version eines sozialen Marktes von der Art, wie ihn Westeuropa über viele Jahrzehnte hatte. Dagegen könnte das Argument vorgebracht werden, dass das westeuropäische Modell Mängel hat, weil die Kombination aus hohen sozialen Kosten und hohen Arbeitskosten auf Dauer schwer aufrechtzuerhalten ist. Es mag durchaus sein, dass es angepasst werden muss, um die Arbeitskosten in einem gewissen Grad zu senken (wie es in Großbritannien schon geschehen ist) und die Sozialausgaben zu kürzen – das heißt, die Mischung könnte geändert werden, um dann ein wenig mehr Markt und ein bisschen weniger »Soziales« zu enthalten. Daraus folgt allerdings nicht, dass die Europäer ihr Grundkonzept der sozialen Marktwirtschaft aufgeben werden, selbst wenn die Beibehaltung zu etwas niedrigeren Wachstumsraten in der Wirtschaft führt, als wenn der Markt weniger eingehegt wäre.

So bewegen sich beide, der Westen und der Osten, von zweifellos sehr verschiedenen Punkten des Spektrums aus in die Richtung einer Mittelposition, in der Märkte weder strikt kontrolliert noch ungebändigt sind. Daraus ist zu schließen, dass eine gewisse Eindämmung der Märkte nicht als Abweichung vom westlichen Modell betrachtet werden sollte, sondern als ein wesentlicher Bestandteil des globalen Modells einer guten Gesellschaft. Die normative Frage ist, wie stark der Markt eingedämmt werden sollte und auf welche Art und Weise man ihn am besten eindämmt, und nicht, ob man ihn eindämmen muss.

Lebensprojekte und Sinngebungen

Was in diesem Zusammenhang selten diskutiert wird, sind die Fragen, die Lebensprojekte betreffen, obwohl gerade sie sehr drängend sind. Der Ausdruck »Projekt« bezieht sich auf das, was eine Person oder eine Gruppe (sogar von der Größe einer Gesellschaft) erreichen will, eine Vision, die für die Zukunft steht, die Bezugsgrößen für den Fortschritt und Kriterien für Entscheidungen liefert. Wenn sich eine Person als zukünftige Ärztin sieht, wird dieses gewählte Projekt Auswirkungen darauf haben, welche Seminare sie künftig an der Universität besuchen wird, welche Schulden zur Studienfinanzierung sie eingehen wird, ob sie es aufschieben wird, Kinder zu haben, und vieles andere mehr. Menschen danach einzuschätzen, was sie in ihrem Leben für sich erstreben, ist etwas ganz anderes, als sie auf der Grundlage ihrer Herkunft zu behandeln (z. B. Innenstadt von Detroit oder Appalachen). Projekte sind vor allem deshalb höchst bedeutsam, weil sie dem Leben Sinn geben. Sie sagen den Menschen, warum sie überhaupt Anstrengungen auf sich nehmen sollen, Gratifikationen aufschieben sollen, oder anders gesagt, warum sie morgens aufstehen sollten. Obwohl viele Projekte individuelle oder gemeinschaftliche Projekte sind, spiegeln sie die Kultur und Gesellschaft, in die sie eingebettet sind, wider. Der wichtigste Aspekt dieser Thematik ist, dass man auch Gesellschaften als etwas betrachten kann, was auf Projekte zugeschnitten ist.

Zwischen den Projekten, die viele Menschen im Westen im Gegensatz zu denen des Ostens verfolgen, gibt es große Unterschiede. Im Westen gruppieren Millionen Menschen ihre Projekte um ein Leben im Überfluss. Sie arbeiten hart, um Verbrauchsgüter (und Dienstleistungen) herzustellen und auf diese Weise die Mittel zu verdienen, mit denen sie die Güter erwerben können.[3] Prestige, Selbstachtung und Sinngefühl ist für viele Millionen Menschen eng mit ihren Errungenschaften auf diesem Gebiet verknüpft. Sie messen ihr Vorwärtskommen daran, wie viel Geld sie verdienen und welche Art von Waren sie sich leisten können. Die Quelle ihrer Motivation, sich anzustrengen, ist ihr hochgestecktes Produktions-/Konsumprojekt. Dieselben Menschen befürworten sicher auch stark, dass ihre Gesellschaft sicher, frei und demokratisch bleibt, aber diese Verpflichtungen sind die meiste Zeit nicht mit irgendwelchen besonderen Bemühungen zu diesem Zweck verbunden. Solche Verpflichtungen sind nicht Teil des Projekts, über das sie sich wesentlich definieren. Das sind vielmehr Produktion und Konsum.

Es könnte hilfreich sein, an andere Projekte zu erinnern, an denen manche Menschen ihr Leben ausrichten, um den Charakter des hochgesteckten Produktions-/Konsumprojekts zu verdeutlichen, das für viele Menschen so selbstverständlich ist, dass es häufig ungeprüft bleibt. Zu den konsumfernen Projekten gehört als eine ausfüllende Tätigkeit, Gott zu dienen (z. B. bei Missionaren), die Kultur zum eigenen Projekt zu machen (z. B. am Hungertuch nagende Künstler) oder das politische Handeln (z. B. Akteure in Organisationen). Es ist typisch für solche Menschen, dass sie auf ein Leben im Überfluss nichts geben. Sehr oft verdienen sie mit vergleichbaren Qualifikationen wie andere weniger Geld und sind viel weniger daran interessiert, sich nach der allerneuesten Mode zu kleiden oder das teuerste Auto zu fahren, wobei sie der Verzicht auf diese Gegenstände nicht über die Maßen bekümmert. Sie finden andere Sinnquellen für ihre Anstrengungen, andere Kriterien für ihre Entscheidungen und andere Bezugspunkte, nach denen sie ihr Vorwärtskommen beurteilen.

Da sich Millionen und aber Millionen im Osten beeilen, sich dem Projekt hoher Produktion/Konsumtion anzuschließen, könnte es gegenwärtig danach aussehen, als werde es zu dem Projekt, auf das die meisten Menschen im Osten und im Westen ihr Leben ausrichten und aus dem sie Sinn beziehen. Viele bekannte Abhandlungen über die Wirtschaftsentwicklung ebenso wie Programme, die von der Weltbank gefördert werden, wie etwa das Entwicklungsprogramm der Vereinten Nationen, und zahllose andere Organisationen und nationale Regierungen gehen davon aus – obwohl dies selten ausdrücklich festgestellt wird –, dass die Menschen ausnahmslos ein Leben im Überfluss anstreben. Sie sind der Meinung, dass alle Menschen gewillt sind (oder sein sollten), in die Arbeit zu investieren und andere konkurrierende Verpflichtungen zurückzustellen – beispielsweise die Familie und das spirituelle Leben –, damit sie in der Lage sind, mehr Einkommen zu erzielen. Eine flüchtige Untersuchung früherer kommunistischer Gesellschaften,[4] Indiens und jüngst befreiter islamischer Länder (Afghanistan und Irak) scheint darauf hinzudeuten, dass es nichts gibt, wonach die Menschen dieser Länder mehr streben, als danach, immer mehr Verbrauchsgüter in die Hände zu bekommen. (Für manche sind das lediglich Fahrräder, für andere Motorräder oder Autos, für die einen bloß neue Sportschuhe, für die anderen Satellitenschüsseln, CDs und Mobiltelefone.) Ob sie gewillt sind, sich den Härten der Marktökonomie zu unterziehen, ist schon weniger offensichtlich, aber man wird ihnen gewiss sagen, und sie werden es schnell herausfinden, dass sie dann, wenn sie ein Leben im Überfluss führen wollen, auch dessen wirtschaftlicher Logik folgen müssen. Dementsprechend wird in Zukunft die ganze Welt anscheinend immer mehr darauf aus sein, wie eine amerikanische Vorortsiedlung auszusehen. Tatsächlich zeigen verschiedene Entwicklungsländer mit wachsendem Wohlstand – Singapur und Taiwan zum Beispiel – die Tendenz, amerikanische Vorortsiedlungen im Stil der Wohngebäude, der Verkehrsmuster und weiteren Punkten zu imitieren. Kurz gesagt, zumindest was die Wirtschaft angeht, könnte man zunächst den Eindruck gewinnen, die westlichen Ideale würden sich durchsetzen.

In den Sozialwissenschaften gibt es jedoch eine Menge Belege dafür, dass die Zufriedenheit des Menschen nicht weiter zunimmt, wenn das Einkommen über ein recht bescheidenes Niveau hinaus steigt. Ich möchte dazu nur ein paar Studien aus einer Fülle von Ergebnissen zitieren: Frank M. Andrews und Stephen B. Withey fanden heraus, dass die Stufe des sozioökonomischen Status für das »Gefühl des Wohlbefindens« nur eine begrenzte Wirkung hat und für die »Zufriedenheit mit dem Leben als Ganzes« bei einer Person keine signifikante Wirkung hat.[5] Jonathan Freedman fand heraus, dass bei seinen Umfragen die Grade des Glücks unter den Angehörigen verschiedener ökonomischer Klassen nicht groß variierten, mit Ausnahme der sehr Armen, die tendenziell weniger glücklich waren als andere.[6] David G. Myers und Ed Diener berichten, dass sich das verfügbare Pro-Kopf-Einkommen (nach Steuern) in Dollar zwischen 1960 und 1990 inflationsbereinigt zwar fast exakt verdoppelte, aber nur 32 % der Amerikaner im Jahr 1993 aussagten, sie seien »sehr glücklich«, was nahezu dem selben Anteil aus dem Jahr 1957 entspricht (35 %). Myers und Diener zeigen auch, dass sich das Wirtschaftswachstum zwischen Mitte der 1970er Jahre und den frühen 1990ern verlangsamte, das Glück der Amerikaner in Umfragen jedoch über beide Phasen hohen Wachstums und langsamen Wachstums hinweg bemerkenswert stabil blieb (fast immer zwischen 30 und 35 %).[7] Richard A. Easterlin kam in seiner Arbeit zu dem Ergebnis, dass das Glück im Laufe der unterschiedlichen Lebensabschnitte im Allgemeinen konstant bleibt. Normalerweise verbessern sich Einkommen und allgemeine wirtschaftliche Lebensverhältnisse im Laufe des Lebens bis zum Rückzug aus dem Erwerbsleben, das Glück erfährt jedoch keine vergleichbare Wachstumskurve, noch führt die Absenkung des Einkommens während des Pensionsalters zu einer Abnahme der Glückseinschätzung.[8] Mit anderen Worten, sobald die Grundbedürfnisse einmal befriedigt sind, bringt das Projekt hoher Produktion/Konsumtion für die Zufriedenheit des Menschen nur wenig, wenn überhaupt irgendetwas.

Es gibt mehrere Gründe für die Annahme, dass die Maximierung des Einkommens und des Konsums nicht die ökonomische und ganz gewiss nicht die soziale Agenda im Kern der entstehenden globalen normativen Synthese ausmachen wird. Bereits jetzt zeigen viele Millionen Menschen (sogar im Westen), dass sie anders als die meisten Amerikaner nicht gewillt sind, die sozialen und menschlichen Kosten zu tragen, die eine Maximierung des Reichtums mit sich bringt.[9] Diese Tatsache spiegelt sich in ihrer starken Befürwortung einer sozialen Marktwirtschaft, eines dichten Wohlfahrtsstaates und ausgedehnter Freizeit – selbst wenn dies ein entsprechend niedrigeres Konsumniveau bei Gütern und Dienstleistungen bedeutet. Zudem scheint es ein wachsendes Bewusstsein dafür zu geben, dass ein Projekt des Lebens im Überfluss nicht wirklich zufriedenstellend ist und von einem breiten Spektrum von Neurosen begleitet wird und dass ein Streben nach immer höheren Stufen überflüssigen Konsums dem menschlichen Wohlergehen nicht zuträglich ist.[10] Darüber hinaus gibt es zunehmend die Erkenntnis, dass die Umwelt umso mehr Schaden nimmt, je mehr Menschen auf der Welt in das Projekt hoher Produktion / Konsumtion einbezogen werden. Man darf kaum annehmen, dass die Erde eine ständig anwachsende Bevölkerung auf immer höheren Produktions- und Konsumniveaus aushalten wird und dass die Warnungen vor unterschiedlichen Knappheiten, die längst ausgesprochen wurden – und die im Falle des Öls falsch waren –, sich nicht als lediglich verfrüht erweisen werden.

Die vorangegangene Analyse legt nahe, dass die Neigung, nach anderen Projekten zu suchen, umso stärker wird, je höher (und sicherer) die Einkommen der Menschen überall auf der Welt sein werden. Allerdings müssen die Menschen dazu als Erstes aus dem Gefängnis der sozialen Obsession ausbrechen, ungeachtet des abnehmenden Grenznutzens der Güter immer mehr Mittel (oder Ressourcen) erwerben zu müssen. Ich vertrete nicht die Ansicht, dass die Armen ihre Armut akzeptieren sollten oder weniger entwickelte Länder auf diesem Stand bleiben sollten, weil der Überfluss nicht wirklich befriedigend ist, die Umwelt geschützt werden muss usw. Wenn aber bei den Wohlstandsmenschen, wie Abraham Maslow sagt, das Bedürfnis nach »kreatürlichen Annehmlichkeiten« gut gesättigt und bestens gesichert ist,[11] sind die Deckelung des Einkommens und der Ausgaben, das Bekenntnis zu »freiwilliger Einfachheit«[12] und das Freiwerden eigener Energien, um sich in anderen Projekten zu engagieren, Quellen für tieferen Sinn und Zufriedenheit als der Konsumismus.

Der Ökonom und Nobelpreisträger Robert Fogel zeigt, dass Phasen des Überflusses in der Geschichte durchweg von etwas abgelöst werden, was er Große Erweckungen nennt, Phasen, die eine Überprüfung der Lebensziele und deren Vorrang gegenüber instrumentellen Angelegenheiten mit sich bringen, und er sagt voraus, dass eine solche Phase für die Welt in naher Zukunft wieder fällig ist.[13] Demnach sollten wir erwarten können, dass wahrscheinlich immer mehr Menschen, auch und gerade in den Überflussregionen der Welt, erkennen werden, dass das Streben nach Wohlergehen über andauernd höhergelegte Konsumniveaus einer Sisyphos-Aufgabe gleicht und dass das Projekt letztlich an sich unbefriedigend ist, wenn es darum geht, materielle Güter zu erwerben – wo genug eben nie genug sein kann.

In China ist es mittlerweile Mode, von einer »mäßig wohlhabenden Gesellschaft« zu reden, ein Begriff, der von Konfuzius stammt.[14] Er bringt eine Stufe des materiellen Erfolgs zum Ausdruck, auf der die Grundbedürfnisse gesättigt sind und noch etwas übrigbleibt, die aber nicht den Ehrgeiz einschließt, noch höhere Stufen des Konsums zu erklimmen. Der Ehrgeiz richtet sich stattdessen darauf, sich einem anderen Begriff des großen Philosophen zu nähern – einer »großen Gemeinschaft«: einer Gesellschaft ohne Verbrechen, Eigennützigkeit, Krieg oder soziale Einteilungen. Der Begriff beherrscht nicht im Mindesten das chinesische Denken, doch allein der Umstand, dass er beliebt ist und von der Regierung gefördert wird, zeigt den Appeal eines Projekts, das sich von der Maximierung des Reichtums, der Arbeit und des Konsums unterscheidet.[15]

Ich glaube, dass immer mehr Menschen aus der Obsession mit Konsumgütern ausbrechen werden, sobald die grundlegenden materiellen Bedürfnisse befriedigt sind, und zunehmend feststellen werden, dass anderen Projekten und Tätigkeiten tiefe Zufriedenheit innewohnt, besonders den selbstzweckhaften Beziehungen; in den Bindungen mit anderen, in der Bildung von Gemeinschaft und öffentlichen Aufgaben, in kulturellen und spirituellen Bestrebungen. Das ist keine überflüssige Vorhersage. In den letzten Jahren gab es zahllose Berichte über eine wenn auch verhältnismäßig kleine Zahl von Leuten, die sich auf eine sogenannte freiwillige Einfachheit einlassen; in diesem Fall entscheiden sich Menschen, die sich einen aufwändigeren Lebensstil leisten können, für einen weniger von Konsumgütern geprägten Lebensstil. Einige mäßigen nur Bereiche ihres Lebens (z. B. Kleidung), andere wechseln gleich ihren Beruf und ziehen auf das Land.[16] Ich erwarte, dass sich mit den steigenden Einkommen von Menschen in vielen Ländern mehr Menschen im Osten und im Westen die Frage stellen werden (aber wohl selten in den hier gebrauchten Ausdrücken): Wie viel unseres Lebens sollen wir dem Mammon opfern, und wie viel sollten wir anderen Bestrebungen widmen?

Neben dem Effekt, die Menschen zu Individuen mit größerer Zufriedenheit zu machen, ist eine größer und breiter angelegte Aufwärtsbewegung auf der Maslow-Skala eine Vorbedingung zur Änderung des Zweck / Mittel-Ungleichgewichts, zur Etablierung des Primats des Humanen. Ein solcher Wechsel braucht eine wachsende Zahl von Menschen, die bereit sind, sich aufeinander als Mitglieder von Familien oder Gemeinschaften zu beziehen, und somit als Zwecke an sich und nicht hauptsächlich oder ausschließlich als Mittel, als Angestellte, als Menschen, an die Produkte verkauft werden müssen oder mit denen man ökonomische Transaktionen macht. Dieser Wechsel wiederum würde helfen, die sozialen Grundlagen für eine Gesellschaft zu schaffen, in denen selbstzweckhafte Beziehungen dominieren, während instrumentelle Verhältnisse gut eingedämmt werden.

Ein solcher Wandel beim Kernprojekt muss auch stattfinden, bevor die Welt mit der Umwelt in ein harmonisches Verhältnis kommen kann, was ein großes Gemeinschaftsgut und wesentlicher Zweck des Menschen ist. Die höheren Bedürfnisse des Menschen auf der Maslow-Skala verursachen weniger Nachfrage nach knappen Ressourcen als die niedrigeren Bedürfnisse. Sich selbst mehr auf menschliche Beziehungen einzulassen und mehr in spirituelle Betätigungen zu vertiefen ist mit dem Schutz der Umwelt mehr in Einklang zu bringen als ein ständig gesteigerter Verbrauch von Gütern und Dienstleistungen.

Kurzum, wenn wir uns auf die Implikationen der globalen normativen Synthese für den ökonomischen Bereich konzentrieren, stellen wir fest, dass es ein weltweites Streben nach einem höheren Grad ökonomischer Autonomie gegenüber politischem und sozialem Druck gibt und ein intensives Streben nach Reichtum, nach einem Projekt hoher Produktion/Konsumtion als Mittelpunkt des Lebenssinns. Es gibt jedoch empirische, soziale, umweltbezogene und moralische Gründe für die Meinung, dass die Menschen umso mehr Sinn in anderen Kernprojekten finden, je wohlhabender sie werden, Projekte, die wiederum dem Gemeinwohl dienen (z. B. dem Schutz der Umwelt) und der Berücksichtigung des Zwecks näherstehen (z. B. Bindungen an Familie und Gemeinschaft) als die Feier von Ressourcen, das heißt von Mitteln.

Wie stark die neue Mischung aus spirituellen Quellen des Ostens schöpfen wird (so wie es die New-Age-Anhänger im Westen und auch die Konvertiten zu weichen Versionen des Islams tun), und wie viel von ihr aus religiösen und spirituellen Traditionen sozialer Betätigung des Westens stammen wird, ist noch nicht abzusehen. Gleichwohl ist die grundlegende Richtung klar. Das Projekt hoher Produktion/Konsumtion wird seinen Platz finden als eine Tätigkeit, die im menschlichen Leben eine wichtige Rolle spielt, als ein Weg, Grundbedürfnisse des Menschen zu erfüllen, und als ein Projekt, das anderen nichtökonomischen Projekten dient. Wenn das Primat des Humanen vorangebracht werden soll, wird dieses Projekt allerdings für andere sinnvolle, doch weniger instrumentelle Projekte mehr Raum lassen müssen als bisher.

Reaktion auf ein moralisches und metaphysisches Verlangen

Abgesehen von der Frage, wie viel Gewicht dem ökonomischen Projekt zugestanden werden soll, wartet eine ganze Reihe weiterer normativer Fragen, die noch tiefgreifender sind. Zu ihrer Bearbeitung müssen wir zwischen der Beantwortung moralischer und metaphysischer Fragen unterscheiden. Moralische Werte definieren das, was Menschen für richtig halten anstatt für falsch: was wir unseren Kindern schulden, was volljährige Kinder ihren Eltern schulden, welche Verpflichtungen wir gegenüber unseren Freunden und Nachbarn haben und gegenüber den Gemeinschaften, denen wir angehören. Antworten auf die metaphysischen Fragen versuchen zu erklären, warum wir existieren, warum wir in diese Welt geworfen sind und warum wir geboren sind, um zu sterben.

Warum sollten solche tiefgründigen persönlichen Fragen in diesem Zusammenhang untersucht werden? Aus zwei Gründen: Sie sind unverzichtbarer Bestandteil der entstehenden globalen normativen Synthese, und sie betreffen den Typ der neuen globalen Architektur, die errichtet werden könnte.

In einem ersten Schritt müssen wir die Tatsache berücksichtigen, dass Gesellschaft und Staat, der private und der öffentliche Bereich nicht in getrennten Welten existieren. Wenn also die moralischen Werte schwach sind oder erodieren, fallen Angelegenheiten, um die sich sonst Familien und Gemeinschaften kümmern, dem Staat zu, ob nun national oder transnational, mit hohen Kosten für die Öffentlichkeit und die Menschen. Wenn zum Beispiel Familien ihre Kinder vernachlässigen, werden sie Mündel des Staates, werden in Pflege- oder Waisenheimen aufgezogen oder werden in Jugendstrafanstalten »verwahrt«. Infolgedessen wachsen viele Kinder nicht richtig auf und suchen einen Ausweg in Drogen und Kriminalität, sie vergrößern dadurch die soziale Unordnung und erhöhen die öffentlichen Ausgaben. Kurz gesagt, zwischen dem Raum der Gesellschaft, der von moralischen Werten und informellen Kontrollen geordnet ist, und dem Raum des zwingenden Staates stehen die Kräfte in einem umgekehrt proportionalen Verhältnis. Ob es gemeinsame moralische Werte gibt und wie zwingend sie sind, selbst wenn sie nur das betreffen, was als Privatangelegenheit betrachtet wird, hat folglich eine direkte Auswirkung auf die Balance von Autonomie und sozialer Ordnung und ebenso auf den Charakter der sozialen Ordnung als Ganzes. Das wirksamste Gegenmittel gegen die explosionsartige Ausbreitung unsozialen Verhaltens, die oft auf den Zusammenbruch totalitärer und theokratischer Regierungen folgt und die bestehenden demokratischen und freien Gesellschaften untergräbt, ist dann gefunden, wenn sich die Bürger eine Fülle moralischer und sozial förderlicher Werte zu eigen machen – eine Hauptthese des weichen Kommunitarismus.

Hinsichtlich der metaphysischen Fragen sind sich die Menschen des Bedürfnisses, sie zu stellen, möglicherweise nicht bewusst oder glauben, sie gehen im Wesentlichen Philosophen, verunsicherte Heranwachsende und New-Age-Gurus etwas an. Wenn diese tiefgründigen Fragen unbeantwortet bleiben, nagen sie aber weiter. Sie wirken sich unmittelbar darauf aus, wie zufrieden Menschen grundsätzlich sind, im Gegensatz dazu, wie sehr sie neue Wertvorstellungen suchen und Regimes, die diese Wertvorstellungen verkörpern. Der Grund, weshalb charismatische und religiöse Bewegungen ebenso wie verschiedene Kulte – einschließlich totalitärer Kulte – dauerhaft nachgefragt werden, ist darin zu sehen, dass die individualistische, säkulare Weltsicht diese grundsätzlichen Fragen nicht effektiv beantwortet.[17]

Im Westen gab es die Tendenz, den Individualismus mit säkularen Denkweisen zu verbinden. Die Betonung freier Wahl, von Rechten und Autonomie geht typischerweise auf das Werk von Philosophen zurück, deren Denken säkular ist (John Locke oder Immanuel Kant), selbst wenn es der Philosoph persönlich nicht war. Religion wurde von vielen üblicherweise mit Tradition und mit jenen »reaktionären« Kräften assoziiert, die der Autonomie ablehnend gegenüberstehen. Außerdem hat man lange angenommen, dass die Religion mit der Entfaltung der Moderne langsam verschwinden würde. Elizabeth Shakman Hurd unterstreicht diesen Gedanken: »Die Vorzüge der Säkularisierung wurden schon vor langem als eine Grundvoraussetzung für den Eintritt in die moderne Welt akzeptiert. Die Anfechtungen des Säkularismus stellen kaum mehr dar als den letzten Atemzug einer sterbenden Ära, in der die religiöse Identität, religiöse Praktiken und Institutionen in vielen Gesellschaften das Gravitationszentrum darstellten.«[18]

Die Religion starb aber nicht aus. Tatsächlich »ist die Annahme, dass wir in einer säkularisierten Welt leben, falsch«, schreibt Peter Berger.[19] In diesem Zusammenhang ist die Erfahrung der UdSSR besonders aufschlussreich. Die UdSSR übte mehr als siebzig Jahre lang die volle Kontrolle über die Bildung, die Kultur (von Büchern bis zu Filmen) und die Medien aus und war trotzdem nicht in der Lage, den Drang nach Religion zu unterdrücken. Und dies ungeachtet der Tatsache, dass die UdSSR eine ausgearbeitete Ideologie dafür bereithielt und die Äußerung des Religiösen, in der man eine schwach machende Sucht sah, aktiv bekämpfte. Selbst in ihren besten Zeiten konnte die UdSSR den Appeal der Religion nicht besiegen. Nach siebzig Jahren antireligiöser Feldzüge ist der Kommunismus verschwunden, doch Millionen Menschen in Russland und anderen ehemaligen Sowjetrepubliken besuchen die Kirchen, und religiöse Überzeugungen spielen im Leben der

Menschen eine beträchtliche Rolle. Die Zahl der Anhänger der russisch-orthodoxen Kirche hat sich in den Jahren zwischen 1970 bis 2000 nahezu verdoppelt,[20] und andere einst kommunistische Nationen in Osteuropa haben einen »Ausbruch aufgestauter religiöser [Inbrunst]« erlebt.[21]

Die Staaten der früheren Sowjetunion haben einen signifikanten Zuwachs religiöser Zugehörigkeit erlebt. In Usbekistan, wo die Muslime im Jahr 1970 bis zu 50 % der Bevölkerung ausmachten, gab es seit der Auflösung der UdSSR eine Zunahme der muslimischen Bevölkerung, die Mitte 1990 71 % und Mitte 2000 76 % erreichte. Turkmenistan erlebte ein noch größeres Wachstum, von 50 % der Muslime im Jahr 1970 auf 83 % Mitte 1990 und 87 % Mitte 2000. Ebenso stieg die Zahl der Muslime in Aserbaidschan von 61 % im Jahr 1970 auf fast 84 % Mitte 2000.[22]

Die intensive Suche nach robuster normativer Behandlung, um den moralischen und metaphysischen Hunger zu stillen, zeigt sich am Aufstieg der Religion im Osten, besonders in Gesellschaften des Ostens, die sich geöffnet haben und sozusagen etwas »weniger östlich« geworden sind.[23] Wir sind Zeugen einer explosionsartigen Zunahme des Christentums in Ostasien. (Alle Zahlen stammen aus der *World Christian Encyclopedia* und enthalten nur »offen bekennende« Christen oder solche, die dem Staat bekannt sind. Zählt man »Krypto-Christen« hinzu, nämlich verborgen oder heimlich praktizierende Christen, die den Kirchen normalerweise bekannt sind, dann steigen die Zahlen noch einmal beträchtlich.) Während die Anhänger aller Religionen in China von 1950 bis 1970 unter dem Einfluss und dem Druck der Kommunistischen Partei abnahmen, ist die Zugehörigkeit zu einer Religion seit 1970 beständig angewachsen. Die Zahl der Christen stieg von 665 000 im Jahr 1970 auf 14 Millionen Mitte 2000. (Die Anhänger des Islam sanken hingegen im gleichen Zeitraum von 21 Millionen 1970 auf 19 Millionen Mitte 2000.)[24] In Südkorea ist fast ein Viertel der Bevölkerung christlich, ein Anstieg von

4000 % seit der ersten Hälfte des 20. Jahrhunderts.[25] Die Christen in Thailand wuchsen von 23 000 im Jahr 1900 auf nahezu 800 000 Mitte 2000. Auch in Indonesien ist die Christenheit größer geworden, sie nahm von 9,9 Millionen 1970 auf 21 Millionen Mitte 2000 zu. In allen diesen Ländern ist das Wachstum nicht bloß ein Zuwachs der Anhänger in absoluten Zahlen, sondern auch eine Erhöhung des Prozentsatzes als Anteil der Bevölkerung.[26]

Auch andere Regionen erleben eine religiöse Wiedererweckung. In Afrika gab es im Jahr 2000 mehr als 350 Millionen Christen verglichen mit um die 8 Millionen im Jahr 1900. Die Christen in Indien stiegen von 14 Millionen im Jahr 1970 auf 40 Millionen Anhänger Mitte 2000. Auch die Muslime in Indien nahmen zu, sie wuchsen nämlich von fast 63 Millionen im Jahr 1970 auf fast 123 Millionen Mitte 2000 an. Prozentual ausgedrückt ist ihr Anteil an der Bevölkerung jedoch nur geringfügig gestiegen.[27] Die Mormonen haben ihre Mitglieder in den letzten zwanzig Jahren weltweit mehr als verdoppelt, gegenwärtig verzeichnen sie mehr als 10 Millionen Anhänger.[28]

Vor allem das Aufkommen eines religiösen Fundamentalismus (nicht nur in der islamischen Welt, sondern auch in Ländern, die so verschieden sind wie Indien und Israel) ist eine wesentliche Reaktion auf das selbe moralische und metaphysische Vakuum.[29] José Casanova schreibt, »was in den 1980er Jahren neu war und nicht erwartet wurde [...] war die Wiederbelebung und Übernahme öffentlicher Rollen durch genau die religiösen Traditionen, von denen sowohl die Theorien der Säkularisation als auch die zyklischen Theorien religiöser Erneuerung angenommen hatten, sie würden in der modernen Welt immer randständiger und irrelevanter werden.«[30]

Von besonderem Interesse sind die jüngeren Entwicklungen in der Türkei, die sich wieder zum Islam zurückbewegt, nachdem ihre Regierung dessen Rolle jahrzehntelang verringert hatte.[31] Seit den Zeiten von Atatürk bewegte sich die Türkei signifikant in die Richtung des Westens, wohl mehr als jedes andere Land im Nahen Osten, mehr als viele Länder in Afrika und mehr als nicht wenige in Asien. Diese Bewegung zeigt sich in der Trennung von Moschee und Staat und der Säkularisierung des privaten Bereichs. (Die Verfassung der Türkei dient dazu, »jede öffentliche Zurschaustellung von Religion durch Parteien und Politiker zu verhindern und bestimmt das Militär zum Hüter der säkularen Demokratie«.)[32] Die Türkei wurde in einem erheblichen Maße demokratisiert, obwohl das Militär in der Innenpolitik weiterhin eine bedeutende Rolle spielt. Die individuellen Rechte sind zwar gestärkt worden, aber nicht sehr umfassend. Wenn eine Säkularisierung nach westlichem Muster, die die metaphysischen Fragen ausklammert, als Gang der Geschichte reichen würde, sollte das türkische Volk spirituell recht zufrieden sein können. Stattdessen haben sich in den vergangenen Jahren Millionen Türken wieder dem Islam zugewandt. Infolgedessen wird die Türkei von manchen als ein politisches Schlachtfeld zwischen dem totalitären Islam und dem säkularen Westen betrachtet, und man verzeichnet jeden Punktgewinn genau, um zu beobachten, welche Seite an Boden gewinnt. Wenn meine Analyse stimmt, wird allerdings auf lange Sicht keine Seite gewinnen. Da die Welt in Bewegung ist, sich die soeben skizzierte normative Synthese zu eigen zu machen, werden Millionen Türken den totalitären Islam zu restriktiv finden und den westlichen Säkuralismus spirituell zu dürftig und werden nach einer dritten Alternative suchen, die wahrscheinlich eine Form des weichen Islam sein wird.

Nicht alle Antworten auf den metaphysischen Hunger sind religiös. In Russland ist in den vergangenen Jahren eine Jugendgruppe namens »Gemeinsam Gehen« entstanden. Diese Gruppe richtet Sommerlager aus, unterrichtet ihre Mitglieder und andere Russen in russischer Geschichte, organisiert Kundgebungen gegen Kommunisten und lebt nach einem strengen sittlichen Code. Die Mitglieder bemühen sich darum, einen Sinn für russische Geschichte und Kultur zu erzeugen, indem sie von den Teilnehmern verlangen, »sechs Konzerte oder Schauspiele im Jahr zu besuchen, vier historische Städte aufzusuchen, sechs Bücher aus der Bibliothek durchzulesen und wenigstens einmal im Monat freiwillig in Waisenheimen oder Altenpflegeheimen mitzuhelfen«.[33] Die Gruppe glaubt, dass diese Tätigkeiten und ihr moralischer Code notwendig sind, um die Übel des post-sowjetischen Russlands zu bekämpfen. In anderen ehemaligen Sowjetrepubliken profitiert der Aufstieg des Nationalismus von demselben moralischen und metaphysischen Vakuum. (Ich will damit nicht sagen, dass »Gemeinsam gehen« und der Nationalismus gute Antworten auf die metaphysische Leere sind, sondern nur, dass sie weitere Beispiele für die Leere sind, auf die ich verweise.)

Die meisten dieser Entwicklungen finden im Osten statt, aber auch der Westen sucht weiter nach Wegen, seinen moralischen und metaphysischen Hunger zu stillen. In den Vereinigten Staaten zum Beispiel sind verschiedene religiöse und spirituelle Kulte auf dem Vormarsch – unter anderem fundamentalistische, heidnische, New Age und Satanskulte.[34] Gleichzeitig spielen bereits länger etablierte Religionen und solche, die mit dem sich herausbildenden Kernbestand global geteilter Werte besser zusammenstimmen, im Leben vieler Millionen Amerikaner nach wie vor eine Rolle.

In einigen wenigen Ländern, einschließlich mehrerer in Westeuropa (besonders im größtenteils protestantischen Norden), gibt es zugegebenermaßen große Bevölkerungsmehrheiten, die höchstens minimal religiös oder vollkommen agnostisch sind.[35] Sie vermeiden es, sich den metaphysischen Fragen zu stellen, indem sie sich mit der Arbeit und dem Konsum beschäftigen, zu stimmungsaufhellenden oder bewusstseinsverändernden Substanzen Zuflucht nehmen (Alkohol oder andere Drogen) und indem sie Psychotherapie-Sitzungen absolvieren – alles Möglichkeiten, um die zugrunde liegenden Ängste zu überspielen. Diese unbefriedigenden Antworten sind Anzeichen dafür, dass die ungelösten Fragen weiter an ihnen nagen. Wie Christopher Lasch einmal formulierte, werden die Menschen »nicht von Schuld heimgesucht, sondern von Angst [... Sie leben] in einem Zustand ruheloser, dauerhaft unbefriedigter Sehnsucht.«[36]

Ob diese Leere nur durch Religion gefüllt werden kann oder auch durch säkulare Überzeugungen, ist nicht klar. Klar ist jedoch, dass beide Arten von Überzeugungen Risiken für die gute Gesellschaft in sich tragen. Beide können ins Autoritäre umschlagen oder so abgeschwächt werden, dass sie nicht mehr in der Lage sind, bei moralischen Entscheidungen Anleitung zu geben oder auf die metaphysischen Fragen einzugehen.

Die Synthese mischt »harte« Religionen, speziell die totalitäre Version des Islam, mit westlichen Ideen von Autonomie, um weiche Religionen zu erzielen. Sie mischt spirituelle Vorstellungen des Ostens mit einer westlichen Verpflichtung auf liberales soziales Handeln (im Sinne von Mario Cuomo und Hubert Humphrey und nicht in dem traditionellen Sinne des Wortes »liberal«). Der Fabianismus würde als Beispiel dafür dienen. Weil kein Lager völlig frei ist von dem, wofür das andere Lager letztlich eintritt, ist die Kombination im Allgemeinen problemlos, wenn auch graduell.

Bevor ich zum nächsten Punkt übergehe, komme ich nicht umhin, einen sonderbaren Fall von Tunnelblick anzusprechen, den ich bei einigen höchst gebildeten und weltklugen Kollegen feststelle und dessen nähere Betrachtung für die hier besprochenen Probleme durchaus relevant ist. Diese Kollegen können nicht einsehen oder weigern sich vielleicht bloß, zu akzeptieren, dass es Hunderte Millionen Menschen gibt, deren ultimative Konzeptionen des Guten von den ihren grundverschieden sind. Mit anderen Worten, es sind nicht nur einige schmale, höchst spezifische Agenden, die sich widersprechen, sondern vielmehr ganze Weltanschauungen. Eine erkleckliche Zahl meiner Kollegen geht implizit davon aus, dass letzten Endes »jedermann« dasselbe will, was auch sie sich wünschen – eine von Wohlstand und Freiheit getragene Lebensweise.

Wenn sie also mit einem Bin Laden (oder einem anderen wahren Gläubigen) konfrontiert sind, konzentrieren sich diese Kollegen auf strategische Unterschiede und übersehen den tiefen Konflikt, der in totalitäre Überzeugungssysteme eingebaut ist.

Diese Kollegen kamen typischerweise mit dem Vorschlag, die Vereinigten Staaten sollten versuchen, auf drei Forderungen der muslimischen Fundamentalisten einzugehen: Sie sollten die heiligen Stätten in Saudi-Arabien verlassen, sie sollten die Sanktionen gegen den Irak aufheben, und sie sollten Israel mehr unter Druck setzen, den Forderungen der Palästinenser nachzugeben. In jüngerer Zeit haben sie die Meinung vertreten, nachdem die USA auf die ersten beiden dieser drei Forderungen bereits reagiert hätten, müsse jetzt noch die proisraelische Neigung Amerikas korrigiert werden, dann werde die arabische Welt den Westen mit viel größerem Wohlwollen behandeln. Sie meinen, dass ein solcher Schritt eine wesentliche Quelle der Motivation beseitigen würde, aus der antiamerikanische Gefühle im Allgemeinen und Terroristen im Besonderen Nahrung erhalten.

Mein Argument ist, dass diese Maßnahmen – was auch immer der Vorzug der drei vorgeschlagenen Schritte und neuerer Forderungen sein mag, wie etwa das Regieren im Irak ohne amerikanischen Druck und Einmischung den Irakern zu überlassen – die fundamentalistischen Muslime so wenig besänftigen werden, wie christliche Fundamentalisten damit zufrieden wären, wenn Abtreibung für illegal erklärt, Evolution nicht mehr an Schulen gelehrt und Abstinenz von allen Hausdächern gepredigt würde. Der wesentliche Grund dafür ist, dass diese speziellen Forderungen zwar die aktuelle Frontlinie darstellen, aber wohl kaum das sind, worum es in dem Gefecht überhaupt geht. Die Fundamentalisten finden, dass der westliche Lebensstil grundsätzlich, tatsächlich in praktisch jedem seiner Aspekte, all das verletzt, was sie für heilig halten. Von ihrem Standpunkt aus gesehen, haben sie sogar recht. Die

Verbreitung des westlichen Lebensstils gefährdet unmittelbar all das, woran sie glauben, von der Art, wie man Frauen behandeln soll, bis zur Frage, wie man seinen Tag zu verbringen hat, von der Wichtigkeit des Gebets bis zum Stellenwert des Handels. Es gibt keine Möglichkeit, Fundamentalisten zu beschwichtigen. Sie stehen außerhalb der hier umrissenen Synthese. Sie können nur in dem Grade, wie sie sich zu weicheren Religionen oder irgendeiner Mischung des Säkularismus mit weicher Religion bekehren, gute Bürger der neuen Welt werden. Kurskorrekturen der Politik sollten durchaus erfolgen, aber nur auf der Basis des ihnen innewohnenden Vorzugs und nicht mit der Erwartung, dass sie eine Art magische Opfergabe sind, mit dem eine wütende Gegnerschaft stillgestellt werden kann. Die Verlegung amerikanischer Militärbasen von Saudi-Arabien nach Katar war vermutlich ein weiser Schritt, aber nicht deshalb, weil es die Anhänger von Bin Laden zufriedenstellen wird. Um mit solchen wahren Gläubigen umzugehen, muss man neben der althergebrachten Weise, sie in Schach zu halten, vor allem das moralische und metaphysische Vakuum füllen, in dem sie gedeihen, und muss ihre Anliegen in Bezug auf das thematisieren, was für die gesamte Person richtig und falsch ist, und nicht bloß einige Bruchstücke dieser oder jener Politik.

4. Moralische Dialoge

Neben dem allgemeinen Trend, eine globale normative Synthese mit einer Reihe Grundwerte zu entwickeln, hat sich ein Prozess ergeben, der den Menschen verschiedener Nationen sowohl des Ostens wie des Westens ermöglicht, in speziellen Fragen zu geteilten moralischen Auffassungen zu gelangen. Diese Fragen reichen von Werten, die der Bewegung zur Ächtung von Landminen zugrunde liegen, über die Suche nach Lösungen, um die Erderwärmung zu drosseln, oder der gemeinsamen Verurteilung von Kinderpornographie bis zur Opposition gegen die Invasion souveräner Staaten. Diese gemeinsamen Auffassungen wiederum dienen der Förderung einer weltweiten öffentlichen Meinung. Das heißt nicht, dass jeder informiert oder einbezogen, geschweige denn mit anderen einer Meinung ist. Selbst in den entwickelten und demokratischen Nationen umfasst der Teil, der als informierte Öffentlichkeit bezeichnet wird – diejenigen, die die öffentlichen Angelegenheiten mitverfolgen und sich Urteile über politische Maßnahmen bilden –, nicht mehr als einen Bruchteil der Bevölkerung, und der Konsens ist nie vollständig. Trotzdem kann die überwiegende Mehrheit der informierten Öffentlichkeit in die eine oder andere Richtung neigen und den Verlauf öffentlicher Angelegenheiten beeinflussen. Was nun folgt, ist eine kurze Ausführung zu den beteiligten Prozessen, die ich als moralische Dialoge bezeichne.

Moralische Dialoge treten dann auf, wenn sich eine Menschengruppe an einem Prozess der Klärung von Werten beteiligt, die ihr Leben leiten sollen. Die betreffenden Werte sind nicht unbedingt solche persönlichen Werte wie Wahrhaftigkeit, Bescheidenheit und Aufrichtigkeit, sondern Werte, die sich darauf auswirken, welche öffentlichen Grundsätze die Menschen entweder in ihrem eigenen Land oder in anderen Ländern befürworten. Zu diesen Angelegenheiten gehören Maßnahmen staatlicher Förderung, die Behandlung von Asylsuchenden, die Anerkennung von Homo-Ehen, die Verhängung der Todesstrafe und Weiteres mehr.

Moralische Dialoge wirken oft reichlich ungeordnet; sie mäandern und haben weder einen klaren Anfang noch ein deutliches Ende. Sie sind leidenschaftlich und häufig auch von Streit beherrscht. Im Laufe der Zeit führen sie dennoch oft zu neuen geteilten Auffassungen, die wiederum nicht nur das stark beeinflussen, was die Menschen denken, sondern auch, wie sie handeln, nicht nur das, was Menschen für tugendhaft halten, sondern auch die Gewohnheiten ihres Herzens. Zu den aufschlussreichsten Beispielen gehört die Entwicklung einer moralischen Verpflichtung, die Umwelt zu schonen, als Folge moralischer Dialoge, die durch die Veröffentlichung von Rachel Carsons *Der stumme Frühling* angestoßen wurden; der Wandel der Betrachtungsweise von Beziehungen zwischen Männern und Frauen im Anschluss an moralische Dialoge, die von Betty Friedans *Der Weiblichkeitswahn* ausgelöst wurden; die Veränderung in den Rassenbeziehungen aufgrund von moralischen Dialogen, die von der Bürgerrechtsbewegung in den 1960er Jahren in Gang gesetzt wurden; und das Verbot des Rauchens in der Öffentlichkeit in den USA, das sich nach langwierigen moralischen Dialogen über die krankmachenden Folgen des Rauchens für Nichtraucher beinahe wie von selbst durchsetzte.

Es lässt sich leicht nachweisen, dass solche Dialoge in nationalen Gesellschaften mit gutem Bildungsniveau, wie es die meisten Demokratien sind, ständig – und oft recht produktiv – stattfinden und dass sie für diese Gesellschaften häufig zu einer neuen normativen Orientierung führen (auch wenn dies manchmal erst nach langwierigen Dialogen der Fall ist). Können solche Dialoge möglicherweise auch transnational stattfinden, und wenn ja, mit welchem Erfolg? Genau diese Dialoge sind sowohl für die allgemeine Entwicklung der globalen normativen Synthese als auch für die Formulierung spezieller geteilter moralischer Auffassungen, die bestimmte öffentliche Maßnahmen flankieren können, überaus wichtig. Zugegeben, transnationale moralische Dialoge sind, was Spielraum, Intensität, Schlussfolgerung und Ergebnis angeht, viel begrenzter als ihre innernationalen Gegenstücke. Dennoch bilden sie den Anfang zu einem breiteren gemeinsamen moralischen Verständnis, zu einer umfassender geteilten politischen Kultur und Legitimität für transnationale Institutionen, als sie bis vor kurzem noch existierten. Transnationale Dialoge sind zum Beispiel zu dem Schluss gekommen, dass »wir« die Rechte von Frauen respektieren, die Demokratie fördern und Supermächte daran hindern sollten, ohne »unsere« Zustimmung zu handeln.

Sicherlich werden solche Dialoge auch von zahllosen nichtnormativen Überlegungen beeinflusst, die im Gewand normativer Ansprüche auftreten. Nichtsdestoweniger wirken sich diese Dialoge auch auf das aus, was Menschen verschiedener Nationalitäten für moralisch angebracht halten. So ist ein Grund dafür, weshalb die meisten Länder vermeiden möchten, im Umweltschutz als unverantwortlich wahrgenommen zu werden, der, dass sie in den Augen anderer Nationen nicht als illegitim Handelnde gesehen werden wollen.[1] Darüber hinaus spielen sich transnationale moralische Dialoge auf drei Ebenen ab: Sollten die Angehörigen der einen Kultur die Kultur der anderen »beurteilen«? Und wenn ja, welche Werte sollten für solche Urteile dann maßgeblich sein? Welche Mittel außer argumentativer Rede und symbolischen Gesten sollten dafür eingesetzt werden, diese Werte zu realisieren? (Die transnationale Übereinstimmung, dass der Terror zurückgedrängt werden muss, ist beispielsweise viel stärker als Einigkeit in der Frage, welche Mittel zu diesem Zweck am besten verwendet werden.)

Für die vorliegenden Fragen sind von allen globalen Dialogen insbesondere diejenigen bedeutsam, welche die Entwicklung der neuen globalen Architektur betreffen. Gegenwärtig konzentriert sich der nach diesen Gesichtspunkten wichtigste moralische Dialog auf die entscheidende Frage: Unter welchen Bedingungen ist es für eine Nation oder eine Nationengruppe legitim – das heißt mit geteilten Werten, Sitten und Gesetzen im Einklang – Gewalt anzuwenden, um in die inneren Angelegenheiten anderer Nationen einzugreifen? Das Prinzip, dass das, was in der einen Nation geschieht, für andere nicht von Belang ist, dass Nationalstaaten in ihrem eigenen Revier souverän sind, dass das Prinzip der *Selbst*bestimmung aufrechterhalten werden sollte und dass keine andere Nation das Recht hat, Gewalt anzuwenden, um zu intervenieren, wird nur noch von wenigen Beobachtern akzeptiert. Die wachsende Anerkennung für die grundlegenden Menschenrechte hat viele zu der Überzeugung geführt, dass andere Nationen, die Vereinten Nationen und in einem gewissen Sinne auch die Weltgemeinschaft nicht bloß das Recht, sondern auch die Pflicht haben, zum Schutz dieser Rechte aufzurufen, falls nötig, Druck auszuüben, und falls alles sonst versagt, zu ihrer Wahrung Gewalt anzuwenden.[2]

Die moralische Unterstützung für Interventionen zu humanitären Zwecken nimmt weltweit zu. Verschiedene mächtige Nationen und einige, die nicht besonders mächtig sind, wurden heftig dafür getadelt, nicht eingegriffen zu haben, um den Völkermord in Ruanda zu beenden, in dem etwa 800 000 Menschen getötet und viele weitere verstümmelt wurden. Dies trifft für den Genozid im Kongo und anderswo ebenfalls zu.[3] Es gibt in wachsendem Maße einen transnationalen normativen Auftrag für ein Gericht, das Individuen den Prozess machen würde, die schwere Verletzungen des Humanitären Völkerrechts begehen, wie es bei einem Völkermord der Fall ist; speziell für den Internationalen Strafgerichtshof.

Zudem gibt es eine überraschend starke gemeinsame Opposition gegenüber unilateralem Handeln. Sowohl im Osten wie im Westen bevorzugen viele ein Handeln ganzer Nationengruppen (»Koalitionen«), in denen alle Mitglieder angehört werden und jedes Mitglied eine Vetomacht hat (wie in der NATO). Des Weiteren unterstützen viele ein Handeln, das von den Vereinten Nationen gebilligt wurde und mit dem internationalen Recht im Einklang steht. Die Motivation, die viele Staatsoberhäupter und Bürger gleichermaßen dazu bringt, solche Positionen zu befürworten, hat wohl nicht immer mit moralischen Erwägungen zu tun. Ihre Motivation kann vielmehr den Wunsch schwacher Kräfte ausdrücken, die stärkeren Mächte und insbesondere die Supermacht im Zaum zu halten, oder den Wunsch von Nationen, die (wie Frankreich und Russland) einst wichtige Akteure auf der Weltbühne waren, ihren Einfluss im globalen Geschehen zurückzuerobern oder eine heimische Wahl zu gewinnen (wie der deutsche Kanzler Gerhard Schröder im Jahr 2002 oder Roh Moo Hyun in Südkorea 2003). Die Tatsache, dass diejenigen, die unilateralen Unternehmungen ablehnend gegenüberstehen, ein großes Publikum finden können, das aufgeschlossen ist für Forderungen, denen zufolge die Vereinten Nationen (trotz ihrer zahlreichen, gravierenden Beschränktheiten) respektiert werden sollten, der Multilateralismus dem Unilateralismus vorzuziehen ist und die Einhaltung internationaler Gesetze (trotz deren Unbestimmtheit und Austauschbarkeit) wichtig ist, zeigt, in welche Richtung sich die gemeinsamen moralischen Auffassungen entwickeln.

Der Standpunkt, dass sich transnational geteilte moralische Auffassungen entwickeln, die wiederum das beeinflussen, was die Öffentlichkeit als legitime Handlungen und Institutionen anzuerkennen bereit ist, bedeutet nicht, zu behaupten, dass die globale öffentliche Meinung allmächtig sei oder auch nur höchst wirksam sei. Die militärische Stärke spielt immer noch eine ausschlaggebende Rolle und kann allen Weltanschauungen zum Trotz eingesetzt werden. Auch wirtschaftlichen Faktoren kann eine entscheidende Rolle zukommen, wie dann deutlich wird, wenn nationale Regierungen ihren Kurs wechseln, weil ihnen hohe Darlehen, Fördermittel, Entwicklungshilfe, günstige Zolltarife, Zugeständnisse und so fort versprochen wurden. Dennoch ist die öffentliche Meinung ein wichtiger Faktor, der sich darauf auswirkt, über wie viel normative Macht ein Nationalstaat verfügt und welche Handlungen und Institutionen für legitim erachtet werden. Gegen diese Meinung zu verstoßen hat sowohl kurzfristig wie langfristig seinen Preis. Außerdem wird die Meinung der Weltöffentlichkeit als Faktor für die zukünftige Ausrichtung globaler öffentlicher Angelegenheiten wichtiger werden, wenn die in Teil II untersuchten globalen Institutionen in ihren Entwicklungen dem gegenwärtigen Kurs weiter folgen.

Anhänger einer Schule, die man nach der Madison Avenue benennen könnte, glauben, dass die öffentliche Meinung durch eine Serie clever gemachter Werbespots, Rundfunknachrichten der Voice of America und Hochglanzbroschüren manipuliert werden kann.[4] Verfechter dieser Auffassung meinen zum Beispiel, »dass eine intensive Kampagne mit Britney Spears-Videos und arabischsprachigen Komödien in arabischen und muslimischen Ländern Washington Millionen neuer Sympathisanten unter den Muslimen bescheren wird«.[5] Werbung kann dazu verwendet werden, die Einstellung der Leute zu ändern, so dass sie eine Marke von Konsumgütern einer anderen vorziehen, etwa von Pepsi zu Coke wechseln, besonders dann, wenn der Unterschied zwischen beiden gering ist und viele Millionen Dollar für eine solche Kampagne ausgegeben werden. Aber wenn es sich um moralische Fragen handelt, wird die öffentliche Meinung von vielen Faktoren gelenkt, einschließlich der religiösen Erziehung, der Bildung, des Gruppendrucks und unabhängiger Medienquellen. Die öffentliche Meinung kann zwar zuweilen fehlgeleitet und irregeführt werden. Eine Supermacht, wie im Übrigen jede Macht, die nach der Annahme vorgeht, sie könne die öffentliche Meinung mit den Tricks der Madison Avenue formen, wird allerdings zu ihrem Kummer oft feststellen müssen, dass die Ansichten der Menschen eine eigene unabhängige Kraft haben. Von daher ergibt sich die Bedeutung der entstehenden globalen Synthese nicht bloß für allgemeine normative Zwecke, sondern ebenso als ein wesentliches Element bei der Entwicklung einer neuen globalen Architektur, die man als legitim betrachtet.

Die politischen Strategen des Westens sollten Ratgeber ignorieren, die so argumentieren wie jener im Jahr 2003 herausgegebene Bericht der ›United States Advisory Group on Public Diplomacy for the Arab and Muslim World‹, in dem es heißt: »Die Vereinigten Staaten müssen ihre Bemühungen in den Public Relations drastisch verbessern und gründlich überprüfen, um ihr gesunkenes Image unter Muslimen und Arabern im Ausland zu retten.« Der Bericht informiert darüber, dass die Regierung Bush einige Anstrengungen unternommen hatte, um die Öffentlichkeitsarbeit im Ausland zu verbessern. Lanciert wurde unter anderem »eine Reihe von Fernsehwerbespots, die zeigten, dass Muslime in den Vereinigten Staaten ein Leben in Würde und mit den gleichen Rechten führen«. Bezeichnenderweise wurden aber »die Werbefilme eingestellt, nachdem es mehrere arabische Länder abgelehnt hatten, sie zu zeigen«. Der Leiter der Beratergruppe, Edward P. Djerejian, sagte, er sei während eines Besuchs in Kairo völlig überrascht gewesen, als er eine Podiumsdiskussion des Fernsehsenders Al Arabia sah, in der »Amerikanisierung« ein Schlagwort für den moralischen Verfall des Islam war – eine scharfsinnige Beobachtung. Aber welche Lehre zog er daraus? Das Problem, sagte er einem Reporter, sieht so aus: »Woody Allen sagt, 90 Prozent des Lebens besteht darin, sich einfach zu zeigen. In der arabischen Welt treten die Vereinigten Staaten einfach nicht auf.« Dementsprechend lauteten die wichtigsten Empfehlungen der Gruppe, man solle »neben der Schaffung eines neuen Direktorpostens für öffentliche Diplomatie im Weißen Haus Bibliotheken und Informationszentren in der muslimischen Welt aufbauen, mehr Bücher aus dem Westen ins Arabische übersetzen, mehr Stipendien und Gastaufenthalte anbieten, die amerikanische Internetpräsenz auf den neuesten Stand bringen und mehr Arabisten, Sprecher des Arabischen und PR-Spezialisten ausbilden«.[6] Das bedeutet, den Muslimen eine Botschaft bewusster zu machen, die viele von ihnen beleidigt. Eine Gruppe gemäßigter Muslime offenbarte demselben Team der Beratergruppe in Indonesien eine Botschaft, die das Team weitgehend ignorierte: *»Das Grundproblem ist die Politik und nicht die Öffentlichkeitsarbeit.«*[7]

Die Lektion lautet, dass Öffentlichkeitsarbeit sehr wenig Gutes ausrichten kann und recht wahrscheinlich zum Eigentor werden wird, solange der Westen die Welt nicht so behandelt, dass der Respekt für Werte des Westens wie des Ostens, für säkulare und für religiöse Positionen, für Freiheit und Gemeinschaft erkennbar wird und dieser kombinierte Ansatz in speziellen politischen Grundsätzen zum Ausdruck kommt.

5. Implikationen für die amerikanische (und westliche) Außenpolitik

Starke Realisten (Neorealisten eingeschlossen)[1] halten den Nutzen normativer Macht in den internationalen Beziehungen für gering, wenn sie diesen nicht gleich ganz abtun. Sie setzen stattdessen auf den Nutzen von wirtschaftlicher Macht – beispielsweise von Handelsprivilegien und Sanktionen – und von militärischen Drohungen und Einsätzen. Starke Idealisten lassen Werte zu und somit auch Überzeugungen und eine höherstehende Macht.[2] Aus meiner Sicht werden normative Prinzipien am besten als *ein* bedeutender Faktor aus einer Handvoll mehrerer Faktoren behandelt, die besonders wichtig sind für die Bestimmung dessen, was als legitim erachtet wird.

In diesem Sinne möchte ich als Nächstes die Implikationen der globalen normativen Synthese für die jeweilige Außenpolitik untersuchen. Diese Implikationen sind alles andere als weltbewegend und kaum neuartig, werden aber immer wichtiger und erhalten im Kontext der entstehenden globalen Synthese zusätzliche Bedeutungen. Ich kann gar nicht genug betonen, dass es mir nicht darum geht, eine Reihe von Vorschriften zu dem, was man tun und was man lassen sollte, aufzustellen, sondern vielmehr die Implikationen des kommunitaristischen Denkens für die Außenpolitik aufzuzählen. Jede einzelne außenpolitische Entscheidung wird von zahllosen vielschichtigen Überlegungen beeinflusst: Kein Prinzip kann allein dafür bestimmend sein, ob diese oder jene Vorgehensweise verfolgt werden sollte. Um nur ein Beispiel aus meiner Zeit als Berater des Weißen Hauses zu geben: Präsident Carter trat stark für die Menschenrechte ein. Er wurde jedoch regelmäßig dafür kritisiert, dieses Prinzip nicht »konsequent« genug einzuhalten, womit die Kritiker eigentlich meinten, er gestatte den Menschenrechten nicht, alle anderen Erwägungen als Trumpf auszustechen, obwohl sie es kaum so ausdrückten. Die harten Tatsachen sind aber, dass solange die Vereinigten Staaten vom saudischen oder nigerianischen Öl abhängig waren (und es noch immer sind), Carters Regierung die damit berührten nationalen Interessen nicht einfach außer Acht lassen konnte, um die Menschenrechte zu fördern. Daraus folgt allerdings nicht, dass die Formulierung der normativen Prinzipien, die Implikationen für die Außenpolitik haben, eine zweckfreie Übung ist. Diese Prinzipien steuern eine bedeutende Überlegung zu der Mischung bei. Sie informieren uns darüber, in welche Richtung wir gehen sollten, und sie regen uns an, etwas dafür zu tun, dass dieser Schritt machbarer wird. Obwohl ich diese Prinzipien jeweils einzeln erörtern werde, kommen sie offenkundig alle gleichzeitig zum Tragen.

Implikationen aus dem Ansatz des Service-Lernens

Ich definierte den Ansatz des Service-Lernens als einen Ansatz, der davon ausgeht, dass der Westen – ob mit Worten oder Taten – keinen Grund hat, zu unterstellen, dass der Osten im Hinblick auf politische und ökonomische institutionelle Entwürfe und Grundwerte wenig oder gar nichts zu bieten hat. Im Gegenteil, der Westen sollte offen und bereitwillig zugeben, dass es vieles gibt, was der Osten, ebenso wie der Westen, beisteuern kann. Der Westen sollte anerkennen, dass die entstehende globale normative Synthese Elemente aus allen Teilen der Welt einbezieht, wenngleich die ursprünglichen Elemente in dem Prozess der Zusammenführung erheblich abgewandelt werden. Je mehr ein Volk und seine gewählten Vertreter die geteilten Formulierungen übernehmen, die aus der *globalen*

Synthese hervorgehen, desto stärker werden wir von der konfrontativen Haltung gegenüber einer globalen Synthese abrücken.

Dies bezieht sich auf die Rhetorik durch offizielle Vertreter. Ich will gewiss nicht vorschlagen, dass wir Professoren oder öffentlichen Intellektuellen das Recht verwehren sollten, zu sagen und zu schreiben, was sie denken, selbst wenn einige von ihnen die Gefühle anderer Kulturen zutiefst verletzt haben, so wie es Salman Rushdie in den *Satanischen Versen* und Samuel Huntington in *Kampf der Kulturen* taten. Doch solche Stimmen sollten nicht so behandelt werden, als ob sie de facto Sprecher für den Westen seien, wenn wir den Ansatz helfenden Lernens übernehmen anstatt eine Position arroganter westlicher Überlegenheit. Dasselbe gilt für die Berater, welche von der US-Behörde für internationale Entwicklung in Länder wie Russland oder Afghanistan entsandt werden. Diesen Ländern sollten die enthusiastischen Cheerleader des Kapitalismus erspart bleiben, die sich um die Notwendigkeit, ihn im Zaum zu halten, keine Sorgen machen. Den Interessen des Westens wäre am besten gedient, wenn man den Ansatz helfenden Lernens übernehmen würde und auf die Sprache der Überlegenheit oder der Konfrontation bei der Abfassung von Reden, Verlautbarungen und Vorträgen westlicher Oberhäupter, Amtsträger und Diplomaten ebenso verzichtete, wie auf die Botschaften der Voice of America und der Abteilungen für Öffentlichkeitsarbeit in den Botschaften des Auslands.

Außerdem könnte der Westen zugeben, dass es ihm ebenso, wie es den Gesellschaften im Osten bedauerlicherweise an Institutionen und Werten fehlt, die der Westen schätzt, in anderen Bereichen mangelt, in denen der Osten reich, ja sogar über alle Maßen reichlich ausgestattet ist. Wir können voneinander lernen.

Erstens: Öffnen und Enttyrannisieren

Im Rahmen einer globalen normativen Synthese schneiden viele Nationen bei dem einen oder anderen entscheidenden Element zu dürftig ab. Zudem gibt es einen gewissen Druck, die Nationen und die Beziehungen zwischen den Nationen näher an das entstehende gemeinsame Moralverständnis heranzuführen. Der Ansatz der Zurückhaltung, dessen Wert ich bereits angedeutet habe, führt zu der Frage, welche Elemente des gesellschaftlichen Wandels, die in eine solche Bewegung einbezogen sind, zuerst gefördert werden sollten.

Der Zusammenbruch des kommunistischen Blocks führte anfänglich zu einer Siegesstimmung im Westen, die in der These vom Ende der Geschichte gut eingefangen ist. Das nährte maßlose Versprechen und Arroganz, wie etwa das unsinnige Versprechen, der Westen würde Dutzende von Ländern demokratisieren, in jüngster Zeit vor allem Afghanistan und den Irak.[3] Als sich die Demokratisierung als schwieriger herausstellte, als man versprochen hatte,[4] beeilten sich die westlichen Politiker, jeder Nation, die lediglich Wahlen abhielt, Demokratie zu bescheinigen, selbst wenn die Pressefreiheit eingeschränkt war, die Achtung vor dem Gesetz schwer litt, die Machthaber korrupt und autoritär waren und weitere, für ein demokratisches Gebilde unerlässliche Elemente fehlten.[5]

Dieser Hang, die Ansprüche an die Definition von Demokratie abzusenken, damit sie billiger zu haben ist, verstärkte sich nach 1989, war aber davor schon alles andere als unbekannt. Westliche Politiker erklärten Länder für »demokratisch«, in denen das Militär faktisch eine Vetomacht in Bezug auf alles hat, was die gewählten Amtsträger tun (Türkei), in denen der Monarch das Parlament nach Belieben auflösen kann (Jordanien) und in denen Oppositionsparteien keine reelle Chance haben, gewählt zu werden (Venezuela). Um die demokratischen Lücken zu vertuschen, wurden verschiedene beschönigende Bezeichnungen eingeführt, beispielsweise die

»gelenkte Demokratie« (Indonesien), die »verwaltete Demokratie« (Russland) und die »Wahldemokratie«.[6] Das alles sind Wortspiele, die es Amerika erlauben, die Vorstellung eines Triumphs zu wahren, die aber mehrere nachteilige Folgen haben: Sie erzeugen eine Mischung aus Zynismus und Verachtung, und in vielen Fällen münden sie in den Wunsch, man möge doch zu den alten Regimes zurückkehren. Dasselbe gilt ganz entschieden für leere Versprechen, unter Dutzenden anderer Länder auch die Volkswirtschaften von Afghanistan, Somalia, Haiti und Niger wieder »aufzubauen«.

Diese falschen Demokratien entwerten nicht nur den Kurswert der Demokratie immens, sondern pervertieren auch die Außenpolitik des Westens, da die Regierungen zum Opfer ihrer eigenen aufgeblasenen Rhetorik werden.[7] Es gibt wohl kaum ein Beispiel, das so vielsagend und peinlich ist wie die Behauptung von Präsident Bush, dass ein wichtiger Grund, weshalb die Vereinigten Staaten in den Irak einmarschiert seien, das Ziel gewesen wäre, dessen Bevölkerung die Demokratie zu bringen (ein Grund, der hochgespielt wurde, nachdem sich andere Gründe als nicht glaubwürdig erwiesen hatten). Sobald der Irak befreit war, setzten die USA eine Regierung aus handverlesenen Leuten ein, von denen man glaubte, sie würden das tun, was man von ihnen erwartete. Wenn einige der von den USA importierten Regierungsmitglieder ihren Stichworten nicht folgten oder keine Anerkennung fanden, wurden sie von den USA beliebig ausgetauscht. Im Grunde genommen diente ein amerikanischer Verwalter als Präsident des Irak. Als die einflussreichsten geistlichen Führer des Iraks mit Unterstützung vieler anderer Iraker allgemeine Wahlen verlangten, um eine legitime demokratische Regierung zu errichten, erhoben die USA Einwände und bestanden darauf, die Macht müsse spätestens bis zum 1. Juli 2004 an eine irakische Regierung übergeben werden – und nutzten diese Terminfestlegung (von der sie sagten, sie sei nicht verhandelbar) dann, um zu argumentieren, es sei nicht genug Zeit, um demokratische Wahlen durchzuführen. Stattdessen zogen die USA ein verschachteltes System von Ausschüssen vor, dessen Zweck offenkundig darin bestand, eine Regierung zu bilden, die den Irak nicht einem Taliban-ähnlichen Regime überantwortet, einer Gruppe, für die der bittere Slogan »eine Person, eine Stimme, ein Mal« durchaus zutreffend wäre.

Die Vereinigten Staaten äußerten nicht offen, dass der Irak weit davon entfernt sei, eine echte demokratische Regierung zu bilden. Die USA müssten also entweder eine langfristige Besetzung durchhalten und eine sehr schwierige und teure Umwandlung zur Demokratie anbahnen, oder sie müssten die Iraker die Angelegenheit in jeder beliebigen Art und Weise unter sich ausmachen lassen; und zwar so weitgehend, wie sich die Iraker im Klaren wären, dass die USA und ihre Verbündeten alle Ergebnisse akzeptieren – sogar irgendeinen moderaten Autokraten (wie Putin), einen König (wie in Jordanien) oder eine Dreiteilung des Landes –, solange das neue Staatsoberhaupt die grundlegenden Menschenrechte wahren, mit dem Westen in entscheidenden Angelegenheiten wie der Terrorbekämpfung kooperieren und nicht versuchen würde, Massenvernichtungswaffen zu beschaffen.

In Afghanistan erklärten die USA nach ihrem früheren militärischen Sieg einen zweiten Sieg, als Anfang 2004 eine demokratische Verfassung angenommen wurde und das Land demnach vermutlich auf einem guten Weg war, eine demokratische Regierungsform zu gestalten – auf der Weltkarte an der Wand im Außenministerium, mit der man das Ende der Geschichte darstellte, konnte nun eine weitere Nadel eingesteckt werden. Tatsächlich hatte die Regierung von Hamid Karsai kaum die Hauptstadt unter Kontrolle. Sie überlebte nur, weil sie von westlichen Streitkräften verteidigt wurde und von ganzen Schiffsladungen westlicher Finanzpakete am Laufen gehalten wurde. Karsai selbst, vom Westen auserlesen und importiert, war rund um die Uhr auf die Bewachung durch amerikanische Leibwächter angewiesen, weil er seinen eigenen

Leuten nicht trauen konnte. Wichtiger noch, der Rest der Nation wurde im Grunde genommen weiterhin von nicht gewählten kriegerischen Stammesführern beherrscht – wie es seit Jahrhunderten so gewesen war.

Zum Zeitpunkt der Drucklegung dieses Buches wird weiterhin an einer Lösung für diese Dinge gearbeitet. Eines ist mittlerweile jedoch klar: Der Anspruch, dass eine von außen kommende Macht Nationen im Schnellgang demokratisieren kann, mit geringer Vorbereitung auf eine demokratische Form des Schutzes, widerspricht seit langem bekannten Befunden aus früherer Erfahrung, die in Irak und Afghanistan täglich bestätigt werden.

Wenn wir zugeben, dass der gesellschaftliche Wandel langsam und beschwerlich vor sich geht und eine Nation nur in stark beschränktem Umfang bedeutende Veränderungen in der Staatsform und Ökonomie einer anderen Nation bewirken kann, dann lautet die normative Frage für die westliche Außenpolitik, welche Elemente der Autonomie zuerst gefördert werden sollten. Um es noch einmal zu wiederholen: Wenn wir die schwerwiegenden Grenzen der Sozialtechnologie akzeptieren, die insbesondere für Außenstehende gelten, sollte man in hohem Maße zurückhaltend an einen intendierten sozialen Wandel herangehen; das heißt, man sollte zur Kenntnis nehmen, dass dem, was Außenpolitik auf diesem Gebiet erreichen kann, selbst bei großen Ressourcen und langewährenden Verpflichtungen enge Grenzen gesetzt sind. Vorausgesetzt, eine langsame Herangehensweise lässt sich nicht vermeiden, welche Elemente sollten dann leitend sein und welche sollten ihnen nachfolgen?

Mit diesem Thema sind oft diejenigen konfrontiert, die der Ansicht sind, dass die ökonomische Entwicklung der politischen Entwicklung vorausgehen sollte und freiere Märkte der Einführung der Demokratie und der größeren Achtung von Rechten vorhergehen sollten.[8] Andere haben den Vorschlag geäußert, die Institutionalisierung von Rechten sollte Vorrang haben vor der Demokratie.[9] Ich bin der Meinung, wenn man es mit traditionellen, autoritären Gesellschaften zu tun hat – wie etwa Iran, Saudi-Arabien, Sudan, Libyen, Kambodscha, Laos und Birma –, wäre es am besten, wenn der Westen als Erstes auf eine Öffnung und Enttyrannisierung dieser Gesellschaften hinarbeiten würde und dies ebenso bei den verbliebenen kommunistischen, abgeschotteten Gesellschaften Nordkorea und Kuba.

Die Öffnung von Gesellschaften geht einher – in Verhandlungen, im Geben und Nehmen, in Kampagnen der öffentlichen Meinung, durch diplomatischen Druck, als Bedingung für die Zulassung zu verschiedenen internationalen Körperschaften – mit freier Ein- und Ausreise in die Länder, einem freien Strom von Waren und Dienstleistungen, von Kulturgütern einschließlich des Zugangs zum Internet. Gesellschaften, die sich bereits in unterschiedlichen Graden geöffnet haben, sollten ermutigt und dazu angehalten werden, sich weiter zu öffnen – indem man beispielsweise Druck aufbaut oder Anreize schafft, damit ihre Regierungen Beschränkungen der Art aufheben, wie sie Singapur und China für den Zugang zum Internet verhängt haben. Für die Entwicklung der drei Elemente der Autonomie (Rechte, Demokratie und freiere Märkte) ist die Öffnung wesentlich, und die Förderung von Autonomie in Gesellschaften, in denen sie fehlt, ist entscheidend für die Bewegung hin zu einer guten Gesellschaft.

Die Öffnung von Gesellschaften ist ein zurückhaltenderes und erreichbareres und in diesem Sinne glaubwürdigeres Ziel als die Demokratisierung oder Einführung des gesamten Spektrums der Menschenrechte (obgleich die Öffnung die Einführung von einigen dieser Werte beinhaltet). Die Förderung der Demokratie wird erreichbarer, nachdem die Gesellschaft für eine beträchtliche Zeit offen gewesen ist, manchmal ein Jahrzehnt oder länger. Ich bin nicht gegen eine vollständige Demokratisierung oder Liberalisierung des Sudans oder Libyens vom ersten Tag ihrer Öffnung an. Ich meine nur, dass ein

Überziehen den gegenteiligen Effekt haben wird und dass es in vielen Ländern mit geringer historischer, kultureller oder soziologischer Vorbereitung unumgänglich ist, zuerst die Grundlagen zu legen – was bedauerlicherweise langsam geht.[10] Oder wie Jessica Mathews formuliert, ein »Kreuzzug im Namen der Demokratie ist überheblich, blind für lokale Realitäten, gefährlich und ignoriert die Geschichte«.[11] Wenn die rechtlichen und kulturellen Grundlagen nicht gegeben sind, verursachen die verfrühte Demokratisierung und die Eile, einen freien Markt zu schaffen, immense soziale und wirtschaftliche Kosten, die in der Regel höher sind, als wenn der Wandel allmählich voranschreiten würde.[12] Darüber hinaus büßen Demokratie und freie Märkte an Glaubwürdigkeit ein, wenn ihre aggressive Förderung zu so etwas wie einer Räuberbaron-Gesellschaft führt, wie sie in Russland nach 1989 entstand (und Russland war auf die damit verbundenen massiven sozialen Umbrüche erheblich besser vorbereitet als viele andere Länder).

Sobald sich eine Gesellschaft zu öffnen beginnt, entsteht Raum für die Förderung aller drei Elemente der Autonomie, wie die Erfahrung mit Russland deutlich macht. Ob nun eines der Elemente in diesem fortgeschrittenen Stadium mit mehr Nachdruck gefördert werden sollte als die anderen und ob es eine optimale Abfolge für alle Gesellschaften gibt, sind Fragen, die schon sehr lange untersucht werden, bei denen aber wenig Einigkeit besteht.[13] Eine Außenpolitik der Zurückhaltung konzentriert sich am besten zuerst darauf, jedes Element zu fördern, zu dessen Entfaltung eine gegebene Gesellschaft eine Neigung besitzt (sagen wir, wirtschaftliche Freiheiten in China), anstatt darauf zu bestehen, dass die Gesellschaft an allen drei Fronten zugleich mehr oder weniger gleichermaßen fortschreiten soll (z. B. indem man den Handel mit China boykottiert – und damit sowohl Engagement wie Öffnung unterminiert – wegen mangelnden Fortschritts bei den Menschenrechten, wie manche befürworten). Die Beobachtung, dass Fortschritt an der einen Front allmählich zu Fortschritt an anderen Fronten führt, stützt den hier skizzierten Ansatz (Chinas Achtung für Rechte und demokratische Entwicklung hinken z. B. hinterher, und es gibt in der Tat gelegentliche Rückschläge, dennoch geht China erheblich über das hinaus, was es war, als es erst damit anfing, Kommando und Kontrolle der Wirtschaft zurückzuschrauben).[14]

Eine solche Förderung sollte jedoch auf gewaltlose Mittel begrenzt bleiben (vom Studentenaustausch bis zum ausgeweiteten Handel). Die vorangegangene Argumentation rechtfertigt in keinem Fall den Gebrauch militärischer Macht, um über internationale Grenzziehungen hinweg etwas voranzubringen, was man Locke'sche Ziele nennen könnte – Menschenrechte (abgesehen von einigen sehr grundlegenden wie das Recht auf Leben) oder die Installierung repräsentativer Regierungen. Die Vorstellung, dass es niemanden etwas angeht, was in irgendeinem anderen Land geschieht, hat in einem Zeitalter verminderter nationaler Souveränität nur begrenzte und schwache Legitimität. Solange allerdings kein massives Blutvergießen im Spiel ist, sind bewaffnete Interventionen – in der Form, wie sie die Vereinten Nationen in Haiti autorisierten – nicht gerechtfertigt. Die Idee, Gott habe die Vereinigten Staaten auserwählt, um denjenigen die Demokratie zu bringen, denen sie unbekannt ist, wie einige extrem Neokonservative argumentieren, so als erneuerten sie die »Last des weißen Mannes«, entbehrt jeder Moral und der empirischen Grundlagen. Keine irdische Macht ist in der Lage, die Welt in einem solchen Maße zu verändern. Anderes zu behaupten, hieße Enttäuschung anzubahnen, Zynismus zu nähren, Ressourcen zu verschwenden und eine politische Gegenreaktion an der Heimatfront hervorzurufen.[15]

Die im Jahr 1994 von den USA geleitete Intervention in Haiti, um den ins Exil geflüchteten Präsidenten Jean-Bertrand Aristide wieder in sein Amt einzusetzen, erhielt den Segen des UN-Sicherheitsrates mit der Begründung, das Militärregime habe gegen die Resolutionen des Sicherheitsrates verstoßen.

Der Sicherheitsrat drückte auch seine Besorgnis darüber aus, dass das Militärregime die bürgerlichen Freiheiten verletze und das Los der haitianischen Flüchtlinge verschlimmere. Beklagenswert, ja – es wert, ökonomische Sanktionen zu verhängen, vielleicht. Aber die Situation erreichte nirgendwo die Stufe des Völkermords oder der ethnischen Säuberung, die ein militärisches Eingreifen rechtfertigt. Dutzende Nationen begehen Verletzungen der Bürgerrechte, die vergleichbar oder schlimmer sind als die Verstöße, die man Haiti zur Last legte. Die schiere Zahl der Verstöße macht eine bewaffnete Durchsetzung des Schutzes von Menschenrechten nahezu unmöglich. Außerdem werden die Menschenrechtsverstöße begehenden Regimes vielfach durch den Westen gestützt, so im Fall von Saudi-Arabien, Ägypten, Pakistan, Jordanien, Elfenbeinküste und vielen weiteren in Latein- und Zentralamerika.[16] Der Westen kooperiert mit Regierungen in Pakistan, der Türkei und Chile, in denen die Militärs viele Entscheidungen, die das Parlament trifft, mit einem Veto aufheben oder das Zustandekommen einer solchen Entscheidung von Anfang an verhindern. Der Westen unterstützt solche Militärregierungen auch, indem er finanzielle und technische Mittel bereitstellt sowie Polizei und Militär ausbildet, was demokratische Entwicklungen in diesen Nationen gravierend behindert. So sitzen die autoritär herrschenden arabischen Regimes fest im Sattel, und trotz einiger bewegender Reden von Präsident Bush haben die USA kaum etwas getan, um sich mit oppositionellen Gruppen zu verbünden, die in diesen Ländern die Demokratiebestrebung verkörpern. Stattdessen halten es die Vereinigten Staaten weiterhin für notwendig, Regierungen von Ländern wie Algerien oder Tunesien für ihre Hilfe beim Krieg gegen den Terror zu danken, und die autokratische Regierung Ägyptens erhält weiter Millionen Dollar Finanzhilfe und Militärhilfe, während man den Reformern keinen Penny zukommen lässt. Ungeachtet gelegentlicher versteckter kritischer Kommentare am saudischen Regime werden dessen autokratische Herrscher von den USA mit Samthandschuhen angefasst anstatt untergraben.[17] Kurz gesagt, es ist heuchlerisch und realitätsfern, zu fordern, die Außenpolitik einer Nation habe mit vorgehaltener Waffe Rechte zu schützen und Demokratie zu exportieren. Daraus folgt, dass *Menschenrechte und Demokratisierung energisch gefördert werden sollten, nicht aber mit todbringenden Mitteln – und wir müssen uns darüber klar sein, dass es ein langsamer Prozess sein wird.*[18]

Wie zuvor schon angedeutet, ist Gewaltanwendung gerechtfertigt, um eine große Zahl Menschenleben zu retten, die sonst durch Gewalt umkämen – hingegen nicht, um das Leben der Menschen zu verbessern. Eine große Zahl von Menschen stirbt an Unterernährung, durch AIDS und andere nicht gewaltsame Gründe – keine Mobilmachung von Truppen und kein Einmarsch wird diese Missstände beseitigen. Sie verdienen ganz sicher unsere Aufmerksamkeit, ihre Bekämpfung hingegen sollte gewaltfrei sein; und wir müssen zugeben, dass diese Probleme sehr viel hartnäckiger sind als die Überwindung ethnischer Konflikte und Bürgerkriege, so schwer es ist, diese einzudämmen.

Das Versprechen der Demokratisierung als Vorwand zu benutzen, um in ein Land einzumarschieren, ist ein besonders erbärmliches Argument, da die Dokumentationen belegen, dass die Demokratisierung selten folgt. Eine Studie, die von der Carnegie Endowment for International Peace durchgeführt wurde, stellte fest, dass von den 18 erzwungenen Regimewechseln, zu denen amerikanische Bodentruppen eingesetzt worden waren, nur fünf nachhaltig zu einer demokratischen Regierungsweise führten.[19] Zu diesen Ländern gehören Deutschland, Japan und Italien, bei denen Bedingungen herrschten, die woanders fehlen, nämlich neben anderen Vorbedingungen für eine Demokratisierung ein hohes Bildungsniveau, ein hohes Pro-Kopf-Einkommen, eine Mittelschicht nennenswerter Größe und nationale Einheit.[20] Zwei andere Länder, die als demokratisiert aufgezählt werden, sind Panama und Granada, die sich diesen Titel aber erst noch verdienen müssen. Die Schwierigkeiten, die die USA und ihre Verbündeten bei der Demokratisierung Afghanistans und Iraks erlebt haben, sind nur die jüngsten Beispiele in einer langen Liste von Fehlschlägen.[21] Die wie ein Mantra wiederholte Idee,[22] die Vereinigten Staaten bräuchten nur einen Marshall-Plan für beliebig viele Länder bereitstellen, und sie alle würden umgehend demokratisch werden (und/oder ihre Volkswirtschaften würden »wiederaufgebaut« werden), verfügt über wenig soziologische Plausibilität.

Wenn und sobald Truppen wegen einer guten Sache in ein Land entsendet werden – um einen Völkermord zu beenden, zum Beispiel im Kongo, in Burundi, Kosovo oder Bosnien und Herzegowina – ist die wirksamste Außenpolitik, die der Befriedung folgt, nicht die Förderung der Demokratie, sondern die Enttyrannisierung, d. h. die Auflösung der Geheimpolizei, der Todesschwadronen, der Straflager, Absetzung der Richter einer Unrechtsjustiz und die strafrechtliche Verfolgung der Verantwortlichen vor Gerichten. Ich verwende diesen ungeschickten Ausdruck, weil er dazu dient, den himmelweiten Unterschied hervorzuheben, der zwischen der Ent-Nazifizierung oder Ent-Baathifizierung einerseits und dem Versuch andererseits besteht, ein konkurrierendes Parteiensystem, eine freie Presse, unabhängige Richter, unbestechliche Staatsdiener, Rechtskonformität und andere heikle, aber wesentliche Elemente der Demokratie einzurichten. Um mich noch einmal zu wiederholen: Ich sage keineswegs, dass es nicht wünschenswert wäre, weit mehr zu erreichen als eine Enttyrannisierung, sondern nur, dass in vielen Ländern alles, was in der Kürze erreicht werden kann, die Öffnung und Enttyrannisierung ist, und dass übereilte Vorstöße, Demokratien zu errichten, zu falschen Demokratien führen.

Der Westen sollte sich hier auf spirituelle Konzepte des Ostens stützen. Das buddhistische Konzept des achtfachen Pfades gibt den Menschen eine Vision, Hoffnung, und lehrt sie

Stufen, auf denen sie zum goldenen Endzustand gelangen, macht ihnen aber keine Illusion, dass man schnell dorthin gelangen kann. Das Hindukonzept der Reinkarnation, vom Leiden in diesem Leben und der Rückkehr auf einer höheren Stufe im nächsten Leben, spendet Trost angesichts der Härten des Lebens in dieser Welt. Der Westen würde davon profitieren, wenn er ein solches Konzept auf den Prozess der Demokratisierung und, allgemeiner noch, auf die Entwicklung von Autonomie anwenden würde. Die Nationen könnten dann erklären, dass sie diese oder jene Stufe vollendet haben und auf der nächsten Fortschritte machen, anstatt zu behaupten, sie hätten sich demokratisiert, wenn sie in Wahrheit erst ein Stück des Wegs zurückgelegt haben, auf dem sie eine wirklich freie Gesellschaft werden.

So gesehen sind Öffnung und Enttyrannisierung die Stufen 1 und 2 auf einem achtfachen Pfad zur Demokratisierung. Die Einführung grundlegender Gesetze und Achtung vor diesen Gesetzen könnten die Stufe 3 bilden und so fort. Die Einführung eines vollständigen Wettbewerbs politischer Parteien könnte in der Reihenfolge weiter am Ende platziert werden; Japan und Mexiko ringen noch immer mit diesem Erfordernis.

Ein scheinbar thematisch abseitiger Punkt ist in der Diskussion sehr umstritten: die Kosten einer neuen globalen Architektur. Viele haben Zweifel, ob die USA gewillt sein werden, die laufenden Kosten zu schultern, die das selbstgestaltete Imperium auf Dauer verursacht.[23] Diese Kosten sind allerdings nicht in Stein gemeißelt, sie hängen weitgehend davon ab, welche ordnungspolitischen Maßnahmen die Welt nötig macht. Die Verbesserung der Sicherheitslage, das Unschädlichmachen von Tyrannen und die Öffnung einer Gesellschaft führen zu erheblichen Kosten, die aber im Vergleich zu den finanziellen Mitteln, die in Demokratisierung und Entwicklung oder »Wiederaufbau« investiert werden müssen, dennoch verblassen. Es ist sehr unwahrscheinlich, dass die Steuerzahler Amerikas und anderer westlicher Nationen, die sich die Übernahme dieser Kosten teilen, bereit sein werden, Jahr für Jahr viele Milliarden zu zahlen, besonders dann nicht, wenn ihnen stärker bewusst wird, wie wenig wahrscheinlich es ist, dass diese Ausgaben die gewünschten Ergebnisse zeitigen. Kritiker der US-Außenpolitik, wie Paul Kennedy[24] und Chalmers Johnson,[25] die schon vor langem vorausgesagt haben, dass der Niedergang der Nation durch Überforderung zustande kommen werde, mögen vielleicht noch recht behalten, aber nicht deswegen, weil die Vereinigten Staaten zusammenbrechen oder angreifbar werden (wie sie vorhersagen), sondern weil sie sich wieder einmal von der Welt zurückziehen könnten, wie ein Tourist, der der Ansicht ist, dass die Unterkunft im Ausland zu teuer ist.[26]

Die Kosten für die Ordnungspolitik in der Welt niedrig zu halten ist also eine Vorbedingung dafür, bei den Steuerzahlern in einer Demokratie die Bereitschaft aufrechtzuerhalten, weiterhin die Rechnung zu begleichen. Ich plädiere nicht dafür, wie ich betonen möchte, dass wir die Welt nicht demokratisieren und entwickeln sollten, weil die Kosten dafür zu hoch sind. Ich behaupte vielmehr, dass Demokratien an den meisten Orten der Welt nicht in erster Linie durch Mächte von außen befördert werden können. Deshalb können vergebliche Versuche mit diesem Ziel die Bürger verprellen, die für den Aufwand zahlen müssen; Versuche, die Mittel vergeuden, die für die Aufrechterhaltung der globalen Ordnung gebraucht werden, und Mittel für Ziele, die tatsächlich erreicht werden können, insbesondere die Öffnung und Enttyrannisierung.

In Afghanistan und Irak steht diese Frage nun zur Klärung an. Die Kosten, was Menschenleben und Ressourcen angeht, erreichen sehr schnell ein Niveau, das die amerikanische Wählerschaft nicht mehr zu tragen bereit ist. Es gibt gute Gründe, daran zu zweifeln, dass die Amerikaner gewillt wären, für die Kosten aufzukommen, wenn die Vereinigten Staaten in einem weiteren Land, etwa Iran, eine ähnliche Rolle spielen wollten, von weiteren Ländern ganz zu schweigen. (Hinzu kommt, dass die Kosten der Aufrechterhaltung amerikanischer Streitkräfte in anderen Teilen der Welt auch nicht gerade unerheblich sind und weiter steigen.) Die USA könnten durchaus dazu gezwungen sein, den Sieg zu erklären und den Rückzug anzutreten, und zwar wegen einer übertrieben ehrgeizigen Formulierung ihrer Ziele. Falls dies geschehen sollte, werden die Vereinigten Staaten ihre Glaubwürdigkeit als Supermacht verlieren, die eine Weltordnung gewährleisten kann.

Die Diskussion hat sich bislang auf Implikationen der entstehenden globalen normativen Synthese für den Westen konzentriert. Welche Implikationen hat nun dieselbe Synthese für die Außenpolitik von Ländern des Ostens, gerade wenn sie damit versuchen, mehr soziale Ordnung – von der Art, die sie befürworten – im Westen zu fördern? In der Vergangenheit war Zwang ein Erkennungszeichen solcher Politik – zum Beispiel dann, wenn Mitglieder der Königsfamilie Saudi-Arabiens und der iranischen Regierung den Terrorismus in Europa, den USA und Israel finanzierten, um ihre totalitäre, religiöse Vision sozialer Ordnung zu fördern. Und diese Strategien waren obendrein expansionistisch. Dieser letzte Punkt verdient Hervorhebung, weil die Tatsache, dass der Islam expansionistisch ist, nicht genügend zur Kenntnis genommen wurde. Verschiedene muslimische Länder haben aufständischen muslimischen Kräften mit finanziellen Mitteln und mit Kämpfern geholfen, unter anderem im Libanon, in Saddams Irak und dem Post-Saddam-Irak, Kirgisien, Kaschmir, Osttimor, Usbekistan, Tadschikistan, in der Provinz Xinjiang in China und Tschetschenien. Solche politischen Strategien sind mit der normativen Synthese völlig unvereinbar, und sie sind für diejenigen, die sie verfolgen, kontraproduktiv gewesen. Damit sich die Staaten des Ostens die neuen, geteilten normativen Grundsätze zu eigen machen können, müssen sie die Expansion durch Gewaltanwendung als Element ihrer Außenpolitik fallenlassen.

Im Gegensatz dazu gibt es keinen Grund, Gesellschaften des Ostens abzulehnen, die das tun wollen, was die Vereinigten

Staaten auch tun: Studentenaustausch finanzieren, Bücher verbreiten, Amtsträger einladen und Sendungen produzieren, die ihre Sicht der guten Gesellschaft verbreiten. Eine große Ausnahme gibt es dabei jedoch: Alle diese offenbar geeigneten Werkzeuge der Außenpolitik können kontraproduktiv eingesetzt werden, wenn sie benutzt werden, um Fanatismus und Hass zu schüren, wie es die Saudis mit der finanziellen Unterstützung religiöser Schulen, der *madrasas*, in Pakistan, Afghanistan und Indonesien taten.[27] Um in einer Gesellschaft und einer Welt, in denen eine sorgfältig austarierte Balance zwischen Autonomie und sozialer Ordnung besteht, gute Bürger zu sein, müssen die Menschen Unterschiede tolerieren können und sollten kritisch denken können, anstatt starr und unnachgiebig an Diktaten festzuhalten, die auf einem jahrhundertealten Text beruhen.

Eine Präferenz für die Einbeziehung

Die Partei derer, die es vorzieht, autoritäre Regimes zu isolieren (Nordkorea, Kuba usw.), und die Partei derer, die es vorzieht, sie einzubeziehen, haben oft ähnliche Ziele – mehr Raum zu schaffen für Autonomie und alles, was mit ihr verbunden ist –, obwohl charakteristischerweise noch andere strategische Ziele eine Rolle spielen, wie die Bemühungen, die Verbreitung von Massenvernichtungswaffen zu verhindern oder Märkte für ausländische Firmen zu öffnen. (Der Ausdruck »einbeziehen« wird hier gebraucht, um auf die Pflege von Reiseverkehr, Handel, Kulturaustausch, Staatsbesuchen und diplomatischen Beziehungen zu verweisen, während »isolieren« die Einstellung genau dieser Kontakte bedeutet.) Obwohl es keine der beiden Parteien darauf anlegt, die normative Synthese voranzutreiben, die hier geschildert wird, würde die Stärkung der Autonomie in autoritären Gesellschaften sie in diese Richtung führen.

Beide Lager argumentieren für den politischen Ansatz, den sie im Namen normativer Prinzipien befürworten. Diejenigen, die für die Einbeziehung sind, argumentieren zum Beispiel, dass ihr Ansatz dem Frieden dienlicher ist; diejenigen, die für eine Isolierung eintreten, behaupten, dies erzeuge den nötigen Druck, um bei den Menschenrechten Fortschritte zu machen. Die Debatte würde enorm davon profitieren, wenn man sich mehr auf empirisches Material stützen würde, das stark darauf schließen lässt, dass die Einbeziehung unter den meisten Bedingungen viel wirksamer ist als die Isolierung. Richard N. Haass hat darauf hingewiesen, dass Sanktionen nicht nur kostspielig und kontraproduktiv sind, sondern von den Eliten des betreffenden Landes umgangen und folglich unwirksam gemacht werden können.[28] Obwohl es bei den verschiedenen Gesellschaften, um die es hier geht, erhebliche Unterschiede gibt, reicht es fast schon aus, die Regimes zu nennen, die isoliert wurden, und die Regimes aufzuzählen, die einbezogen wurden (oder die Phasen zu vergleichen, in denen sie isoliert oder aber einbezogen waren), um das Argument zu stützen.[29]

Die USA isolierten Castros Kuba vier Jahrzehnte lang, indem sie jeden Handel und Reiseverkehr mit der Insel verboten und Druck auf andere Länder ausübten, sich demselben Kurs ebenfalls anzuschließen. Die Abriegelung Kubas für länger als eine Generation erbrachte jedoch nicht mehr Rechte für das kubanische Volk, keine Einführung demokratischer Reformen und Öffnung seiner Märkte. Saddams Irak und Nordkorea sind zwei weitere autoritäre Regimes, die isoliert waren und dennoch jahrzehntelang fortbestehen konnten und im Falle Nordkoreas können. China war zunächst isoliert und gab wenig nach, änderte sich aber nach Nixons »Öffnung« 1972 allmählich, indem es der Wirtschaft mehr Autonomie zugestand, politische Autonomie geringfügig zuließ.[30] Dasselbe gilt für Nordvietnam. Der Wandel in den fünfzehn Sowjetrepubliken, auch im politischen Bereich, war noch stärker, und zwar größtenteils erst nach ihrer Einbeziehung und nicht während ihrer Isolierung.

Der dramatische und sehr wichtige Wandel in Libyen mag zunächst wie eine Ausnahme erscheinen. Libyen ließ im Jahr 2004 seine Pläne fallen, Massenvernichtungswaffen zu entwickeln, versprach, seine Anlagen dafür abzubauen, und lud den Westen ein, dieses Verfahren zu überwachen. Einer der ersten Schritte der Vereinigten Staaten war in der Tat die Beseitigung großer Mengen von Ausrüstung in diesem Land.[31]

Zwischen dem Unterhalten von Nuklearanlagen und der Erlaubnis, sie zu inspizieren und zu demontieren, liegen Welten. Im ersten Fall sind Täuschungen möglich, und die Inspektoren können nach einem Politikwechsel oder Regimewechsel ausgewiesen werden. Im Gegensatz dazu werden Jahre und einige Milliarden Dollar benötigt, um einmal verschrottete Waffenarsenale wieder aufzubauen, und solche Aktivitäten lassen sich schwer verbergen. Ich werde diesen Unterschied als den zwischen Rüstungskontrolle und Abrüstung bezeichnen. Indem Gaddafi den zweiten Weg beschritt – die Abrüstung –, schuf er ein Vorbild für andere Nationen, für das er den Friedensnobelpreis verdient hätte (vielleicht ausgehändigt mit einer schwarzen Medaille für seine fortgesetzte Missachtung der Menschenrechte). Gaddafi hat mehr für die globale Sicherheit getan als viele andere, die den Preis in der Vergangenheit erhalten haben. (Wer meint, er habe unlautere Motive gehabt, sollte sich an die Motive von anderen erinnern, die den Preis bekamen, darunter auch Jassir Arafat.)[32] Wie gelangte Gaddafi an diesen Punkt? Eine eingehende Untersuchung, die ich hier nicht wiedergeben kann, zeigt, dass der Wendepunkt eintrat, als die USA den Irak angriffen. Die Sanktionen waren lange in Kraft und verlangten ihren Preis, sie bewegten ihn aber nicht dazu, die Schlüssel für sein Programm zur Waffenentwicklung auszuhändigen. Ob die politische Einbindung seines Landes diesen Tag früher herbeigeführt hätte, ist zu bezweifeln, die Sanktionen an sich bewirkten den Dreh jedenfalls nicht.

US-Senator Jesse Helms, ein starker Unterstützer der Isolierungstaktik, zählt die Schweiz, Nigeria, die ehemalige Sowjetunion, Polen und Guatemala zu den Ländern, die ihr Verhalten in Reaktion auf tatsächliche oder angedrohte US-Sanktionen geändert haben.[33] Eine genauere Untersuchung dieser Situationen wird allerdings zeigen, dass die Isolierungsmaßnahmen und ihre Wirkungen in den meisten Fällen begrenzt waren (z. B. bei der Schweiz, zu erreichen, dass sie ihre Bankgesetze ändert), während Einbeziehung weit umfassendere Wirkungen hatte. Außerdem bedeutet die Einbeziehung nicht, dass keine Sanktionen verhängt werden können. Eine Politik der Einbeziehung kann ein paar Sanktionen tolerieren, die eingegrenzt und befristet sind wie die von der Welthandelsorganisation bei Verstößen gegen Handelsabkommen geforderten Sanktionen.

Die Gründe dafür, warum die Einbeziehung oft so viel wirksamer ist und warum sie weder mit einer Verletzung von Grundsätzen (wie etwa der Verpflichtung auf die Menschenrechte) einhergeht, noch die Sicherheit gefährdet (da die Nationen lernen, besser zu überprüfen, wem sie Eintritt gewähren), müssen hier nicht untersucht werden. Der für die aktuelle Analyse einzig relevante Punkt ist, dass die Einbeziehung autoritäre Gesellschaften ermutigt hat – und wie wir annehmen müssen, auch weiterhin ermutigen wird –, mehr Autonomie einzuführen und sie auf diese Weise auf die globale Synthese hinbewegt. Der richtige Maßstab des Fortschritts ist gleichwohl nicht, ob sie zu Faksimiles oder sogar genauen Kopien des amerikanischen Systems werden, sondern ob sie ihre eigene ausgewogene Verbindung von Autonomie und sozialer Ordnung finden, die in einem beträchtlichen Grad auf Überzeugung beruht.

Unterstützung gemäßigter religiöser Gruppen und Tugenden, und nicht nur säkularer, ziviler Tendenzen

Viele Bürger des Westens, insbesondere Amerikaner und Franzosen, glauben, dass die Trennung von Kirche und Staat ein wesentliches Merkmal der Demokratie ist, und viele bezweifeln, dass eine freie Gesellschaft gedeihen kann, wenn diese beiden Entitäten nicht auseinandergehalten werden. Eine solche Trennung existiert in den meisten Ländern, die gemeinhin für solide Demokratien erachtet werden, jedoch nicht. Viele Demokratien gedeihen sogar trotz unterschiedlicher Formen etablierter Kirchen, darunter Großbritannien und die skandinavischen Länder. Die US-Außenpolitik hat (mit wenigen bemerkenswerten Ausnahmen) die Entwicklung der Zivilgesellschaft in ehemaligen kommunistischen Ländern und anderen Nationen unterstützt, indem sie die Zivilgesellschaft implizit mit einer säkularen Gesellschaft gleichgesetzt hat. (Ein aufschlussreiches Detail dazu: Ein Vertreter der Weltbank hat darauf aufmerksam gemacht, dass in der zweitausend Seiten umfassenden Geschichte der Bank, in der ihre vielfältigen Bemühungen und Leistungen dargestellt werden, Religion nur einziges Mal erwähnt wird – im Hinblick auf eine 1962 abgehaltene Sitzung. Viele Verantwortliche der Bank halten die Religion für ein Entwicklungshindernis und somit für einen negativen Einfluss.)[34]

Obwohl ich das Wesen des moralischen und spirituellen Hungers, der auf der ganzen Welt existiert, bereits behandelt habe, bleibt deshalb nach wie vor die Frage zu beantworten: Wie kann die westliche Außenpolitik auf dieses Bedürfnis eingehen und den religiösen Fundamentalismus bekämpfen, der Anhänger gewinnt, indem er denselben Hunger anspricht? Eine wirksame Möglichkeit für ausländische Nationen, dem religiösen Fundamentalismus zu begegnen, ist, moderate Gruppen im Islam und in anderen Religionen zu stärken, und nicht nur auf säkulare Gruppen zu setzen. Ein Beispiel soll für alle stehen, die man dafür anführen könnte. Im Jahr 2003 sah es so aus, als würden die Vereinigten Staaten unnachgiebig alle Versuche schiitischer Mullahs in Irak bekämpfen, ein Regime wie das der Taliban einzuführen und stattdessen einen säkularen Ansatz begünstigen. Man verschwendete so gut wie keinen Gedanken daran, einen weichen Islam zu fördern. Anshuman A. Mondal kleidete das in die Frage: »Haben sie [die islamischen Gesellschaften] nur die Wahl zwischen einem westlich säkularen Liberalismus und einem zunehmend aufsässigen islamischen Fundamentalismus?«[35]

Ein wichtiger Grund dafür, nicht nur säkulare Grundlagen einer Zivilgesellschaft bevorzugt zu fördern, sondern auch die weichen religiösen Grundlagen, liegt darin, dass es den wirklich Gläubigen leichterfällt, gemäßigt zu werden, als den Glauben insgesamt abzulegen.[36] Die Berücksichtigung dessen, was Konvergenz-Distanz genannt werden könnte, veranlasste den Westen schon früher einmal, sozialdemokratische Parteien in der Konkurrenz mit kommunistischen zu unterstützen, anstatt allein konservative Parteien wie die CDU in Deutschland und andere in Südeuropa oder Lateinamerika.

Bei der entstehenden globalen normativen Synthese sollte sich der Westen darüber klar werden, dass zwar alle freiwilligen Zusammenschlüsse (oder Produzenten sozialen Kapitals) aus einer Tocqueville'schen Perspektive gleich beschaffen sind, dies aber vom Gesichtspunkt der guten Gesellschaft aus nicht der Fall ist. Die Zusammenschlüsse, die Rechte und Freiheit fördern, haben ihren Ort und sind in den vielen Nationen besonders wichtig, in denen diese Rechte knapp bemessen sind und in denen es an Autonomie fehlt. Um jedoch die Synthese voranzutreiben, müssen diejenigen Zusammenschlüsse, die an Tugenden ausgerichtet sind, und speziell diejenigen, die eine weiche, kommunitaristische Sozialordnung begünstigen, gleichermaßen konstruktiv behandelt werden.

Damit eng verbunden ist die Notwendigkeit, viele Streitfragen neu zu fassen, die in der Vergangenheit als Fragen von

Rechten beschrieben wurden, und anzuerkennen, dass sie ebenfalls Tugenden ins Spiel bringen. Ein transnationales Verbot für Kinderpornographie ist zum Beispiel nicht nur oder auch nur größtenteils eine Frage von Kinderrechten (besonders dann nicht, wenn es sich dabei um virtuelle Kinderpornographie handelt). Es ist vielmehr eine Angelegenheit, die das Kindeswohl betrifft, dessen Schutz und Stärkung ein wichtiges Gemeingut ist. Dasselbe gilt für den Schutz der Umwelt: Der Umweltschutz soll nicht die Rechte dieser oder jener Gruppe wahren, sondern die Rechte der Gemeinschaft als Ganzes, einschließlich jener Generationen, die erst noch geboren werden. Der Versuch, jedwede normative Thematik in das Prokrustes-Bett dessen zu zwängen, was Mary Ann Glendon als »Rechtssprache« bezeichnete,[37] oder den Ansatz bei den Tugenden für illegitim zu halten, ist mit einer Förderung der Synthese unvereinbar; durch die Anerkennung, dass es auch eine Reihe geteilter substantieller Werte gibt, fördert man sie hingegen.

Ich werde nun dazu übergehen, die Implikationen der Förderung eines weichen Islam in konkreten institutionellen und politischen Begriffen zu veranschaulichen. Als Beispiel verwende ich den weichen Islam, das Gleiche gilt aber auch für andere Überzeugungssysteme. Schulsysteme sind ein besonders geeigneter Ort, um mit der Untersuchung des dritten Wegs zwischen Theokratie und säkularer Zivilgesellschaft zu beginnen. In mehreren islamischen Ländern wird die Bildung in *madrasas* vermittelt. Häufig sind dies Orte, wo junge Menschen im Wahhabi-Islam und in antiwestlichen Werten gedrillt werden, mit starren Interpretationen religiöser Texte überhäuft werden, die sie auswendig lernen, und wo sie mit Naturwissenschaften und Geisteswissenschaften so gut wie gar nicht in Berührung kommen. In den Theokratien wie Afghanistan unter den Taliban, Iran, Saudi-Arabien und Nordpakistan sind *madrasas* üblich. Wenn sich die im Irak dominanten Schiiten durchsetzen, dürften in dem Land wohl solche Schulen eingeführt werden. Anstelle dieser Schulen, so hat Senator

Joseph R. Biden, Jr. angeregt, sollten die USA besser säkulare Institutionen fördern, die den öffentlichen Schulen in Amerika ähnlich sind.[38]

Eine dritte Alternative besteht darin, eine zweizügige Bildung in öffentlichen Schulen anzubieten. Ein Zug ist im Grundsatz säkular (obwohl die Kinder auch etwas über Religion lernen), und der andere Zug widmet einen bedeutenden Anteil am Unterricht, sagen wir 20 %, den religiösen Gegenständen. In Malaysia, wo es eine große, aber relativ gemäßigte muslimische Bevölkerung gibt, sorgt die Regierung sowohl für eine säkulare als auch für eine religiöse Erziehung; muslimische Kinder können die säkulare Schule vormittags besuchen und nachmittags die Religionsklassen.[39]

Um sicherzustellen, dass der religiöse Teil der öffentlichen Schule für das genutzt wird, was hier weicher Religionsunterricht genannt wird, und nicht für fundamentalistische Indoktrination, müssen die Lehrer (die in der Regel einer bestimmten Religionsgruppe angehören, im Süden des Iraks z. B. den Schiiten) qualifiziert sein und von den Schulen, also nicht den Religionsgruppen, ausgewählt werden. Das Unterrichtsmaterial muss vom zuständigen Schulamt oder vom Bildungsministerium zugelassen sein.

Das ist aus mehreren Gründen ein vernünftiges Bildungssystem. Es verhindert eine fundamentalistische Erziehung; es sorgt dafür, dass alle Kinder Grundkenntnisse der modernen Kultur erhalten; es ermöglicht den Eltern, die eine religiöse Unterweisung anstreben, ihren Kindern einen umfänglichen Religionsunterricht angedeihen zu lassen, dessen Kosten vom Staat getragen werden; und es gewährleistet, dass Kinder verschiedener sozialer Milieus, nämlich säkularer ebenso wie religiöser, in der Schule zusammenkommen, was ausgeschlossen ist, wenn einige Kinder fünf Tage in der Woche segregierte religiöse Schulen besuchen. Ein solches zweizügiges System erlaubt der Regierung, gemäßigte Religionen zu fördern, ohne jemanden, der es wünscht, daran zu hindern, eine säkulare

Erziehung zu bekommen. Eine solche Lösung ist daher ein ausgezeichnetes Beispiel dafür, wie eine Regierung Religion fördern kann, dabei sicherstellt, dass diese nicht fundamentalistisch ist, und den Familien, die es wünschen, dennoch den Zugang zu einer säkularen Erziehung gewährt.

Ein anderer Weg, auf dem die Institutionalisierung einer Zivilgesellschaft mit religiösen Elementen vor sich gehen kann, läuft über die Bereitstellung sozialer Dienste. In vielen Teilen der islamischen Welt – im Süden des Irak z. B. – sorgen verschiedene religiöse Einrichtungen für soziale Dienste. Demgegenüber werden soziale Dienste in Frankreich größtenteils von säkularen Zweigen des Staates angeboten – Gesundheitsversorgung, Sozialhilfe, Kinderbetreuung. Ein dritter Weg würde sich auf alle verfügbaren staatlichen und säkularen freiwilligen sozialen Dienste stützen, würde sie weiter ausbauen, würde aber zugleich religiöse soziale Dienste nutzen, wie dies in den USA der Fall ist.

Ungeachtet der starken amerikanischen Verpflichtung auf die Trennung von Kirche und Staat, verlässt sich die US-Regierung bei der Bereitstellung vieler sozialer Dienste in einem erheblichen Umfang auf das freiwillige Angebot religiöser Gruppen.[40] Der Staat tut das entweder, indem er mit verschiedenen Religionsgruppen Verträge über die Bereitstellung von sozialen Diensten abschließt, oder indem er religiösen Einrichtungen, seien es katholische oder jüdische Krankenhäuser, gestattet, über Individuen, die solche Krankenhäuser für sich aussuchen, Zahlungen aus medizinischen Sozialprogrammen (Medicare, Medicaid) zu erhalten. So stammt zum Beispiel 75 % der Finanzierung für das Jewish Board of Family and Children Services aus staatlichen Quellen;[41] die katholischen Wohlfahrtsorganisationen erhalten etwa 66 % ihrer Mittel aus staatlichen Zuwendungen und Verträgen;[42] und die Lutheraner in Amerika erhalten für ihre Dienste mehr als 33 % ihres Jahresbudgets aus staatlichen Geldern.[43] Zudem haben die USA nach der Reform ihrer Sozialhilfe-Gesetzgebung 1996, die eine Bereitstellung staatlicher Leistungen durch karitative konfessionelle Organisationen vorsieht, und seit der Amtseinsetzung der Regierung Bush im Jahr 2001 ihre Zusammenarbeit mit den religiös gebundenen Institutionen ausgeweitet. Derselbe Ansatz ließe sich auf Afghanistan, den Irak und andere Länder anwenden, die sich dann auf eine Zweigleisigkeit sozialer Dienste stützen würden, nämlich die Dienste staatlicher Stellen und die von religiös gebundenen Einrichtungen angebotenen Dienste. Auch hier würde die Regierung die Art und Weise, wie die religiösen Gruppen die öffentlichen Gelder verwenden, mit Auflagen versehen. Sie würde insbesondere zur Bedingung machen, dass die Gelder vollständig für soziale Dienste und nicht für politische Agitation oder autoritäre Indoktrination ausgegeben werden.

Eine Regierung, die Wert darauf legt, eine zweigleisige Zivilgesellschaft zu fördern, könnte die Gehälter der islamischen Geistlichen bezahlen und für die Erhaltung der Moscheen aufkommen. Amerikanern mag das höchst fragwürdig und als eine grobe Verletzung des Prinzips der Trennung von Kirche und Staat erscheinen, doch die Bezahlung religiöser Amtsträger ist in vielen Demokratien eine übliche Praxis – in katholischen Ländern wie Spanien und Italien, in Skandinavien und Deutschland. (In manchen Ländern geschieht das indirekt, indem eine staatliche Kirchensteuer bei denjenigen erhoben wird, die einer Kirche angehören, aber der Effekt ist letztlich, dass der Klerus öffentlich unterstützt wird und nicht davon abhängig ist, den Spendenteller herumzureichen.) Sobald der Staat für die Kleriker zahlt, ist er frei, darüber zu bestimmen, wer als solcher qualifiziert ist. Eine Gruppe gemäßigter Kleriker könnte die staatliche Seite beraten, wer für den Dienst im öffentlich-religiösen Bereich geeignet ist. Den fundamentalistischen Predigern wird sicherlich nicht verboten werden, religiös zu wirken, aber sie werden dies nicht mit öffentlichen Geldern tun.

Jetzt können wir natürlich fragen: »Was ist mit den Christen und den anderen religiösen Gruppen?« Für sie würden dieselben Regelungen gelten. Diese Religionsgemeinschaften könnten soziale Dienste anbieten, ihr Klerus könnte Gehälter beziehen und die Schulbildung könnte zweizügig angelegt sein. Kurzum, es ist höchste Zeit, dass die Außenpolitik über die soziologisch nicht validen und moralisch fehlgeleiteten Ideen der Aufklärung hinauswächst und realisiert, dass Religion weder ein Relikt früherer Geschichtsepochen noch ein Hindernis für Rationalität und Fortschritt ist, sondern vielmehr ein entscheidendes Element einer guten Gesellschaft. Religion kann mit einer freien Gesellschaft ganz und gar vereinbar sein, solange ihre weichen Versionen begünstigt werden – was für säkulare Überzeugungssysteme ebenso zutrifft.

Multilateralismus oder Gemeinschaftsbildung?

Von einem kommunitaristischen Gesichtspunkt aus betrachtet ist der Multilateralismus ein Verfahren, das wie andere Prozesse dabei helfen kann, das Ergebnis der Fragen, die verhandelt werden, zu legitimieren. Allerdings müssen die Beschlüsse substantiell beurteilt werden, in diesem Fall mit den normativen Prinzipien, die aus der globalen Synthese hervorgehen.[44] Diese Feststellung verlangt eine gewisse Erläuterung. In den Vereinigten Staaten haben viele Liberale – ebenso wie Kritiker der USA im Ausland – den Multilateralismus jahrelang gepriesen. Der Begriff wird ganz verschieden gebraucht,[45] ist aber zu einem Schlagwort für die Respektierung der Vereinten Nationen (und anderer internationaler Organisationen), des internationalen Rechts und internationaler Gepflogenheiten und für die Zusammenarbeit mit den Verbündeten geworden. Ein wichtiges Argument (von vielen) zugunsten des Multilateralismus, das für die vorliegende Thematik besonders relevant ist, lautet folgendermaßen: Wenn eine Nation in einer partizipatorischen Weise handelt, hilft sie mit, Institutionen aufzubauen, die auf lange Sicht – da keine Supermacht ewig besteht – allen zugutekommen, einschließlich der Nation, die zu diesem Zeitpunkt auch eigenständig handeln könnte. Wenige, wenn überhaupt jemand, werden verlangen oder erwarten, dass die Vereinigten Staaten – wie übrigens jede andere Nation – ein wahrhaft vitales Interesse unter allen Umständen außer Acht lassen, um es ihren Verbündeten recht zu machen oder sich nach UN-Vorschriften zu richten. In vielen Situationen hingegen wird eine Arbeitsweise, die Institutionen stärkt, stark befürwortet. Joseph S. Nye, Jr. urteilt dazu: »Der Multilateralismus birgt auch Kosten, aber im Großen und Ganzen gesehen werden diese durch den Nutzen aufgewogen. Die internationalen Regeln binden die Vereinigten Staaten und schränken unsere Handlungsfreiheit kurzfristig gesehen ein, sie dienen aber auch unserem Interesse, indem sie andere ebenso binden. Wir Amerikaner sollten unsere Macht jetzt dazu nutzen, um Institutionen zu formen, die unserem langfristigen nationalen Interesse dienen, weil sie die internationale Ordnung fördern.«[46] Im Gegensatz dazu sehen viele Neokonservative die Anpassung an den Multilateralismus als ein Eingeständnis der Schwäche und als über die Gebühr hinderlich an.

Diejenigen, die dem Multilateralismus (und anderen Verfahren) verpflichtet sind, haben recht – bis zu einem Punkt. In dem Maße, wie die betreffenden Verfahren für legitim erachtet werden, das zeigen Untersuchungen zu einer Reihe politischer Situationen, werden die Menschen in der Regel das Ergebnis akzeptieren, selbst wenn sie sonst Einwände gehabt hätten.[47] Es ist jedoch alles andere als offensichtlich, dass den Institutionen, die nun gefeiert werden, insbesondere den Vereinten Nationen, so etwas wie die Legitimität zukommt, die ihnen während der Kontroverse im Jahr 2003 zugeschrieben wurde, als es um den Einmarsch in den Irak unter Führung der USA ging.

Viele verwechseln die Vereinten Nationen als ein Ideal mit der Form, durch die sie derzeit zusammengesetzt ist und auftritt. Die Vereinten Nationen sind eine Organisation, in der Libyen den Vorsitz der Menschenrechtskommission innehat. Es handelt sich um eine Institution, die frei ist, massenhaft Resolutionen zu verabschieden, bei voller Kenntnis, dass man die meisten von ihnen ignorieren wird. (Bis Februar 2003 wurde gegen 88 UNO-Resolutionen des Sicherheitsrats verstoßen, darunter auch Beschlüsse, welche die armenische Besetzung Aserbaidschans verurteilten und an Indien und Pakistan gerichtet, die Einstellung der Entwicklung von Atomwaffen forderten.)[48] Über lange Zeiträume hatte die Sowjetunion den Sicherheitsrat im Würgegriff; sie verhinderte zahlreiche Resolutionen, die heute von den meisten als höchst legitim angesehen werden, darunter auch die Aufnahmeanträge von Australien, Irland, Portugal, Spanien und Finnland. Zwischen 1946 und 1965 machte die UdSSR 106 Mal von ihrem Veto Gebrauch. (Am nächsten kam dem Frankreich mit vier Vetos.) Obwohl die Vereinigten Staaten ihr Veto zwischen 1965 und 2003 überhaupt nicht gebrauchten, verwendeten sie es mehr als 70 Mal, über die Vetos durch die UdSSR/Russland mit weniger als 20 Vetos weit hinausgehend.[49] Aufgrund solcher Pattsituationen waren die Vereinten Nationen nicht in der Lage, etwas gegen den Einmarsch der Sowjetunion in Ungarn 1956 und in die Tschechoslowakei 1968 zu tun. Warum, so fragen Kritiker, sollte eine freie Gesellschaft ihre Außenpolitik der Überprüfung durch solche Staaten wie Syrien, Iran, Malawi, Jemen, Libyen und Sudan unterziehen? Überdies wird wiederholt erklärt, dass die Vollversammlung der Vereinten Nationen im Grunde genommen ein Debattierclub und eigentlich unfähig ist, dafür zu sorgen, dass ihre Resolutionen eingehalten werden. In der Tat haben schon so unterschiedliche Länder wie Indien, Russland, Türkei, Sudan und Israel die UNO-Beschlüsse einfach ungestraft ignoriert. Die NATO wiederum hat ihre eigenen Verfahrensmängel, die für multilaterale Institutionen typisch sind: Sie ist eine sehr schwerfällige Maschine, deren Handeln einen Konsens erfordert, was bedeutet, dass kleine

Mitglieder die gesamte Aktionsfähigkeit aus einer Laune heraus oder aus egozentrischen Gründen blockieren können.

Vor allem muss das Ergebnis eines jeden Verfahrens nicht nur nach Maßgabe der Legitimität des Prozesses beurteilt werden, sondern auch unter dem Aspekt des Inhalts der Ergebnisse – um damit zu meinem Hauptpunkt zurückzukehren. In Ruanda waren die Vereinten Nationen trotz der Tatsache, dass die eigenen Mitarbeiter schon Monate vor dem Geschehen berichtet hatten, dass sich ein Völkermord anbahne, unfähig, sich aufzuraffen und rechtzeitig zu handeln, um den Genozid aufzuhalten.[50] Dieses Ergebnis würden nur wenige unter moralischem Gesichtspunkt für akzeptabel halten, obwohl es in Übereinstimmung mit den Verfahrensregeln der UNO zustandekam. Die UNO reagierte auch nur langsam auf das Massaker an den Menschen von Osttimor, das monatelang weiterging, bevor die Vereinten Nationen 1999 endlich ein Handeln autorisierten. Um die Sache auf den Punkt zu bringen: Falls es morgen irgendwo auf der Welt deutliche Anzeichen für den Beginn eines weiteren Genozid gäbe, und Russland, China oder Frankreich würden eine Intervention mit einem Veto verhindern, wäre es dann auf jeden Fall moralisch falsch, einzugreifen?

Die Werte, welche die Menschen zum Tragen bringen, wenn sie diese Einschätzungen vornehmen, sind diejenigen, die aus der globalen Synthese hervorgehen und aus den moralischen Dialogen, die bei der Ausarbeitung und Ausweitung der Synthese helfen. Der Multilateralismus ist zwar mit der entstehenden globalen normativen Synthese vereinbar, aber nur dann, wenn die einzelnen Schritte, die mit dem Multilateralismus verbunden sind, den gerade angedeuteten moralischen Test bestehen. Daraus folgt, dass unilaterale Schritte unter manchen Bedingungen gerechtfertigt sind, so zum Beispiel, um einen Völkermord zu beenden, wenn die UNO in ihrem Handeln gelähmt ist. Unter anderen Bedingungen können auch multilaterale Entscheidungen ungerechtfertigt sein;

als zum Beispiel die NATO aufgrund der engstirnigen politischen Kalkulation dieses oder jenes Mitgliedstaates entschied, ein Einschreiten bei den ethnischen Säuberungen im Kosovo aufzuschieben. Es müssen also sowohl verfahrensmäßige als auch substantielle Überlegungen berücksichtigt werden, obwohl feststeht, dass der Multilateralismus wegen seiner auf lange Sicht Institutionen bildenden Zusatzwirkungen in der Regel vorzuziehen ist, solange die Substanz der Entscheidungen dieselbe ist.

Überdies findet ein Kommunitarist, dass der Multilateralismus nicht allzu sehr einengt, gleichwohl aber keine ausreichende Basis für die Gemeinschaftsbildung ist. Um auf dieser höheren Ebene der Errichtung einer neuen globalen Architektur voranzukommen, muss man auf eine Art und Weise handeln, die transnationale Verbindungen und einen Sinn für ein gemeinsames Schicksal ebenso entstehen lässt wie geteilte Werte. Verbindungen können gefördert werden, indem man mehrfache Staatsbürgerschaften und transnationale Staatsbürgerschaft einführt,[51] Studentenaustausch und Kontakte auf Führungsebene verstetigt und unter anderem Freiwilligendienste ausbaut (»Peace Corps«). Geteilte Werte können durch moralische Dialoge begünstigt werden.

Nicht Bestimmung, sondern Verantwortung

Mehrere kühne Analytiker internationaler Beziehungen, vor allem Max Boot, argumentieren, dass es Amerikas »Bestimmung« sei, die Welt zu überwachen, ihr eine Pax Americana aufzuerlegen und gescheiterten Staaten und unterdrückten Völkern die Demokratie zu bringen.[52] Joshua Muravchik ist der Auffassung, dass die Vereinigten Staaten eine Verpflichtung haben, die Welt zu führen.[53] Die eingehende Untersuchung der Geschichte bringt Robert Wright zu der Schlussfolgerung, »das Argument für eine Art *manifest destiny* (offenkundige Bestimmung) ist stärker als jemals zuvor«. Der Begriff ist weit entfernt von der Idee, das Imperium sei Amerika zufällig oder widerstrebend zugefallen, wie andere gemeint haben.[54] In dem Umfang, wie man unter »Bestimmung« lediglich versteht, dass es die Aufgabe der USA als einziger Supermacht ist, weltweit den Frieden zu fördern, wird das nicht viele wütende Reaktionen provozieren, obwohl Kritiker mehr dafür wären, wenn diese Aufgabe die Arbeit der Vereinten Nationen wäre und wenn sie so gut wie möglich mit gewaltlosen Mitteln durchgeführt würde.

Der Ausdruck »destiny« hat allerdings starke normative, ja sogar religiöse Anklänge. Wie uns das Wörterbuch erläutert, suggeriert er, dass die Vereinigten Staaten durch eine Macht, die größer ist als die irgendeines Menschen oder einer Verbindung von Menschen, dazu bestimmt sind, eine Mission zu erfüllen. Die Vorstellung, die Vereinigten Staaten seien von Gott ausersehen, zu tun, was immer sie zu tun gedenken, ist gefährlich. Denn sie besagt, dass die USA keiner weltlichen Körperschaft rechenschaftspflichtig sind, dass sie sich vor keiner irdischen Öffentlichkeit rechtfertigen müssen, dass die USA ihre Anweisungen direkt vom Allmächtigen bekommen und dass sie aus all den Völkern erwählt wurden, die Welt mit Ordnung zu beglücken. So hagelte es Kritik, als Präsident Bush bei Amerikas Kampf gegen den Terror von einem »Kreuzzug« sprach und als ein oberster Vertreter des Pentagons sagte, Amerikas Krieg gegen die islamischen Terroristen sei wie die Bekämpfung »Satans«.[55] Am besten wird nicht nur der Ausdruck »destiny« vermieden, sondern auch alles, was ihn in Erinnerung bringt.

Doch selbst einer derartig selbstverherrlichenden Vorstellung lässt sich noch ein Körnchen moralischen Gehalts abgewinnen. Die USA und alle anderen Mächte, die mit großem ökonomischen Vermögen und militärischer Macht ausgestattet sind, haben rein aufgrund dieser Tatsache die moralische Verantwortung, anderen zu helfen. Die Verpflichtung gleicht der eines reichen und einflussreichen Mitglieds einer Gemeinschaft. Es tut wenig zur Sache, ob eine solche Person oder ein solches Land das Vermögen auf sauberem Wege erworben oder ob es andere ausgebeutet hat, um diese Reichtümer zu erwerben. Es spielt nicht einmal eine Rolle, ob alle Armen bedürftig sind oder ob manche von ihnen sich nichts abverlangen. Diejenigen, die Kinder unschwer vor dem Verhungern retten können, den Kranken Hilfe spenden und der Gewalt Einhalt gebieten können, haben – nach praktisch allen religiösen und säkularen Werken der Ethik – eine Verantwortung zu erfüllen. Diese Verantwortung spiegelt den grundsätzlichen moralischen Wert aller menschlicher Wesen wider, die sämtlich Gottes Kinder sind.

Der Begriff der Verantwortung stützt sich auf starke normative Wurzeln. Von diesem Gesichtspunkt aus mag er deshalb gar nicht so anders erscheinen als der Begriff der Bestimmung. Allerdings gibt es am Begriff der Verantwortung nichts, was denjenigen, die sich nach ihm richten, eine Erlaubnis erteilt, auf jede Weise vorzugehen, die sie für angebracht halten, und es gibt an ihm auch nichts, was sie von der Rechenschaftspflichtigkeit gegenüber ihren Mitmenschen befreit. Um es ganz offen zu sagen, es gibt kein Anzeichen dafür, dass Gott die USA dazu ausersehen hat, überhaupt irgendetwas zu tun. Es gibt aber starke moralische Gründe für die Überzeugung, dass allen großen Mächten die Verantwortung obliegt, den grundsätzlichen moralischen Wert aller menschlichen Wesen und alles, was das mit sich bringt, zu respektieren.

Teil II

Eine neue Sicherheitsarchitektur

6. Globale Agenden: Hobbes versus Locke

Mission »Appetit«: Sicherheit kommt zuerst

Wenn die Folgen diskutiert werden, welche die Verwicklung (manche sagen Verstrickung) einer Nation – besonders einer Supermacht – in die inneren Angelegenheiten anderer Nationen hat, beschwören Kritiker oft die Gefahr einer »schleichenden Mission«.[1] Diese Vorstellung bezieht sich auf die unvermeidliche Ausweitung von Einsätzen und wird negativ gesehen, weil neue Missionen und Aufgaben ohne vorsätzliche Überlegung und bewusste Beschlussfassung übernommen werden, und den Interessen derer, die so irrational handeln, vermutlich widersprechen. Im Gegensatz dazu benutze ich den Ausdruck »appetitanregende Mission«, um auf eine wachsende Bereitschaft und Fähigkeit zu verweisen, zusätzliche Einsätze zu übernehmen, da der »Geschmack« an ihnen zunimmt.

Die Vereinigten Staaten, lange Zeit eine ambivalente globale Macht, haben seit dem Terrorangriff vom 11. September an internationalen Interventionen deutlich mehr Geschmack gefunden. In Anbetracht der Tatsache, dass die USA die Macht hinter der neuen Global Antiterrorism Authority sind, frage ich, welche zusätzlichen Einsätze für legitim erachtet würden und auf einer nachhaltigen Grundlage wirksam durchgeführt werden könnten, wenn die USA die Rolle einer Supermacht weiterhin übernehmen würden. Um eine »schleichende Mission« zu vermeiden, sollten die Vereinigten Staaten diese Einsätze absichtsvoll durchführen, anstatt ungeplant hineingezogen zu werden. Das wirft dann die Frage auf, welche Einsätze zur Entwicklung einer neuen Weltordnung beitragen würden, zu einer Weltordnung, die in den Rahmen der entstehenden neuen Synthese hineinpassen und letztlich dazu dienen würde, das Primat des Humanen voranzubringen.

Als Erste gehe ich auf Einsätze ein, die mit der Anwendung von Gewalt verbunden sind. Andere Formen der Intervention in die inneren Angelegenheiten anderer Nationen verdienen ohne Frage ebenfalls eine Untersuchung und vorrangige Einordnung,[2] wie die Verhängung begrenzter Wirtschaftssanktionen zur Förderung von Änderungen in der Innenpolitik.[3] Doch die Probleme, die von diesen Demonstrationen von Macht und Einfluss aufgeworfen werden, sind zweitrangig gegenüber denen, die entstehen, wenn eine Macht ihre Militärstreitkräfte oder Geheimagenten einsetzt, um andere Nationen zum Nachgeben zu zwingen.

So wie ich sie sehe, ist die Frage, zu welchen Zwecken die Vereinigten Staaten als die einzige verbliebene Supermacht (oder auch jede andere Großmacht) ihre Stärke in der Zukunft eigentlich verwenden will. Die bei dieser Beurteilung verwendeten Kriterien wurden durch die vorangegangene Erörterung veranschaulicht:

1. Die Aktionen sollten auf einer *Konvergenz der Interessen* zwischen den USA und anderen Nationen basieren. Ich führe dieses Kriterium bewusst zuerst an, weil von der Wichtigkeit der Legitimität in letzter Zeit sehr viel Aufhebens gemacht wurde.[4] Die Legitimität ist zwar wichtig, spielt aber in internationalen Angelegenheiten weniger eine Rolle als in der Innenpolitik; in der internationalen Arena ist die Konvergenz der Interessen viel wichtiger. Die Konvergenz der Interessen ist außerdem der Grund dafür, warum einige Imperien länger Bestand hatten als andere und für beide, die Regierenden und die Regierten, geringere Kosten anfielen.

2. Die Aktionen sollten unter dem Gesichtspunkt der Ziele, denen sie dienen, der Prozesse und Institutionen, durch die relevante Entscheidungen zustande kommen, und der Wahl der Mittel als im Großen und Ganzen *legitimiert* angesehen werden. Der Begriff »legitimiert« wirft komplexe Fragen dahingehend auf, wer definiert, was legitim ist sowie dahingehend, in welchem Verhältnis er zum moralischen Pluralismus steht. Diese Bedenken untersuche ich an anderer Stelle.[5] Für meine jetzigen Absichten reicht der Hinweis, dass der Begriff hier so verwendet wird, wie er in der politikwissenschaftlichen Literatur und täglichen Redeweise gebraucht wird, als Handeln, das von einer beliebigen erwähnten Gruppe oder Öffentlichkeit für gerechtfertigt gehalten wird.
3. Die Aktionen sollten für das entstehende globale Regierungssystem konstitutiv sein. Der Vorzug eines Vorgehens, das die sich herausbildenden internationalen Institutionen und Gesetze stärkt, anstatt sie zu untergraben, wurde insbesondere von Liberalen häufig betont.[6] Ich verwende den Ausdruck *Gemeinschaftsbildung*, um auf Aktionen zu verweisen, die dabei helfen, die Grundlagen für eine neue globale Architektur zu legen, die, wie wir sehen werden, weit mehr beinhaltet als nur formale Institutionen und Gesetze.

Nachfolgend spreche ich von diesen Kriterien als dem Triple-Test.

Die Antworten darauf, wie sich die Vereinigten Staaten im Ausland verhalten sollten, hängen von der elementaren, aber häufig ignorierten oder vorsätzlich übergangenen Erkenntnis ab, dass sich die Welt in einem hobbesianischen Zustand befindet und für einen lockeanischen Zustand noch nicht bereit ist. Es ist die erste Pflicht eines jeden Staates, das Leben seiner Bürger zu schützen und für Sicherheit zu sorgen, selbst wenn dies mit der Anwendung von Gewalt verbunden ist.[7] Der Dienst an anderen Zielen setzt außerdem voraus, dass zumindest ein Minimum an innerer Ordnung etabliert wurde.[8] Sorgen um die Zivilgesellschaft, Demokratie und Menschenrechte – andere als das Recht auf Sicherheit – müssen als höherstufige Anliegen betrachtet werden. Um sie kümmert man sich am besten erst dann, nachdem die einfache Pflicht, für Sicherheit zu sorgen, wie unvollständig auch immer erledigt ist. In solchen Fällen wie dem Genozid der Hutus an den Tutsis in Ruanda im Jahr 1994, dem nicht endenden Blutvergießen in Kongo oder den Bürgerkriegen in Liberia und Burundi 2003 sind alle Fragen, ob die Menschenrechte vor der Demokratie gefördert werden sollten, wie Fareed Zakaria anregt, oder umgekehrt die Demokratie vor den Menschenrechten, ob wirtschaftliche Entwicklung der politischen Liberalisierung vorangehen oder von ihr begleitet werden sollte, verfrüht. (Mein Bezug auf Hobbes gegenüber Locke sollte als eine Analogie aufgefasst werden, die ihre Grenzen hat. Ich meine damit nicht, dass sich die Menschen angesichts des halbstaatlichen Zustands, in dem sich die Welt befindet, irgendeiner Form von globaler Diktatur beugen sollten. Mein Argument lautet, dass der beste Weg dahin, eine vernünftige globale Regierung zu erlangen, darin besteht, *der Sicherheit oberste Priorität einzuräumen*. Wie wir noch sehen werden, bin ich auch nicht der Ansicht, dass Lockes Sorge um Freiheit und Rechte ignoriert werden sollte.)[9]

Die Erkenntnis, dass die erste Pflicht des Staates darin besteht, Sicherheit für sein Volk zu gewährleisten, gilt voll und ganz für die entstehende internationale Gemeinschaft. Ein Großteil der Welt ist dem rohen, rücksichtslosen, gewalttätigen Naturzustand, über den Hobbes schrieb, viel näher, als es noch die im Innersten ungebändigsten Nationalstaaten sind. Die Welt benötigt vor allem ein höheres Sicherheitsniveau. Solange es Nationen gibt, die andere mit Massenvernichtungswaffen bedrohen können oder die durch massiven Terrorismus gefährdet werden können, müssen andere Überlegungen, wie wichtig sie auch sein mögen, zurückstehen. Die ultimative

Form der Menschenrechtsverletzung besteht darin, den Menschen ihre Fähigkeit zu nehmen, überhaupt irgendwelche Menschenrechte in Anspruch nehmen zu können. Nennen wir es »Überlebensethik«. Wenn jemand eine Seele rettet, ist es nach der jüdischen Tradition so, als ob er eine ganze Welt rettet. Das Leben eines ganzen Volks zu retten, steht sogar noch höher. Ich kenne natürlich die Sprüche »Lieber tot als rot« oder »Freiheit oder Tod«. Ich bin nicht der Ansicht, dass es keine höheren Werte gibt, nichts, für das es sich zu sterben lohnt. Doch von solchen Heldentaten einmal abgesehen, tagein und tagaus würde die Welt ein sehr viel besserer Ort sein, wenn das Augenmerk als Erstes darauf gerichtet wäre, den Menschen mehr Sicherheit zu geben. Ein Regierungssystem, das Freiheit und Rechte verspricht, kann auch nicht lange bestehen, wenn es nicht für Sicherheit sorgt.

Ich komme noch einmal auf die Ethik des Überlebens zurück. Es ist eine Sache, einigen Menschen das Leben zu nehmen, um viele weitere vor nicht provozierten und ungerechten Angriffen zu retten, und es ist eine ganz andere Sache, Leben zu nehmen, um das Leben derer, die übrigbleiben, zu verbessern – nach den eigenen oder auch ihren Maßstäben. Aus denselben Gründen ist zwar, wie wir sahen, ein Intervenieren in die inneren Angelegenheiten einer anderen Nation gerechtfertigt, um massive Gewalt zu beenden, die deren eigenem Volk oder anderen zugefügt wird – nicht jedoch eine bewaffnete Intervention, um das politische Regime der Nation zu verbessern, zu demokratisieren oder zur Einhaltung einer Reihe von Menschenrechten zu zwingen. Eine Intervention ist auch nicht gerechtfertigt, um die Menschen moralisch zu erhöhen (oder ihnen einen besseren Platz im Jenseits zu sichern), indem man ihnen die eine oder andere Religion oder Ideologie bringt.

Von der Bekämpfung des Terrorismus zur nuklearen Abrüstung

Lange bevor die Global Antiterrorism Authority unter amerikanischer Leitung ihre Operationen konkretisierte, unternahm sie, was einen gesunden Appetit auf Einsätze erkennen lässt, im Grunde genommen schon eine andere Mission: die aktiv und initiativ betriebene nukleare Abrüstung. Da diese Mission der Sicherheit dient, spiegelt sie auch eine Bemühung, die hobbesianischen Bedürfnisse zu erfüllen, bevor sie Locke'sche Ziele angeht. Bevor die Vorzüge und Mängel dieser Ausweitung von Missionen untersucht werden können, muss ich drei Dinge klären, die alle die Art der damit verbundenen Gefahren betreffen.

Die wahre Gefahr

Als Erstes muss ich mit so viel Nachdruck wie möglich feststellen, dass der Terrorismus *im kleinen Format*, von der Art, wie ihn die USA und andere Nationen bisher erlebt haben (und der im Mittelpunkt vieler Aktionen, Debatten und Mittelzuteilungen stand), verglichen mit einem *massiven* Terrorismus ein kleiner Brocken ist. Der kleinformatige Terrorismus ist der, dem Großbritannien durch die IRA ausgesetzt war, mit dem Israel während der Intifada konfrontiert war und mit dem es die USA vor dem Terroranschlag vom 11. September in Übersee zu tun hatten. Zu den Opfern gehören nicht bloß Hunderte betroffener Individuen, sondern auch das grundlegende Gefühl der Menschen für Sicherheit. Solche Angriffe terrorisieren wirklich. Sie treiben die betroffenen Nationen oft dazu, ihre individuellen Rechte zu jedermanns Schaden einzuschränken, und die Volkswirtschaften der Nationen zahlen einen beachtlichen Preis.

Diese Art von Terrorismus ist allerdings fast trivial, verglichen mit den Folgen eines Angriffs mit Massenvernichtungswaffen, sei es durch einen Staat oder durch Terroristen. Ein solcher Angriff könnte ganz Manhattan, Washington, D.C., oder Tel Aviv auslöschen. Um ein Gefühl für das Ausmaß zu geben, könnte man daran erinnern, dass die Vereinigten Staaten Hiroshima und Nagasaki mit Waffen in Schutt und Asche legten, die 1945 verfügbar waren. Heute wäre die Zahl der Opfer, die menschlichen und wirtschaftlichen Kosten, die daraus resultierende Wut und die Forderungen, die Sicherheit wiederherzustellen, was es auch kosten mag – selbst für demokratische Institutionen –, von einer gänzlich anderen Größenordnung. Der Unterschied zwischen kleinformatigem und massivem Terrorismus ist ähnlich bedeutsam wie der Unterschied zwischen einer Verbrechenswelle und einem Völkermord. Die Unterscheidung, auf die es ankommt, ist nicht die zwischen Terrorismus und Schurkenstaaten, sondern zwischen kleinem, gewöhnlichem Terrorismus und dem verheerenden, massiven Terrorismus, der höchstwahrscheinlich mit Hilfe von Massenvernichtungswaffen (WMD) verübt werden wird – etwa, wenn Al-Qaida Nukleartechnik in die Hände bekommt –, gleichgültig, ob diese Waffen nun von Terroristen oder von einem Schurkenstaat gebraucht werden.

Selbst wenn Massenvernichtungswaffen tatsächlich nicht verwendet werden, wirkt die Bedrohung durch solche Waffen lähmend. Nehmen wir beispielsweise die Situation in Korea. In den meisten Beratungen wird der Tatsache, dass Nordkorea seine chemischen Waffen und massive Artillerie, die mit speziellen Gefechtsköpfen ausgerüstet ist, dazu einsetzen könnte, Hunderttausende Südkoreaner zu töten, zu Recht sehr viel Beachtung geschenkt. Nordkorea hat die USA offen erpresst, indem es seine Raketentests immer stärker ausweitete und die Plutoniumproduktion beschleunigte. Eine andere Quelle ernsthafter Besorgnis ist die Befürchtung, dass Nordkorea »überzählige« Massenvernichtungswaffen an andere Nationen oder

Terroristen verkaufen könnte, wie es mit Langstreckenraketen bereits geschehen ist.

Leider ist es schwierig für die Menschen, die Gefahren durch Massenvernichtungswaffen abzuwägen, und sie neigen dazu, das Augenmerk auf Terroristen zu richten, die weniger hochgerüstet sind. Der Princetoner Psychologe Daniel Kahneman wurde für seine Erkenntnisse in der Ökonomie mit dem Nobelpreis ausgezeichnet, die sich auch auf den Sachverhalt erstreckten, dass Menschen schrecklichen Geschichten mehr Aufmerksamkeit schenken als der Statistik.[10] So neigen zum Beispiel normale US-Bürger zu der Auffassung, dass es in den Vereinigten Staaten mehr Morde als Selbstmorde gibt, weil Mordfälle in den Medien in großer Ausführlichkeit berichtet werden, während Selbstmorde normalerweise nicht im Mittelpunkt der Berichterstattung stehen. Ganz ähnlich werden Anschläge, die an den 11. September erinnern – der intensive mediale Darstellung fand –, viel stärker beachtet als die unsichtbaren Gefahren der Massenvernichtungswaffen, die tausendfach gefährlicher sind, über die aber nicht so ausgiebig berichtet wird. Gleichwohl ist der Schluss zu ziehen, dass *die nukleare Abrüstung für das nationale Interesse vieler Nationen und für die Menschheit bei weitem wichtiger und sogar noch legitimer ist als das Vorgehen gegen den Terrorismus im kleinen Rahmen.*

Manche sagen, es sei nutzlos, zwischen kleinformatigem Terrorismus und massivem Terrorismus zu unterscheiden, da Terroristen ohnehin in Schach gehalten werden müssten. Aus demselben Grund wird in Diskussionen über Terrorismus und Schurkenstaaten, die über Massenvernichtungswaffen verfügen, oft angenommen, dass es zwischen den beiden keinen tiefgreifenden Unterschied gibt, da ein Schurkenstaat die Massenvernichtungswaffen an Terroristen weitergeben könnte. Als Folge davon geht eine wichtige Einsicht verloren: *Wenn Atomwaffen und ihre Produktionsmittel, die jetzt im Besitz von Schurkenstaaten sind, beseitigt werden könnten – wenn wir nuklear abrüsten könnten –, würde die Welt viel sicherer sein, selbst wenn die Zahl oder die organisatorische Kompetenz der Terroristen nicht abnehmen würde.* Gegenüber dem Standpunkt, dass die USA durch ihre Sorge um Nordkorea und Iran von dem entscheidenden Krieg gegen den Terror abgelenkt worden seien, behaupte ich genau das Gegenteil: Ohne Schurkenstaaten, die mit Atomwaffen ausgerüstet sind, wäre die vom Terrorismus ausgehende Gefahr um ein Wesentliches kleiner als heute. So gesehen war der Krieg gegen den Irak (in dem Umfang, wie er wirklich versuchte, die Gefahr von Massenvernichtungswaffen zu beseitigen) der rechte Krieg zur falschen Zeit und im falschen Land. Mit der »falschen Zeit« beziehe ich mich auf die Tatsache, dass nicht alle friedlichen Optionen ausgeschöpft waren, bevor der Krieg angefangen wurde, und in dem Sinne war er »zu früh«. Der Irak war auch das »falsche Land«, weil andere Schurkenstaaten tatsächlich über Massenvernichtungswaffen verfügten. Trotzdem glaube ich, dass sobald alle Möglichkeiten erschöpft sind – und es gibt deren viele –, eine erzwungene nukleare Abrüstung notwendig ist, wenn wir alle in einer einigermaßen sicheren Welt leben können sollen.[11] Ich schließe mich hier denjenigen an, die der Meinung sind, dass ein Ansatz der Waffenkontrolle zu riskant ist, der zum einen den Staaten erlaubt, etwas zu behalten, was im Grunde genommen Produktionsmittel für Atomwaffen sind, zum anderen auf Inspektionen angewiesen ist, um deren friedliche Nutzung zu garantieren. Die neue Weltordnung verlangt die Abschaffung solcher Produktionsfähigkeiten, wenn möglich durch friedliche Mittel, wenn nötig durch Zwang.

Genau das ist der Grund, weshalb in dieser Phase Pakistan der gefährlichste Ort in der Welt ist – weil er das Wissen und die Techniken exportiert, die zur Herstellung von Atomwaffen benötigt werden (sowie die Mittel zu ihrem Einsatz), und weil es eine ernstzunehmende Wahrscheinlichkeit gibt, dass eine den Taliban ähnliche Regierung die Kontrolle übernimmt und die Atomwaffen des Landes in Besitz nimmt oder dass Terroristen sie aus den schlecht bewachten Lagerstätten entwenden könnten. (Als die USA anboten, Pakistan beim Schutz dieser Waffen zu helfen, erwiderte die pakistanische Regierung, sie verlasse sich dabei auf ihren Geheimdienst; doch gerade dieser Dienst ist am engsten mit den Taliban verknüpft.) Die Tatsache, dass Präsident Musharraf zwei Anschläge überlebt hat, die beinahe Erfolg gehabt hätten, erfüllt einen nicht gerade mit Zuversicht, was die längerfristigen Aussichten angeht. Die weitverbreitete Opposition gegen seine politischen Leitlinien verdüstert die Aussichten seiner Regierung weiter und lässt das Gespenst eines mit Terroristen verbündeten Staatsstreichs aufkommen, wie es ihn in diesen Regionen bisher nicht gegeben hat.[12]

Der massive Terrorismus wäre noch weiter beschränkt, falls man andere Maßnahmen ergreifen würde, um es den Terroristen zu erschweren, Massenvernichtungswaffen oder die Materialien, die zu ihrer Produktion benötigt werden, in ihre Hände zu bekommen, beispielsweise durch das Unschädlichmachen oder den Aufkauf alter Waffenarsenale und den besseren Schutz von Wiederaufbereitungsanlagen.

Mein Argument stützt sich auf zwei wichtige Tatsachen. Erstens können Terroristen zwar einen atomaren Sprengkörper transportieren – in einem Behälter oder einem Schnellboot beispielsweise –, sobald sie einen in ihre Hände bekommen, oder sogar selbst bauen, wenn sie das nötige Material haben, doch die Produktion kann wegen der hohen Investitionen und umfangreichen Tätigkeiten, die dafür erforderlich sind, größtenteils nur von einem Staat durchgeführt werden. Zweitens lassen sich andere Waffen, wie chemische oder biologische Wirkstoffe, trotz allem was häufig behauptet wird nicht einfach als Waffen verwenden und gegen Massenziele einsetzen. Alle derartigen Anschläge – auch das im Jahr 1995 in einer japanischen Untergrundbahn durch die Sekte Aum Shinrikyo freigesetzte Nervengas Sarin – hatten bisher einen viel kleineren Wirkungsgrad als der Terror-Angriff vom 11. September.

Und der Gebrauch von Mitteln zur Ausbringung dieser Kampfstoffe – z. B. Flugzeuge zur Schädlingsbekämpfung – lässt sich regulieren. Ein Terrorist könnte natürlich eines Tages solche Wirkstoffe mit einer Sprühdose in ein Belüftungssystem einbringen und erheblichen Schaden anrichten. Unter den meisten Bedingungen wäre der Terrorist jedoch nicht in der Lage, eine ganze Stadt auszulöschen, und sicherlich nicht so umstandslos, wie es ein atomarer Sprengkörper tun könnte. (Schmutzige Bomben sind zwar leichter herzustellen als Atombomben, werden aber von den Experten für weit weniger gefährlich gehalten.) Das Werk von Terroristen wird sehr erschwert werden, wenn nationale Arsenale chemischer und biologischer Waffen vernichtet werden und gleichzeitig eine nukleare Abrüstung vollzogen wird. Der Terrorismus im kleinen Rahmen wird zugegebenermaßen nur verringert, aber nicht völlig beseitigt. Eine Welt ohne die Gefahr eines massiven Terrorismus wird uns alle aber ruhiger schlafen lassen.

Dem Triple-Test gerecht werden

Die nukleare Abrüstung besteht den Triple-Test. Diese Mission trifft das nationale Interesse der Vereinigten Staaten und anderer größerer Mächte und die vieler, obgleich nicht aller Nationen und bringt die Konstruktion einer neuen globalen Architektur voran. Die größeren Mächte sind an einer solchen Reduktion von Kernwaffen und einer verbesserten Überwachung der Stoffe, die zu ihrer Produktion verwendet werden könnten, brennend interessiert, weil sie es sind, die von einem massiven Terrorismus am stärksten bedroht werden. Amerikas Anliegen in dieser Sache sind nur allzu offenkundig, aber auch Russland würde stark profitieren. Obwohl es Iran dabei half, seine Nuklearanlagen zu entwickeln, die vermutlich nur zur Energiegewinnung und Forschung gedacht waren, würde ein Iran ohne Kernwaffen den russischen Interessen entgegenkommen, wenn man bedenkt, dass diese Waffen möglicherweise in den ehemaligen sowjetischen Republiken mit großer muslimischer Bevölkerung, die an Russland angrenzen, und sogar in Tschetschenien von Terroristen eingesetzt werden könnten.

China ist besorgt, dass es in ein größeres nukleares Wettrüsten gedrängt werden könnte, wenn Nordkorea ein Atomwaffenarsenal entwickelt. China wäre dann gezwungen, einen nicht unerheblichen Teil seiner Ressourcen aus der Wirtschaftsentwicklung in die atomare Aufrüstung umzulenken, was ihm dennoch nicht die gleiche Sicherheit verschaffen würde, über die es nun verfügt. Falls Nordkorea und China vorangehen, würde Japan wahrscheinlich sogleich nachziehen.[13] Alle anderen Nationen mit Ausnahme einiger Schurkenstaaten haben nichts zu gewinnen und viel zu verlieren, wenn Terroristen Kernwaffen in die Hände bekommen oder Schurkenstaaten drohen, sie zu gebrauchen.

Wenn man Indien und Pakistan überzeugen könnte, ihren Streit um Kaschmir beizulegen und ihre Kernwaffen im Tausch gegen eine Garantie ihrer Grenzen aufzugeben, würden beide Nationen Nutznießer sein. Ich bin mir der Komplexität der darin verwickelten Fragen vollständig bewusst – der langen Geschichte der Feindseligkeiten, der unausweichlichen religiösen und ethnischen Konfrontation und des Prestiges, das Nationen in ihrer Selbsteinschätzung damit verbinden, Mitglieder im »Club der Atommächte« zu sein.[14] Doch nichts davon kann Vorrang beanspruchen vor der Rettung des Lebens von Millionen ihrer Bürger und der Abwendung eines Atomkriegs. Religiöse und ethnische Unterschiede sollten die Lage nicht emotional beherrschen dürfen, wenn Atomwaffen in den Konflikt einbezogen sind, und sollten so angegangen werden, wie man es in Nordirland getan hat. Zu diesem Zweck ist Überredungskunst gerechtfertigt und sollte vor anderen politischen Zielen rangieren, auch wenn es darum geht, Bin Laden und seine Anhänger gefangenzunehmen. Das Prestige, das die Legitimitätsbeschaffer etablieren helfen sollten, ist an die nukleare Abrüstung gekoppelt, nicht daran, andere mit massiver Verwüstung zu bedrohen. Es gibt kaum einen besseren Test für die entstehende globale Gemeinschaft, als an einem Ort, der so schwierige Anforderungen stellt, Wege zu finden, wie eine solche Katastrophe vermeidbar ist.

Der indisch-pakistanische Konflikt bekommt nur einen Bruchteil der Aufmerksamkeit, die dem israelisch-palästinensischen Konflikt gewidmet wird, wenn man ihn aber auf einer Skala potentieller Gefahren einordnet, verdient er viel größere Beachtung.[15] Mir ist völlig klar, dass Staatsoberhäupter mit zynischer Gesinnung auf beiden Seiten große politische Gewinne anstreben, indem sie zum Hass gegen die andere Nation aufstacheln, anstatt sich um die Probleme im eigenen Land zu kümmern.[16] Falls aber die Idee von einer Weltgemeinschaft irgendetwas bedeuten soll, dann muss der globale und nationale Abscheu vor solchen Manövern eine Intensität erreichen, bei der ein solches Verhalten politisch nicht mehr produktiv ist. Tatsächlich führte Druck vonseiten Chinas und des Westens zu einem Tauwetter in den indisch-pakistanischen Beziehungen und zu einem Versuch, ihre Konflikte zu lösen. Die Vereinigten Staaten und andere Mächte sollten gemeinsam mit Ermutigung, Anreizen und Druck auf Indien und Pakistan einwirken, damit diese eine zustimmungsfähige Grenze in Kaschmir ausarbeiten, eine internationale Truppe zur Absicherung der Grenze einsetzen (sehr wichtig, wenn Pakistan mit seinen kleineren konventionellen Streitkräften überhaupt nur erwägen soll, seine Kernwaffen aufzugeben), und eine beiderseitige nukleare Abrüstung anstreben. Fachleute berichten, dass die Regierungen Indiens und Pakistans keineswegs vorsichtiger und umsichtiger agieren, seit sie im Besitz von Atomwaffen sind, sondern tatsächlich noch habgieriger und lautstärker auftreten.

Experten, die die vorangegangenen Zeilen gelesen haben, meinten, »so einfach ist es nicht«, Pakistan und Indien würden sich »niemals damit einverstanden erklären, auf ihre Atomwaffen zu verzichten«. Zugegeben, es ist kompliziert. Dieselben Experten dachten aber auch nicht im Traum daran, dass Libyen sein Programm zur Herstellung von Massenvernichtungswaffen aufgeben würde. Aus meiner Sicht wurde der große Beitrag, den Libyens Präsident Muammar Gaddafi für den Weltfrieden geleistet hat, indem er erklärte, er werde nicht länger versuchen, Atomwaffen zu entwickeln oder zu erwerben, nicht genug beachtet; eine Leistung, die meiner Meinung nach, der krönende Erfolg westlicher Diplomatie seit Beginn des 21. Jahrhunderts war: Die nukleare Abrüstung eines Landes, ohne jemanden zu töten und ohne einen Schuss abzugeben.[17] Wir haben eine seltsame Neigung, Milliarden Dollar an Länder auszuschütten, die uns bedrohen, während wir so gut wie nichts für Länder tun, die freiwillig abrüsten. Libyen sollte groß gewürdigt werden, und das nicht bloß mit wohlfeilen Worten. Eine derartige Anerkennung würde auch andere Länder ermutigen, diesem Vorbild zu folgen, und vielleicht sogar Libyen ermuntern, den nächsten Schritt zu tun: seine düstere Bilanz in Sachen Menschenrechte zu verbessern.

Selbst wenn ihr Verhalten nur das jeweils eigene Volk und niemanden sonst bedrohen würde, ist die Aussicht auf einen Atomkrieg zwischen Pakistan und Indien so entsetzlich, dass der nuklearen Abrüstung dieser Nationen unter den Bemühungen der entstehenden globalen Behörde schon aus rein humanitären Gründen eine hohe Priorität eingeräumt werden sollte. Die nukleare Abrüstung besteht also den zweiten Test auf den ersten Blick, weil ihr Zweck in hohem Grade legitim ist, obwohl noch mehr darüber debattiert werden könnte, auf welche Art und Weise die nukleare Abrüstung umgesetzt werden sollte.

Letztlich ergänzt die nukleare Abrüstung – die auf ähnliche Weise betrieben wurde, wie der Kampf gegen den Terror – die Globale Antiterrorism Authority um einen ganzen Flügel und liefert somit ein weiteres Element für den Aufbau einer Global

Safety Authority (globalen Sicherheitsbehörde). Das heißt, diese zusätzliche Mission entspricht den Kriterien transnationaler Institutionenbildung und kann folglich als Teil der Entwicklung einer globalen Gemeinschaft dienen.

Die von den USA unterhaltene Global Antiterrorism Authority hat im Grunde genommen ihre Missionen bereits ohne besondere Ankündigung oder ausführliche Beratungen auf die nukleare Abrüstung ausgeweitet. Oft werden dieselben Akteure – Agenten der CIA und des FBI, Spezialeinheiten, Truppen, Koalitionspartner – eingesetzt, um die nukleare Abrüstung voranzutreiben und den Terrorismus zu bekämpfen, oder diese Akteure wechseln zwischen den zwei Missionen hin und her, so dass diese ineinander übergehen. Die meisten Menschen halten beide Missionen für hochgradig legitim. Und obwohl die Intensität der Zusammenarbeit nicht annähernd so ausgeprägt ist wie im Kampf gegen den Terror, kooperieren China und Japan mit den Vereinigten Staaten im Hinblick auf Nordkorea, und Russland kooperiert im Hinblick auf Iran. Kurz gesagt, die Global Antiterrorism Authority ist dabei, zu einer Global Safety Authority (GSA) zu werden, die beide Missionen umfasst.

Darüber hinaus wurde der GSA eine besondere »Abteilung« zum Zweck der nuklearen Abrüstung hinzugefügt, obwohl sie sich auf einem viel niedrigeren Entwicklungsstand befindet als die Antiterrorismus-Behörde. Einer US-Initiative folgend wird die Proliferation Security Initiative (PSI) gegründet, die mehr Zusammenarbeit beinhaltet als die typischen zwischenstaatlichen Bemühungen. Die PSI umfasst außer den USA zehn Mitgliedsnationen und sieben Beobachter. Die Nationen, die der PSI angehören, knüpfen militärische (größtenteils Marine-)Netzwerke, deren Zweck es ist, Transportladungen von Atomwaffen und von Material, das zum Atombombenbau verwendbar ist, abzufangen. Zu diesem Ziel teilen die Mitgliedsnationen geheimdienstliche Informationen und haben sich geeinigt, alle Frachtgüter dieser Art abzufangen, die ihre

Territorien, ihre Häfen, ihren Luftraum passieren oder auf Schiffen unter ihrer Flagge befördert werden.[18] Übungen zu Trainingszwecken finden an neun Orten statt, einschließlich der Meere um Nordkorea und Iran.

Ab dem Sommer 2003 begannen die beteiligten Länder, darunter Australien, Frankreich, Spanien, Japan und Portugal, gemeinsame Militärübungen, um sich auf eine umfassendere Umsetzung dieser eindrucksvollen und beispiellosen Schritte zur nuklearen Abrüstung vorzubereiten. Einige Abfangaktionen hat es bereits gegeben, die Enterung eines Schiffes, das von einem nordkoreanischen Hafen auslief, und die Aufbringung eines Frachtschiffes mit Kurs auf Sudan eingeschlossen.[19] In einer ähnlichen Bemühung haben die USA außerdem ein Abkommen mit Regierungen Asiens und des Pazifischen Raums geschlossen, um den Gebrauch und den Handel tragbarer Raketen zu unterbinden, die von Terrorgruppen verwendet werden könnten, um Passagierflugzeuge abzuschießen.[20]

Unter dem politischen Aspekt ist bemerkenswert, dass der Flügel innerhalb der GSA, der mit der nuklearen Abrüstung befasst ist, ein anderes Direktorium hat als der Flügel, der mit der Terrorbekämpfung betraut ist. Am besten stellt man sich diese neuen Institutionen als Einheiten vor, die von wechselnden Direktorien geführt werden. Die Vereinigten Staaten sind ein ausschlaggebendes und kontrollierendes Mitglied. Verglichen mit ihrer Rolle beim Management des Antiterrorkampfs sind Südkorea, Japan und China allerdings viel stärker an dem Vorhaben beteiligt, Nordkorea in die neue internationale Ordnung einzufügen. Im Gegensatz dazu ist Großbritannien viel wichtiger für die Antiterror-Aktion. Russland und Australien sind ungefähr gleich stark in beide Unternehmen einbezogen. Wie wir sehen werden, können auch andere globale Behörden verschiedene – und wechselnde – Direktorien haben.

Mittel und Wege

Wenn der nuklearen Abrüstung oberste Priorität zugestanden wird, würde daraus folgen, dass alle Mittel der Überzeugung – ökonomische und am Ende militärische – zu diesem Zweck zur Anwendung kommen sollten. Das heißt, es gibt eine globale Notwendigkeit, von einem grundsätzlich freiwilligen System, das mit den Nichtverbreitungsverträgen verbunden ist, zu einem System überzugehen, das einen zwingenden Ersatzplan hat, nach dem man Gewalt anwenden würde, wenn alles andere gescheitert ist. (Die Europäische Union gab so viel zu, als sie die »Strategy Against Proliferation of Weapons of Mass Destruction« verabschiedete, ein Dokument, das »Zwangsmaßnahmen« – einschließlich Gewalt – fordert, um die Weiterverbreitung zu verhindern, falls alle anderen Optionen ausgeschöpft wurden.)[21] In Anbetracht der damit verbundenen Gefahren ist die erzwungene nukleare Abrüstung aber nur gerechtfertigt, wenn alle anderen Mittel erfolglos waren. Sollte Iran überzeugt werden können, seine Entwicklung von Atomwaffen einzustellen, haben alle etwas davon, das iranische Volk eingeschlossen. Und wenn Nordkorea bereit ist, seine Fabrikationsstätten für Atombomben gegen Wirtschaftshilfe einzutauschen, ist das ein prima Handel für alle Beteiligten, gewiss aber für Millionen hungernder Bürger. Wenn aber alles andere fehlschlägt, ist eine Militäraktion gerechtfertigt. Abschreckung allein wird nicht reichen; wir können nicht davon ausgehen, dass alle Akteure rational und beherrscht handeln werden, wenn wir Selbstmordattentäter und religiöse Fanatiker ins Kalkül ziehen. Diejenigen, die Massenvernichtungswaffen einsetzen oder an Terroristen weitergeben könnten – oder sie selbst einsetzen –, müssen also auf die eine oder andere Weise entschärft werden. Ein wichtiger Grund dafür ist Pearl Harbour: Wenn die Japaner damals zu der Überzeugung gelangen konnten, dass sie die Vereinigten Staaten auf die Knie zwingen könnten, gibt es keinen Grund anzunehmen, dass nicht künftig irgendwelche Staatsführer eine Situation ebenfalls falsch beurteilen und angreifen werden.

Die unterschiedlichen Formen, mit denen die nukleare Abrüstung vielleicht wirksamer vorangetrieben werden kann, verdienen für sich genommen eine größere Untersuchung. Sobald die nukleare Abrüstung zu einem wichtigeren Ziel wird, ließen sich einige Maßnahmen aktiver fördern: eine wesentliche Verstärkung von Programmen (von der Art, wie sie durch die USA bereits eingeführt wurden), die zum einen Material aufkaufen, aus dem Kernwaffen hergestellt werden können, und zum anderen kleine Atomwaffen aufkaufen, die auf dem Schwarzmarkt gehandelt werden könnten; das Angebot einer anderen Arbeit für Wissenschaftler und Ingenieure, die an Massenvernichtungswaffen arbeiten; die Umwidmung der Anlagen für die zivile Nutzung, die zusammengefasst »Pflugscharen-Projekte« genannt werden könnten;[22] der Tausch von Anlagen für Kernwaffen gegen friedlich genutzte Energiequellen und andere Produkte sowie die Vereinbarung, die zwischen der Regierung Clinton und Nordkorea ausgehandelt wurde.[23] (Vor kurzem wurde dem Versuch, Finanzströme zu drosseln, mit denen die Aktivitäten von Terroristen kleineren Formats finanziert werden, viel Aufmerksamkeit geschenkt. Meiner Meinung nach sollte mehr Mühe darauf verwendet werden, den Markt für atomwaffenfähiges Material und Nukleartechnik auszuschalten. Selbst jene Regierungen, die Konzerne hofieren, unbedingt Geschäfte machen wollen oder bloß einfach zu bestechen sind – das heißt, den Konzernen erlauben, viele Vorschriften zu umgehen, angefangen bei der Besteuerung bis hin zur Produktpiraterie –, sollten klarmachen, dass der Handel mit Massenvernichtungswaffen und den Materialien, die zu ihrer Produktion benötigt werden, nicht akzeptabel ist. Dafür sollten empfindliche Bußgelder verhängt werden, und überdies sollten Geschäftsführer zu Gefängnis verurteilt werden, wenn sie den Schurkenstaaten beim Kauf von Komponenten helfen, die diese zur Fabrikation von Massenvernichtungswaffen benötigen.)

Ich stimme denjenigen ganz und gar zu, die der Ansicht sind, die nukleare Abrüstung sei so wichtig, dass besondere Maßnahmen unternommen werden sollten, um sie voranzubringen.[24] Nationen, die sich aus internationalen Atomwaffenverträgen zurückziehen, sollten darüber aufgeklärt werden, dass sie nicht mehr im Besitz der Nukleartechnik bleiben dürfen, die sie infolge solcher Abkommen erhielten.[25]

Jede Nation, die Massenvernichtungswaffen oder deren Komponenten über die Grenzen verfrachtet, muss der eklatanten Verletzung internationalen Rechts bezichtigt werden können, das dahingehend angepasst werden muss. Solchen Schurkenstaaten – und Schurken sind sie, ob ihre Regierungen stabil oder instabil sind – sollten aus der Welthandelsorganisation (WTO) ausgeschlossen werden und nach gebührender Verwarnung sollte ihnen ein vorteilhafter Handelsstatus vorenthalten werden. Ich bin ganz der Meinung wie Robert Wright, dass die WTO »Dreh- und Angelpunkt für die Absicherung der Einhaltung internationaler Waffenkontrollgesetze« werden sollte. Dazu gehört »die Weigerung, Nationen in der WTO zuzulassen, wenn sie maßgebliche internationale Abkommen nicht unterzeichnen, und die Anordnung von Strafen nach einem automatischen Stufenplan, in Form steigender Zolltarife, die in einem Ausschluss gipfeln, falls WTO-Mitglieder gegen ein Abkommen verstoßen – indem sie etwa Inspekteure abweisen.«[26]

In dem Maße, wie solche Tauschgeschäfte nicht zustande kommen, ist es angesichts der damit einhergehenden Gefahren völlig angemessen, wenn die mächtigen Staaten auf die betreffenden Nationen Druck ausüben, damit sie auf ihre Waffen verzichten. Der Druck sollte nach denselben Richtlinien ausgeübt werden, nach denen die USA und andere Nationen auch vorgehen, um weit weniger wichtige Ziele wie die Zusicherung einer unterstützenden Stimme in den Vereinten Nationen oder Handelskonzessionen zu erreichen.

Schließlich sollte als letzter Ausweg und mit Billigung der Vereinten Nationen militärische Gewalt gegen Nationen wie

Nordkorea eingesetzt werden, die über Massenvernichtungswaffen verfügen oder sie entwickeln, von Tyrannen regiert werden und die Waffen an Terroristen weitergeben könnten. Sollten die Vereinten Nationen nicht in der Lage sein, zu handeln, sind die nukleare Abrüstung und andere Maßnahmen, die nötig sind, um das Horten von Massenvernichtungswaffen durch Schurkenstaaten und massiven Terrorismus zu verhindern, gleichwohl gerechtfertigt, auch wenn Einmarsch und Besetzung nicht unbedingt die beste Vorgehensweise darstellen. Die Zerstörung kerntechnischer Anlagen, wie sie die Israelis 1981 im Irak vornahmen und damit das Osiraq-Programm nahe Bagdad erheblich zurückwarfen, kann Zeit verschaffen, in der andere Verfahren greifen. Mir ist klar, dass die heutigen Anlagen besser geschützt sind, doch auch die Bombardierungstechnik ist weiter fortgeschritten und kann für diese Aufgabe noch spezialisiert werden.

Und was ist mit den Vereinigten Staaten und Russland? In einer fairen, gerechten Welt würden auch ihre Massenvernichtungswaffen beseitigt sein. Niemand kann daran zweifeln, dass der Verzicht auf Kernwaffen sehr zur Gerechtigkeit ihres Anliegens, zu ihrer Legitimität als große Kräfte innerhalb der GSA und natürlich zur Sicherheit in der Welt beitragen würde. Der Idealismus muss hier jedoch mit einem gewissen Realismus einhergehen. Die Forderung, die USA und Russland sollten sich einer nuklearen Abrüstungsregelung unterwerfen, damit die nukleare Abrüstung in anderen Ländern stattfindet, läuft darauf hinaus, hinzunehmen, dass derartige Waffen in den Händen viel gefährlicherer Staaten verbleiben. Deshalb wird man zumindest für die nahe Zukunft akzeptieren müssen, dass diese Mächte ihre Massenvernichtungswaffen vorerst behalten. Die gute Nachricht ist, dass sich die Vereinigten Staaten und Russland darauf geeinigt haben, ihre Bestände um zwei Drittel zu reduzieren, im Anschluss an vorherige Verminderungen, und offene Inspektionen der jeweils anderen Seite zwecks Überprüfung zuzulassen.[27] Kein schlechter Anfang.

Solide Anfänge

Die nukleare Abrüstung ist kein Luftschloss auf irgendeiner idealistischen Agenda von Friedensfreaks. Südafrika, das sich lange geweigert hatte, dem Atomwaffensperrvertrag beizutreten, öffnete seine Anlagen 1991 für IAEA-Inspekteure und demontierte sein Nuklearprogramm.[28] Ägypten, Schweden, Italien und die Schweiz strichen ihre Atomwaffenprogramme, nachdem sie den Vertrag unterzeichnet hatten.[29] Unter dem Abkommen von Guadalajara vereinbarten Brasilien und Argentinien 1991, »ihr Kernmaterial und ihre Nuklearanlagen ausschließlich zu friedlichen Zwecken zu nutzen und Erwerb, Einlagerung, Installierung, Einsatz oder jedwede andere Form des Besitzes von Atomwaffen zu verbieten«.[30] Das Abkommen verpflichtet beide Länder zur Berichterstattung bei der IAEA und zur Einwilligung in Inspektionen, eine Verpflichtung, die gehörig honoriert wurde.[31]

Die Kooperationsprogramme der USA zur Gefahrenminderung und Abrüstung gehen im Wesentlichen auf die Initiative der beiden Senatoren Sam Nunn (Dem., Georgia) und Richard Lugar (Rep., Indiana) zurück. Diese als Nunn-Lugar bekannten Programme waren für die Beseitigung einer beträchtlichen Anzahl Waffen auf dem Gebiet der ehemaligen Sowjetunion zuständig. Im Jahr 1994 wurden sämtliche atomaren Gefechtsköpfe und 600 Kilogramm waffenfähiges Uran aus Kasachstan abgezogen.[32] In der Ukraine wurden 1996 die atomaren Gefechtsköpfe abgebaut, eine Reihe von Raketenabschussrampen wurde in Russland und der Ukraine zerstört (im Beisein von Vertretern der USA), und aus Weißrussland wurden alle ballistischen Interkontinentalraketen entfernt.[33] Bis Anfang 2002 wurden aufgrund der Nunn-Lugar-Initiative insgesamt 5809 atomare Gefechtsköpfe, 1212 ballistische Raketen und Cruise-Missiles, 795 Raketenabschussrampen, 92 Langstreckenbomber und 21 U-Boote mit ballistischen Raketen vernichtet.[34] Kasachstan, Ukraine und Weißrussland wurden zu atomwaffenfreien Staaten erklärt.[35] Eine solche nukleare Abrüstung ist von besonderem Interesse, weil diese Länder nach dem Zerfall der Sowjetunion 1991 zu den dritt-, viert- und achtgrößten Atommächten in der Welt aufgestiegen waren.[36] Andere nützliche, aber leider viel zu seltene Aktionen sind der Ankauf von waffenfähigem Nuklearmaterial aus Jugoslawien und dessen sichere Verfrachtung nach Russland,[37] sowie ein Geheimgeschäft mit Rumänien, bei dem es um den Abzug von Uran aus einem ungesicherten Ort ging.[38]

Es bleiben immer noch viele Einzelheiten, die zu klären sind. Wie sollte das Handeln im Umgang mit Ländern aussehen, die wie Iran lediglich verdächtigt werden, Atomwaffen zu entwickeln oder zu haben? Und was ist zu tun, wenn deren Regierungen solide demokratisch sind und nicht für gefährlich gehalten werden wie im Falle Israels? Ist es überhaupt angebracht, über die Beseitigung biologischer und chemischer Waffen zu reden, wenn sich diese in kleinen Laboren heimlich produzieren lassen? Das sind alles berechtigte Fragen, die man bearbeiten sollte, die aber nicht dazu benutzt werden sollten, die dringende Mission aufzuschieben, Atomwaffen in Schurkenstaaten zu beseitigen und sicherzustellen, dass sie von Terroristen nicht erworben werden können.

Eine antagonistische Partnerschaft

Ein Kritiker könnte durchaus einwenden, dass die Vereinigten Staaten trotz all dieser Gefahren nicht die Macht sein sollten, die das Unternehmen anführt, mit dem die Welt vor massivem Terrorismus und Massenvernichtungswaffen gerettet werden soll. Wäre diese Mission nicht bestens geeignet für die Vereinten Nationen, die sich immerhin auf die IAEA stützen und ihr Vorgehen mit Abkommen begründen kann, denen die verschiedenen Parteien zugestimmt und die sie korrekt unterzeichnet haben? Wie alle Verträge müssen auch diese Abkommen eingehalten werden, wenn sie freiwillig eingegangen wurden. Die Einwilligung in Inspektionen ist Teil eines Vertrags, und sie durchzusetzen bedeutet daher nicht, sich in die inneren Angelegenheiten der betreffenden Nation einzumischen. Das Letzte, was die Welt braucht, ist eine neue Autorität, die von einer Supermacht kontrolliert wird, könnte die Schlussfolgerung des Kritikers lauten.

Der nächste Teil dieses Buches erörtert in einiger Ausführlichkeit das Verhältnis zwischen Zwang und Legitimität, stark und süß. Das angesprochene Thema ist jedoch zu relevant, als dass man es ignorieren könnte. Tatsache ist, dass die IAEA zwar eine Quelle der Legitimität ist, aber wenig Durchsetzungskraft hat, wenn nicht eine nationale Macht hinter ihr steht. Sie ist nur weich in einer Welt, die eine Kombination aus weich und hart erfordert. Ohne Drohungen, ökonomischen Druck und andere Formen der Überredung hätten nuklear aufrüstende Nationen, von wenigen Ausnahmen abgesehen, einer Abrüstung nicht zugestimmt oder auch nur Inspektionen gebilligt, und selbst wenn Inspekteure in solchen Nationen zugelassen worden wären, hätten sie Prüfungen nur sehr eingeschränkt durchführen dürfen. Die Reichweite der Inspektionen, die Saddam Hussein vor der Invasion gestattete, deckte sich fast vollkommen mit dem wechselnden Druck, den die großen Mächte auf ihn ausübten.

Nordkorea zog sich 2003 aus dem Atomwaffensperrvertrag zurück, wozu das Land legal berechtigt ist. Anfänglich weigerte es sich, an multilateralen Gesprächen über die Angelegenheit teilzunehmen, sondern bestand stattdessen auf bilateralen Verhandlungen mit den USA unter den eigenen Bedingungen. Nach dem raschen Sieg der Vereinigten Staaten über Saddams Truppen, der Kim Jong Il wochenlang auf Tauchstation gehen ließ, änderte Nordkorea seine Position deutlich, erklärte seine Bereitschaft, sich an multilateralen Verhandlungen zu beteiligen und mäßigte seine Bedingungen etwas.

Kurzum, damit die nukleare Abrüstung fortschreiten kann,

braucht ein wesentlicher Teil der neuen Weltordnung, die IAEA, einen Kooperationspartner mit ausgesprochen »harter Macht«.[39] Vor dem Jahr 2001 wurde harte Macht oft von einem einzelnen Staat oder einer Gruppe von Nationen auf einer Ad-hoc-Grundlage zur Verfügung gestellt, was aber völlig unzureichend war. Seit 2001 haben die USA in der Zusammenarbeit mit China, Japan und Südkorea im Falle Nordkoreas und in Zusammenarbeit mit Russland im Falle Irans einiges an der nötigen Stärke aufgebracht. Die GSA sollte man daher am besten als Zuarbeiter der Vereinten Nationen sehen, ungeachtet ihres oft kontroversen Umgangs miteinander. Es wäre jedenfalls falsch, anzunehmen, dass die Vereinten Nationen allein auf sich gestellt mit dem Problem weiterkommen könnten – oder dass Großmächte am besten daran tun, dies zu ignorieren.

Befriedung und humanitäre Interventionen

Als Nächstes untersuche ich drei andere globale Missionen, welche die grundlegende Sicherheit betreffen, die hobbesianische Mission also. In der Vergangenheit wurden diese Missionen weniger energisch verfolgt (ich berichte das nur, befürworte es nicht), weil sie die Interessen der Supermacht und anderer Mächte nicht so direkt berührten wie der Antiterrorkampf oder die nukleare Abrüstung. Aus Gründen, die zu diskutieren sind, wird sich diese Situation wahrscheinlich etwas ändern. Meine Untersuchung ist sowohl empirisch als auch normativ in dem Sinne, dass ich zum einen frage, in welche Richtung sich die Trends entwickeln werden, und zum anderen die Frage stelle, ob diese Trends begrüßenswert sind.

Befriedung

Eine Befriedung tritt dann ein, wenn eine internationale Intervention einen Krieg zwischen zwei Nationen beendet oder verhindert, das ein solcher überhaupt erst stattfindet – zum Beispiel zwischen Griechenland und der Türkei um Zypern. Oder sie kann eintreten, wenn derartige Interventionen Gewalt einsetzen, um einen Bürgerkrieg oder einen bewaffneten ethnischen Konflikt einzudämmen, wie in Nordirland beispielsweise. Der Begriff »Befriedung« erinnert möglicherweise an brutale Unterdrückung. Das ist aber nicht das, woran ich hier denke. Eine Intervention muss nicht brutal sein, der Definition nach muss sie aber Gewalt anwenden oder zumindest mit ihr drohen, um bewaffnete Konflikte zu beenden. (Es gibt keinen Begriff, der dies besser ausdrücken könnte. »Friedenserhaltend« bezieht sich auf die Wahrung des Friedens, nachdem er geschaffen worden ist, aber nicht auf die Beendung des Konflikts.)

Die Befriedung ist oft, obgleich nicht immer und gewiss nicht in früheren kolonialen Zeiten, hochgradig legitim, weil sie eben den hobbesianischen Überlebenstest besteht. Die verschiedenen Staatsmächte unterstützen die Befriedung zugegebenermaßen nur zum Teil aus humanitären Anliegen, obgleich diese nicht abgetan werden sollten. Die Befriedung spricht häufig nur nachrangige nationale Interessen der Großmächte an, wie zum Beispiel den Wunsch der USA, die NATO-Staaten daran zu hindern, sich gegenseitig zu bekämpfen, oder bestimmte, oft ethnische Wählergruppen zufriedenzustellen. Doch da dies keine nationalen Kerninteressen sind, ist die Befriedung häufig ohne Verve betrieben worden.

Nun, da die USA die Rolle eines Weltpolizisten tatsächlich übernommen haben, ist es schwieriger für sie geworden, wegzuschauen, wenn lokale Konflikte brodeln oder aufbrechen. Als Pakistan und Indien 2002 aneinandergerieten, untergruben sie den Kampf der USA gegen den Terrorismus, weil

Pakistan seine Truppen und Aufmerksamkeit von der nordwestlichen Landesgrenze abzog und sie zur südöstlichen Grenze verlagerte. Sind die Vereinigten Staaten untätig, wenn die Palästinenser und Israel sich bekämpfen, stört diese Interaktion ihre Antiterror-Bemühungen in der arabischen Welt usw. So wie eine nationale Regierung ihre Glaubwürdigkeit verliert, wenn es Fraktionen in ihrem Einflussgebiet gibt, die sich bekämpfen, wird auch die Glaubwürdigkeit der USA, in dem Maße, wie sie die Rolle als wesentliche Führungsmacht und treibende Kraft hinter der GSA akzeptiert hat, durch ein großes Blutvergießen erschüttert. Andere Staaten haben aufgrund einer ähnlichen Mischung aus Eigeninteresse und humanitären Anliegen ebenfalls Truppen zur Befriedung bereitgestellt. In den letzten Jahren haben wir daher ein verstärktes Engagement für Befriedung erlebt, und für die absehbare Zukunft sollten wir noch mehr erwarten können. Die Vereinten Nationen stimmten im Jahr 2003 dafür, die Größe der friedenssichernden Streitkräfte im Kongo zu erhöhen; die Vereinigten Staaten vermittelten ein Friedensabkommen zwischen den kriegführenden Parteien im Sudan; und der UN-Sicherheitsrat autorisierte den Einsatz einer multinationalen Friedenstruppe in Liberia. Im Jahr 2003 waren 36 000 friedenssichernde Soldaten der UN in 14 Operationen tätig, in Ländern wie Zypern, Äthiopien und Eritrea, Elfenbeinküste, Libanon (Beobachter an der Grenze zu Israel), Sierra Leone und Westsahara. Das Budget für das Haushaltsjahr 2003 umfasste mehr als 2,5 Milliarden Dollar.[40]

Das vereinte Resultat all dieser Aktionen ist eine »Abteilung« für Befriedung in der neuen globalen Architektur, die längst nicht so durchrationalisiert und aktiv ist wie das Antiterror-Unternehmen, aber dennoch implizit als Teil der neuen Weltordnung anerkannt wird und an Bedeutung gewinnt.

Humanitäre Interventionen

Die Verhinderung eines Genozids ist eine höchst legitime Rolle für die entstehende GSA, selbst wenn das mit bewaffneten Interventionen in souveränen Nationen verbunden ist. Derartige Einmischungen sind aus denselben Gründen legitim wie die nukleare Abrüstung: Sie beinhalten den Schutz einer großen Anzahl von Menschenleben vor einer eindeutigen und bevorstehenden Gefahr, so dass die grundlegende Pflicht des Staates auf einer transnationalen Ebene erfüllt wird, wenn die innerstaatliche Sicherheit versagt oder die Kräfte, die dafür sorgen sollten, selbst die Gefahrenquelle sind. Die Tatsache, dass der Wert humanitärer Interventionen den Wert der nationalen Souveränität überbietet, ist allgemein anerkannt und mit jedem verstreichenden Jahr mehr. Die Sache für die humanitäre Intervention ist besonders vorangebracht worden, seit Kofi Annan die Leitung der Vereinten Nationen übernommen hat, und zwar so weit, dass man manchmal schon von der Kofi-Annan-Doktrin spricht.

So wie ich es sehe, gibt es eine Stufe der normativen Verpflichtung, die man »ein moralisches Minimum« nennen könnte. Wenn Menschen unbeteiligt zuschauen, wie Massen abgeschlachtet werden bei einem Massaker, das sie hätten verhindern können – wie 1995 die holländischen Truppen in Srebrenica[41] –, sinken sie (und die, die ihnen Anweisung geben, nicht einzugreifen) unter diese moralische Minimalstufe. Wegen der vielen betroffenen Menschenleben und der Gewalt, die diese interethnischen Gemetzel begleitet, unterliegt die Verhinderung eines Genozids oder einer ethnischen Säuberung einem höheren moralischen Gebot als die Bekämpfung anderer Verbrechen oder auch der Einsatz für gute Taten wie das Spenden für wohltätige Zwecke, Hilfe für die Kranken und Speisung der Obdachlosen. Menschen, die sich als moralische Wesen betrachten, sollten keine weiteren Gründe brauchen. Die Verhinderung von Massentötungen ist eines der wenigen

Anliegen, die in unmissverständlichen und zwingenden Begriffen unmittelbar zu uns sprechen und über unsere Aufmerksamkeit und Verpflichtung gebieten.[42] (Mir ist bewusst, dass über die damit verbundenen moralischen Überlegungen unzählige Bücher geschrieben wurden, in denen die Frage sehr viel komplexer und nuancierter diskutiert wird, als ich es jetzt hier tun kann.[43] Zu den vielen Fragen, die geklärt werden müssen, gehört die, unter welchen Bedingungen humanitäre Interventionen durchgeführt und wessen Truppen eingesetzt werden sollen, wie die Bezahlung geregelt und was der Bereich ihres Einsatzes sein soll, und wie sie später wieder abziehen sollen.[44]

Aber um dies alles zu beantworten, bräuchte man einen umfangreicheren Band als diesen.)

Humanitäre Interventionen werden am besten mit Autorisierung der Vereinten Nationen durchgeführt, sie sind aber auch dann höchst legitim, wenn sie ohne dieses Mandat zustande kommen, weil die UNO zu langsam handelt oder nicht zustimmt. Die UNO ist nicht die Einzige, die darüber befindet, was legitim ist. Die EU und die USA hätten niemals zuschauen sollen, als mehr als eine Million Menschen in Ruanda abgeschlachtet wurden, sie hätten in Osttimor viel früher eingreifen müssen, und sie waren im Recht, als sie die ethnische Säuberung im Kosovo beendeten.[45] Die Achtung aller Menschenrechte setzt als Erstes voraus, dass das Recht auf Leben nicht verletzt wird und kein Gemetzel an Massen wegen ihrer rassischen, ethnischen, religiösen oder politischen Identität oder irgendeiner anderen Zugehörigkeit stattfindet.[46]

In der Vergangenheit wurden humanitäre Interventionen zu spät, zu langsam und zu zögerlich unternommen, wenn sie überhaupt stattfanden, und zwar größtenteils deshalb, weil sie noch weniger nationale Interessen der Großmächte direkt ansprachen als die Befriedung. Zwei Faktoren lassen es wahrscheinlicher werden, dass die GSA mehr übernehmen wird als die Großmächte in der Vergangenheit: Ein Faktor ist der wachsende Einfluss einer globalen öffentlichen Meinung, der dazu neigt, die Beendung eines Völkermords zu fordern; der andere ist der Eindruck, dass wer immer Verantwortung für die Herstellung von Ordnung in der Welt übernimmt, solche Gräueltaten nicht ignorieren kann, genausowenig wie etwa ein neuer Polizeichef einen Bandenkrieg ignorieren kann, selbst wenn die Bandenmitglieder sich nur gegenseitig umbringen und die Kämpfe auf die Innenstadt beschränkt sind.

Die humanitäre Intervention (und Befriedung) würde von der Stationierung der GSA-Streitkräfte in instabilen Regionen profitieren sowie von der Entwicklung leichterer und schnellerer Eingreiftruppen, als sie die USA und andere Großmächte in der Vergangenheit hatten. Diese »vorab«-Stationierung umfasst die Postierung von Truppen und militärischem Gerät nahe am möglichen Frontverlauf oder, im Sprachgebrauch des Pentagons, an »hot spots«.

Die humanitären Interventionen (und Befriedung) sollten regionale Streitkräfte einschließen, obwohl diese vielleicht auf die Hilfe der Armeen größerer Mächte angewiesen sind. Ein Hauptgrund für eine Einbeziehung regionaler Streitkräfte ist der, dass sie vor dem Hintergrund der militärischen Einmischungen früherer Kolonialmächte oder der neuen Großmächte – USA, Russland, China – oftmals die Legitimität von Interventionen erhöhen und die Kosten des Einsatzes senken. Außerdem kann die Förderung der Entwicklung regionaler Streitkräfte, speziell die Vorbereitung auf ein schnelles Eingreifen – in Bereitschaft und vor Ort – auch den primären Missionen der GSA nützlich sein: den Terrorismus bekämpfen und zur nuklearen Abrüstung ermutigen. In einigen Fällen beteiligten sich solche Truppen an Plünderungen, sexuellen Übergriffen und anderem Verhalten, das einer friedenssichernden Einheit nicht gut ansteht. Sie als Beobachter dabei zu haben, eröffnet eine Chance, sie zu einer professionelleren transnationalen Polizeieinheit zu machen.[47]

Die humanitären Interventionen veranschaulichen auch das

eigenartige und getrübte Verhältnis zwischen der UNO und den unterschiedlichen Nationalstaaten, speziell den Vereinigten Staaten, das man am besten als antagonistische Partnerschaft umschreibt. Die Vereinten Nationen haben oft die entscheidende legitimatorische Stimme, aber – ich wiederhole mich – sie verfügen nicht über die harte Macht, die erforderlich ist, um ihren Resolutionen und Erklärungen den nötigen Rückhalt zu verschaffen, und können sie auch nicht haben. Wenn die USA (in Haiti, Somalia und Liberia), Frankreich (in der Elfenbeinküste), Russland und die NATO (im Kosovo) oder Australien (in Osttimor) nicht für militärische Stärke gesorgt hätten, würden die UN-Resolutionen kaum Folgen gehabt haben. Die USA hatten das UNO-Hauptquartier in Bagdad nicht ausreichend abgesichert (oder die UN-Mitarbeiter hatten nicht den Eindruck, dass sie einen solchen Schutz benötigten), und als Terroristen im August 2003 das Gebäude angriffen, waren die Vereinten Nationen wegen des Schadens und der Verluste an Menschenleben gezwungen, ihre Aktivitäten im Irak stark zurückzudrehen. In der Vergangenheit hat die UNO oft nicht gehandelt, bis ein Nationalstaat dazu bereit war oder seine Streitkräfte bereits auf diese Sache verpflichtet hatte. Diejenigen, die eine UNO, wie sie sein sollte, mit einer UNO verwechseln, wie sie ist, neigen dazu, diese unerfreuliche Wahrheit zu ignorieren. So wurde Osttimor trotz der UN-Resolutionen, die auf das Jahr 1975 zurückgingen, jahrelang von Indonesien verwüstet, bis Australien im Jahr 1999 schließlich beschloss, die Forderung Osttimors nach Selbstbestimmung zu unterstützen, und damit begann, den nötigen Druck und Zwang auszuüben, um die Situation zu verändern. Mit Australiens Führung, Infrastruktur und Truppen waren die Vereinten Nationen endlich in der Lage, die humanitäre Krise in Osttimor anzugehen.[48]

Im Jahr 2000 nahm die Revolutionäre Einheitsfront von Sierra Leone friedenssichernde UN-Mitarbeiter gefangen, die dort stationiert waren, um den Bürgerkrieg zu beenden. Das

Vereinigte Königreich entsandte Truppen, um seine Staatsbürger zu befreien, und blieb in dem Land, um die Hauptstadt zu sichern und so etwas wie eine Ordnung wiederherzustellen. Die Briten setzten sich dann für eine UN-Resolution ein, um den Verkauf von Diamanten aus Sierra Leone zu verbieten, denn man war überzeugt, dass der Krieg wesentlich aus dessen Einnahmen finanziert wurde.[49] Für die Wiederherstellung von Ordnung und für die Verstärkung friedenssichernder Bemühungen der UNO war die britische Beteiligung ausschlaggebend. Nachdem der Irak Kuwait überrannt hatte, blieben die UN-Resolutionen so gut wie folgenlos, bis die Vereinigten Staaten und Russland gemeinsam handelten, um den Angriff zurückzuschlagen.[50] Als in Ruanda keine Staatsmacht einsprang, waren die Vereinten Nationen handlungsunfähig.

Michael Ignatieff hat trocken festgestellt, »multilaterale Lösungen für die Weltprobleme sind alle schön und gut, aber sie sind solange zahnlos, bis Amerika [oder irgendeine andere Macht] seine Zähne zeigt«.[51] Obwohl die Geschichte auf seiner Seite steht, wird die Rolle der Legitimität für die Entwicklung eine neuen Weltordnung mit solchen Äußerungen doch unterschätzt. Bei humanitären Interventionen haben ebenso wie bei den anderen Sicherheitsmissionen, auf die ich eingegangen bin, sowohl die großen Staatsmächte als auch die Vereinten Nationen eine Rolle zu spielen.

Pflugscharen

Wenn man den Weg weitergeht bis zu einem Ort, wo die Realität verschwimmt und sich die Visionen abzeichnen, gibt es die Mission, die Fabrikation und den Handel sämtlicher Waffen Schritt für Schritt abzubauen. Der Traum – und das Argument dafür –, Schwerter zu Pflugscharen zu machen, ist ebenso alt wie die Geschichte; die Welt, die diesem Traum vorschwebt, verdient dennoch Beachtung. Wenn Menschen in

Massen mit konventionellen Waffen getötet werden, sind sie genauso tot, als ob sie mit Massenvernichtungswaffen getötet worden wären, es dauert nur länger, und wir haben uns an diese Form des Gemetzels gewöhnt. Wir haben uns auch an die absurde Situation gewöhnt, dass Nationen Hilfe des Auslands, Schuldenerlass und hohe Kredite fordern und erhalten, weil sie arm sind, während sie ihre eigenen Ressourcen – oder ebendie, welche ihnen von den Steuerzahlern reicherer Nationen gewährt wurden – dazu verwenden, Waffen zu kaufen und ihre Nachbarländer zu bekämpfen oder das eigene Volk zu tyrannisieren.

Die Milliarden Dollar, die jedes Jahr für konventionelle Waffen und andere militärische Aufwendungen ausgegeben werden, übersteigen bei weitem alles, was an Auslandshilfe verfügbar ist. Im Jahr 2002 wurden 794 Milliarden Dollar von Militärausgaben verschlungen.[52] Wenn auch nur die Hälfte dieser Gelder für friedliche Zwecke genutzt werden könnte, könnten tatsächlich überall auf der Welt die Wüsten blühen.

Eine der sich herausbildenden Normen, die zur Bildung eines potentiellen Abrüstungsregimes führen könnten, kann in dem Handel gesehen werden, den die Regierung Clinton mit Nordkorea einfädelte: der Verzicht auf Waffen (in diesem Fall Kernwaffen) im Tausch gegen Entwicklungshilfe. Die Nationen der Welt sollten Produktion und Verkauf von Waffen so behandeln, wie sie im Ansatz schon den Tabak behandeln. Die Regierungen steuern von der Subvention des Tabakanbaus langsam auf die subventionierte Anpflanzung von etwas anderem um. Die öffentliche Meinung stört sich an jenen, die dieses Produkt produzieren, verkaufen, bewerben oder verwenden. Wenn das Rauchen eingedämmt werden kann, können wir dann nicht davon träumen, dass konventionelle Waffen eines Tages mit ebenso viel Besorgnis behandelt werden wie Zigaretten?

Einige scharfsinnige Politikwissenschaftler werden nun argumentieren, dass das eigentliche Problem nicht die Waffen sind, sondern Konflikte, die nicht mit friedlichen Mitteln beizulegen sind. Dieser Einwand ist durchaus berechtigt. Daher können wir eine Verringerung von Waffen in großem Umfang nicht erwarten, bevor der Aufbau globaler Institutionen vorangeschritten ist. Bis dahin ist die Beschränkung des Handels anstelle seiner Förderung eine Mission, die auf die Aufgabenliste der GSA gehört.

Die appetitanregende Mission noch einmal überdacht

Um das Argument zu diesem Punkt noch einmal kurz zusammenzufassen: Die Vereinigten Staaten, deren Verbündete und andere Großmächte haben bereits einen Riesenschritt gemacht, indem sie von der Bekämpfung des Terrorismus auf globaler Ebene, die auf eine Global Safety Authority (GSA) hinausläuft, übergingen zu einer immensen Ausweitung früherer Bemühungen um nukleare Abrüstung. Obwohl die USA bei ihrer Jagd nach Massenvernichtungswaffen im Irak herzlich wenig Unterstützung bekamen, fanden sie recht starke Hilfestellung bei ihrem Vorstoß, Iran und Nordkorea nuklear abzurüsten. Es besteht viel weniger Zweifel daran, dass diese Nationen Massenvernichtungswaffen besitzen und für andere eine Gefahr darstellen.

Erheblich langsamer vorangekommen ist eine zusätzliche Ausweitung der Zuständigkeit der Global Safety Authority, die damit verbunden ist, noch weitere Sicherheitsmissionen zu übernehmen – Befriedung und humanitäre Interventionen, die beide legitim sind. Das ist weitgehend darauf zurückzuführen, dass diese Missionen die Interessen der Großmächte nicht unmittelbar ansprechen wie die Bekämpfung des Terrorismus und die Beseitigung von Massenvernichtungswaffen. Dennoch hat es auch bei diesen Missionen verstärkte Anstrengungen gegeben, insbesondere um Bürgerkriege zu beenden und bewaffnete Konflikte zu unterbinden, und für die Zukunft sind noch mehr zu erwarten. Die GSA und die Vereinten Nationen arbeiten derzeit in einem unguten, gespannten Verhältnis (obwohl sich die GSA noch entwickelt und die UNO eines Tages vielleicht reformiert wird) und begegnen einander häufig als antagonistische Partner.

Vorerst kann man sicher sagen, dass die Welt eine neue Sicherheitsagentur hat, die in der Folge des Angriffs von 2001 auf die Vereinigten Staaten gebildet wurde. So wie andere Polizeikräfte und im Grunde genommen jede Gewaltanwendung werfen die Handlungen des neuen Weltpolizisten zahlreiche Fragen auf, doch keine davon wird ihn veranlassen, abzutreten oder der Notwendigkeit auszuweichen, sich auf einer globalen Ebene um Sicherheit zu kümmern. Ich werde nun kurz transnationale Missionen ohne Sicherheitsbezug untersuchen wie beispielsweise die Förderung der Menschenrechte und der Demokratie, den Schutz der globalen Umwelt und die Verbesserung der Wohlfahrt.

Der Wilson'sche Tagtraum

Die Idee, dass die Einführung der Menschenrechte und der Demokratie ein fortgeschrittenes Ziel ist, das erst dann umgesetzt werden kann, wenn eine Nation oder eine Gruppe von Nationen für die elementare Sicherheit sorgt, mag selbstverständlich sein. Jedem, der an die Situation in den Straßen Bagdads in den ersten Monaten nach der amerikanischen Besetzung denkt – als Plündern üblich war, die Kriminalität ausuferte, Überfälle auf Amerikaner an der Tagesordnung waren, Ladenbesitzer, die Alkohol verkauften, getötet wurden und die interethnische Gewalt eskalierte –, wird klar sein, dass die Voraussetzungen für ein Abhalten von Wahlen nicht gegeben waren. Dasselbe gilt für die Straßen in vielen russischen Städten nach dem Zusammenbruch des kommunistischen Regimes 1989. Ein solches Chaos im Inland begünstigt darüber hinaus eine internationale Instabilität, weil es andere Staatsmächte dazu einlädt, sich einzumischen, wie es Iran und die Türkei 2003 im Irak versucht haben.

Das wesentliche Argument dagegen wurde so oft wiederholt, dass es beinahe schon zum Mantra geworden ist: Der beste Weg, Sicherheit und Frieden international zu garantieren, ist die Förderung der Demokratie in den Ländern. Und der Grund dafür? »Demokratien bekämpfen einander nicht.«[53] Es ist eine Idee im Kern des Wilson'schen Tagtraums, ein lange akzeptiertes Klischee der Politikwissenschaften von einem Weltfrieden, der aus demokratischen Gemeinwesen zusammengestückelt ist.[54] Erst vor kurzem wurde wieder geltend gemacht, »die ›weltweite Förderung der Demokratie‹ sollte ins Zentrum der nationalen Sicherheitsstrategie Amerikas gestellt werden«.[55]

Ob eine Welt, die sich aus angrenzenden Demokratien zusammensetzt, friedlich wäre, steht nicht zur Debatte, weil es unbestreitbar so ist, dass die Demokratie in Ländern, denen es an den nötigen sozialen, kulturellen und ökonomischen Voraussetzungen fehlt, wenn überhaupt, dann nur sehr langsam vorankommen kann. Die meisten dieser Nationen haben bislang noch keine Demokratisierung erreicht. Wir können mit der Verhinderung eines atomaren Angriffs durch Nordkorea – bei einem paranoiden Anfall Kim Jong Ils vielleicht – nicht warten, bis seine Nation demokratisiert ist. Wir sollten nicht abwarten, Maßnahmen zu ergreifen, um einen Atomkrieg zwischen Indien und Pakistan zu verhindern, bis Pakistan demokratisch geworden ist. Wir können uns nicht darauf verlassen, dass die Reformpolitiker in Iran eine Demokratie einleiten werden, noch können wir annehmen, dass sie auf die Kernwaffen ihres Landes verzichten werden. Selbst bei Ländern, die keine Massenvernichtungswaffen haben, können wir *nicht* auf eine Demokratisierung setzen, wenn sie in einen Krieg oder Genozid abgleiten wie im Falle von Kongo und Liberia.

Man kann daher völlig auf die weltumspannende Förderung

der Demokratie verpflichtet sein (wenn auch mit demokratischen Mitteln und nicht an der Spitze von Panzern, Bajonetten oder Cruise Missiles) und sich dennoch bewusst sein, dass kurzfristig gesehen zuerst Sicherheit benötigt wird. Ich kann gar nicht genug betonen, dass ich nicht gegen die grenzüberschreitende Förderung der Demokratie (und anderer Elemente der Autonomie) bin; im Gegenteil, ich bin ganz dafür. Ich vertrete allerdings die Auffassung, dass demokratische Entwicklungen *nicht* überstürzt herbeigeführt werden können, während andererseits die elementare Sicherheit nicht warten kann.

Abgesehen davon, dass eine schnelle Demokratisierung auf Bestellung nicht in der Lage ist, eine Strategie einzulösen, die den Weltfrieden errichten will, ist sie auch nur eine dürftige Legitimitätsquelle. Als andere Begründungen im Ausland und bei größeren Teilen der amerikanischen Öffentlichkeit ihre Glaubwürdigkeit verloren, behauptete die Regierung Bush, dass es ihr darum ginge, den Irak sowie den Rest des Nahen Ostens zu demokratisieren. Kritiker wiesen jedoch zu Recht darauf hin, dass die USA anderswo viele autoritäre Regierungen unterstützt. Die Argumentation, gegen solche Tyrannen, die mit Massenvernichtungswaffen ausgerüstet seien – einmal angenommen, sie sind es wirklich –, müsse Gewalt angewendet werden, ist dagegen sehr viel überzeugender. Das ist deshalb der Fall, weil eine politische Strategie mit dem Ziel, Gesellschaften zu liberalisieren, zwangsläufig sehr inkonsequent sein muss und schwer zu verteidigen ist; während gerade umgekehrt eine politische Programmatik, die eine nukleare Abrüstung bezweckt, konsequent angewandt werden kann, obwohl dies nicht notwendig heißt, dass man alle davon Betroffenen auf exakt die gleiche Weise behandeln wird. Kurz gesagt, die Befriedung der Welt ist ein Ziel, das viel leichter zu legitimieren ist als ein Regimewechsel. (Bemerkenswert ist, dass andere Mitglieder des Sicherheitsrats, mit Ausnahme Frankreichs, bereit waren, eine militärische Invasion des Iraks mitzutragen, um Massenvernichtungswaffen zu beseitigen, den Inspekteuren dafür aber mehr Zeit geben wollten – was zeigt, dass die internationale Gemeinschaft prinzipiell gewillt ist, gescheiterte Staaten zu entwaffnen. Es gibt hingegen wenig Unterstützung für eine zwangsweise Demokratisierung.)

Missionen ohne Sicherheitsbezug – die Demokratisierung eingeschlossen – müssen warten, bis es grundlegende Sicherheit gibt. Der Versuch, in einer soeben befreiten Nation, der soziologische Elemente der Moderne fehlen, im Eilverfahren demokratische Institutionen aufzubauen, ist ein Verstoß gegen den Grundsatz der Zurückhaltung. Wichtiger noch, eine derartige Politik befindet sich im Widerstreit mit wichtigen sozialen Kräften, und die Wahrscheinlichkeit, dass sie erfolgreich sein wird, ist daher etwa so groß wie bei Piloten, die der Schwerkraft keine Beachtung schenken.

7. Beschneidung nationaler Souveränität: Wofür?

Die Behandlung der nationalen Souveränität oder Selbstbestimmung als unfehlbar, so wie Amerikaner oft ihren Ersten Verfassungszusatz behandeln, ist eine Einstellung, die unter speziellen historischen Bedingungen entwickelt wurde, die in den meisten Regionen der Welt nicht mehr gelten. Die nationale Souveränität wurde weder von Gott noch von der Natur geschaffen. Vor dem Westfälischen Frieden von 1648 war sie kaum bekannt. Diese Friedensverträge beendeten den Dreißigjährigen Krieg (1618 – 1648), der ausbrach, nachdem die Reformation die religiöse Vormachtstellung der Katholiken in Europa gebrochen hatte. Dieser Konflikt brachte mit sich, was nach dem Westfälischen Frieden begrifflich als Einmischung in die inneren Angelegenheiten einer anderen Nation bezeichnet worden wäre, da man die Religion bestimmen wollte, der die Bürger einer anderen Nation angehören sollten.

Die Architektur dieser Verträge sollte seither die grundlegenden Voraussetzungen für internationale Beziehungen bereitstellen.[1] Politisch betrachtet anerkannten die Verträge den »souveränen Staat« (dieser beschreibt ein Monopol für den legitimen Gebrauch gewaltsamer Mittel innerhalb eines definierten Territoriums) als Grundeinheit in der Weltpolitik und als höchste Autorität der Zivilgesellschaft. Militärisch wurde er nur in Konflikten zwischen souveränen Staaten als ein Instrument der Politik akzeptiert; mit anderen Worten, es war akzeptabel, wenn ein Staat einen anderen wegen eigener Interessen bekämpft, nicht aber wegen irgendwelcher internen Angelegenheiten in dem anderen Land. Schließlich trennten die Verträge Religion und Politik und schieden auf diese Weise Religion als einen akzeptablen Kriegsgrund aus.

Die hohe Achtung für nationale Souveränität, die daraufhin folgte, wurde durch die Schrecken des Ersten und Zweiten Weltkriegs sowie weiterer Kriege zwischen Nationen noch zusätzlich verstärkt. Diese Ereignisse verliehen der Idee, die sich erstmals im Völkerbund und dann den Vereinten Nationen niederschlug, starken Rückhalt: Keine Nation sollte in das Territorium einer anderen Nation einmarschieren. Ein anderer maßgeblicher historischer Grund dafür, warum die nationale Souveränität so hoch geschätzt wird, ist im imperialen Zeitalter zu sehen, in dem zahllose ethnische Gruppen der verschiedensten Erdteile von den Weltmächten beherrscht wurden. Die Mitglieder dieser Gruppen hatten wenig Einfluss auf die, von denen sie regiert wurden, und konnten in der Regel in der Politik nicht mitreden, in der aber die weichenstellenden Entscheidungen über ihr Schicksal getroffen wurden. Einsetzend mit der Unabhängigkeit der meisten lateinamerikanischen Länder zwischen 1810 und 1825 folgten fast 180 Jahre nationaler Befreiungskriege, in denen sich die ethnischen Gruppen erfolgreich von den imperialen Mächten abspalteten und die Selbstverwaltung erreichten. Diese Bewegungen gediehen zuerst in Lateinamerika und Europa – bei der Befreiung der Balkanländer aus dem imperialen Österreich-Ungarn – und verbreiteten sich dann nach Asien und Afrika, bis kein Imperium mehr übrig war. In diesem geschichtlichen Prozess wurde die nationale Selbstbestimmung zu einer entscheidenden normativen Forderung. In ihrem Licht hatte eine Nation ihre Beherrschung oder Invasion einer anderen Nation gründlich zu rechtfertigen.

Diese Architektur ist in zwei Hinsichten in Frage gestellt worden. Im letzten Jahrzehnt, insbesondere seit dem Zusammenbruch der Sowjetunion, sind die Staaten in ethno-nationalistische und religiöse Elemente zerfallen. Außerdem hat eine transnationale Besorgnis um die Ökonomie, im Umweltschutz und bei den Menschenrechten zu moralischen Herausforderungen für die Idee der Souveränität geführt. In diesem begrenzten Sinne kehrt die Welt zu einer prä-westfälischen Stufe zurück. Dieser Trend bleibt nicht ohne menschliche Kosten, speziell in der Form von religiösen und ethnischen Konflikten in Staaten, in denen die nationale Gemeinschaft nie gediehen ist oder unterminiert wurde. Daher müssen die Gründe dafür, eine Beschneidung der nationalen Souveränität zu befürworten und transnationalen Kräften mehr Legitimität zu gewähren, deutlich artikuliert, ihre Grenzen festgelegt und ihre Legitimität umfassender nachgewiesen werden.

Der wichtigste Grund, der allein schon rechtfertigt, die nationale Souveränität weniger zu achten als bei den zurückliegenden Generationen, ist die Bedrohung durch einen Terrorismus im großen Stil, der Gebrauch von Massenvernichtungswaffen direkt durch Schurkenstaaten oder durch Schurkenstaaten, die Terroristen mit solchen Waffen versorgen. Der Wert der nuklearen Abrüstung, des Schutzes der Welt vor einer atomaren Verwüstung, rangiert über der Achtung für die nationale Souveränität von Nationen, die darauf bestehen, an ihren Massenvernichtungswaffen festzuhalten.

Es gibt darüber hinaus noch mehrere Gründe, für eine verminderte nationale Souveränität einzutreten.[2] Die nationalen Befreiungskriege haben ihre Aufgabe im Großen und Ganzen erledigt. Nur noch wenige ethnische Gruppen streben nach Selbstentfaltung und werden darin von imperialen Kräften zurückgehalten. Die Angehörigen einer Reihe von Gruppen wie der Basken, Quebecois und Schotten würden zwar die Unabhängigkeit vorziehen, aber sie unterscheiden sich von den Völkern Indiens, Ghanas und des Kongo, die für ihre Unabhängigkeit von Kolonialmächten kämpften, denn die heutigen Gruppen leben unter einer parlamentarischen Demokratie. Es gibt gute Gründe anzunehmen, dass die betroffenen Menschen nach einer Abspaltung dieser ethnischen Gruppen unter Regierungen leben würden, die nicht mehr, sondern weniger demokratisch wären als die, welche sie heute regieren, wie im Falle der Slowakei, die sich von Tschechien löste. In diesen Situationen ist es gerechtfertigter, die Autonomie von unterschiedlichen Teilen eines Landes – oder von ethnischen Gruppen innerhalb existierender Nationalstaaten – zu stärken, als ihnen die vollständige Selbstverwaltung oder den Status einer Nation zu geben. Für diejenigen, die in freien Gesellschaften leben, sollte die Selbstbestimmung – die Erlangung der nationalen Souveränität für unterschiedliche Gruppen – nicht mehr das moralische Ansehen haben, das sie in früheren kolonialen Zeiten einmal besaß.

Kurz gesagt, eine entscheidende Legitimationsquelle der neuen globalen Architektur wird sein, dass sie keine Massentötungen toleriert, sei es mit Massenvernichtungswaffen oder in einem Völkermord, und somit das allererste Element eines Staates auf globaler Ebene bereitstellt – ein Maß an Sicherheit. Die neue globale Architektur wird sich darauf stützen, den Respekt für die nationale Souveränität durch einen zunehmenden Respekt für ein hohes menschliches Gut zu ersetzen – das Recht zu leben, was immer die eigene Nationalität sein mag. Das ist ein viel überzeugenderer Maßstab für das Handeln als die Durchsetzung einer Fülle von Menschenrechten. Die Liste dieser Rechte ist zu lang (und doch behaupten manche, nicht lang genug) und zu unklar, um in diesem Stadium der Entwicklung einer Global Safety Authority und der Vereinten Nationen eine durchgreifende Intervention in die inneren Angelegenheiten anderer Länder zu begründen. Der Maßstab trifft jedoch auf die Bekämpfung des Terrorismus und die nukleare Abrüstung und in wachsendem Maße auf Befriedung und humanitäre Interventionen zu und – eines Tages – auf die generelle Verringerung von Waffen.

Wie anspruchsvoll diese Liste der Missionen auch sein mag, man hat trotz allem deutlich das Gefühl, dass sie nicht gut genug ist.

Teil III

Über die globale Sicherheit hinaus

8. Das alte System ist überlastet

Werden die Vereinigten Staaten lediglich Weltpolizist sein und es ablehnen, auch als Gärtner, Heiler oder Kindermädchen zu dienen? Oder weniger metaphorisch ausgedrückt, wird der Bildung einer Globalen Sicherheitsbehörde eine Globale Umweltschutzbehörde, ein Weltgesundheitsministerium und ein Weltsozialministerium folgen?[1] Oder wird die neue globale Architektur eher so aussehen wie der Aufbau der amerikanischen Nation, in dem die Föderalregierung (das Analogon zur Globalen Behörde) mit Kriminalität nur in Teilen befasst ist, insbesondere mit dem Terrorismus, während viele andere Aufgaben den Polizeibehörden in den fünfzig Gliedstaaten (analog zu den Nationen) überlassen bleiben, ebenso wie Sozialpolitik, Bildung und Gesundheit?

Der Bedarf an zusätzlichen globalen Behörden, die sich um weitere Aufgaben kümmern, ist klar. Was ich als das »alte System« bezeichnen werde – die nationalen Regierungen *und* die zwischenstaatlichen Organisationen, die sich aus Repräsentanten derselben Nationalstaaten zusammensetzen –, kann mit zahllosen neu hinzutretenden transnationalen Problemen nicht fertig werden, von denen einige auf die gewöhnliche Kriminalität (international operierende Mafiaverbände und Cyberstraftaten) und viele auf nicht sicherheitsrelevante Fragen entfallen (steigende Umweltschäden und Pandemien, die keine Grenzen kennen).

Das alte System kann mit einem großen Aufkommen wichtiger Aktivitäten nicht umgehen, weil die Entscheidungsträger bei den meisten Angelegenheiten ihre jeweiligen Regierungen konsultieren müssen, bevor sie ihre Arbeit fortsetzen können (andernfalls werden sie vorab in allen Einzelheiten instruiert, was ihre Flexibilität bei der Entscheidungsfindung begrenzt). Wenn es um globale oder auch nur um halb-globale politische Strategien geht, sind so viele verschiedene Nationen mit abweichenden Interessen und Werten beteiligt, dass es schwer ist, zu Entscheidungen zu gelangen. Zwar können für manche Angelegenheiten Lösungen erarbeitet werden – oftmals erst nach vielen Bemühungen –, doch ist der Fortschritt bei zahlreichen anderen Dingen langsam, verglichen mit der Geschwindigkeit, in der die Probleme zunehmen, und es ist viel häufiger so, dass Nationen irgendwelchen Erklärungen zustimmen, als dass sie diese tatsächlich umsetzen. Kurz gesagt, das alte System ist zu formal, zu sperrig und zu schwerfällig.

Es war einmal so, in den längst vergangenen Zeiten der 1980er Jahre, dass die nationalen Regierungen volksverhetzende Reden verbieten konnten, Patienten auffordern konnten, einen Arzt aufzusuchen, bevor sie einen ganzen Stapel Medikamente kaufen, das Wettspiel beschränken und den Handel mit Nazi-Brimborium untersagen konnten.[2] Ich vertrete nicht den Standpunkt, dass dies alles vernünftige Richtlinien öffentlicher Politik waren, sondern lediglich, dass die nationalen Regierungen sie mehr oder weniger wirksam in ihren jeweiligen Ländern umsetzen konnten.

Das Internet unterminierte diese nationalen Richtlinien. In Kanada, Großbritannien und Deutschland, wo volksverhetzende Reden verboten sind, können die Menschen nun frei solche Reden führen, solange sie dies im Cyberspace tun, bemäntelt von ihrer Anonymität; Patienten könnten jetzt Medikamente aus anderen Staaten bestellen, die keine ärztlichen Verschreibungen verlangen oder sich mit vorgetäuschten Rezepten zufriedengeben usw. Das Internet ist sowohl ein wichtiger ursächlicher Faktor als auch ein passendes Symbol für den Niedergang der Fähigkeit einzelner Nationalstaaten, ihre Angelegenheiten jeweils für sich im Inland selbst zu regeln. Ich sage nicht, dass der Nationalstaat tot ist oder dass die nationalen Regierungen ihren gesamten Einfluss verloren haben, sondern bloß, dass ihre Fähigkeit, die Angelegenheiten zu steuern, immens abgenommen haben.

Die Weltgesundheitsorganisation (WHO) war zum Beispiel besorgt, weil die Menschen aufgrund des Internets Zugang zu einer Fülle von Webseiten haben, die sich als medizinische Quellen ausgeben, die aber in hohem Maße irreführend, wenn nicht sogar gefährlich sind. Sie wollte daraufhin Standards formulieren, die solche Webseiten weltweit einzuhalten hätten. Die WHO erkannte jedoch sehr bald, dass eine solche Aufgabe angesichts der höchst unterschiedlichen Vorstellungen, was Gesundheit und medizinische Behandlung ausmacht, unmöglich durchzuführen wäre. Diese scheinbar begrenzte Frage der Webseiten medizinischer Ratgeber trifft den Kern der Sache – wie kann die internationale Gemeinschaft mit ihrem Spektrum vielfältiger und komplexer Stimmen und Perspektiven gemeinsame Standards und Vorschriften vereinbaren?

Wenn dann schließlich Vereinbarungen zustande kommen, werden sie oft nicht eingehalten oder sogar offen gebrochen. Mechanismen zur Durchsetzung existieren normalerweise entweder nicht oder sind selbst umständlich, langsam, schwach und nur in der Lage, einen kleinen Umfang des Geschehens zu steuern. Dagegen könnte man das Argument anbringen, dass die zwischenstaatlichen Bemühungen zur Förderung des Handels recht gut funktioniert haben.[3] Der Handel unterscheidet sich allerdings in seinem Charakter von den meisten anderen transnationalen Fragen,[4] und es wäre ein schwerer Fehler, die Erfahrung mit Handelsverträgen auf andere internationale Organisationen zu übertragen. (Die Europäische Union hatte ebenfalls die wenigsten Schwierigkeiten, wenn auch alles andere als keine, als sie noch weitgehend ein Freihandelsverband war.)

Infolgedessen verlangen immer mehr Probleme nach transnationaler Behandlung. In früheren Phasen gab es Bemühungen, mit solchen Angelegenheiten umzugehen, indem man Dutzende zwischenstaatlicher Organisationen gründete; diese arbeiteten in der Vergangenheit an Dingen, die relativ unwichtig oder von begrenzter Tragweite waren und sind, wie die Regelung der Briefdienste und die Vergabe von Rundfunkfrequenzen, und sie erledigen diese Funktion auch weiterhin verhältnismäßig effektiv. Die Tatsache, dass viele transnationale Probleme weitgehend unbehandelt bleiben oder schlecht gelöst werden, ist auf den ersten Blick ein Beleg dafür, dass das alte System – zwischenstaatliche Organisationen eingeschlossen – dem Bedarf nicht gerecht wird. Das Problem ist eigentlich nicht der Niedergang des Nationalstaats an sich, sondern der Umstand, dass bislang herzlich wenig Vorkehrungen getroffen wurden, um die Autoritätslücke zu füllen, die dieser Niedergang hinterlassen hat.

Das Ergebnis ist ein wachsendes Gefühl des Überdrusses, ein Gefühl, dass wir von Kräften beherrscht werden, die wir weder verstehen noch im Griff haben und die auch die Errichtung eines Primats des Humanen immer weiter in die Ferne rücken. Dieses Gefühl ist eine wichtige Legitimitätsquelle für neue transnationale Lösungen. Dem entspricht eine wachsende Konvergenz von Interessen, die davon profitieren würden, wenn man die öffentlichen Geschäfte, die das alte System nicht mehr geregelt bekommt, mit effektiveren Methoden erledigen würde. Demnach sollten wir erwarten – und es gibt einige Anhaltspunkte, die zeigen, dass dies nicht bloß ein unbegründeter Gedanke ist –, dass jede neue globale Architektur, ob sie nun anfänglich die Gestalt einer Global Safety Authority oder irgendeine andere Form annehmen wird, unter dem Druck einer Ausweitung auf weitere Missionen stehen wird.

Die folgenden Kapitel werden den Bedarf an neuen transnationalen Strukturen und die Art und Weise, wie die Nationen der Welt diese bereitstellen können, analysieren, wobei sich die Analyse weniger auf die Herzenswünsche und Träume des Entwerfenden, sondern ganz handfest auf bestehende Entwicklungen stützt. Dabei entfernt sich die Diskussion von den jüngsten Ereignissen und nähert sich stärker der Zukunft.

Transnationale Probleme: Ein schneller Überblick

Transnational organisiertes Verbrechen

Obwohl die grenzüberschreitende Kriminalität wie die der Mafia aufgrund der Globalisierung schon lange ein Problem für die Regierungen darstellt, ist diese Form der Kriminalität neuerdings regelrecht explodiert. James H. Mittelman und Robert Johnston erläutern das so: »Der Trend zur Öffnung der Märkte, zur Liberalisierung des Handels, der Aufhebung von Regulierungen und zur Privatisierung ehemals öffentlichen Besitzes hat kriminellen Gruppen ungeahnte Chancen eröffnet.«[5] Ein Bericht des Nationalen Sicherheitsrats stellt fest, dass »internationale kriminelle Netzwerke (insbesondere in Russland, Nigeria, China, Italien und Japan …) die dramatischen Veränderungen in der Technik, der Weltpolitik und der globalen Ökonomie zu ihrem Vorteil nutzen, um bei ihren Operationen raffinierter und flexibler zu werden.«[6] Die ›Bank of Credit and Commerce International‹, die bis in die frühen 1990er Jahre hinein verdeckt Finanzmittel an Terroristen weiterleitete und Beamte bestach, schaffte es, die Finanzsysteme von 32 eigenständigen Ländern miteinander zu verknüpfen.[7] Seit den 1970ern hat es die Globalisierung den organisierten kriminellen Banden ermöglicht, miteinander in einer »globalen Arbeitsteilung und Machtteilung« zu kooperieren.

> »Die Russen spezialisieren sich auf Geschäftsbetrug und Betrügereien; chinesische Verbrechersyndikate auf Kreditkartenfälschung und Menschenschmuggel; Kolumbianer auf Rauschgifte und Geldwäsche; Nigerianer auf Banken- und Kreditkartenbetrug usw. Die kolumbianischen Drogenkartelle arbeiten mit russischen Gruppen des organisierten Verbrechens zusammen,

um in Osteuropa Heroin- und Kokainmärkte zu erschließen, wobei die Kolumbianer das Produkt liefern und die Russen den Vertrieb besorgen. Um noch mehr gemeinsame Sache zu machen, zahlen russische Banden in New Jersey sogar sogenannte Lizenzgebühren an die Cosa Nostra für die Erlaubnis, in deren Gebiet Betrug mit der Benzinsteuer durchzuführen.«[8]

Die Gruppen des global organisierten Verbrechens haben schätzungsweise annähernd 1,5 Billionen Dollar Einnahmen pro Jahr.[9]

Man ist zu dem Ergebnis gekommen, dass solche Kriminalität eine »zersetzende Wirkung auf die politische, ökonomische und soziale Weltordnung [hat, welche] *die Durchsetzungsfähigkeit des Nationalstaats transzendiert.* [...] In vielen Ländern hat die Infiltration des organisierten Verbrechens in die politischen Strukturen *die Rechtsdurchsetzung von innen gelähmt.*«[10]

Die Zukunft der Bekämpfung des organisierten Verbrechens sieht noch düsterer aus. Der National Intelligence Council der USA kam zu dem Schluss:

> »Im Laufe der nächsten 15 Jahre werden die transnationalen kriminellen Organisationen zunehmend geschickter darin werden, die globale Verbreitung anspruchsvoller Netzwerke für Informatik, Finanzen und Logistik auszunutzen. [...] Sie werden die Oberhäupter instabiler, wirtschaftlich fragiler oder gescheiterter Staaten bestechen, sich bei in Schwierigkeiten geratenen Banken und Firmen einschleichen und mit aufständischen politischen Bewegungen zusammenarbeiten, um größere geographische Gebiete zu kontrollieren.«[11]

Menschenhandel

Anders als illegale Immigranten, von denen die meisten in ein Land geschmuggelt werden, in das sie hineinwollen, werden viele Opfer des Menschenhandels gegen ihren Willen entführt und in einem fremden Land zur Arbeit gezwungen, die oft sexuelle Dienstleistungen sind. Interpol hat die Zuhälterei

»den am schnellsten anwachsenden Verbrechenstyp« in der Welt genannt; sie nahm in Europa nach der Auflösung der Sowjetunion explosionsartig zu.[12] Die UNO schätzt, dass der Menschenhandel über nationale Grenzen hinweg weltweit jedes Jahr ungefähr vier Millionen Individuen umfasst. Nach Richard Armitage, US-Vizeaußenminister, bringt das den Menschenhändlern jedes Jahr etwa 7 Milliarden Dollar ein. Armitage spricht davon, dass dieser globale Sklavenhandel »den Handel an Schusswaffen und Rauschgiften innerhalb eines Jahrzehnts übertreffen wird«.[13]

Der Sextourismus ist dadurch charakterisiert, dass Staatsbürger entwickelter Länder in weniger entwickelten Nationen Urlaub machen und dort sexuelle Beziehungen zu Prostituierten kaufen, von denen viele Kinder sind. Weltweit sind mehr als eine Million Kinder in den Sextourismus verwickelt, und die Zahlen steigen.[14]

Menschenhandel und Sextourismus überfordern das traditionelle staatliche System, weil mit der Bekämpfung dieser Aktivitäten eine Vielzahl ermittelnder Stellen in einer Vielzahl von Ländern befasst ist.[15] Die Erfahrungen Australiens veranschaulichen die Schwierigkeiten, die sich daraus ergeben. Australien verabschiedete ein Gesetz, das den Sextourismus für seine Bürger unter Strafe stellt. Doch »die Korruption im Ausland, kulturelle Unterschiede, die Unerfahrenheit von Polizisten und Probleme mit den Zeugen verhindern die Strafverfolgung unter Leuten, die den Sextourismus mit Kindern befördern«. Zudem hat die Polizei in Australien die Warnung geäußert, dass »es nahezu unmöglich ist, die Gesetze erfolgreich anzuwenden, weil ausländische Behörden Schwierigkeiten damit haben zu erreichen, dass die Opferaussage des Kindes vor Gericht Bestand hat, und wegen eines Mangels an Polizeibeamten mit Spezialkompetenzen«.[16] Das Fehlen internationaler Koordination in dieser Frage hat sich selbst in der Europäischen Union schädlich ausgewirkt, wo Großbritannien zu einer Zwischenstation für den Kinderhandel in andere europäische Nationen geworden ist, die meist viel strengere Gesetze gegen den Menschenhandel haben.[17]

Umweltzerstörung

Mit der globalen Umwelt scheint es kontinuierlich bergabzugehen. (Ich schreibe »scheint«, weil es so viele Umweltfaktoren gibt, dass es schwer ist, einen verlässlichen Überblick zu erhalten. Die folgenden Informationen vermitteln nur einen Eindruck der verfügbaren Befunde.) Der jährliche Weltzustandsbericht *State of the World*, der vom World Resources Institute veröffentlicht wird, berichtet in seiner Ausgabe von 2001: »Trotz reichlicher Information über unsere Auswirkung auf die Umwelt fahren die Menschen fort, ganze Wälder abzuholzen, Flüsse trocken zu legen, den Baum der Evolution zu kürzen, den Wasserspiegel der sieben Meere anzuheben und die Klimaabläufe zu verändern. Und der Tribut für die Menschen und die natürliche Umwelt wächst, da sich die Belastungen der Umweltsysteme und Sozialsysteme gegenseitig verstärken.«[18] Andere Berichte legen nahe, dass das Wasser gefährdet ist: »Heute fehlt 31 Ländern und über einer Milliarde Menschen vollständig der Zugang zu sauberem Wasser.« Das Problem ist so gravierend, dass »zwischen der Hälfte und Zweidrittel der Menschheit im nächsten Vierteljahrhundert mit schwerwiegender Trinkwasserknappheit leben muss, wenn wir unsere Gewohnheiten nicht drastisch ändern«.[19] Man schätzt, dass in den 1990ern jährlich 9,4 Millionen Hektar bewaldeter Flächen verlorengingen.[20] Weltweit sind schon fast die Hälfte aller Fischgründe völlig leergefischt und weitere, grob geschätzte 25 % sind überfischt.[21]

Die Umweltzerstörung stellt die nationalen Regierungen vor besondere Probleme, weil die meisten Umweltschäden nicht durch Grenzen aufgehalten werden, denn die Verschmutzungen wandern von einem Land in ein anderes, die Überfischung der Gewässer durch ein Land beeinträchtigt die Fähigkeit eines anderen, seine Fangmenge beizubehalten usw. Der Versuch, die globalen Gemeinschaftsgüter zu verwalten, übersteigt die Fähigkeiten eines jeden einzelnen Landes. So erklärt sich die große Zahl von Umweltabkommen, die in den letzten 30 Jahren geschlossen wurden. Gleichwohl gerät die Umwelt immer weiter ins Hintertreffen, da sich die Regierungen über die Beschränkungen hinwegsetzen, denen sie in diesen Verträgen zustimmten, die zunächst einmal oft nur symbolisch gemeint waren anstatt als substantielle Verpflichtungen. Das zähe Ringen, das einer Einigung auf den Text des Kyoto-Protokolls vorausging, beleuchtet die Schwierigkeiten, Vereinbarungen zu erzielen, die oft mehr rhetorisch als realistisch sind.

Die Ausbreitung von Infektionskrankheiten
Im Afrika der Subsahara waren im Jahr 2001 mehr als 25 Millionen Menschen mit HIV bzw. AIDS infiziert, fünfmal mehr als zwölf Jahre zuvor. Auf der Grundlage gegenwärtiger Entwicklungen werden die betroffenen afrikanischen Länder bis zum Jahr 2020 zwischen 10 und 30 % ihrer Arbeitskräfte verlieren.[22] Asien ist mit einer geschätzten Zahl von 7,2 Millionen infizierter Menschen bis Ende 2002 ebenfalls schwer betroffen. Indien und China haben einen erheblichen Bevölkerungsanteil, der mit dem Virus lebt. Die Joint United Nations Programme zu HIV/AIDS (UNAIDS) schätzt, dass Ende 2001 in Indien fast 4 Millionen Menschen infiziert waren. Die Schätzungen für China belaufen sich auf eine Million. Allein für die Zahl der Fälle in China wird mit einem Anstieg auf zehn Millionen bis 2010 gerechnet, wenn keine präventiven Maßnahmen ergriffen werden. Osteuropa und Zentralasien haben 1,2 Millionen Fälle an HIV/AIDS, die insbesondere auf hohe Infektionsraten in der Russischen Föderation zurückgehen. UNAIDS und WHO stellen fest, dass »die Gesamtzahl der gemeldeten HIV-Infektionen in der Russischen Föderation bis Mitte 2002 auf über 200 000 anstieg – eine riesiger Zuwachs gegenüber den 10 993 Infektionen, die vor weniger als vier Jahren gegen Ende 1998 gemeldet wurden«. Diese Organisatio-

nen sehen eine starke Auswirkung auf das zukünftige Wachstum in Russland, da fast 80 % der Neufälle für die Altersgruppe unter 29 gemeldet werden. Nach dem Stand von Dezember 2002 leben weltweit 42 Millionen Menschen mit HIV/AIDS.[23]

Das alte System ist nicht in der Lage, die Verbreitung von Infektionskrankheiten zum Stillstand zu bringen. Dr. Andy Ho schreibt über die Schwierigkeiten, denen sich die WHO gegenübersah, während sie das schwere akute Atmungssyndrom (SARS) bekämpfte: »Ohne zwingende Befugnisse kann die Behörde wenig tun, um ein Land an dem Versuch zu hindern, einen Ausbruch zu verbergen, den es peinlich findet – bis es [SARS] soweit verbreitet ist, dass es kein Geheimnis mehr ist. Und selbst wenn eine Bedrohung erkannt worden ist, behindern widersprüchliche nationale Strategien die Fähigkeit der WHO, die Reaktion darauf zu kontrollieren.«[24]

Der Epidemiologe Jack Woodall fügt hinzu:

> »Es ist einfach nicht praktisch. Die UN-Körperschaften setzen sich aus Mitgliedsstaaten zusammen, und diese sind souveräne Staaten und werden ungeachtet irgendwelcher internationaler Vorschriften tun, was sie wollen. Alles, was die WHO tun könnte, ist ihnen zu sagen: ›Wisst ihr, es ist wirklich in eurem eigenen Interesse uns hereinzubitten, denn das erleichtert es uns, das Problem mit dieser Krankheit für euch zu lösen.‹ Aber sie kann es ganz gewiss nicht erzwingen.«[25]

SARS, die Vogelgrippe – bloß der Himmel weiß, was sonst noch die nationalen Grenzen überspringen und unsere Versuche der Eindämmung unterlaufen kann.

Piraterie

Der Diebstahl geistigen Eigentums durch Fälschung oder Piraterie ist eine wachsendes transnationales Problem, besonders seit dem Aufkommen des Internets und der Verbesserung von Techniken, mit denen das Kopieren von Produkten einfach und billig ist. Der US-Handelsrepräsentant schätzt, dass die Unternehmen aufgrund von Fälschungen einen Verlust zwischen 200 und 250 Milliarden Dollar pro Jahr zu verzeichnen haben.[26] Geschäftsbereiche mit größeren Piraterie-Problemen sind die Filmindustrie (geschätzte Verluste von 3 Milliarden Dollar jährlich), die Musikindustrie (die Verluste werden ebenfalls auf 3 Milliarden Dollar jährlich geschätzt) und Software-Firmen (mit einem geschätzten Verlust von jährlich 12 Milliarden Dollar).[27] In den Vereinigten Staaten sind 23 % der gesamten installierten Firmensoftware illegale Kopien, ebenso wie 35 % in Westeuropa und 55 % in Lateinamerika und Asien.[28]

Die Bekämpfung dieser Probleme innerhalb der Landesgrenzen ist schwierig genug, doch die Verhinderung von Fälscherei und Produktpiraterie außerhalb des Landes, in dem ein Produkt hergestellt wird, ist noch weit schwieriger. Bilal Khan, einem pakistanischen Staatsangehörigen, wurde in Großbritannien zur Last gelegt, gefälschte Computersoftware online zu verkaufen, woraufhin er aus dem Land floh und seine Pirateriegeschäfte einfach von Pakistan aus weiterbetrieb.[29]

Der *Economist* beschrieb die Problemlage so:

> »Die Polizei- oder Zollbeamten sind oftmals mehr daran interessiert, das zu bekämpfen, was sie für schwerwiegendere Straftaten halten, beispielsweise Tötungsdelikte oder Drogenschmuggel. Dann gibt es auch noch das Problem der Erhaltung von Jobs: In vielen armen Gegenden ist die Fälscherei das größte Geschäft und die örtliche Polizei möchte lieber nicht dafür verantwortlich sein, die Menschen vor Ort und dazu noch ihre eigenen Verwandten arbeitslos zu machen. […] In Amerika müssen verurteilte Fälscher als Ersttäter mit Strafen bis zu 2 Millionen Dollar und 10 Jahren im Gefängnis rechnen. In China können Fälscher noch mit einer 1000-Dollar-Strafe davonkommen, was sogar dort wenig Abschreckung erzeugt.«[30]

Internetkriminalität

Die gemeldeten Sicherheitsverletzungen (unberechtigtes Eindringen in Computer oder Angriffe auf Netzwerke) stiegen weltweit von rund 1000 im Jahr 1992 auf 81 000 im Jahr 2002.[31] Fast 20 Millionen Menschen verfügen über die Kompetenzen, die man für »böswilliges Hacken« braucht.[32] Die Urheber dieser Kriminalität zu entdecken und ihnen das Handwerk zu legen, ist sehr schwer, weil 65 % der Einbrüche in Rechner von US-Firmen – dem Hauptziel der Hacker – aus dem Ausland kommen.[33] Die Computerkriminalität wird in Zukunft wahrscheinlich weiter zunehmen, da mehr Menschen ein Wissen über Hackingtechniken und die Infrastruktur erwerben, auf der Computernetzwerke aufgebaut sind.[34] Die Computerkriminalität ist ein wachsendes und ernstes transnationales Problem, weil auf Computern nicht nur persönliche Informationen gespeichert sind, sondern auch unter Verschluss stehende Dokumente der Regierungen, Informationen zu atomaren Anlagen und Strategien der Produktentwicklung von Unternehmen.[35] Außerdem führt die Computerkriminalität zu finanziellen Verlusten, die auf die Kosten der Bereinigung und der entgangenen Produktivität zurückzuführen sind. Im Jahr 2000 hatten Firmen weltweit Einbußen in Höhe von 17,1 Milliarden Dollar aufgrund von Virenangriffen auf ihre Rechner.[36]

Das alte System ist unfähig, mit der Internetkriminalität fertig zu werden. »Das internationale Recht mit seinen widersprüchlichen Auffassungen darüber, was Internetkriminalität ausmacht, wie – oder ob – Täter bestraft werden sollten und wie nationale Grenzen auf ein Medium anzuwenden sind, das im Grunde genommen grenzenlos ist, eignet sich oft schlecht, mit dem Problem [des Hackens] umzugehen.«[37] Als die Person dingfest gemacht werden konnte, die im Verdacht stand, den »Love Bug«-Virus geschaffen zu haben, einen Virus, der überall auf der Welt Regierungen und Unternehmen beeinträchtigt hatte und im Jahr 2000 immense Schäden anrichtete, wurde sie wegen einer Ordnungswidrigkeit belangt, weil in den Philippinen kein nationales Gesetz in Kraft war, nach dem sie bestraft werden konnte.[38] Oder wie Dan Larkin vom Internet

Fraud Complaint Center erklärte, »in einer digitalen Welt ist es schwer, eine Spurensuche anhand von Fingerabdrücken vorzunehmen«.[39] Bislang ist es noch nicht zu größeren Ausfällen von Dienstleistungen, zum Beispiel im Flugverkehr, gekommen, aber man muss mit ihnen rechnen.

Die These, die hier vertreten wird – dass neue Regierungssysteme erforderlich sind, um mit den zunehmenden transnationalen Problemen fertig zu werden, da das alte System mit der größer werdenden Last überfordert ist –, mag vielleicht gar nicht so umstritten sein. Seit 1950 (dem Jahr, in dem die Vereinten Nationen die ›Konvention zur Unterbindung des Menschenhandels und der Ausnutzung der Prostitution anderer‹ verabschiedeten) wurden für die meisten, wenn nicht sogar für alle der oben erwähnten Themen internationale Verträge ausgearbeitet, doch werden diese Abkommen häufig nicht umgesetzt, was sich an der ständigen Intensivierung dieser Probleme im Laufe der Jahre zeigt – und an der Zahl der Verträge, die sich mit den Problemen befassen.[40] Allerdings gibt es deutlich weniger Übereinstimmung hinsichtlich der Beschaffenheit der benötigten neuen globalen Architektur. Einige legen den Schwerpunkt auf transnationale Regierungssysteme, die keinerlei neue Regierungsbehörde nach sich ziehen, während andere der Meinung sind, dass supranationale Behörden unverzichtbar sind (z. B. der Internationale Strafgerichtshof). Als Nächstes werde ich daher untersuchen, in welchem Maße die globale Zivilgesellschaft für die Maßnahmen sorgen kann, die heute fehlen, und ob einige wirklich neue globale Behörden notwendig und machbar sind.

9. Die globale Zivilgesellschaft: Ihre Reichweite und Begrenzungen

Eine wichtige Quelle von Bausteinen für die neue globale Architektur sind »nichtstaatliche« Akteure, insbesondere internationale Nichtregierungsorganisationen (INGOs),[1] transnationale informelle Netzwerke und soziale Bewegungen. Von diesen Gruppen sagt man, sie sorgen für ein »Regierungshandeln ohne Regierung«[2] – das heißt, sie leisten Arbeit, die gewöhnlich von Regierungen durchgeführt wird, indem sie auf andere Formen der Organisation zurückgreifen, und zwar speziell auf transnationale Freiwilligenverbände. Manchmal wird der Begriff »globale Zivilgesellschaft«[3] verwendet, um auf die entstehende soziale Struktur zu verweisen, die diese Gruppen hervorbringen, und um sich auf transnationale soziale Normen zu beziehen, im Gegensatz zu einem Weltstaat oder einer Weltregierung, die von Gesetzen abhängt. Die Wendung »Regierungshandeln ohne Regierung« wird in einigen extremen Fällen mit dem alten Traum in Verbindung gebracht, alle Staaten aufzulösen und durch lokale kommunitaristische Bindungen und Gremien zu ersetzen. Wenn Regierungshandeln sowohl die organisierenden Gremien der globalen Zivilgesellschaft als auch Staatsregierungen umfasst,[4] wird von den nichtstaatlichen Akteuren meistens erwartet, einen bedeutenden Teil der Last zu tragen, nicht aber das alte System zu ersetzen.

Es gibt, was die Fähigkeiten nichtstaatlicher Akteure angeht, ein beträchtliches Maß an Optimismus.[5] Von Lester M. Salamon wird diese Position so gut erfasst, dass ein Zitat seines Standpunkts für alle anderen stehen kann:

»Die organisierte freiwillige Tätigkeit und die Gründung privater, nichtkommerzieller oder nichtstaatlicher Organisationen erleben gegenwärtig rund um den Globus einen beeindruckenden Schub. […] Dieses Phänomen weist eine enorme Reichweite und Größe auf. Wir befinden uns tatsächlich inmitten einer globalen ›Revolution der Organisationen‹, die sich für das späte zwanzigste Jahrhundert als ebenso bedeutend herausstellen könnte wie das Aufkommen des Nationalstaats für das spätere 19. Jahrhundert.«

Salomon fügt hinzu, dass

»das Vertrauen in die Kompetenz des Staates in eine Krise geraten ist. Umfassende geschichtliche Veränderungen haben somit den Weg für alternative Institutionen freigemacht, die effektiver auf menschliche Bedürfnisse reagieren können. Mit ihrer geringen Größe, ihrer Flexibilität und Befähigung, Energien an der Basis zu mobilisieren, waren private nichtkommerzielle Organisationen ideal geeignet, die entstandene Lücke zu füllen. Die Folge davon ist ein durchgreifender Prozess des Wandels.«[6]

Doch in welchem Umfang können die nichtstaatlichen Akteure die Lücke tatsächlich füllen? Um diese Frage zu beantworten, konzentriere ich mich auf die transnationalen kommunitaristischen Gruppen (TCBs), solche Gruppen, die über eine Reihe geteilter Überzeugungen und Bindungen unter ihren Führungspersonen, ihren Mitarbeitern sowie ihren Mitgliedern in verschiedenen Nationen verfügen. Das heißt, diese Vereinigungen haben einige Eigenschaften echter oder zumindest vorgestellter Gemeinschaften.[7] Obwohl ich nur ungern zum begrifflichen Durcheinander beitrage, braucht man einen Ausdruck, um diese Gruppen – welche die meisten INGOs, informelle transnationale Netzwerke und transnationale soziale Bewegungen einschließen – von transnationalen Interessengruppen mit schmaler Basis, transnationalen Konzernen und Handelsvereinigungen zu unterscheiden. Auf die letztgenannten Gebilde gehe ich hier nicht näher ein. Denn wenn es das

Ziel ist, Wege zu finden, wie sich der Gebrauch technischer und wirtschaftlicher Mittel durch moralische und politische Maßnahmen kontrollieren lässt, dann sind derartige Gebilde weitgehend ein Teil dessen, was der Besserung bedarf, anstatt eine Quelle der Besserung.

Seit dem Ende des Kalten Kriegs ist die Zahl der TCBs geradezu explodiert. Besonders erfolgreich waren sie bei der Lancierung von Inhalten auf transnationale Agenden, bei der Mobilisierung der öffentlichen Meinung im Allgemeinen und der von betroffenen Gruppen im Besonderen, in der Rolle als öffentliche Interessengruppen, die unterschiedliche nationale Regierungen und internationale Organisationen beeinflussen, um sie zu einem höheren Leistungsniveau anzuspornen, sowie auch als wichtige Gegengewichte zu privaten Interessengruppen. (Wolfgang Reinicke und Francis Deng liefern eine ausführlichere Liste der Funktionen solcher Gruppen, zu denen die Mitwirkung bei der Etablierung globaler politischer Agenden gehört, die Ermöglichung von Prozessen, die zu Verhandlungen führen, die Verbreitung von Wissen, die Errichtung und Intensivierung von Märkten und die Einfädelung von Prozessen, die Vertrauen und soziales Kapital bilden.)[8]

Zusätzlich spielen TCBs eine Schlüsselrolle bei der Entwicklung transnationaler Werte und Normen durch transnationale moralische Dialoge. Diese Normen[9] (man hat sie auch als weiche Gesetze bezeichnet) helfen sowohl dabei, die globale normative Synthese zu definieren, als auch die moralischen Grundlagen bereitzustellen, denen Menschen verschiedener Nationen zustimmen können, wie zum Beispiel der Notwendigkeit, die Kinderpornographie unter Kontrolle zu bekommen. Ethan A. Nadelmann untersucht in allen Einzelheiten, wie sich Normen über fünf Stufen zu wirksamen Gesetze wandeln und zeigt ihre Wirkungen in Problembereichen, die von der Eindämmung der »Prostitutionssklaverei« bis zum kommerziellen Walfang reichen.[10] (In einigen Texten über dieses Thema werden die Unterschiede zwischen transnationalen

Normen und internationalen Gesetzen verwischt, oder beide Ideen fallen in dem Begriff »Regimes« zusammen. Allerdings sind nur Normen ein Bestandteil der globalen Zivilgesellschaft; Gesetze sind Werkzeuge eines Staates, selbst wenn sie letztlich ein Ausdruck und eine Institutionalisierung dieser Normen sind.)[11]

Die Wirkungen von TCBs sieht man in Problembereichen, welche die Umwelt betreffen (Druck auf die USA, sich dem Kyoto-Protokoll anzuschließen), der Ächtung von Landminen (Ermutigung diverser Regierungen, ein Abkommen zu unterzeichnen, das die Herstellung und den Einsatz von Antipersonenminen verbietet) und Fortschritte bei den Rechten von Frauen (wie sie in Berichten zum Ausdruck kommen, die während der Vierten Weltfrauenkonferenz 1995 in Peking vorgetragen wurden).[12]

Auf mehreren Gebieten ist die Arbeit von TCBs so gut bekannt, dass es ausreicht, ihre Namen aufzuzählen, um eine Vorstellung von dem Wesen und der Bandbreite ihrer Bemühungen heraufzubeschwören. Dazu gehören Amnesty International, Friends of the Earth, Greenpeace und das Internationale Komitee vom Roten Kreuz.

Eine umfängliche Literatur beschäftigt sich mit den Ergebnissen dieser Anstrengungen im Einzelnen. Eine der wichtigsten Untersuchungen betrifft die Menschenrechte. Die Autoren weisen darauf hin, dass die Allgemeine Erklärung der Menschenrechte durch die Vereinten Nationen kein Vertrag war, sondern eine Erklärung von Grundsätzen, die im Grunde genommen moralische Forderungen festhielten, mit denen die internationale Gemeinschaft dazu angehalten wurde, die nationale Souveränität weniger zu achten und die Menschenrechte in den verschiedenen Ländern mit ihrem Handeln zu fördern, selbst wenn ein solches Handeln die Einmischung in innerstaatliche Angelegenheiten mit sich bringen sollte. Dann untersucht die Studie die Art und Weise, wie die Normen in einer Vielzahl von Ländern, darunter Kenia, Chile, Indonesien und Südafrika, von bloßen Bekundungen zu wichtigen sozialen Kräften wurden.[13] Eine andere größere Studie zeigt die Wirkungen transnationaler Lobbygruppen und sozialer Bewegungen für die Entwicklung von Normen und die Förderung der Aufmerksamkeit für diese Normen.[14]

Um kurz zu illustrieren, in welcher Weise die TCBs arbeiten, folgen nun zwei von vielen Hunderten dokumentierter Beispiele. In den 1990er Jahren schlossen sich mehrere INGOs zusammen, um auf die Weltbank, den Internationalen Währungsfonds und die G7-Staaten Druck auszuüben, damit sie den ärmsten Nationen die Schulden erlassen. Angesichts des bevorstehenden Jahreswechsels 2000 verbanden die INGOs ihre Kampagne mit der Dringlichkeit, den Schuldenerlass vor dem Beginn des neuen Jahrtausends durchzuführen, daher der Name »Millennium 2000«. Dieses Netzwerk aus Gruppen konzentrierte seine Kampagne insbesondere auf Schweden, Dänemark und Großbritannien. Die Regierungen dieser Länder wiederum waren die ersten, die dieses Thema bei zwischenstaatlichen Zusammenkünften zur Sprache brachten. Seitdem wurde 26 Ländern eine gewisse Minderung ihrer Schuldenlast eingeräumt, wozu auch fast eine halbe Milliarde Dollar Schuldenermäßigung gehört, die von den Vereinigten Staaten gewährt wurde.[15] Obwohl nicht sämtlicher Erfolg dem Millennium 2000 zugeschrieben werden kann, spielte die lautstarke Präsenz dieses Netzwerks doch eine ausschlaggebende Rolle für den Druck auf Regierungen und internationale Organisationen, sich dieser Frage zu widmen.

Ein anderes Beispiel betrifft die Staudamm-Projekte im Narmada Tal in Indien, die eine beachtliche Kontroverse auslösten. Es war insbesondere ein Vorhaben, nämlich das Sardar Srovar Projekt (SSP), das zu einem nicht geringen Teil aufgrund der Anstrengungen der INGOs einen internationalen Bekanntheitsgrad erlangte. Das von der Weltbank und anderen großen Geldgebern finanzierte SSP war das Herzstück der indischen Projekte, den Fluss Narmada aufzustauen, um sein

Wasser nutzbringend einzusetzen. Das SSP hätte aber viele Tausend Bewohner der Region vertrieben. Als die Bevölkerung vor Ort mit ihren Bemühungen scheiterte, den Bau des Damms zu verhindern, entstand eine transnationale Koalition. Die Koalition berief sich auf geteilte Umweltnormen, die in den Jahrzehnten nach der Stockholmer Konferenz von 1972 ausgearbeitet worden waren, und setzte die Weltbank und die indische Regierung unter Druck, den Bau einzustellen. Es gelang ihr, die Aufmerksamkeit der Weltbank zu gewinnen. Diese fing an, ihre Entscheidung für die Projektfinanzierung in Zweifel zu ziehen, und verlangte von der indischen Regierung eine umfassendere Studie der Projektfolgen. Im Jahr 1993 zog die Weltbank ihre finanzielle Förderungszusage für die Staudammprojekte zurück und schrieb die Veränderungen ihrer strategischen Ausrichtung dem Druck der INGOs zu. Die Staudammgegner brachten ihren Fall auch vor das Oberste Gericht Indiens und erwirkten eine Einstellung der Bauarbeiten bis zur Lösung der sozialen Fragen und Umweltprobleme, die durch den Staudammbau hervorgerufen werden.[16] Im Jahr 2000 entschied das Oberste Gericht Indiens dann allerdings, dass ein Baubeginn zulässig sei. Die Bauarbeiten an dem Staudamm haben begonnen, doch die Aktivisten versuchen nach wie vor, dieses Projekt anzuhalten oder zu verlangsamen, indem sie einwenden, die weitergehende Bautätigkeit verstoße gegen die Entscheidung des Obersten Gerichts, weil für die vertriebenen Menschen noch immer keine neuen Behausungen gefunden worden seien.[17]

Die TCBs behandeln manche Probleme völlig eigenständig oder wirken zumindest entscheidend an den Lösungen mit. Benjamin Barber verweist auf eine Initiative, die Nahrungsmittel (delphinsicher gefangenen Thunfisch) und Teppiche (ohne Kinderarbeit gefertigt) mit »Siegeln für gute Haushaltung« ausstattet.[18] Und bei einer Naturkatastrophe können INGOs (in Zusammenarbeit mit lokalen Organisationen) wie CARE International und das Internationale Komitee vom

Roten Kreuz die Opfer und ihre Familien versorgen. Ärzte ohne Grenzen verfügt über ungefähr 2500 Freiwillige, die Menschen in rund achtzig Ländern geholfen haben. Habitat for Humanity International hat auf der Welt an die 150 000 Häuser gebaut. Die großen Stärken der TCBs sind, dass sie neue soziale Techniken einsetzen können, dass sie flexibler und weniger hierarchisch und wohl auch transparenter sind als viele nationale und internationale Staatsorgane.[19]

TCBs sind besonders wirksam in der Gemeinschaftsbildung. Sie tragen ganz erheblich zur globalen Gemeinschaft bei, indem sie Millionen transnationaler zwischenmenschlicher Bindungen herstellen, indem sie transnationale Loyalitäten zu Vereinigungen schaffen, die regionalen oder globalen Charakter haben, und indem sie Ideen entwickeln, die eine Teilung der Souveränität legitimieren, weil damit globalen Agenden gedient ist.

Öffentliche Intellektuelle, Spezialisten, Aktivisten und Leiter verschiedenster Vereinigungen bilden zunehmend informelle transnationale Netzwerke. Sie treffen sich auf Konferenzen, bleiben über E-Mail in Kontakt oder teilen eine Listserv. Die vereinfachte Kommunikation veranlasst sie zu einer Zusammenarbeit, die weit über das hinausgeht, was üblich wäre, wenn sie lediglich ihren nationalen Loyalitäten folgen würden.

Obwohl sich TCBs in der Regel nicht direkt an transnationalen Aktivitäten beteiligen können, die sicherheitsrelevant sind, tragen sie doch indirekt ganz erheblich dazu bei. Vermittlungen (wie sie von dem früheren Präsidenten Jimmy Carter und seinen Vertrauten angebahnt wurden), informelle Treffen von Gegnern, die durch INGOs arrangiert werden (z. B. ein Ferienlager für israelische und palästinensische Jugendliche in den USA), und die Erziehung zum Frieden haben alle ihren Wert, auch wenn das, was sie erreichen, angesichts der zu bewältigenden Probleme bei weitem nicht mithalten kann.

Kurz gesagt, wenn nun die Frage lautet, ob TCBs helfen können, mit der Überlast transnationaler Probleme fertig zu werden, ist die Antwort darauf eindeutig ein eindeutiges, entschiedenes Ja. Eine andere entscheidende Frage steht aber gleichwohl im Raum: Wie viel Gewicht können die TCBs tragen, und in welchem Grade können sie wirklich selbstständig funktionieren?

Die Grenzen der Zivilgesellschaft

Seit dem Zweiten Weltkrieg hat man die Rolle der Zivilgesellschaft für jede Nation sehr betont, da sie die Bürger vor übermäßiger Einmischung durch den Staat schütze und dafür sorge, dass der Staat die Gemeinden, Freiwilligenverbände und Familien nicht schwäche, indem er deren Funktionen vorab für sich beansprucht. Die Zivilgesellschaft – und die kommunitaristischen Gruppen, die ein wichtiger Teil dieser Gesellschaft sind – wurde also weitgehend als ein Gegengewicht zu dem potentiell übermächtigen Staat gesehen. Man hat in jüngster Zeit (verglichen mit der Arbeit früherer Sozialphilosophen) weniger darauf geachtet, welche Vorteile die Zivilgesellschaft vom Staat hat. Die Zivilgesellschaft hat zum Beispiel sehr viel davon, wenn Staaten die Gewalt zwischen Gruppen und zwischen Individuen unter Kontrolle haben. Die Zivilgesellschaft braucht den Staat auch, um ihre Normen durchzusetzen, wenn sie stark in Frage gestellt werden und informelle soziale Kontrollen nicht ausreichen. Selbst in vielen Situationen, in denen der Staat nicht um Unterstützung gebeten wird, stärkt die bloße Tatsache, dass solche Unterstützung verfügbar ist, den Arm der Zivilgesellschaft. Angesichts der bitteren Erfahrungen mit Totalitarismus und Autoritarismus, die die Welt im letzten Jahrhundert und davor gemacht hat, wurde aber dem Schutz der Gesellschaft vor dem Staat mehr Aufmerksamkeit geschenkt als der Förderung der Zivilgesellschaft durch den Staat.[20]

Da sich die Aufmerksamkeit nun darauf richtet, die entstehende globale Zivilgesellschaft und die TCBs in ihr zu stützen, darf man nicht außer Acht lassen, in welchem beachtlichen Maß eine lebendige Zivilgesellschaft innerhalb eines Landes auf den Staat angewiesen ist. Diese Beobachtung legt nahe, dass es für die Entfaltungsmöglichkeit einer globalen Zivilgesellschaft ohne einen globalen Staat doch beträchtliche Schranken gibt.

Obwohl die TCBs mit vielen transnationalen Problemen umgehen können und helfen, mit ihnen fertig zu werden, sind sie häufig darauf angewiesen, aus dem alten System mehr Leistung herauszuholen, weil es dem, was sie zuwege bringen können, andernfalls Grenzen setzt. Viele ihrer Aktivitäten zielen darauf ab, die öffentlichen Leitlinien zu verändern – das heißt die Strategien von Nationalstaaten und von zwischenstaatlichen Organisationen. Oftmals versuchen die TCBs den Staat aktiv zu machen, wo er nachlässig ist, seinen Bemühungen eine neue Richtung zu geben und seine Arbeit kritisch zu begleiten, anstatt die notwendigen Aufgaben selbst auszuführen. Die Ziele von TCBs sind Nationalstaaten (man drängt sie z. B., ein Abkommen zu unterzeichen, dass den Einsatz von Kindersoldaten in bewaffneten Konflikten verbietet) und internationale Organisationen (man drängt z. B. die WHO, die AIDS-Bekämpfung zu verstärken). Die Wirksamkeit von TCBs erfordert vielfach, dass es Staaten gibt, die effektiv handeln können, und genau darin besteht das Problem.

TCBs, die sich dem Umweltschutz verschrieben haben, konzentrieren sich größtenteils darauf, was nach ihrer Überzeugung die Regierung tun sollte oder woran diese andere hindern sollte (mehr Vorschriften zur Begrenzung des privaten Sektors erlassen), und weniger darauf, was die Menschen selbst tun können (z. B. freiwilliges Recycling).[21] Oder sie setzen sich mehr für gesetzliche Einschränkungen des Autoverkehrs oder für staatlich finanzierte Radwege ein und konzentrieren sich weniger darauf, die Menschen zu ermutigen, doch mehr zu Fuß zu gehen. TCBs, die sich um den Schutz gefährdeter Arten und natürlicher Lebensräume kümmern, sammeln Spenden und versorgen viele Menschen mit Informationsmaterial, doch ihr Schwerpunkt liegt auf staatlichen Vorschriften, Reservaten und Subventionen. Dasselbe gilt für TCBs, die mehr Entwicklungshilfe zur Armutsbekämpfung und Gesundheitsförderung anstreben. Um auf die zwei oben vorgestellten Beispielen zurückzukommen, die zufällig ausgewählt wurden: In dem einen Fall übte eine TCB Druck auf Regierungen und internationale Organisationen aus, auf die Eintreibung von Schulden zu verzichten, und im anderen Fall wurden die Regierungen und die Weltbank zumindest vorübergehend daran gehindert, ihr Vorhaben zu realisieren. Aber hier schließt sich der Kreis: Staaten und zwischenstaatliche Organisationen sind Elemente des alten Systems, das den größer werdenden transnationalen Problemen nicht gewachsen ist. Man kann ein altes Pferd nur bedingt zu Höchstleistungen antreiben. Ich will damit nicht sagen, dass es nicht von Bedeutung ist, Regierungen zu besserer Mittelverwendung anzuspornen oder ihre schlechten Projekte zu beenden, sondern nur, dass dies zwar das alte System veranlasst, etwas effektiver zu arbeiten oder einem besseren Zweck zu dienen, aber weniger dazu sagt, was darüber hinaus machbar ist.

Eine ähnliche Frage stellt sich für die verschiedenen TCBs, die das öffentliche Bewusstsein schärfen und die Normen der Menschen verändern, eine Aufgabe, die sie recht effektiv erfüllen können. Die Entwicklung dieser transnationalen Normen ist wesentlich für die Entwicklung einer globalen Zivilgesellschaft und schließlich einer globalen Gemeinschaft. Dennoch ist gemeinhin anerkannt, dass die Arbeit der TCBs folgenreicher ist, wenn sie und sobald sie zu einer Institutionalisierung führt, zur Inkraftsetzung neuer Gesetze, zu Gerichtsentscheidungen oder zum Handeln von Regierungsstellen. Für etliche TCBs in den Bereichen Umweltschutz, Bürgerrechte und Frauenrechte war die Institutionalisierung im Inland auf nationaler Ebene der Schlüssel zum Erfolg. Die Wirksamkeit der

TCBs ist allerdings auf lange Sicht in dem Maße beschränkt, wie keinerlei transnationale Institutionen die nötigen Gesetze verabschieden und durchsetzen können und keinerlei neue Behörden dieser Art geschaffen werden können – das heißt, solange diese Bewegungen versuchen, transnational zu arbeiten, ohne dass irgendeine Form von transnationaler Regierung existiert. Ich sage das nicht, um die Bedeutung sozialen Handelns und die Ausbildung transnationaler Normen herabzusetzen. Normen sind eine wesentliche Grundlage für den Aufbau von Institutionen und gemeinsame Bindungen und können die Fundamente für Bemühungen legen, mit denen sich Menschen für sich selbst und andere einsetzen, beispielsweise wenn Menschen eines Landes Spenden sammeln, um Menschen in einem anderen Land zu helfen, oder wenn sie einen Studentenaustausch organisieren oder sich gegenseitig in ihrer Heimat besuchen. Aber so wie kommunitaristische Gruppen in jeder Gesellschaft die notwendige Last nicht tragen können, ohne dass die Regierung ihren Teil beiträgt, so kann die Zivilgesellschaft ohne neue transnationale Körperschaften nicht viel von dem übernehmen, was getan werden muss. Der Beweis, mit dem sich diese Aussage stützen lässt, ist die Größenordnung bislang unbehandelt gebliebener transnationaler Probleme.

Solange wie wir auch nur die Rettung eines Kindes vor dem Verhungern oder dem Missbrauch als einen vollkommen verdienstvollen Akt ansehen, solange wie wir auch nur die Heilung einer kranken Person, die in einer Ecke der Welt ohne medizinische Einrichtungen lebt, für eine gute Tat halten, können wir nur voller Bewunderung für CARE, für Ärzte ohne Grenzen und ihresgleichen sein. Wenn wir aber diese TCBs bitten, die notwendigen Dienstleistungen bereitzustellen, stellen wir fest, dass diese Gruppen in dem Umfang, in dem sie auf staatliche Finanzierung, Logistik und Kommunikation und vor allem Rechtserzwingung und Sicherheit zurückgreifen müssen, nur einen Teil der Lösung beisteuern können – wenngleich einen wichtigen Teil. Das Verhältnis variiert von Bereich zu

Bereich und kann von einem geringen Bruchteil bis zu einem bedeutenden Anteil reichen, doch die globale Zivilgesellschaft kann kein Regierungshandeln ohne Regierung leisten.

Nadelmann kommt nach einer erschöpfenden Untersuchung zu dem Schluss, dass ein »transnationaler Konsens hinsichtlich des Übels einer bestimmten Betätigung nicht ausreicht, die Schaffung eines globalen Regelwerks von Verboten sicherzustellen und noch viel weniger dessen Erfolg bei der wirksamen Unterdrückung einer verbotenen Betätigung zu garantieren, selbst wenn dieser Konsens die politischen und wirtschaftlichen Interessen hegemonialer und anderer Staaten ergänzt«. Außerdem hängt die Reichweite möglicher Aktionen deutlich von den beteiligten Staaten ab: »Der endgültige Erfolg globaler Regelwerke hängt sehr davon ab, wie stark ein Verhalten durch globale Sanktionsversuche von Staaten überhaupt damit getroffen werden kann.«[22]

Um mich zu wiederholen, ich beabsichtige keineswegs, die Arbeit der INGOs, der Netzwerke und sozialen Bewegungen herabzusetzen. Aktionen, die Menschenleben retten oder Hilfe bringen, sind verdienstvoll und löblich. Sie dienen aber auch dazu, ins Licht zu rücken, wie viel unberücksichtigt, unreguliert und unbearbeitet bleibt – wenn wir die Gesamtheit des Bedarfs in welcher anstehenden Problematik auch immer untersuchen. Deshalb steht die Frage im Raum: Wie können wir diese transnationalen Angelegenheiten besser erledigen?

Nun könnte man sagen, dass selbst wohlgeordnete Nationalstaaten nicht fähig waren, viele Probleme im Inland zu lösen, vom Drogenmissbrauch bis zur Verhinderung der Weiterverbreitung des HIV. Aus diesem Grund vermeide ich in der Tat systematisch die Ausdrucksweise »soziale Probleme lösen«. Sie werden so gut wie nie gelöst. Immerhin sind aber wohlgeordnete Nationalstaaten – die an unzähligen sozialen Fronten oft eine ziemlich schlechte Figur abgeben – viel effektiver darin gewesen, mit den meisten inländischen Problemen umzugehen als transnationale kommunitaristische Organisationen. Die Umverteilung des Reichtums zum Beispiel, die in allen demokratischen Gesellschaften im Inland mager ausfällt, ist auf internationaler Ebene verschwindend gering. Anstrengungen des öffentlichen Gesundheitswesens in wohlgeordneten Nationalstaaten, den HI-Virus einzudämmen, waren nicht in jeder Hinsicht wirkungsvoll, aber sie waren sehr viel effektiver als die Versuche, den Sprung des HIV von Nation zu Nation zu verhindern, und als die Versuche, den Ländern, die mit der Krankheit nicht selbst fertig werden können, internationale Hilfe zukommen zu lassen. Ein wichtiger Grund für die beklagenswert unzureichende Leistungsfähigkeit von Nationalstaaten ist vor allem, dass Probleme Nation für Nation einzeln angegangen werden anstatt global; ein Punkt, auf den ich im nächsten Kapitel zurückkommen werde. Obgleich vielleicht kein System in der Lage ist, soziale Probleme völlig verschwinden zu lassen, ist das alte System sogar dann, wenn es durch unterschiedliche nichtstaatliche Akteure verbessert wird, besonders unzulänglich und fällt immer weiter hinter das zurück, was eigentlich benötigt wird.

Sozialwissenschaftler vertreten oft die Ansicht, man sollte nicht vom Bedarf her argumentieren, weil Bedürfnisse nicht von sich aus Antworten erzeugen, wie Arnold Toynbee und viele andere vor ihm und nach ihm festgehalten haben (anders gesagt, wenn Bedürfnisse Pferde wären, dann könnten Bettler reiten). Tatsache ist, dass in der gegenwärtigen internationalen Situation Bedürfnisse den Fortschritt antreiben. Menschen und Regierungen sind sich zunehmend bewusst geworden, an was es ihnen fehlt. Als direkte Folge davon entstehen nun zusätzliche neue Körperschaften, um die Lücke zwischen Bedürfnis und Antwort darauf zu schließen, weit über all die Dienstleistungen hinaus, die von dem alten System und der globalen Zivilgesellschaft (einschließlich ihrer transnationalen kommunitaristischen Organisationen) erbracht werden.

10. Neue globale Behörden

Wenn man zugibt, dass das alte System bedauerlich unzureichend ist und in absehbarer Zukunft noch weiter an Effektivität einbüßen wird, und wenn man zustimmt, dass selbst dann immer noch viel zu tragen bleibt, wenn die transnationalen kommunitaristischen Organisationen (TCBs) und allgemeiner betrachtet die globale Zivilgesellschaft einen Teil der Last tragen können, dann drehen sich die Überlegungen darum, neue transnationale *Regierungs*organisationen anzustreben.[1] Bei dieser Suche ist es ganz natürlich, nach einer Wunderwaffe Ausschau zu halten, nach einer Lösung, die so aussieht, dass kurzfristig eine einzige neue Institution geschaffen wird, die mit den meisten, wenn nicht mit allen Problemen, um die man sich kümmern muss, fertig wird. Historisch gesehen haben viele auf eine Weltregierung gehofft, die im Grunde genommen wie eine nationale Regierung handeln würde; sie wäre die einzige Leitung auf globaler Ebene. Viele Gruppen, denen eine Weltföderation vorschwebt, stellten sich die Zukunft wenigstens für den Anfang so vor.[2] Unlängst haben Visionäre das Gespenst einer stark reformierten und umstrukturierten UNO als eine solche Leitung ins Gespräch gebracht.[3]

Die enormen Hindernisse und Widerstände, die der Bildung einer globalen Regierung im Weg stehen, sind so bekannt, dass sie hier nicht noch einmal wiederholt werden müssen. Verschiedene Entwicklungen in der Praxis weisen bereits auf die Bildung einer Mischung aus unterschiedlichen neuen Elementen hin, die zusammengenommen das Fundament für eine globale Architektur sui generis legen können, anders als irgendeine gegenwärtig existierende nationale oder internationale Organisation (obgleich sie ein paar Ähnlichkeiten mit der entstehenden Struktur der Europäischen Union haben könnte).

Die Skizzierung eines Entwurfs dieser Architektur muss aufgeschoben werden, bis die Bausteine bekannt sind, aus denen sie zusammengesetzt werden soll – und die bereits in Sicht sind.

Monofunktionale, transnationale Regierungsnetzwerke

Es gibt in Grenzen einige Anzeichen dafür, dass sich mehrere transnationale Regierungsnetzwerke entwickeln könnten, die jeweils einer Mission zugeordnet sind. Eine solche Architektur wurde als funktionalistisch bezeichnet.[4] (Transnationale Regierungsnetzwerke sollten nicht mit transnationalen informellen sozialen Netzwerken verwechselt werden.)

Wie von Anne-Marie Slaughter beschrieben, die frühere Arbeiten von Robert O. Keohane und Joseph S. Nye Jr. sowie von Samuel Huntington zitiert, setzen sich transnationale Regierungsnetzwerke aus Regierungsbeamten zusammen, die in ihren jeweiligen Ländern an denselben Aufgaben arbeiten.[5] Diese Netzwerke sollen die Vorzüge haben, dass sie nicht die formalen Konsultationen erfordern, die charakteristischerweise dann im Spiel sind, wenn die Repräsentanten der Regierungen zusammenarbeiten; die Beteiligten lernen sich persönlich kennen, sie sind darum bemüht, dieselben Fragen zu klären, sie sorgen sich darum, wie ihre Kollegen in den Partnerländern sie sehen, und sind deshalb daran interessiert, weit über ihre Instruktionen hinaus mit ihnen zu kooperieren.[6] »Sie sind schnell, flexibel und dezentralisiert«,[7] und zudem apolitisch, technokratisch und effizient.

Als Beispiele für transnationale Regierungsnetzwerke nennen Slaughter und andere den Basler Ausschuss für Bankenaufsicht, die Internationale Organisation der Wertpapieraufsichtsbehörden (IOSCO), die Internationale Vereinigung der Versicherungsaufsichtsbehörden, das Forum für Finanzstabilität, die Organisation der Obersten Gerichtshöfe amerikanischer Staaten (OCSA) und den Ausschuss für Internationale Rechnungslegungsstandards (IASC).[8]

Obgleich die meisten dieser Beispiele aus der Welt des Handels und der Finanzen stammen – mit Netzwerken, die vielleicht wegen der hohen Konvergenz der Kooperationsinteressen auf diesen Feldern leichter zustande kommen können als auf anderen Gebieten –, spricht prinzipiell kein Grund dagegen, dass solche Regierungsnetzwerke nicht auch gebildet werden könnten, um andere Fragen zu bearbeiten, um Beamte einzubeziehen, die mit Hochschulbildung, mit Menschenrechten, Immigration oder anderen Gebieten befasst sind.[9]

Um die potentielle Wirksamkeit transnationaler Netzwerke beurteilen zu können, sollte man nicht die Tatsache ignorieren, dass ihnen mehrere Hindernisse entgegenstehen. Wie ich bereits erwähnt habe, aber nicht genug betonen kann, werden es die Nationen, so lange sie ihre Souveränität behalten, generell ablehnen, ihren Vertretern die Ausarbeitung bedeutender transnationaler Abkommen und Regelungen ohne vorherige ausführliche Instruktionen, fortlaufende Beratungen und A-priori-Billigungen zu überlassen. Andernfalls könnten die Ergebnisse außerhalb des Konsenses liegen, der in der Innenpolitik und in denjenigen Institutionen erarbeitet wurde, denen die jeweilige Exekutive der nationalen Regierungen letztlich verantwortlich ist, insbesondere der Legislative. Und solange die beteiligten Beamten nur eine begrenzte Freiheit haben, gibt es klare Grenzen für das, was derartige transnationale Agenturen über die Arbeit traditioneller zwischenstaatlicher Ausschüsse und Organisationen hinaus erreichen können, von denen viele Tausende Teil des alten Systems sind. In dem Maße, wie diese transnationalen zwischenstaatlichen Netzwerke ein Eigenleben führen, weil sie zu so etwas wie einer transnationalen Behörde werden, die nach ihrem eigenen Trommler marschiert, anstatt wie eine Versammlung nationaler Vermittler aufzutreten, sind sie ein unberechenbarer Faktor, der niemandem verantwortlich ist.

Ein Vergleich dieser transnationalen Regierungsnetzwerke mit der Global Safety Authority (GSA) und anderen transnationalen Behörden ist erhellend. Die GSA ist hierarchischer, weil in ihr vornehmlich die Repräsentanten *eines* Landes die grundlegende Strategie festlegen, wenngleich dies erst nach einigen Beratungen mit anderen oder der beschränkten Berücksichtigung der Interessen und Werte anderer geschieht (z. B. werden Soldatinnen von amerikanischen Kommandeuren angewiesen, auf saudischen Straßen keine Shorts zu tragen). Und je mehr die GSA und andere globale Behörden nach Legitimität streben, wovon ich eigentlich ausgehe, desto mehr werden sie auf unilaterales Handeln verzichten, internationales Recht einhalten und mit globalen Institutionen wie den Vereinten Nationen zusammenarbeiten. Infolgedessen werden sich die Unterschiede zwischen der GSA und den Netzwerken mit »flacherer« Hierarchie verringern.

Gleichzeitig haben die globalen Behörden zwei Vorteile gegenüber den Netzwerken. Die Supermacht hinter der GSA, der wichtigsten globalen Behörde, die es schon gibt, stellt viele der benötigten Mittel bereit und vor allem Stärke; und sie ermutigt andere beteiligte Mächte, ihren Anteil beizusteuern, so wie es die Vereinigten Staaten während des Golfkriegs von 1991 für die Mitglieder ihrer Koalition taten. Die GSA ist außerdem der Legislative wenigstens *eines* Landes verantwortlich, während Netzwerke (und INGOs allgemein) nicht *einem* gewählten Amtsträger oder *einer* demokratisch gebildeten Legislative verantwortlich sind.[10] (Diese beschränkte Rechenschaftspflichtigkeit macht die GSA für sich betrachtet noch nicht zu einer legitimen globalen Behörde, sondern macht sie lediglich etwas legitimer, als sie es sonst sein würde, zumindest nach traditionellen Maßstäben der Verantwortlichkeit.)

Andere Behörden?

Ich habe bereits gezeigt, dass die Ad-hoc-Antiterror-Koalition auf dem Weg ist, eine ständige globale Sicherheitsbehörde zu werden oder zumindest in eine solche umgewandelt werden könnte, und dass sie den Rahmen ihrer Missionen ausweitet, so dass sie die nukleare Abrüstung und in einem geringeren, aber zunehmenden Umfang die Pazifizierung und humanitären Interventionen umfasst. Bislang ist die entstehende GSA weitgehend auf Missionen beschränkt gewesen, die die nationalen Interessen vieler Länder mobilisieren, und ihre grundlegenden Zielsetzungen sind legitim (wenngleich nicht alle Mittel, die sie einsetzt). Solange wie eine Supermacht in Verbindung mit anderen Staaten gewillt ist, die entstehende GSA sowohl mit militärischen und ökonomischen Mitteln zu stützen, als auch mit mehr weicher Macht als in der Vergangenheit abzusichern, kann sie durchaus Bestand haben und sich konsolidieren. Schließlich gibt es wenig Grund, zu glauben, dass sie ihre Ziele in absehbarer Zukunft erreichen wird. Der Kampf gegen den Terror ist anders als irgendein anderer Kampf. Einen »V-Day«, einen Tag des Sieges, gibt es da schon allein deshalb nicht, weil inländische Terrorgruppen wie die Tschetschenen in Russland und die Basken in Spanien ebenfalls auf der Liste der Feinde stehen.

Aber welche weiteren Missionen könnte die größer werdende Globale Behörde übernehmen, oder welche anderen Behörden könnten entwickelt werden, um die lange Liste der transnationalen Probleme in Angriff zu nehmen, die der Welt zu schaffen machen? Andere Sicherheitsfragen scheinen gute Anwärter für die nächste Ausweitung der Missionen für die globale Sicherheitsbehörde zu sein, beispielsweise ein effektiveres Vorgehen gegen transnationale Mafiaorganisationen, Drogendealer, illegalen Menschenhandel und Kriminalität im Cyberspace. (Ob nun Abteilungen der GSA geschaffen werden oder eigenständige transnationale Behörden entstehen, um sich mit diesen Problemen zu befassen, ist zweitrangig und muss hier nicht untersucht werden.)

Die wesentlichen Herausforderungen für den Ausbau von Missionen werden sich dann stellen, wenn die GSA (oder irgendeine andere globale Behörde) Missionen übernimmt, die keine sicherheitsbezogenen transnationalen Probleme betreffen, sondern den Umweltschutz, die Verhinderung von Pandemien und die Befassung mit weiteren Gesundheitsfragen, die Bekämpfung von Analphabetismus und Armut und irgendwelche anderen Probleme, deren ernsthafte Behandlung eine beträchtliche Umverteilung des Reichtums zwischen den Vermögenden und den Habenichtsen unter den Ländern erfordern würde. Die Wohlfahrtsverbände und Bildungsorganisationen neigen dazu, einigen direkte Vorteile zu verschaffen und anderen große Kosten aufzubürden, ungeachtet manch kühner Versuche, es so aussehen zu lassen, als hätten alle Beteiligten etwas davon. Realistischerweise muss man daher erwarten, dass sich solche Behörden langsamer aufbauen lassen als die sicherheitsbezogenen Behörden. Bescheidene Anfänge auf diesem Gebiet existieren schon, darunter die Entwicklungsprogramme der Vereinten Nationen (UNDP) und der Weltbank, doch das meiste von dem, was getan werden könnte, bleibt noch ausgespart.

Ich will damit nicht sagen, dass die Förderung von Sicherheit eine einfache Aufgabe ist; das ist sie bei weitem nicht. Die damit verbundenen Schwierigkeiten verblassen jedoch im Vergleich zu denen, die anderen, mehr »fortgeschrittenen« sozialen Missionen entgegenstehen, und zwar hauptsächlich deswegen, weil diese die Interessen einiger Nationen, mehr als es die Sicherheitsmissionen tun, gegen die Interessen anderer Nationen ausspielen, anstatt eine Konvergenz der Interessen und eindeutig legitimer Ziele zu erzeugen, und weil ihre Legitimität weniger selbstverständlich ist. Die zukünftige Entwicklung eines dringend benötigten globalen Regierungshandelns wird bei der Behandlung dieser fortgeschrittenen Fragen auf ein großes Dilemma stoßen. Für diejenigen, die an der Macht sind, sind viele, wenn nicht sogar alle nicht sicherheitsrelevanten Fragen von geringerem Interesse; doch wenn die globale Behörde ihre Missionen nicht ausweitet, um Bedürfnisse zu erfüllen, die für diejenigen mit weniger oder wenig Macht oberste Priorität haben, wird sie nicht überall als legitim angesehen werden, und auch die weltweit bestehende moralische und politische Lücke wird nicht stärker geschlossen werden können. Einmal zugespitzter gesagt: Um von einem Semi-Imperium zu einer Gemeinschaft zu werden, müssen die Missionen, denen die entstehende globale Behörde dienen wird, über Recht und Ordnung hinaus ausgedehnt werden.

Moralische Appelle von Vertretern der mittellosen Länder und von gutwilligen Menschen überall können bis zu einem gewissen Punkt zu etwas mehr globalen Anstrengungen auf diesen Gebieten führen – und haben auch dazu geführt. Die Appelle haben einen Schuldenerlass, Erhöhungen der Entwicklungshilfe (wie auf dem Gipfel in Monterrey 2002 angekündigt) und Einzahlungen in den globalen Fonds zur Bekämpfung von AIDS, Tuberkulose und Malaria bewirkt. Kritiker sind der Meinung, dass diese Maßnahmen erschreckend unzureichend sind, dass sie mit gemischten Motiven ergriffen werden und dass Importbeschränkungen für die Entwicklungsnationen oder Agrarsubventionen im Westen in den mittellosen Ländern mehr Schaden verursachen, als all die Hilfe durch Zuwendungen jemals ausgleichen kann.[11] Das mag wohl sein, es ist aber auch wahr, dass moralische Appelle nur so viel ermöglichen können.

Um die fortgeschritteneren Missionen der globalen Behörden verstärkt auszuweiten (oder um zusätzliche zu schaffen), wird man Wege finden müssen, um die Interessen der wohlhabenden Nationen zu mobilisieren, von denen sich die meisten im Westen befinden. Befürworter einer solchen Ausweitung, und das sind weitgehend Liberale, erkennen immer mehr die Notwendigkeit, die Grundlage ihres Appells über humanitäre Belange und die Provokation von Schuldgefühlen hinaus zu verbreitern. Sie haben argumentiert, dass eine umfassende ökonomische Entwicklung auf der ganzen Welt »die Sümpfe austrocknen wird, in denen Terroristen gedeihen«, und stabile demokratische Regierungen garantieren würde, die dem Frieden verpflichtet wären.[12] Sie haben geltend gemacht, dass eine deutliche Steigerung der Mittel, die die USA für die Bekämpfung des HIV im Ausland bereitstellen, der nationalen Sicherheit Amerikas direkt zugutekäme.[13]

Bislang sind diese Argumente für einen Großteil der Öffentlichkeit in den Vereinigten Staaten und vielen anderen freien Ländern nicht überzeugend. Die Vorstellung, dass AIDS die afrikanischen Armeen oder die Sozialordnung in der Region untergraben wird, ist von humanitärem Interesse, aber sie erscheint vielen Amerikanern und anderen nicht als ein realistisches Sicherheitsrisiko.[14] (Möglicherweise dürfte es sogar den gegenteiligen Effekt geben wie im Falle von China.) Die These, der Terrorismus könne durch Wirtschaftswachstum verhindert werden, übersieht die Tatsache, dass es nur ein paar tausend Terroristen unter den Milliarden Menschen gibt, die in »mittellosen« Ländern leben, und dass viele Terroristen in guten Verhältnissen leben und gut ausgebildet sind (Bin Laden ist ein Milliardär, und mehrere Top-Terroristen, die an den Anschlägen vom 11. September beteiligt waren, kamen aus der Mittelschicht und studierten in Hamburg). Eine Studie von Alan Kruger und Jitka Maleckova hat ergeben, dass lokale Unterstützer des Terrorismus tatsächlich eher wohlhabender und besser ausgebildet sind als der Durchschnitt der Bevölkerung.[15]

Die Fürsprecher von Armen, Kranken, Kindern und anderen schwachen Mitgliedern der Weltbevölkerung täten besser daran, stärkere Argumente zu formulieren, als offene Türen einzurennen. Eine Person muss schon sehr herzlos und innerlich zu Eis erstarrt sein, um kein Mitleid für die Millionen Kinder und Erwachsenen zu empfinden, die überall auf der

Welt leiden und denen mit einem verhältnismäßig kleinen Betrag an Geld geholfen werden könnte, woran uns Menschen wie Jeffrey Sachs, George Soros, Gene Sperling und Joseph Stiglitz immer wieder erinnern.[16] Um aber auf der Suche nach Möglichkeiten, mit denen man das Elend der Menschen weltweit verringern könnte, keinen Stein ungewendet zu lassen, ist neues, nüchternes Denken notwendig. John Rawls, den man weithin für den größten liberalen Denker unserer Zeit hält (wie immer man Liberalismus definiert), war der Meinung, man solle Strategien ergreifen, die Reiche nur dann reicher machen, wenn sie auch den Armen helfen, selbst wenn das nicht im gleichen Maße der Fall ist. Bislang ist das kein Thema, das sich viele Liberale zu eigen gemacht haben, weder an der innenpolitischen Front noch in internationalen Beziehungen.

Manche ökonomischen Anreize würden mehr Firmen aus dem Westen veranlassen, in »mittellosen« Ländern zu investieren, speziell dann, wenn eine sicherere Umgebung und mehr Rechtssicherheit geschaffen werden. Viele große und kleine Länder haben diesen Weg erfolgreich beschritten, in einem starken Maße China, Indien, Thailand und in einem geringeren Maße Argentinien und Tunesien.

Es mag sehr simpel klingen – aber lassen Sie mich aufgrund meiner Erfahrung im Weißen Haus während eines Jahres sagen, dass es doch ganz gut wäre, wenn die Empfänger von Hilfe und ihre Fürsprecher ab und an mit ihrer Kritik an den USA pausieren und stattdessen einmal anerkennen würden, was an Gutem geleistet wurde. Es ist schwierig, den Kongress und die Wählerschaft davon zu überzeugen, mehr zu geben, wenn sie ständig dafür gegeißelt werden, nicht mehr getan zu haben und nicht früher etwas getan zu haben, anstatt gelegentlich auch dafür gelobt zu werden, was sie zustande gebracht haben.

Viele meiner Studenten und einige meiner eher fortschrittlichen Kollegen weisen beharrlich darauf hin, wie ungerecht die Welt ist; sie erinnern daran, dass die USA einen großen Anteil am gesamten Konsum in der Welt beanspruchen (obwohl sie nicht immer daran erinnern, dass die USA auch einen vergleichbaren Anteil am gesamten Weltbruttosozialprodukt produzieren); dass die »reichste Nation der Welt« so wenig Auslandshilfe vergibt und gegenüber den Armen und Elenden in der Welt rücksichtslos ist. Sie würden sich wünschen, dass man die Vereinigten Staaten (andere reiche Nationen erwähnen sie selten) irgendwie dazu bewegen könnte, einen massiven Transfer vorzunehmen, gleichsam den Reichtum aus ihren Truhen in die Taschen anderer Völker umzufüllen, um auf diese Weise, wenn schon nicht globale Gleichheit herzustellen, so doch wenigstens die weltweite Ungleichheit bedeutend zu verringern. Gefragt, wie denn solche Transfers zustande kommen sollen angesichts der Tatsache, dass die wohlhabenden Nationen auch die mächtigsten Nationen sind – und unter Ausklammerung der Frage, ob eine derartige massive Umverteilung des Reichtums gerechtfertigt ist, besonders im Licht der Art und Weise, wie bereits vergebene Mittel verwendet werden –, drücken sie sich meistens weit weniger genau aus. Einige wenige hängen einer pseudomarxistischen Vorstellung an, wonach sich die Unterdrückten dieser Erde vereinigen und die Mächtigen zum Nachgeben zwingen werden. Andere nehmen unausgesprochen an, dass die Rhetorik der Schuldbeschwörung das Kunststück schaffen wird, vergessen dabei aber, dass wir davon schon so viel gehabt haben, dass ihre Wirksamkeit mehr oder weniger erschöpft ist. Eine solche Rhetorik kann sogar geholfen haben, den konservativen Kräften den Auftrieb zu geben, der sie in der amerikanischen Politik – und der anderer wohlhabender Nationen – die Oberhand gewinnen ließ. Ich stehe deshalb zu meinem Argument, dass diejenigen, die mehr Umverteilung befürworten, neue Erklärungen, Kräfte und Handelnde finden müssen, um ihre Sache voranzubringen, falls an dieser Front wesentlich mehr Fortschritt erzielt werden soll.

Es ist alles andere als klar, welches liberale Argument oder welche politische Formel Wirkung haben wird. Ich bin allerdings ziemlich sicher, dass sich der soziale Flügel der neuen globalen Behörde sehr viel langsamer entwickeln wird als der für Sicherheit verantwortliche Flügel; Tempo und Zuständigkeit der Behörde werden davon abhängig sein, ob man neue Interessen und Argumente für die Unterstützung einer solchen Ausweitung finden kann. Ich schweife hier vorübergehend ab, um kurz ein innerstaatliches Entwicklungsschema zu erörtern, das, wie ich meine, mit der zu erwartenden Zeitverzögerung ebenso auf der globalen Ebene zu beobachten sein wird und das einen Aspekt meiner allgemeinen These darstellt, derzufolge die Welt an vielen Fronten denselben Weg nehmen wird wie eine sich entwickelnde Nation. Das innerstaatliche Schema könnte als Marshalls »Marsch der Geschichte« bezeichnet werden, benannt nach T. H. Marshall, dem Sozialwissenschaftler, der es als Erster beschrieben hat.[17]

Die Hypothese, dass es schließlich einen Weltstaat und eine Weltgemeinschaft geben wird, dass die globale Zivilgesellschaft viele Merkmale einer Nation aufweisen wird, mag so absonderlich wirken wie nur irgendwas, selbst wenn sie von jemandem stammt, der die meiste Zeit seines Lebens an der Universität verbracht hat. Es ist doch schwierig genug, in einem Land wie Afghanistan eine Nation zu formen, doch morgen sollen wir die ganze Welt zusammenbringen? Meine Entgegnung auf diesen Einwand ist, dass ich mich auf einen natürlich stattfindenden Prozess beziehe und nicht auf einen erzwungenen, der um ein Vielfaches schwerer zu erzeugen ist, und dass ich mich nicht auf einen Prozess beziehe, der Jahre oder Jahrzehnte dauern wird, sondern eine Generation oder länger. Wenn man danach fragt, welchem Zweck Staaten und Gemeinschaften dienen, kann man außerdem erkennen, warum Menschen einer globalen Nation den Vorzug geben würden (d. h. einer globalen Gemeinschaft, die sich die Form eines globalen Staates gibt). Es ist eigentlich selbstverständlich, dass heute kein einzelner Staat oder keine einzelne Gruppe von Staaten Sicherheit garantieren kann. Ökonomische Interessen bevorzugen globale Märkte, die zunehmend so funktionieren, wie das bei den Inlandsmärkten der Fall war. Menschen können von einem Ende der Erde zum anderen mit größerer Geschwindigkeit und Leichtigkeit kommunizieren, als es vor dem Aufkommen des Telefons in einem Dorf möglich war, und eine größer werdende Zahl lokaler politischer Repräsentanten kann sich miteinander in derselben Sprache austauschen – in Englisch. Ein Kern geteilter Werte beginnt sich zu entwickeln, und die Kulturen nähern sich einander an. Der Fortschritt in Richtung einer globalen Nation wird jedoch nicht in allen beteiligten Sektoren das gleiche Tempo haben. Und hier kommt der Marsch der Geschichte ins Blickfeld, wie ihn Marshall beschreibt.

Marshalls Marsch der Geschichte

Dem Soziologen T. H. Marshall zufolge vollzog sich der Fortschritt in der Moderne nach einem festgelegten Schema. Sein Ausgangspunkt ist die Feudalgesellschaft in Europa, in der keine Regel für alle gleichermaßen galt. In einer typischen Feudalgesellschaft waren die Individuen in einer Hierarchie platziert. Sie waren entweder hoher Adel, niederer Adel oder Vasallen unterschiedlichen Grades, ganz hinunter bis zu den Leibeigenen. Die Herren bestimmten Pflichten und Belohnungen, die ihre Untergebenen nicht ablehnen konnten, da es im Großen und Ganzen keine alternative Möglichkeit gab, seinen Lebensunterhalt zu verdienen. Außerdem war die Position einer Person in jeder Hierarchie des Lebens mit einer ähnlichen Rangordnung in den anderen Hierarchien »verzahnt«. Wenn man wirtschaftlich unterjocht war, war es gewiss, dass man politisch ebenfalls unterjocht wurde, ebenso in den Augen des Rechts usw.

Marshall stellte eine über Jahrhunderte verlaufende allmähliche Evolution von feudalen, autoritären Regimen zu modernen demokratischen Regierungen fest; in diesem Sinne lässt sich seine Idee als eine frühe Voraussage vom Ende der Geschichte betrachten. Der Fortschritt wurde durch die Trennung der Statusdimensionen erzielt. Mit dieser Evolution diktierte die Stellung eines Individuums in einer der Hierarchien – sagen wir der ökonomischen – nicht mehr den sozialen oder politischen Status. Die Menschen waren nicht mehr in den meisten, wenn nicht allen Bereichen des Lebens untergeordnet oder überlegen, sondern wurden erst in einem, dann in einem anderen gleich, während sie in weiteren Bereichen noch ungleich blieben. Marshalls wichtigste historische Entdeckung ist, dass der Fortschritt ungleichmäßig verlief. Den Menschen wurden dieselben Rechte und dasselbe Maß an gleichem Status in der politischen, ökonomischen und sozialen Dimension nicht gleichzeitig verliehen. Marshall beschrieb die Errungenschaften der Menschen, zu denen es im Laufe dieses allmählichen Prozesses kam, indem er sie in drei geschichtliche Phasen einteilte: die zivile (oder rechtliche), die politische und die soziale (oder sozioökonomische).

Marshall analysierte insbesondere die britische Geschichte und stellte dabei fest, dass die zivile oder rechtliche Unparteilichkeit zuerst entstand. In früheren Zeiten konnte zum Beispiel dasselbe Verbrechen entsprechend dem Status der Person zu sehr verschiedenen Urteilen führen. Ein Edelmann, der einen Leibeigenen erschlug, wäre sehr viel nachsichtiger behandelt worden als im umgekehrten Fall ein Leibeigener. Der sozioökonomische Status einer Person verlor jedoch in den Augen des Rechts bis zum 18. Jahrhundert schrittweise immer mehr an Bedeutung. Als Nächstes erlangten die Menschen politische Gleichheit – eine Person, eine Stimme. Mit anderen Worten, die rechtliche Gleichheit ging der politischen Demokratie voran.

Marshall glaubte, der nächste Schritt auf dem historischen Marsch zur Gleichheit werde in der sozialen oder sozioökonomischen Arena stattfinden. Zu den Schritten, die in Großbritannien in diese Richtung unternommen wurden, gehörten eine progressive Einkommensteuer, die Erbschaftssteuer und verschiedene Wohlfahrtsprogramme, die auf »Transferzahlungen« hinausliefen, das heißt auf die Verlagerung von Ressourcen von denen, die vermögender sind, zu denen, die weniger gut betucht sind, und somit Schritte zur sozioökonomischen Gleichheit darstellen. Marshalls Überzeugung vom unaufhaltsamen Marsch in Richtung Fortschritt wurde weithin geteilt.

Tatsächlich hat sich in den Jahrzehnten, die auf die Vorhersage Marshalls aus dem Jahr 1950 folgten, herausgestellt, dass der kumulative Effekt all der Strategien, die darauf abzielen, die sozioökonomische Ungleichheit zu verringern, recht begrenzt gewesen ist. Im Vereinigten Königreich zum Beispiel hat die Gleichheit bei der Einkommensverteilung nicht signifikant zugenommen.[18] Versuche, die Entwicklung stärker in diese Richtung zu steuern, untergruben die Wirtschaft oder wurden so wahrgenommen, und sie führten zu einer konservativen Gegenreaktion, die in Großbritannien die Form des Thatcherismus annahm (in den USA die Form des Reaganismus). Die politische Unterstützung für die sozioökonomische Gleichstellung ging größtenteils verloren. Manchmal sieht es so aus, als hätten die Klassen eine Vereinbarung getroffen: Diejenigen mit den ökonomischen Vorteilen sind damit einverstanden, denen die sie nicht haben, ein großes Maß an politischer und rechtlicher Gleichheit zuzugestehen; im Tausch dafür akzeptieren die Benachteiligten einen niedrigeren sozioökonomischen Status und verzichten auf die Revolte, um einen gewaltsamen Regimewechsel herbeizuführen.

Der Abbruch des Marsches, den Marshall vorhersagte, ist eine empirische Beobachtung und kein Urteil über die moralische Angebrachtheit dieses soziologischen Phänomens. So wie ich es sehe, sind Diskussionen darüber, ob ökonomische Gleichheit gerecht ist, ob sie mit Freiheit und wirtschaftlicher Produktivität unvereinbar ist oder ob alles miteinander vereinbar ist, zwar wichtig, aber angesichts der Machtverhältnisse auch hochgradig akademisch. Darüber hinaus passt das Argument, dass man ein starkes Maß an politischer Gleichheit (eine Grundlage demokratischer Regierung) nicht ohne sozioökonomische Gleichheit haben kann, nicht mit der Faktenlage zusammen: Keine der Nationen, die für demokratisch erachtet werden, lässt sozioökonomische Gleichheit erkennen. (Es stimmt, dass die Wirtschaftsentwicklung der demokratischen Entwicklung hilft, aber sie vergrößert nicht die Gleichheit.)

Im Gegensatz dazu ist es möglich, überzeugend dafür zu argumentieren, dass jeder Mensch, bloß aufgrund seines Menschseins, ein Anrecht auf ein gewisses elementares Minimum hat. Insofern wir Serienmördern und gefassten Terroristen drei Mahlzeiten am Tag geben, dazu Kleidung, Obdach und medizinische Versorgung, anerkennen wir auch, dass niemandem diese Grundbedürfnisse verweigert werden sollten. Die entstehende globale Architektur sollte sich als Mindestbedingung darauf verpflichten, sicherzustellen, dass alle Menschen so behandelt werden, und zwar nicht als Ausdruck irgendeiner sozialistischen Konzeption von Gleichheit, sondern wegen des grundlegenden moralischen Werts aller Menschen.[19] Und je nachdem, wie es die politischen Kräfte und wirtschaftlichen Bedingungen erlauben, sollte das reine Existenzminimum erhöht werden.

Daher tun meines Erachtens Messungen, die bestimmen, in welchem Umfang die Grundbedürfnisse bei den unterschiedlichen Segmenten der Weltbevölkerung erfüllt sind, ob Nahrung, Unterkunft, Lesefähigkeit, Arbeit und Gesundheitsversorgung gewährleistet sind – und ob diese Grundbedürfnisse mit der Zeit besser erfüllt werden –, viel mehr zur Sache als Messungen sozioökonomischer Ungleichheit. *Eine Welt, in der die Grundversorgung für alle gesichert ist, ist einer Welt, in der alles, was an spärlichen Ressourcen zugänglich ist, gleicher verteilt ist, eindeutig vorzuziehen.* Um den Punkt zu verdeutlichen: Eine Welt, in der jedem das gleiche X gezahlt wird und jeder über identische Y Vermögenswerte verfügt, eine Welt völliger ökonomischer Gleichheit also – ist einer Welt, in der jeder wenigstens 2 X und 2 Y hat und diese Beträge noch steigen, weit unterlegen, selbst wenn andere viel mehr Xe und Ye haben und ihr Vorrat schneller zunimmt als der Vorrat der weniger gut Ausgestatteten. Vorausgesetzt, dass Gleichheit nicht erreichbar ist, und vorausgesetzt, dass die Förderung von Gleichheit bei Leuten, denen die schwachen Mitglieder der Gesellschaft nicht gleichgültig sind, oft den politischen Appeal verschenkt, ist Gleichheit außerdem eine Vorstellung, die am besten vermieden wird.

Globale soziale Behörden

Eine Globale Gesundheitsbehörde, die aus der Weltgesundheitsorganisation (WHO) hervorgehen könnte, wäre ein guter Kandidat, um den Marsch an der sozioökonomischen Front für ein geteiltes und steigendes elementares Minimum anzuführen. Die meiste Zeit ihres Bestehens war die WHO eine schwerfällige, bürokratische, zwischenstaatliche Organisation. Im Jahr 2003, als SARS von China auf Toronto in Kanada übersprang und dabei 32 andere Länder durchquerte, als seien sie nur so weit entfernt, wie man spucken kann, und die Grenzen dünner als ein Mundschutz, wurde den Beschränkungen der WHO plötzlich viel Beachtung geschenkt. Als typische internationale Organisation war sie auf die Kooperation der beteiligten Regierungen angewiesen. Das ganze Problem mit SARS entstand in einem erheblichen Maße erst deswegen, weil die chinesischen Behörden monatelang verheimlichten, dass es sich ausbreitete.

Um die drohende Epidemie zu bekämpfen, wurden der WHO beträchtliche neue Befugnisse zugestanden. Ihren Mitgliedern wurde erlaubt, mit dem medizinischen Personal und lokalen Gruppen in verschiedenen Ländern direkt in Kontakt zu treten. Der WHO wurde auch die Vollmacht verliehen, in

Ländern zu intervenieren, die von einer Massenerkrankung heimgesucht werden, selbst wenn die Massenerkrankung von der Regierung dieses Landes nicht anerkannt ist. Überdies wurde ihr gestattet, in Länder einzureisen, um zu untersuchen, ob diese mit einer medizinischen Krise wirksam umgehen. Somit verliehen sie der Organisation »die Befugnis, ohne formale Einladung mit Inspektionen vor Ort zu beginnen«.[20] Man kann sich natürlich fragen: Wie stark ist die WHO wirklich geworden? Könnte sie in ein Land einreisen, ohne die Zustimmung der Regierung zu haben? Anders als das Ausmaß des Wandels ist die Richtung des Wandels allerdings klar: Durch die Veränderung ist die WHO mittlerweile weniger eine zwischenstaatliche Organisation und stärker eine globale Behörde, auch wenn die Gesundheitsgefährdungen, mit denen sie zu tun hat, verhältnismäßig überschaubar sind. Es ist unschwer abzusehen, dass dann, wenn eine zukünftige Krankheit tausendfach gefährlicher wäre, als es SARS oder die Vogelgrippe bislang waren, also mehr einer echten Pandemie gleichen würde, die WHO noch weit mehr Ressourcen und auch größere Autorität erhielte. Das würde erst recht der Fall sein, wenn die Pandemie die wohlhabenden Gesellschaften anders als AIDS, wovor sie weitgehend verschont bleiben, in vollem Umfang erreichen würde (vergleichbar der Influenza-Epidemie von 1918).

Angesichts einer weltweiten Pandemie würde die WHO noch zusätzliche Ressourcen bekommen und die Weisungsbefugnis, die Grenzen zu schließen, eine große Zahl von Menschen in Quarantäne zu nehmen, Impfungen anzuordnen und vieles mehr. Derartige Aufstockungen der Mittel und die Stärkung der Amtsgewalt sind noch wahrscheinlicher, wenn die Pandemie die Folge von biologischem Terrorismus wäre und nicht eine natürlich auftretende Krankheit, denn dann würde sie nicht nur die Gesundheit betreffen, sondern auch die Sicherheit.

Man mag rasch zu der Annahme kommen, dass die künftigen globalen Behörden größtenteils von den USA geführt und finanziert würden, obwohl andere Nationen, wahrscheinlich westliche Nationen, daran teilnehmen und Finanzierungsmittel beisteuern werden. Prinzipiell gibt es aber keinen Grund, warum nicht auch andere Staaten eine solche Behörde entwickeln könnten (solange die Richtung nicht mit den entscheidenden Interessen der Großmächte kollidiert). So gibt es keinen Grund, weshalb Kanada, Norwegen und Singapur nicht eine starke WHO vorantreiben können sollten. Oder warum China, Russland und Indien keine einflussreiche Anti-HIV-Behörde begründen und leiten können sollten. Die Gründe dafür, warum diese Länder bislang gezögert haben, so vorzugehen, sind vielfältig und kompliziert. Dazu gehören ein Mangel an Ressourcen, Kulturen der Verleugnung, eine fatalistische Haltung gegenüber dem Leben und die Tatsache, dass die Eindämmung von AIDS größere soziale und Verhaltensänderungen verlangt, die schwer zu bewirken sind. Grundsätzlich kann aber eine Vielzahl von Staaten globale Behörden bilden.

Die Aussichten für die Einrichtung einer globalen Umweltschutzbehörde haben manche Gemeinsamkeit mit der Gründung einer globalen Wohlfahrtsbehörde und manche mit einer globalen Gesundheitsbehörde. Die Parallele zur Wohlfahrt ergibt sich aus der Tatsache, dass viele der Umweltmaßnahmen, die von den meisten Nationen angestrebt werden, die Interessen der wohlhabenden Nationen stärker beeinträchtigen. Daher können große Ausgaben und Anpassungen realistischerweise nicht erwartet werden, obwohl zahllose Regierungen Lippenbekenntnisse zum Umweltschutz abgeben und bereit sind, einige kleine Schritte zu unternehmen. All das würde sich ändern, wenn die Umweltkrise die Brisanz einer Pandemie annehmen würde. Als das Gefühl vorhanden war, dass die Zerstörung der Ozonschicht dem Leben auf der Erde irreparabel schaden würde, arbeiteten die nationalen Regierungen zusammen, um ein internationales Rahmenabkommen zu entwickeln, das zum Abschluss des ›Montreal Protocol on Substances that Deplete the Ozone Layer‹ führte. Diese Maßnahme, die auf Verbot und Beseitigung ozonzerstörender Substanzen abzielt, wurde nur 13 Jahre nach Entdeckung des Problems verabschiedet und nur ein Jahr nach Beginn der Verhandlungen.[21]

Wenn also die Welt mit einer klaren und gegenwärtigen Gefahr konfrontiert wäre, die auf eine deutliche globale Erwärmung zurückginge, würde sie wahrscheinlich ebenfalls handeln. (Jetzt werden einige einwenden, dass es viel schwerer sein wird, der Gefahr erst dann zu begegnen, wenn die Erwärmung klar und gegenwärtig ist, als heute. Die aufmerksame Öffentlichkeit der jeweiligen Nationen muss allerdings erst davon überzeugt werden, dass das derzeitige und zu erwartende Niveau der Klimaerwärmung eine ernsthafte Bedrohung darstellt, bevor sie mit unbequemen Maßnahmen einverstanden sein wird, die zur Umkehrung des Trends unternommen werden müssen.) Zwischenzeitlich wird der globale Umweltschutz, der größeren Appeal hat als Bemühungen um die Wohlfahrt, einige Ressourcen bekommen können – jedoch nicht genug, um die weitere Zerstörung zu verhindern. Diejenigen, die sich ein engagierteres Handeln wünschen, stehen genauso wie bei Zielsetzungen der Wohlfahrt besser da, wenn sie neue Interessen finden, um die Nationen der Welt vermehrt zu mobilisieren, und wenn sie stärkere normative Argumente vorbringen können, anstatt die Reichen aufs Korn zu nehmen.

Eine Organisation für Rechte und Pflichten könnte auf der neuen institutionellen Landkarte ebenfalls ihren Platz finden. Die Organisation könnte dazu dienen, der Idee Ausdruck zu verleihen, dass Mitglieder der Weltgemeinschaft nicht bloß Rechte haben, sondern auch Verantwortung für die Wohlfahrt der anderen und für das Gemeinwohl. Die Liberalen waren allzu zögerlich, der Rede von den Rechten die Pflichten hinzuzufügen. Es reicht nicht aus, den reichen Nationen zu predigen, was sie tun müssen, ohne gleichzeitig diejenigen, die in Armut und Krankheit versinken, dazu aufzufordern, ihre Kulturen und Verhaltensweisen zu ändern. Solche Veränderungen sind die einzige Möglichkeit, die AIDS-Pandemie wirklich zu bremsen (wie es Uganda und Senegal vorgemacht haben),[22] das Abfließen großer Teile der internationalen Hilfe und Darlehen auf Schweizer (und andere) Bankkonten zu verhindern, die Transparenz zu erhöhen und die Korruption zu verringern, und die Grundlagen für Rechtsstaatlichkeit an Orten zu legen, wo sie weitgehend fehlt.

Diese Organisation würde wie eine Kombination aus Human Rights Watch oder Amnesty International und einer Globalen Agentur für Gemeinschaft und Zivildienst funktionieren. Sie könnte die Einrichtung eines Peace Corps der Vereinten Nationen ins Leben rufen, in dem Jugendliche verschiedener Nationen zusammenarbeiten würden, um denen zu helfen, die zu den Bedürftigsten gehören, oder um Tätigkeiten im Umweltbereich zu übernehmen. Solche globalen Freiwilligenprogramme existieren bereits in kleinerem Rahmen. Das UNDP verwaltet derzeit ein vielseitiges Freiwilligenprogramm, das weltweit in Entwicklungsländern tätig ist und jährlich nahezu 5000 Freiwillige rekrutiert, die über 150 verschiedene Nationalitäten repräsentieren. Es wäre ein wichtiger symbolischer Schritt in diese Richtung, die Allgemeine Erklärung der Menschenrechte der Vereinten Nationen um eine ›Erklärung der Verantwortlichkeiten‹ zu erweitern und eine globale Organisation für die Förderung von Rechten und zur Pflege von Verantwortlichkeiten zu gestalten.

Es würde die Idee, dass Rechte Pflichten mit sich bringen – und eine globale Behörde, die man zur Förderung dieser Idee schaffen würde –, stärken, wenn die Hilfe vergebenden Nationen von nun an verlangen würden, dass sich diejenigen, die von solcher Hilfeleistung profitieren, die Selbstverpflichtung auferlegen, die ihnen gewährten Mittel nach und nach auf ein Revolvingkonto zurückzuzahlen, sobald sie ein bestimmtes Niveau wirtschaftlicher Entwicklung erreicht haben (sagen wir ein Bruttoinlandsprodukt von 10 000 $ pro Kopf, zum Dollarkurs von 2000, ein Niveau, das Südkorea 1993 erreichte).[23] Die

Mittel könnten dann für Länder verwendet werden, die diese festgelegte Höhe des Pro-Kopf-Einkommens noch nicht erreicht haben. Von den meisten Nationen sollte auch erwartet werden können, einige Armee-Einheiten zu entsenden, um als Teil von abrufbaren regionalen Streitkräften bei friedenserhaltenden Einsätzen Dienst zu tun.

Mein Argument in Bezug auf die Frage, wer eine Globale Gesundheitsbehörde auf den Weg bringen kann, gilt für alle derartigen Behörden. Es gibt keinen prinzipiellen Grund, der dagegen spricht, dass solche Behörden nicht auch von anderen Staaten als den USA aufgebaut werden können, solange diese anderen Staaten sich selbst besteuern, wenn sie darauf aus sind, die bei anderen beantragten Geldmittel zu erhöhen, und nicht so vorgehen, dass sie direkt gegen die elementaren Interessen der Großmächte verstoßen.

Die »Krönungsfrage«

Bei jeder Ausweitung der Mission werden die sich herausbildenden globalen Behörden auf größeren Widerstand treffen, was darauf zurückzuführen ist, dass ihre Mechanismen, Unterschiede zwischen den Werten sowie den Interessen der beteiligten Regierungen zu verarbeiten, unzureichend sind. Aus dem Mangel an Mechanismen zur Koordinierung der Tätigkeiten verschiedener Behörden werden zusätzliche Probleme entstehen. Es wäre wie mit einem Haufen ungebundener Behörden im Inland, ohne Staatsoberhaupt, Kabinett oder Legislative, die sie zusammenhalten – ohne »Krönung«. Ein Semi-Imperium kann über längere Zeiträume durchkommen, wenn es der Bildung eines Konsenses, der Legitimität und Koordination wenig Beachtung schenkt, weil seine diversen Organisationen auf ihre Fähigkeit, die Strategie zu erzwingen, zurückgreifen können. Die Legitimität der hinzugekommenen Missionen, die nicht auf Sicherheit bezogen sind, ist jedoch besonders schwach; die verschiedenen Regierungen und Völker sehen Cyberpiraterie, den illegalen Menschenhandel und andere solcher Ziele von Missionen sehr unterschiedlich. Man kann daher mit ziemlicher Sicherheit davon ausgehen, dass die globalen Behörden umso mehr Widerstand provozieren werden, je mehr transnationale Probleme sie in ihre Zuständigkeit übernehmen, dass sie umso weniger Kooperation erwarten können, je höher die Kosten ausfallen, und dass sie Gelder und Geduld der Bürger der beteiligten Staaten umso mehr strapazieren werden, je länger diese Behörden ohne krönende Institutionen handeln. Wenn ein von Vietnam her bekannter Effekt in vielen Teilen der Welt vermieden werden soll, werden die globalen Behörden deshalb nicht um eine gewisse Krönung herumkommen.

Transnationale Regierungsnetzwerke stehen vor derselben Herausforderung. Ihr Erfolg bringt es mit sich, dass sie sich der Aufsicht und Kontrolle durch nationale demokratische Legislativen entziehen, und es existiert keine supranationale demokratische Behörde, die sie beaufsichtigt.[24] Eine solche Ausnahme von der Rechenschaftspflichtigkeit mag diejenigen, die erpicht darauf sind, dass die Bearbeitung bestimmter transnationaler Probleme weitergeht, nicht übermäßig beunruhigen, es gibt aber keine Gewissheit, dass sich diese Netzwerke um derartige Probleme kümmern werden. Einige dieser Körperschaften könnten sich mehr darum bemühen, Schweizer Bankkonten für ihre Mitglieder einzurichten, die Weltbank zu hintergehen oder Migranten zu schmuggeln. Dieser Gefahr begegnet man am besten dadurch, dass man neue transnationale Formen der Aufsicht schafft, und nicht, indem man solchen entstehenden Netzwerken die Zuständigkeit und Freiheit beschneidet und sie national an den kurzen Zügel nimmt.

Um die bisherige Argumentation zu rekapitulieren: Es wird wahrscheinlich eine Ausweitung von Missionen der globalen Behörden geben, um zusätzliche Sicherheitsfragen sowie einige soziale Fragen in die Zuständigkeit aufzunehmen. Je mehr

Missionen hinzukommen, desto mehr werden sich aber Probleme, die aus dem Mangel an Legitimität und an Interessenkonvergenz entstehen, verschärfen, was stark voneinander abweichenden Werten und Interessen der Beteiligten und vor allem dem Fehlen eines Mechanismus zur Verarbeitung von Uneinigkeiten, Meinungsverschiedenheiten und Konflikten geschuldet ist. Es stellt sich also die Frage: Welche Architekturen, wenn überhaupt welche, wären dafür geeignet, mit einem großen Spektrum transnationaler Probleme effektiv umzugehen und zugleich mehr Legitimität und Interessenkonvergenz zu erzeugen als eine globale Sicherheitsbehörde mit Mehrzweckcharakter oder ein ganzes Bündel globaler Behörden? Und wie könnten diese Architekturen zustande kommen?

Die implizite These ist, dass ein Semi-Imperium unter Druck stehen wird, legitimer zu werden und die Interessen von mehr Menschen zu mobilisieren (mehr Macht teilen, Unipolarität abbauen, »demokratischer« werden). Das heißt, das Süße mag zwar nicht aus dem Starken kommen, aber vielleicht wird alles doch etwas weniger bitter. Das ist nicht bloß ein Ausdruck von Optimismus. Denn, um mich zu wiederholen, historisch gesehen ist es seit dem Aufkommen der Breitenbildung und der Entwicklung von Massenmedien zunehmend schwieriger geworden, die Menschen von der Politik auszuschließen. Ganze Imperien sind aufgelöst worden, und in vielen Gegenden der Welt hat es unzählige Bewegungen gegeben, um weniger autoritäre Regierungen zu erstreiten. In den zurückliegenden Epochen haben sich Nationen, die anfänglich durch die Machtausübung eines Staates gebildet wurden, schließlich demokratisiert. Wie das 19. Jahrhundert zeigt, ist militärische Stärke für die Bildung moderner Nationen entscheidend gewesen. Der moderne deutsche Staat wurde zum Beispiel durch drei militärische Konflikte geschaffen, den Österreichisch-Preußischen Krieg gegen Dänemark 1864, den Deutschen Krieg 1866 und den Deutsch-Französischen Krieg 1870/71. Die italienischen »Einigungskriege« bestanden in mehr als einem Dutzend bewaffneter Konflikte, die sich in einem Zeitraum von über einem Jahrzehnt abspielten. Die Vereinigten Staaten, deren Zusammenhalt ein Bürgerkrieg gewaltsam erzwang, wurden mit Hilfe vieler Maßnahmen erst in den 1870er Jahren *eine* Gesellschaft.[25]

In allen diesen Ländern folgten unterschiedliche Grade der Demokratisierung, die manchmal ein direktes Resultat der Einigungskriege waren (z. B. die Sklavenbefreiung), während in anderen Fällen soziale Bewegungen dazu nötig waren. In den Vereinigten Staaten dauerte es recht lange, bis Frauen das Wahlrecht erlangten und bis den Afroamerikanern das Wahlrecht de jure und de facto verliehen wurde – aber in allen Fällen wurde die Demokratisierung schließlich erreicht. Ich will damit nicht den Einsatz von Gewalt verteidigen, der bezweckt, ein Land oder eine Weltgemeinschaft zu formen, sondern ich will damit verdeutlichen, dass der Einsatz von Gewalt nicht notwendig bedeutet, dass ein daraus hervorgehendes Gemeinwesen langfristig betrachtet autoritär oder totalitär sein wird.

All das soll keineswegs nahelegen, dass die Demokratisierung irgendeines Landes und gewiss nicht die Demokratisierung irgendeiner globalen Organisation jemals so gut wie abgeschlossen ist oder dass die Machtunterschiede verschwunden sind. Ich möchte lediglich sagen, dass dann, wenn Imperien gebildet werden, im Laufe der Zeit Druck erzeugt wird, der sie weniger hierarchisch sein lässt und stärker rechenschaftspflichtig macht, und dass sie zerstört werden, wenn sie auf diesen Druck nur langsam reagieren. Bislang bestand der wesentliche Unterschied darin, wie schnell und wie stark die Imperien reagierten und wie lange sie dementsprechend ihre Dominanz aufrechterhalten konnten. Keines schuf eine Gemeinschaft, obwohl der Britische Commonwealth dies versuchte. Doch diese Imperien existierten alle noch in dem Zeitalter vor der Massenpolitik. Angesichts der heutigen, beschleunigten Politik haben Imperien, die sich nicht anpassen, wahrscheinlich eine sehr viel kürzere Lebensspanne als die vorhergehenden.

Tatsächlich ist das amerikanische Semi-Imperium bereits dabei, sich überzubeanspruchen und sich umzugestalten.

Die Krönung umfasst zwei miteinander verbundene Funktionen: erstens den Bedarf an einem Organ, das dabei hilft, die Arbeit der transnationalen Behörden zu legitimieren, speziell in allen Angelegenheiten, in denen ihr Handeln nicht von einem Nationalstaat kontrolliert wird und auch nicht einem solchen verantwortlich ist (ich nehme an, dass Nationen nach dem neuen Entwurf nicht verschwinden werden, sondern dem neuen System eingeordnet werden); und zweitens den Bedarf an transnationalen Institutionen, in denen Interessenunterschiede auf eine Weise verarbeitet werden können, die der Form, wie sie in nationalen gesetzgebenden Körperschaften und Kabinetten verarbeitet werden, funktional äquivalent ist – auch wenn der Bereich der behandlungsbedürftigen Themen wesentlich schmaler ist als die Themenbereiche, die auf der nationalen Ebene zu bearbeiten sind. Das heißt, es gibt einen Bedarf an einem oder mehr Organen, in denen eine umfassende Konvergenz der Interessen erzeugt werden kann. Diese Konvergenz wird mit bekannten politischen Kunstgriffen wie Kuhhandel (sich auf halbem Wege einigen) und Kompromissen erreicht. Sie setzt eine Körperschaft voraus, in der eine derartige Arbeit durch gemeinsame Verfahren, Normen, Tradition und Gegenseitigkeit des Interesses erleichtert werden kann. Oft findet eine solche Art von Arbeit in den Parlamenten und Kabinetten statt. (In denen, die, wenn nicht gut, so doch ausreichend funktionieren, sollte ich dazusagen, denn in manchen Ländern ist die Legislative dermaßen festgefahren und das Kabinett so tief gespalten, dass sie kaum ein gutes Modell für die Erarbeitung von Interessenkonvergenz abgeben.)

Eine solche Krönung setzt ein gewisses Maß an parallel laufender Konsensentwicklung in der Öffentlichkeit voraus, die wiederum ein Teilen von Werten und die Entwicklung einer vorgestellten transnationalen Gemeinschaft nach sich zieht, das heißt Gemeinschaftsbildung. Andernfalls wird sich die Etablierung eines Primats des Humanen immer weiter verflüchtigen.

Unter den Sozialwissenschaftlern gibt es große Meinungsverschiedenheiten darüber, wie nationale Gemeinwesen funktionieren. Manche sehen sie als das Zusammenkommen besonderer Interessengruppen, die ihnen nützliche politische Strategien erarbeiten. Die Legislative – und allgemeiner die Regierung – dient dabei wie eine Zentrale. Die Regelungen sind freiwillig, und grundsätzlich ist keine Gemeinsamkeit von Werten und affektiven Bindungen erforderlich. Dieses Modell passt gut auf das vorhandene zwischenstaatliche System, weil im Prinzip nichts dagegenspricht, dass die Verbindung von Interessen, die nötig ist, um eine globale Strategie schaffen zu können, in diesem System nicht erarbeitet werden kann.

Im Gegensatz dazu beruht meine Analyse auf dem durkheimianischen Modell (aus Gründen, die in diesem Band weder untersucht werden können noch müssen), das davon ausgeht, dass die kollektive Entscheidungsfindung oft damit verbunden ist, verschiedenen Mitgliedern des Kollektivs Opfer für das Gemeinwohl aufzuerlegen. Wenn diese Opfer nicht durch gemeinsame Werte und Bindungen gestützt sind, werden sie nicht als legitim behandelt werden, und man wird sie daher entweder durch Zwang erwirken müssen, oder man wird sie nicht durchsetzen. Daraus folgt, dass neue krönende Entitäten einige durkheimianische Qualitäten besitzen müssen, um ganze Gruppen von Nationen einzubinden: ein gewisses Maß geteilter Werte und Bindungen, ein gewisses Maß an Verpflichtung und Loyalität.

Den meisten Menschen, besonders aber Geisteswissenschaftlern und Fachleuten, erscheint die Möglichkeit eines Weltparlaments (oder allgemeiner eine Weltregierung) und einer Weltgemeinschaft mit solchen durkheimianischen Qualitäten nahezu undenkbar. Deshalb ist die Unmöglichkeit, diese globalen Regierungsorgane zu entwickeln, lange Zeit für mehr oder weniger selbstverständlich gehalten worden. Die starke Überzeugung, dass es äußerst unwahrscheinlich ist, derartige Institutionen zu realisieren, gründet sich auf Erfahrung, da Jahrhunderte großartiger Pläne, Weltregierungen zu bilden,[25] um weltweit Frieden, Recht und Ordnung oder soziale Gerechtigkeit zu garantieren, nichts als Enttäuschung eingebracht haben. In den letzten Jahrzehnten haben sich deshalb praktisch alle seriösen Werke über internationale Beziehungen auf jede erdenkliche internationale Architektur konzentriert, nur nicht auf eine, die an ein globales Gemeinwesen erinnert, insbesondere nicht an eines, das multifunktional wäre.[27]

In dem gleichen Zeitraum haben aber drei größere Entwicklungen stattgefunden, die nahelegen, dass es an der Zeit ist, die Situation neu zu prüfen:

1. Die Nationalstaaten und das auf ihnen beruhende alte System haben sich in ihrer Fähigkeit, die transnationalen Probleme zu bewältigen, als noch unzulänglicher erwiesen.
2. Neue technische Entwicklungen haben das Potential weltweiter Kommunikation und abgestimmten Handelns und damit Regierungshandelns immens gesteigert.
3. Wie schon länger argumentiert wurde, könnte sich die Welt vereinen, wenn sie sich mit einer globalen Gefahr konfrontiert sähe, einer Gefahr, wie sie ein massiver Terrorismus und Massenvernichtungswaffen unzweifelhaft darstellen.

So sind merkwürdigerweise gerade während es die Theorie internationaler Beziehungen zunehmend für selbstverständlich genommen hat, dass selbst dünne Formen einer Weltregierung und Weltgemeinschaft utopisch sind, Bedingungen entstanden, die eine Bewegung in diese Richtung weniger unvorstellbar erscheinen lassen. Das gilt besonders dann, wenn man wie ich annimmt, dass eine derartige globale Nation einzigartige Charakteristika haben wird, anstatt bloß sämtliche Charakteristika des Nationalstaats in einem größeren Rahmen zu verdoppeln, dass es sich also um eine globale Architektur sui generis handeln wird.

Ich gehe als Nächstes daran, andere Bausteine in Ergänzung zu dem alten System zu untersuchen und globale Behörden unter die Lupe zu nehmen, darunter auch einige, die einen bestimmten Grad an Krönung herstellen könnten. Alle diese Körperschaften sind bereits errichtet worden, und obgleich sie sich noch in den Frühphasen der Entwicklung befinden, gewinnen sie langsam an Einfluss und Legitimität. Der wesentliche Punkt, in dem sich ihre Entwicklung von dem unterscheidet, was sich die Visionäre vorgestellt haben, ist die Beschränkung des Zuständigkeitsbereichs, den die Körperschaften übernehmen, und die Beschränkung der von ihnen beanspruchten Amtsgewalt. Sie bilden sich allmählich schrittweise heraus, anstatt schlagartig als fertiges Gebilde Gestalt anzunehmen – wie beispielsweise der Völkerbund am Ende des Ersten Weltkriegs und die Vereinten Nationen am Ende des Zweiten Weltkriegs geschaffen wurden, oder wie sich die United Federalists das Zustandekommen einer Weltregierung vorzustellen pflegten. Im nächsten Kapitel werde ich die supranationalen Behörden erörtern, und in dem darauffolgenden Kapitel werde ich das Verhältnis dieser Bausteine zu dem untersuchen, was eine erheblich neu strukturierte UNO sein sollte.

Ich habe den Begriff »globale« oder »internationale Gemeinschaft« nun schon mehrere Male benutzt. Was diese Gemeinschaft angeht, bin ich derselben Meinung wie Kofi Annan, der erklärt hat, sie sei »kaum mehr als embryonal«.[28] Ihre Elemente sind jedoch dieselben wie die von viel robusteren Gemeinschaften: das Gefühl eines gemeinsamen Schicksals, eine moralische Kultur und eine ganze Reihe transnationaler kommunitaristischer Organe. Sie ist zwar soziologisch betrachtet ein Embryo, um Annans Metapher zu gebrauchen, aber einer, der wächst.

11. Supranationale Organe

Supranationale Organe sind größere Bausteine einer neuen globalen Architektur, ein Durchbruch in der Bildung postnationaler Einheiten. Sie sind, wie wir sehen werden, besonders wichtig für die Krönung. Diese Organe sind teilweise oder im Ganzen nach einem völlig anderen Satz von Prinzipien konstruiert als diejenigen des alten Systems und der transnationalen kommunitaristischen Organisationen. Nachdem ich sie definiert habe, werde ich mehrere existierende, wenn auch beschränkte supranationale Organe kurz vorstellen. Dann gehe ich darauf ein, ob eine intermediäre Ebene der Supranationalität stabilisiert werden kann, wobei ich speziell die erhellende Erfahrung mit dem am weitesten entwickelten supranationalen Organ, der Europäischen Union, berücksichtige. Die Analyse schließt mit einer Untersuchung von Fragen hinsichtlich der Demokratisierung globaler Organe, einem wichtigen Element der Krönung.

Definition der Supranationalität

Ich verwende den Begriff »Supranationalität«, um ein politisches Organ zu charakterisieren, das einige der Eigenschaften erworben hat, die normalerweise mit einer Nation assoziiert werden, so wie die politische Loyalität und die Befugnis der Entscheidungsfindung – die nicht auf einer Zusammenführung nationaler Entscheidungen basiert oder auf den Entscheidungen, die von Vertretern der Mitgliedsstaaten getroffen werden, sondern vielmehr auf solchen, die von den supranationalen Organen selbst getroffen werden. Es ist hilfreich, sich Supranationalität als einen Verbund mehrerer Elemente vorzustellen.

Wie ich bereits erwähnte, gehört zu diesen supranationalen Elementen eine Entscheidungsfindung, die von einem transnationalen Regierungsorgan vollzogen wird, das nicht aus Vertretern der Nationen zusammengesetzt ist – ein Organ, das seinen eigenen Regeln, Strategien und Werten folgt, anstatt von nationalen Regierungen »instruiert« zu werden. Damit eine Institution als supranational qualifiziert ist, müssen ihre Entscheidungen bedeutende Angelegenheiten betreffen, da alle internationalen Organisationen minder wichtige Entscheidungen selbst treffen können, die aber meist innerhalb der Grenzen und Schranken gefällt werden müssen, welche von den repräsentierten Regierungen vorgegeben wurden. Mit der weit größeren Befugnis, Entscheidungen nach eigenständigen Vorgaben zu treffen, können supranationale Organe mit viel größerer Beweglichkeit und Geschwindigkeit vorgehen als internationale Organisationen.

Ein weiteres Element der Supranationalität ist die Erwartung, dass sich die Nationen, welche diese Entitäten bilden, sowie deren Staatsbürger und Mitgliedseinheiten, einschließlich Firmen und Gewerkschaften, nach den Entscheidungen dieser supranationalen Körperschaften richten, ohne separate Beschlüsse von ihren jeweiligen nationalen Regierungen zu verlangen. Zusätzlich haben supranationale Körperschaften meist irgendeine wirksame Erzwingungsmacht, über die sie selbst verfügen, wie beispielsweise die Fähigkeit, korporativen Gruppen und Individuen in den Mitgliedsstaaten Geldstrafen direkt aufzuerlegen oder ihnen Unterlassungen zu befehlen, anstatt die nationalen Regierungen mit Geldstrafen zu belegen oder die Regierungen aufzufordern, den korporativen Gruppen in dem jeweiligen Staat die Zügel anzulegen. Das heißt, supranationale Organe haben mehr Macht als Netzwerke oder transnationale kommunitaristische Gruppen. Oder anders ausgedrückt, die Supranationalität unterstellt eine gewisse Preisgabe von Souveränität aufseiten der Mitgliedsnationen.

Monofunktionale Supranationale Institutionen

Einschlägige Beispiele für supranationale Institutionen sind der Internationale Strafgerichtshof für das ehemalige Jugoslawien in Den Haag, der Internationale Strafgerichtshof für Ruanda in Arusha und, überaus wichtig, der jüngst etablierte ständige Internationale Strafgerichtshof (ICC). Die Richter all dieser Gerichte werden von der Generalversammlung der Vereinten Nationen gewählt. Einmal gewählt, sind sie keinem Nationalstaat und keiner zwischenstaatlichen Organisation rechenschaftspflichtig. (Ich deute damit nicht an, dass das Gericht völlig neutral ist; es mag westliche Werte und Einflüsse oder die anderer demokratischer Gesellschaften ausdrücken. Supranational zu sein bedeutet nicht, kein normatives oder politisches Profil aufzuweisen; es bedeutet vielmehr, kein Profil zu haben, das an die besonderen Werte und Instruktionen der beteiligten Nationen gebunden ist.)[1] Die Entscheidungen dieser Gerichte stützen sich nicht auf besondere oder allgemeine Instruktionen einzelner Nationen, sondern gründen sich auf internationales Recht.[2] Eine Billigung durch einzelne Nationen ist nicht erforderlich. Außerdem haben diese Gerichte Vollstreckungsbefugnisse, darunter auch die Möglichkeit, diejenigen zu inhaftieren, die wegen Verbrechen gegen die Menschlichkeit verurteilt sind.[3] Zumindest in der Theorie sind diese Befugnisse gegeben, weil alle Unterzeichner des Vertrags, die den ICC errichtet haben – die meisten Nationen –, sich dazu verpflichtet haben, dessen Urteile zu vollziehen.

Manche Wissenschaftler beschreiben die Welthandelsorganisation (WTO) als eine supranationale Körperschaft. Alec

Stone Sweet zum Beispiel schließt seine Untersuchung der WTO mit der Feststellung: »Allgemeiner gesagt, kann man die Auffassung vertreten, dass die WTO eine supranationale konstitutionelle Regierungsform ist und dass der SAB [ständiger Appellationsausschuss] nichts anderes ist als ein [supranationales] konstitutionelles Gericht [...] Die Funktion des SAB [...] ist die Auslegung und Anwendung feststehender Bezugsnormen. Diese Normen sind supranational, und sie haben in jedem Konflikt Vorrang vor nationalen Normen.«[4]

Andere sehen die WTO nur teilweise als supranational, weil sie meinen, dass sie oftmals so handelt wie eine traditionelle zwischenstaatliche Organisation. Mary L. Volcansek argumentiert zum Beispiel, die gerichtliche Struktur der WTO habe nur einige charakteristische Eigenschaften eines supranationalen Gerichts.[5] Sie kommt zu dem Schluss, dass sie »an den Rändern« der Supranationalität angesiedelt ist.[6] Außerdem sind der General Council und die Ministerialkonferenzen der WTO weniger supranational als die gerichtlichen Organe der WTO, weil die Ersteren aus Vertretern der Nationen zusammengesetzt sind. Dennoch sind diese Gremien insoweit supranational, als ihre Entscheidungen für die nationalen Regierungen bindend sind.

Viele beschreiben die ICANN (die Internet Corporation for Assigned Names and Numbers) als eine supranationale Körperschaft und sind der Meinung, dass sie bei der Regulierung des Internets in vorab spezifizierten Angelegenheiten recht effektiv gewesen ist.[7] Transnationale Wirtschaftsverbände wie die Internationale Handelskammer sind insofern in gewissem Grade supranational, als die Handelsvorschriften, die sie formulieren, und die Schlichtung, die sie in Handelskonflikten anbieten, von der Industrie zwar freiwillig angenommen werden, durch internationale Gesetze oder Normen aber gewissermaßen amtlich geworden sind.[8] Die supranationalen Behörden der EU hingegen sind multifunktional und verfügen über mehr Macht, als irgendeine der bislang erwähnten Körperschaften. Sie verdienen also eine eigene Behandlung, die ich alsbald anschließe.

Man kann diese monofunktionalen supranationalen Körperschaften auf zwei grundlegende Weisen betrachten. Eine Betrachtungsweise sieht sie als eigenständige Versuche, das alte System zu ergänzen. Sieht man sie in dieser Weise, stellt sich die Frage ihrer Legitimität, und zwar hauptsächlich deswegen, weil sie niemandem verantwortlich sind. In dem Umfang, wie sie supranational sind, sind sie den nationalen Vertretern (und folglich deren Parlamenten und Wählerschaften) per definitionem nicht verantwortlich, doch es gibt auch keine supranationale Wählerschaft, die sie zur Rechenschaft ziehen könnte.[9] Überdies sind diese Körperschaften eine direkte Herausforderung für die nationale Souveränität und die Demokratie auf der nationalen Ebene. Schließlich mangelt es ihnen an Krönung, die aber für ihre Legitimation und für die Herstellung einer Interessenkonvergenz wesentlich ist.

Eine andere Betrachtungsweise sieht diese supranationalen Organe als lediglich vorübergehend nicht rechenschaftspflichtig an, erwartet aber, dass diese Organe (und vergleichbare) gegenüber so etwas wie einer globalen Legislative, beispielsweise einer massiv umstrukturierten UNO, verantwortlich werden, sobald eine neue globale Architektur errichtet worden ist.

Die außerordentlichen Voraussetzungen vollständiger Supranationalität

An dieser Stelle lässt sich die Frage, ob es eine echte Weltregierung geben könnte, nicht vermeiden. Im Licht der neuen globalen Bedingungen ist die Tatsache, dass alle Versuche früherer Generationen in dieser Richtung nichts fruchteten, kein Grund, die Frage nicht noch einmal zu erwägen. Der Umstand, dass solche Überlegungen in der Vergangenheit von einer Aura der Tagträumerei umgeben waren, sollte uns nicht daran hindern, angesichts der drängenden globalen Probleme und der unzulänglichen Antworten seitens der staatlichen und nichtstaatlichen Akteure darauf, eine seriöse Analyse anzustellen. Und selbst wenn die Bildung einer Weltgemeinschaft ein Luftschloss ist, könnten sich nicht mehrere Nationen zu einer vollständigen Einheit zusammenfinden und die Vereinigten Staaten von Europa oder eine Lateinamerikanische Gemeinschaft bilden? Solche regionalen Supranationalitäten würden die Behandlung regionaler und sogar globaler Probleme beträchtlich verbessern.

Die nachfolgende Analyse der Vorbedingungen für Supranationalität stützt sich auf meine Untersuchung von vier Versuchen, Nationen in supranationale Regierungsformen einzubinden (der Nordische Rat, die Karibische Föderation [Westindische Föderation], die Vereinigte Arabische Republik und die Europäische Union)[10] sowie andere Fallstudien und Analysen. Um es kurz zu machen, ich fand heraus, dass die Einrichtung ausgereifter supranationaler Zusammenschlüsse (die Kombination aus einer supranationalen Regierung und einer Gemeinschaft) drei Kompetenzen auf der supranationalen Ebene erfordert:

1. Die legitime Kontrolle der Gewaltmittel, welche diejenige der Mitgliedseinheiten übersteigen muss.
2. Die Fähigkeit, Ressourcen unter den Mitgliedseinheiten zu vergeben (unverzichtbar, um einen hohen Grad an Interessenkonvergenz zu erzeugen).
3. Die Fähigkeit, über politische Loyalitäten zu verfügen, die stärker sind als jene gegenüber den Mitgliedseinheiten (ein essentieller Teil der Gemeinschaftsbildung).

Diese drei Elemente sind in dem Sinne komplementär, als jedes von den beiden anderen profitiert und alle drei nötig sind, um eine stabile supranationale Union zu bilden.

Ein schwaches Erzwingungsvermögen oder eine kümmerliche Fähigkeit, Ressourcen zur Verfügung zu stellen, untergräbt die Loyalität, die wiederum die Fähigkeit zu erzwingen und umzuverteilen weiter beschränkt. Wenn die Entscheidungen supranationaler Körperschaften nicht vollstreckt werden können, ohne erst von den nationalen Regierungen gebilligt zu werden – wenn also ein supranationales Organ seine Strategien nicht unabhängig von den nationalen Regierungen umsetzen kann oder nicht über ausreichend Mittel verfügt, bedeutsame Ergebnisse zu erzielen, dann wird es nicht fähig sein, mit transnationalen Problemen sehr viel effektiver umzugehen als das alte System. Dasselbe gilt für die Loyalitäten; wenn die Menschen verschiedener Nationen regelmäßig für ihre Nation Partei ergreifen, wenn zwischen ihr und der supranationalen Körperschaft ein Konflikt aufkommt, dann wird das, was diese Körperschaft erreichen kann, gewaltig erschwert und ihre Stabilität untergraben.

Nach dieser Analyse ist für die Erlangung vollständiger Supranationalität nicht bloß ein Splitting der Souveränität erforderlich, sondern es ist auch nötig, dass die supranationale Schicht die eingebundenen nationalen Gebilde krönt. Im Falle eines Konfliktes zwischen den Schichten muss die supranationale Amtsgewalt die der Nationen überbieten können, allerdings nur bei solchen Angelegenheiten, die in ihren Zuständigkeitsbereich fallen. Meine Untersuchung von vier Unionsbildungen deutet darauf hin, dass eine voll ausgereifte supranationale Union die Form einer Art von Föderation annehmen muss, anstatt die Form einer Konföderation oder einer noch loser gefügten Form konstitutioneller Beziehungen.[11] Letztlich müssen die Verpflichtungen gegenüber der supranationalen Gemeinschaft über die Verpflichtungen hinausgehen, die gegenüber den nationalen Gemeinschaften der Mitgliedsstaaten bestehen.

Hinter den vorangegangenen Aussagen steht eine nicht geringe Zahl soziologischer Annahmen, die hier nicht zur Gänze ausbuchstabiert werden müssen. Im Grundsatz gehen sie davon aus, dass sich innergemeinschaftliche Prozesse tiefgreifend auf politische Loyalitäten auswirken.[12] Wenn Gemeinschaften eine Regierung für illegitim erachten oder wenn sie gegenüber anderen politischen Autoritäten loyal sind, die zu der fraglichen Regierung im Widerspruch stehen – sei es die Loyalität zu einer ausländischen Regierung, zu einer lokalen Regierungsebene oder zu irgendeiner anderen Körperschaft, etwa einer religiösen oder einer ideologischen (diese mögen so stark variieren wie die katholische Kirche und die ehemals von Moskau gesteuerte Kommunistische Internationale) –, wird die betreffende Regierung nicht in der Lage sein, die drei Kompetenzen zu beanspruchen, die eine supranationale Union benötigt. Kurz gesagt, es muss zwischen dem Bereich der politischen Gemeinschaft und dem der Regierung wesentliche Überlappungen geben, damit eine stabile supranationale Regierungsform zustande kommt.

Ein geringerer Grad an Bindung reichte in drei der vier Fälle, die ich untersucht habe, nicht aus, die trennenden Zentrifugalkräfte aufzuhalten. Seit dieser Studie sind weitere Beispiele hinzugekommen, die dieselbe Schlussfolgerung stützen. Die Sowjetunion kontrollierte lange Zeit die Gewaltmittel und die ökonomischen Ressourcen ihrer 15 Mitgliedsstaaten mit sehr viel mehr Stärke als irgendeine andere der untersuchten supranationalen Regierungen, aber sie vermochte es nicht, die Loyalität der Menschen in diesen Republiken für sich zu gewinnen. Diese fehlende Loyalität wurde zu einem wichtigen Grund, warum es die Republiken vorzogen, sich von der Sowjetunion loszusagen, als deren Regierung schwächer wurde.

Der Mangel an Loyalität war es auch, der Jugoslawien zerstörte, ungeachtet der Tatsache, dass die nationale Regierung sogar noch nach dem Tod von Marschal Josip Tito die Verfügungsgewalt über Militär, Polizei und Gerichte innehatte und eine beachtliche Fähigkeit besaß, Mittel umzuverteilen. Der Hauptgrund dafür, weshalb Quebec erwogen hatte, sich aus Kanada herauszulösen, war nicht Kanadas mangelnde Kontrolle über die Mittel der Gewaltausübung oder dessen Unfähigkeit, Ressourcen umzuverteilen, sondern der Umstand, dass das anglophon-dominierte Kanada bei vielen Menschen aus dem francophon-dominierten Quebec nicht genug Loyalität erzeugen konnte. So anspruchsvoll die Verlagerung der Loyalitäten nach oben auch ist, die wesentliche Folgerung meiner Untersuchung besteht darin, dass es unmöglich ist, *voll ausgereifte supranationale Zusammenschlüsse aufrechtzuerhalten, ohne wenigstens ein gewisses Maß an supranationaler Gemeinschaft zu bilden, anstatt bloß eine supranationale Regierung;* wobei eine ausgereifte supranationale Union wohl besser fähig wäre, mit Problemen fertig zu werden, als es Nationen einst waren.

Kurzum, das Hindernis, das aus dem Weg geschafft werden muss, um eine lebensfähige supranationale Körperschaft zu bilden, ist in der Tat sehr hoch. Hier schließt sich der Kreis. Die Diskussion begann mit dem Hinweis, dass wir die Frage nach der Gründung ausgereifter supranationaler Gemeinschaften nicht umgehen sollten, nur weil solche Ideen so visionär sind; sie endet mit der Bejahung, dass die Bildung solcher Gemeinschaften in der Tat sehr anspruchsvoll ist. Die Frage lautet folglich: Könnte weniger auch ausreichen?

Ernst B. Haas hatte in seinem 1968 veröffentlichten Buch *The Uniting of Europe* eine eng verwandte Thematik behandelt.[13] Haas fragte, wie eine supranationale Einheit in Europa zustande kommen könne. Wenn bestimmte Interessen – so seine Antwort – von der nationalen auf die regionale Ebene »gehoben« werden (was geschah, als die Europäische Kommission in Brüssel mit immer mehr »Sachfragen« zu tun hatte, die für unterschiedlichste Gruppen wie Bauern und Gewerkschaften von Interesse waren), dann würden Politik und Loyalitäten ebenfalls von der nationalen auf die regionale Ebene nach oben verlagert werden.[14] Haas' Ansatz wurde in den folgenden Jahrzehnten viel kritisiert.[15] Ich teilte seine Auffassung in meinem Buch aus dem Jahr 1965.[16] Jüngste Entwicklungen, speziell die intensive Suche der Europäischen Union nach einer neuen

Verfassung und nach Verbesserung der Supranationalität mit Hilfe des Plans, stärker auf das Mehrheitsprinzip zu setzen, als es bisher der Fall war, brachten wieder die Frage auf, ob Haas (und ich) auf dem rechten Weg waren. Während ich dies schreibe, ist das Urteil darüber immer noch nicht gesprochen.

Die Europäische Union als Testfall für halbe Supranationalität

Vorausgesetzt, die volle supranationale Integration von lediglich zwei Nationen, geschweige denn einer größeren Gruppe, kann nur mit Schwierigkeiten erreicht werden, und beschränkte Supranationalität ist bedauerlich unzureichend und überdies schwierig zu stabilisieren, dann müssen wir uns fragen: Kann das, was »halbe Integration« genannt werden könnte, ausreichen, um mit transnationalen Problemen fertig zu werden, und ist ein solcher Grad an Integration auf Dauer aufrechtzuerhalten? Ich definiere »halbe Integration« als etwas, das dann eintritt, wenn die beteiligten Nationen ihre Autonomie in einigen wichtigen Dimensionen ganz oder fast ganz behalten, während sie in anderen wichtigen Dimensionen einer supranationalen Körperschaft die volle oder fast vollständige Amtsgewalt übertragen.

Die Europäische Union stellt vom Gesichtspunkt der hier vorgetragenen These und für alle, die an der Entwicklung supranationaler Staaten interessiert sind, ein höchst aufschlussreiches Experiment dar. Während der ersten Jahrzehnte ihrer Existenz versuchte die Europäische Union hauptsächlich die Volkswirtschaften der Mitgliedsnationen zu integrieren, während die politische Unabhängigkeit jedes Landes gewahrt blieb.[17] Wenn eine solche halbe Integration stabilisiert werden könnte, wäre es vielleicht von Vorteil, die weit beschwerlichere Aufgabe, eine ausgereifte supranationale Europäische Union zu bilden, nicht auf sich zu nehmen.

Die Frage lautet, um es metaphorisch auszudrücken: Kann die Europäische Union als eine in der Entwicklung befindliche supranationale Behörde zwischen zwei Stufen stehen? Kann sie einen Integrationsgrad beibehalten, der zwischen einem niedrigen Integrationsgrad mit einigen wenigen Sektoren (z. B. Handel und kultureller Austausch) und der Vollunion, wie sie der Begriff »Vereinigte Staaten von Europa« beinhaltet, angesiedelt ist? Offenkundig können Nationen einen niedrigen Grad an Integration aufrechterhalten; in solchen begrenzten zwischennationalen Bündnissen, wie sie die skandinavischen Länder oder die Benelux-Staaten vor der Gründung der Europäischen Union miteinander eingingen, gibt es augenscheinlich keine inneren Widersprüche. Auch dann, wenn eine Gruppe von Nationen die Verschmelzung zu einer umfassenden Gemeinschaft zuwege bringt (wie die Kolonien, welche die Vereinigten Staaten bildeten, oder Städte und Regionalstaaten bei der Entstehung Deutschlands oder Italiens),[18] kann ein solch hoher Integrationsgrad zweifellos aufrechterhalten werden. Die Frage, auf die die Europäische Union eine Antwort finden muss, lautet, ob es möglich ist, mehrere wichtige Sektoren (insbesondere die mit dem freien Verkehr von Waren und Dienstleistungen, Kapital und Arbeit und der Finanzstrategie verknüpften Sektoren) supranational zu organisieren, die politische Integration hingegen auf einer niedrigen Stufe zu belassen.

So wie ich es sehe, lässt sich eine Integration auf halbem Wege nicht stabilisieren, und der Prozess einer volleren Integration muss eine offene und umfassende Konsensbildung beinhalten. Der wesentliche Grund, warum eine halbe, vornehmlich ökonomische Integration nicht aufrechtzuerhalten ist, liegt an den falschen Annahmen des libertären Modells. Die Gesellschaft setzt sich nicht aus Individuen zusammen, die ihr Vergnügen oder ihren Profit maximieren wollen, und die Gesellschaft wird nicht, wie es die Libertären suggerieren, auf natürliche Weise zu einem System hingezogen, das Einkommen und Reichtum dieser Individuen steigert, indem es die Zuteilung wirtschaftlicher Ressourcen rationalisiert. Und Märkte kontrollieren sich schon gar nicht selbst – von einer unsichtbaren Hand gelenkt. Die Menschen sind nicht bloß Händler und Verbraucher, sondern auch Staatsbürger, deren Selbstverständnis teilweise von ihrer Nationalität bestimmt ist. Wenn die ökonomische Integration, die ihren Brieftaschen nutzt, ihre nationale Identität bedroht, werden sich die Menschen dagegen sperren. (Der genaue Grad wirtschaftlicher Integration, bei dem eine nationalistische Opposition zu einer Stärke anwächst, die ausreicht, um die wirtschaftliche Integration zu untergraben, hängt von zahlreichen Faktoren ab, darunter auch davon, wie stark die nationale Identität zunächst einmal ist und wann die Menschen realisieren, dass höhere Stufen der wirtschaftlichen Integration die Fähigkeit ihrer Nation, nach eigenen Grundsätzen zu verfahren, in Frage stellen.)

Darüber hinaus kann eine halbe Integration – hohe wirtschaftliche Integration kombiniert mit geringer politischer Integration – nicht auf Dauer aufrechterhalten werden, weil die Märkte und, allgemeiner gesagt, die Volkswirtschaften keine unabhängigen Systeme sind, die über ihre eigene Dynamik verfügen. Sie sind vielmehr vollständig mit dem Gemeinwesen und mit der Gesellschaft verbunden, von der sie ein Teil sind. In freien Gesellschaften müssen überdies die wichtigsten ökonomischen Grundsatzentscheidungen in Übereinstimmung mit den Werten und dem politisch ausgehandelten Konsens einer Nation getroffen werden. Sonst wird die Entfremdung ein Niveau erreichen, das den Bestand der Regierung gefährdet. Dies geschah in Argentinien, der Türkei und Indonesien, als ihre Regierungen die Auflagen des Internationalen Währungsfonds einhielten, obwohl diese Auflagen den politischen Konsens und den Grundkonsens mit der Bevölkerung verlassen hatten.

Man könnte nun dagegen einwenden, dass die ökonomische Integration der Europäischen Union trotz diverser Verzögerungen und Rückschläge zu immer höheren Stufen fortgeschritten ist, und das auch mit wenig politischer Integration und noch weniger Ausbildung eines gemeinsamen Kredos und Gemeinschaftsgefühls. Die europäischen Gremien sind weitgehend zwischenstaatlich, nicht supranational. Der Ministerrat setzt sich aus nationalen Vertretern zusammen. Obwohl die transnationalen Parteien des Europäischen Parlaments in der Theorie gleichgesinnte Europäer im Hinblick auf europäische Fragen unter Absehung von Nationengrenzen vertreten, sind diese transnationalen Parteien in Wirklichkeit größtenteils Verbindungen nationaler Parteien. Man sagt ihnen nach, die Europawahlen für »unmittelbar heimische Zielsetzungen auszunutzen«, anstatt europaweite Plattformen zu fördern.[19] (Damit soll nicht abgestritten werden, dass diese transnationalen Parteien einige Fortschritte dabei gemacht haben, Parteien auf europäischer Ebene zu organisieren und sich auf die Struktur der Europäischen Union einzustellen.)[20] Obwohl das Europäische Parlament etwas mehr supranational sein mag als die Europäische Kommission und der Ministerrat, ist dessen Supranationalität nicht besonders ausgeprägt, und es ist das bei weitem schwächste der drei Gremien. Was die Gemeinschaftsbildung angeht, war es eine Zeitlang modisch, eine »europäische« Identität anstelle einer nationalen Identität für sich zu beanspruchen, gerade unter jungen Leuten, die manchmal als E-Generation bezeichnet wurden (speziell in Deutschland).[21] Die meisten Menschen identifizieren sich allerdings stärker mit ihrer eigenen Nation als mit Europa, und auch die Deutschen orientieren sich wieder mehr und nicht weniger an der Nation.[22] Gewiss, die Europäische Kommission bemüht sich, häufiger für Europa zu sprechen als für eine Kombination aus unterschiedlichen nationalen Interessen. Aber indem sie das tut, befeuert sie eine ständig größer werdende Opposition, anstatt Unterstützung zu erhalten.

Jüngst ist jedoch deutlich geworden, dass die supranationalen Strategien wegen der Anstrengungen, die pan-europäische

Wirtschaftsprogramme vielen Mitgliedern zumuten, ohne eine größere Übertragung politischer Macht und Bürgerloyalität von den Mitgliedsstaaten zur Europäischen Union und ohne stärkere Rechenschaftspflicht der EU-Kommission nicht durchzuhalten sein werden. Vor allem ist klar, dass die zwischenstaatliche Zusammensetzung, bei der jede Nation de facto das Vetorecht hat, für das hohe und steigende Volumen der EU-Transaktionen zu umständlich ist. Daraus ergibt sich die Notwendigkeit eines Mehrheitsprinzips – dem Kennzeichen für Supranationalität. Der Verfassungsvertrag von 2004 sollte zu solchen höheren Stufen der politischen Integration führen. Wenn diese und andere derartige Maßnahmen zur Verbesserung des politischen Systems und der Loyalität misslingen, wird die Europäische Union nicht in der Lage sein, auf ein hohes supranationales Niveau zu kommen. Nach meiner Vorhersage wird das Experiment EU zeigen, dass es unmöglich ist, zwischen zwei Stufen stehenzubleiben. Man muss sich entweder auf eine höhere oder eine niedrigere Stufe der Integration begeben, und ein höherer Integrationsgrad bedeutet Supranationalität. Das gilt, wie ich meine, nicht bloß für die Europäische Union.

Viele von denen, die sich mit der Entwicklung der Europäischen Union befassen, konzentrieren sich auf das sogenannte Demokratiedefizit. Es verweist auf die Tatsache, dass die Europäische Kommission, das heißt die Exekutive der Europäischen Union, niemandem wirklich verantwortlich ist, obwohl sie theoretisch – und in gewissem Umfang wirklich – dem Europäischen Parlament verantwortlich ist (sowie den nationalen Regierungen, die die Europäische Union bilden). Dieses Demokratiedefizit untergräbt nicht nur die Legitimität von »Brüssel«, sondern wirkt sich auch negativ auf die Vertiefung der Einigung aus. Es gibt allerdings noch ein ganz anderes Defizit, das nicht so häufig untersucht wird, und das ist das *Gemeinschaftsdefizit*. Ohne starke Bindungen zwischen den EU-Mitgliedern und starke Loyalitäten gegenüber der EU haben die Europäer wenig Bereitschaft gezeigt, größere Opfer von der Art zu bringen, wie sie Mitglieder einer nationalen Gemeinschaft füreinander bringen. Die Westdeutschen haben Hunderte Milliarden Dollar für den Aufbau Ostdeutschlands gezahlt – weil die früheren Ostdeutschen Mitglieder ihrer nationalen Gemeinschaft sind. Sie würden für andere nichts tun, was auch nur im Entferntesten an solche Beiträge heranreichen würde. Ebenso finden sich die Amerikaner regelmäßig mit der Tatsache ab, dass einige Staaten (besonders im Süden der USA) viel weniger Bundessteuern zahlen, gleichwohl aber mehr der ausgegebenen Gelder des Bundes erhalten als andere Staaten. Ganz gewiss würden Amerikaner solche Transferzahlungen nach Mexiko und Kanada nicht dulden, um entferntere Nationen gar nicht erst zu erwähnen.

Die Europäische Union steht vor einschneidenden Entscheidungen, da sie bestrebt ist, ihre Strategien in den Bereichen Wohlfahrt, Steuern, Immigration und Rechtsdurchsetzung zu harmonisieren. Sie wird entweder etwas tun, um das Gemeinschaftsdefizit insgesamt abzubauen, oder sie wird es Punkt für Punkt ausgleichen müssen. Dasselbe gilt für andere Gemeinschaften, die im Entstehen sind, und besonders für die schwache und lose globale Gemeinschaft. Wie wir noch sehen werden, gibt es ohne eine derartige Gemeinschaft kein »Selbst«, das nach einem demokratischen Ausdruck streben kann. Menschen sind in wichtigen Fragen selten gewillt, sich den Voten anderer zu beugen, die sie nicht für Mitglieder ihrer Gemeinschaft halten.[23] Damit das Demokratiedefizit verringert werden kann, muss das Gemeinschaftsdefizit abgebaut werden.

Erleichternde Faktoren. Eine bekannte Liste

Obwohl die Aufgabe beängstigend ist, supranationale Behörden auf einer regionalen oder sogar umfassenderen Ebene aufzubauen, erleichtern mehrere Entwicklungen solche Konstruktionen. Da diese oft geschildert worden sind, liste ich sie hier lediglich vollständigkeitshalber und aus Gründen der Ausgewogenheit noch einmal auf. Dazu gehören:

- Die Entwicklung des Englischen zu einer de facto Lingua Franca (annähernd 1,6 Milliarden Menschen, fast ein Drittel der Weltbevölkerung, verwenden das Englische in irgendeiner Form).[24]
- Das Aufkommen weltumspannender Kommunikationssysteme.
- Große Zuwächse beim internationalen Handel und Reiseverkehr.
- Die Entwicklung weltweiter Medien (z. B. CNN und BBC).
- Die Entwicklung transnationaler Institutionen und Normen im zivilen und rechtlichen Bereich als Teil der entstehenden globalen normativen Synthese. Alle diese Faktoren nehmen der Entwicklung einer globalen Behörde und Gemeinschaft etwas von ihrer Unglaubwürdigkeit.

Eine besondere Art der Subsidiarität

Die Anwendung des Subsidiaritätsprinzips kann die Bildung supranationaler Gemeinschaften erleichtern. Obwohl eine supranationale Gemeinschaft die schon beschriebenen drei Fähigkeiten einer krönenden Spitze besitzen muss (die Kontrolle über die Gewaltmittel, die Fähigkeit, Vermögen umzuverteilen und in ausgesuchten Bereichen über höhere Loyalität zu gebieten), muss sie über keine von ihnen vollständig verfügen können. Auf jedem dieser Gebiete kann sogar ein beträchtlicher Teil der Kontrolle den niederstufigen Entitäten überlassen bleiben, darunter den nationalen und lokalen Regierungen, Gemeinschaften und Freiwilligenverbänden. Supranationale Gemeinschaften können für eine Gruppe von Nationen den Kontext bereitstellen, aber sie müssen diese Staaten nicht ersetzen wollen oder deren Autonomie abschaffen. Dennoch verweist »Krönung« nicht auf jedwede Art von Subsidiarität und nicht auf jede Gewaltenteilung oder Funktionsteilung innerhalb eines Staats, sondern auf die Fähigkeit der umfassenderen Entität, in Konfliktfällen das letzte Wort zu behalten, gleichgültig wie viel Macht und Mittel an die kleineren Mitgliedseinheiten delegiert werden.

Die Vereinigten Staaten liefern ein einschlägiges Beispiel für diesen Punkt. Viele Befugnisse und Rechte sind aufgrund der Verfassung den Mitgliedsstaaten vorbehalten. Das Federal Bureau for Investigation (FBI) hat die lokale und einzelstaatliche Polizei nicht ersetzt, und das US-Militär nicht die Nationalgarde, die den einzelnen Staaten untersteht. In den seltenen Fällen, in denen nationale und lokale Prioritäten kollidieren, hat jedenfalls die Nation Vorrang.[25] Der in ausgewählten Angelegenheiten der Außenpolitik und Verteidigung und einigen weiteren Punkten geltende »Supremat« des Bundesstaates gegenüber den Gliedstaaten wurde nicht nur oft vor Gerichten geprüft, sondern auch während der Aufhebung der Rassentrennung an den Schulen in Little Rock, Arkansas, wo eine »krönende« Machtdemonstration nötig war, recht dramatisch in Frage gestellt (seit dem Bürgerkrieg). Außerdem ist wohlbekannt, dass die lokalen und staatlichen Gerichte zahlreiche strittige Fragen erledigen, doch die Instanz für die letzte Berufung ist das Oberste Gericht der USA (sowohl für Angelegenheiten, die das Bundesrecht betreffen, als auch für die Beziehungen zwischen Gliedstaat und Föderation). Es urteilt in Angelegenheiten, die Konflikte zwischen den fünfzig Staaten und der nationalen Regierung betreffen.

Obgleich in den Vereinigten Staaten und mehreren anderen Nationen Gliedstaaten, lokale Regierungen und Gemeinden einige Steuern selbst erheben können und die Einnahmen eigenen Präferenzen entsprechend verteilen können, sind Steuern, die von der nationalen Regierung erhoben und dann den Staaten, Orten und Gemeinden zugeteilt werden, eine wichtige

Einnahmequelle. Der Föderalstaat wahrt so seine Fähigkeit, Vorschriften zu erlassen, die sich auf die Verwendung dieser Gelder auswirken. Mit anderen Worten, er behält sich die föderale »Krönung« auf diesem Gebiet vor.

Die Loyalitäten sind ebenfalls zwischen den Gliedstaaten (oder Regionen wie dem Süden) und der Nation aufgeteilt. Wenn es jedoch in der Zeit nach dem Bürgerkrieg in politischen Angelegenheiten zur Zerreißprobe kam, überwogen die Verpflichtungen gegenüber der Nation zu Lasten der Verpflichtungen gegenüber Gliedstaaten und Regionen.

Darüber hinaus werden unzählige Angelegenheiten von nichtstaatlichen, nationenweit tätigen Organisationen behandelt, die Staatengrenzen in der Föderation überschreiten. Diese Gruppen umfassen viele Tausende, nicht vor Ort ansässige Gemeinschaften, ethnisch und rassisch begründete Gruppen sowie eine große Anzahl von freiwilligen Zusammenschlüssen. Doch diese sozialen Einheiten stehen wiederum im Kontext der Föderalregierung und der gesellschaftsweit geltenden Werte. Keine dieser Gruppen darf beispielsweise gegen die Verfassung verstoßen, die sowohl Ausdruck der letztgültig rechtlich krönenden Autorität als auch der geteilten Werte in der nationalen Gesellschaft ist. Die politische Architektur der USA beweist, dass die Schwierigkeiten, die mit der Bildung einer supranationalen Gemeinschaft verbunden sind, durch krönende Subsidiarität, einer Form des Föderalismus, erleichtert werden können.

Vom Vorteil, global zu sein

Warum sollte man erwarten, dass supranationale Körperschaften in der Lage sind, mit transnationalen Problemen erfolgreich umzugehen, die nationale Regierungen auf der nationalen Ebene nicht in den Griff bekommen konnten? Weil Drogendealer gutbetuchten und ausgeprägt transnationalen Organisationen angehören, haben die nationalen Regierungen zum Beispiel Schwierigkeiten damit gehabt, den Strom verbotener Substanzen über ihre Grenzen zu verhindern, zumindest dann, wenn sie nicht zu drastischen, undemokratischen Maßnahmen greifen wollten, wie sie von Singapur und Malaysia eingesetzt wurden. Wenn verschmutzte Luft von Land A in Land B strömt, gibt es oft nur wenig, was Land B dagegen tun kann. Wenn eine Nation (z. B. China) 10 Millionen zusätzlicher hochgradig luftverschmutzender Autos produziert, können andere Länder die Wirkung auf ihr Klima nicht verhindern. Wenn es in einem Land eine Kernschmelze gibt, wie in Tschernobyl, gibt es wenig, was andere Länder in Windrichtung tun können, um ihre Bürger zu schützen. Das Gleiche gilt für die meisten transnationalen Probleme.

Nationen können natürlich versuchen, Straftäter von ihren Vorhaben abzuhalten, indem sie Sanktionen verhängen, Anreize geben oder an das Gute in ihnen appellieren. Manchmal können solche Maßnahmen bei irgendwelchen Angelegenheiten nach vielem Hin und Her einen gewissen Erfolg haben. Wenn aber die Welt gehörig dabei vorankommen soll, das Primat des Humanen zu etablieren, müssen wir die ungeheure Lücke schließen, die sich zwischen dem auftut, was auf diese Weise erreicht wird, und dem, was nötig ist, um mit den anstehenden Problemen fertig zu werden. Erst wenn alle wesentlichen Ursachen der Malaise in der Reichweite des Abhilfe schaffenden Handelns liegen, kann man mit diesen Problemen richtig umgehen.

Unter einer globalen Behörde – sie mag auf Sicherheit beschränkt sein oder weitere Aufgaben übernehmen – wird keines dieser transnationalen Probleme verschwinden, aber sie werden leichter zu bewältigen sein, und zwar ohne dass nationale Regierungen oder die neue supranationale Behörde einen Cent mehr ausgeben oder einen zusätzlichen Polizisten einstellen müssen. Der wesentliche Grund dafür ist, dass die Systeme der Kontrolle effektiver werden, wenn sie jedermann einschließen. Um diesen Punkt zu verdeutlichen, ist es hilfreich, den Zigarettenhandel einmal näher zu betrachten. Dieses gedankliche Experiment lässt sich auf zahllose andere Fragen der öffentlichen Politik anwenden.

Als die Vereinigten Staaten versuchten, das Rauchen unpopulär zu machen, hoben mehrere Einzelstaaten die Steuern auf Zigaretten an, was ihnen aber wegen des Umstands, dass ihre Nachbarstaaten niedrigere Zigarettensteuern hatten, Probleme bereitete. Hätten alle fünfzig Staaten die Steuern auf das gleiche Niveau angehoben, hätte das die Durchsetzung der Steuer verbessert, obwohl Zigaretten immer noch von Mexiko hereingeschmuggelt werden könnten (wie sie bereits im großen Stil von den USA nach Kanada geschmuggelt werden, wo die Steuern noch höher sind).[26] Wenn jedoch eine nordamerikanische Organisation oder besser noch eine Organisation, die alle Nationen der westlichen Hemisphäre, am besten sogar alle Nationen weltweit umfasst, eine ähnlich hohe Besteuerung der Zigaretten vornehmen würde, wäre die Fähigkeit, diese Steuern ohne Ausbau von Polizeikontrollen einzunehmen, enorm verbessert. Sicher, das Problem der Steuerumgehung würde nicht verschwinden. Die Nationen würden sich in der Rigorosität der Rechtsdurchsetzung unterscheiden, und wenn die Steuern hoch wären, würde lokale Schmuggelware produziert werden. Die Fähigkeit, mit diesen und zahlreichen anderen Problemen fertigzuwerden, würde allerdings bedeutend gesteigert werden, wenn man regional oder, besser noch, weltweit angelegte Strategien entwickelt und umsetzt.

Bei weltweiter Durchsetzung gäbe es keinen Ort, der als Versteck dienen könnte, keinen Ort außerhalb der Reichweite der Regierung, wo Atombomben, Raketen, Unterseeboote und andere verbotene Waffen ungehindert gekauft und verkauft werden könnten; wo Fabriken legal und offen Strahlung verursachen oder sauren Regen produzieren könnten, der sich über Staatsgrenzen hinweg ausbreitet; wo Sexsklaven gehandelt werden können oder wo Steuerhinterzieher einen Zufluchtsort finden. Ich behaupte nicht, dass die Eindämmung nationaler und transnationaler Probleme einfach werden würde. Ich meine nur, dass unsere Fähigkeit, mit ihnen umzugehen, bedeutend verbessert werden würde.

Regionale Gemeinschaften als Bausteine

Von manchen wird die Ansicht vertreten, dass die Gründung supranationaler Handelsblöcke, die als Trittsteine zu regionalen Gemeinschaften gedient haben, die Bildung einer Weltgemeinschaft behindern wird. So wird zum Beispiel befürchtet, dass die Entwicklung regionaler Handelsblöcke den weltweiten Freihandel untergraben wird.[27] Dies könnte insbesondere dann geschehen, wenn regionale Gemeinschaften Antigemeinschaften sind, deren Funktion mehr durch einen Antagonismus gegenüber anderen Gemeinschaften bestimmt ist anstatt durch positive Identifikation und Zielsetzung. So nahm 2003 auf dem Höhepunkt des Konflikts zwischen den USA einerseits und Frankreich und Deutschland andererseits ein Gutteil der europäischen Rhetorik einen solchen »Anti«-Beigeschmack an; die öffentlichen Funktionsträger ergingen sich in zahlreichen Andeutungen. Da wurde zum Beispiel die Absicht geäußert, eine starke europäische Verteidigungstruppe aufzubauen, damit man sich aus der Abhängigkeit von Amerika lösen könne und in der Lage sei, dem amerikanischen Einfluss in der Welt etwas entgegenzusetzen. Äußerungen dieser Gefühlslage waren jedoch eher eine Ausnahme von der Regel. Über lange Zeit existierten nicht mehr als banale Spannungen zwischen der Europäischen Union und Nordamerika, und es gibt keinen prinzipiellen Grund, warum Regionen nicht ebenso zivil miteinander umgehen können sollten, wie es Nationen tun – schließlich ist das keine besonders hohe Hürde. So hat das Wachstum der Europäischen Union zwar einige kleinere Spannungen verursacht, doch für die Vereinten Nationen oder für die USA entstanden keine ernsthaften Schwierigkeiten, was die Geschäftsbeziehungen zu anderen weltweiten Organisationen angeht. Dasselbe gilt für den Mercosur, einen Handelsblock aus sechs südamerikanischen Nationen, und seine Geschäfte mit anderen Blöcken und für den Zusammenschluss südostasiatischer Nationen. Tatsächlich scheint das Gegenteil der Fall zu sein. Anstatt in Fragen wie der Verringerung von Agrarsubventionen mit fünfzehn europäischen Ländern verhandeln zu müssen (bald mit 27), wird es anderen Ländern und regionalen Zusammenschlüssen möglich sein, gerade mal mit einem Repräsentanten zu verhandeln.

An der Art und Weise, wie die Vereinigten Staaten als eine Supermacht die regionalen Körperschaften im Allgemeinen (und die Europäische Union im Besonderen) behandeln, zeigt sich, welche globale Architektur die USA fördern möchten. Falls es ihre Absicht ist, ein Semi-Imperium beizubehalten, das von *einer* Nation geleitet und regiert wird und in dem alle anderen Akteure so schwach wie möglich gehalten werden, ist es verlockend, eine Kolonialpolitik des »teile und herrsche« zu betreiben, wie sie von vielen, wenn nicht allen imperialen Mächten praktiziert wurde. (In diesem Fall könnte es genauer sein, von »teile und kontrolliere« zu sprechen.) Wenn den USA aber daran liegt, die Bildung einer globalen Gemeinschaft voranzubringen, weil sie der Annahme folgt, dass sie sich ungeachtet der Größe ihres Machtvorsprungs nicht auf lange Sicht über 200 Nationen hinwegsetzen kann, dann sollten die USA die meisten regionalen Gemeinschaftsbildungen begünstigen.

Außerdem sind, um es noch einmal zu wiederholen, zahlreiche Probleme von der Bekämpfung des Terrorismus bis zur Verhinderung eines Genozids einfacher zu bewältigen, wenn man mit einer Handvoll regionaler Organisationen zusammenarbeitet als mit Dutzenden von Nationen. Diese regionalen Organisationen können sich um manche Angelegenheiten intern kümmern und können die Zusammenarbeit vereinfachen, weil es weniger Interessen gibt, für die ein Konvergenzpunkt gefunden werden muss. Kurz gesagt, die Regionalisierung erleichtert das internationale Vorgehen bei der Behandlung transnationaler Probleme und macht es einfacher, sie zu bearbeiten.

Ich möchte nicht bestreiten, dass eine derartige Orientierung auf Gemeinschaftsbildung einige kurzfristig anfallende Kosten verursachen kann. Die Vereinigten Staaten müssen eventuell ihre nächste militärische Intervention, einen anderen Irak, aufschieben oder irgendwelche anderen Zugeständnisse machen (die annehmbar sind, solange diese Opfer keine vitalen Interessen berühren, was keine Nation und erst recht keine Supermacht zulassen würde). Aber angenommen, der grundlegende Vorzug der Gemeinschaftsbildung wird sichtbar, dann handelt es sich um Kosten, die es wert sind.

Eine Welt, die durch ungefähr ein Dutzend Regionen organisiert ist, die nach wie vor halb-unabhängige Nationen umfassen, bietet erhebliche Vorteile anstelle von 200 einzeln auftretenden Nationen. Um einen der Vorteile zu beleuchten, braucht man nur eine sozialwissenschaftliche Beobachtung zu wiederholen: Wenn man es mit einer großen Zahl Menschen zu tun hat, ist es nützlich, die Menge in Untergruppen aufzuteilen. Das ermöglicht jeder Untergruppe, einen internen Konsens zu bilden und dann einen Vertreter auf die nächste Stufe zu entsenden, auf der ein umfassender Konsens unter den Vertretern ausgearbeitet wird (das ist der Vorzug der repräsentativen gegenüber der direkten Demokratie).

Will man diesen Punkt näher verdeutlichen, stelle man sich 200 Menschen in einem Raum vor (eine um vieles einfachere Situation als eine Konstellation mit Vertretern von 200 Nationen), denen man die Aufgabe vorsetzt, sie sollten sich in irgendeiner Angelegenheit von beträchtlicher Komplexität einigen, bei der sie ein starkes persönliches oder emotionales Interesse oder beides hegen. Sie würden Schwierigkeiten haben, zu einem Konsens zu gelangen. Die Konsensbildung würde viel einfacher werden, wenn die Beteiligten stattdessen in etwa zehn kleinere Gruppen mit jeweils zwanzig Mitgliedern aufgeteilt würden. Nachdem jede Kleingruppe einen Konsens erarbeitet hat und anschließend eine Vertreterin auf die nächste Stufe entsandt hat, würde man bei einer viel besser manövrierfähigen Gruppe aus zehn Vertretern ankommen. (Damit die zweistufige – oder je nach Beteiligtenzahl mehrstufige – Konsensbildung funktionieren kann, muss jede Gruppe ihrem Vertreter etwas Spielraum zugestehen, ein Punkt, den Edmund Burke im Hinblick auf gewählte Repräsentanten und Konsensherstellung in der Legislative zu bedenken gab.) Auch die endgültige Beschlussfassung kann noch einmal Gegenstand einer annehmenden oder ablehnenden Abstimmung aller Mitglieder sein, um sicherzugehen, dass die Vertreter nicht allzu weit von ihren Instruktionen abgewichen sind. Die Analogie zur Konsensherstellung unter Nationen ist offensichtlich: Der Regionalismus könnte einen Konsens auf der transnationalen Ebene enorm erleichtern.

Es ist schwer vorstellbar, dass eine Weltgemeinschaft aus einer Bündnisbildung von ungefähr 200 Nationen hervorgehen könnte. Nach Jahren kompliziertester Verhandlungen könnte sicherlich sogar eine so große Anzahl von Nationen in der Lage sein, einige begrenzte, peinlich genau abgefasste, schwach durchgesetzte Einigungen zu erzielen. Wenn diese Nationen hingegen zuerst eine Reihe regionaler Körperschaften bilden würden – die Vereinigten Staaten von Europa, eine Union Lateinamerikanischer Staaten, eine Südostasiatische Union usw. –, dann wäre es einfacher für die regionalen Gemeinschaften, gemeinsame politische Programme zu entwickeln, und es würde die Herstellung einer umfassenderen Gemeinschaft ermöglichen, einer globalen Gemeinschaft der Gemeinschaften. Die Gründung der Europäischen Union beruht schließlich auf dem Zusammengehen zweier zuvor funktionierender regionaler Körperschaften (den inneren Sechs und den äußeren Sieben), die von bereits existierenden Verbindungen zwischen den Benelux-Ländern profitierten. Zudem ist gemeinhin anerkannt, dass der Süden und der Norden der Vereinigten Staaten vor dem Bürgerkrieg eher getrennte Gesellschaften darstellten und dass die amerikanische Gesellschaft im Wesentlichen erst nach den 1870er Jahren aus zwei regionalen »Blöcken« zusammenwuchs. Die Association of Southeast Asian Nations (ASEAN) wurde ebenfalls auf einem Sockel aus Ländern errichtet, die schon historische Verbindungen teilten. Später kamen andere Länder hinzu, die zur ASEAN plus drei wurden.[28] In Lateinamerika fördert der Mercosur die wirtschaftliche Zusammenarbeit, und die vergleichbare ECOWAS vereint Länder in Westafrika mit gemeinsamen Bindungen. (Bislang sind alle drei Vereinigungen sehr viel schwächer als die Europäische Union.)

Elemente einer derartigen zweistufigen Zusammenführung existieren bereits bei der Weltbank. Anstatt fast 200 Vertreter miteinander verhandeln zu lassen, arbeiten bei vielen Sachthemen die Vertreter von Nationengruppen an einer Frage. So haben manche Länder in der Weltbank ihren eigenen »geschäftsführenden Direktor« (aus der Bank), während andere Direktoren stellvertretend für ganze Gruppen wie den Nahen Osten und Zentralamerika auftreten. Daher gibt es insgesamt 24 geschäftsführende Direktoren und nicht 200.[29]

Wenn wir die regionalen Bausteine als Ansatz zu einer globalen Gemeinschaft akzeptieren, anstatt hastig den Sprung von den vielen zu dem einen zu vollziehen, ist es möglich, sich die Gründung einer zusätzlichen supranationalen Ebene vorzustellen (zum Beispiel Nord- und Südamerika oder die Vereinigten Staaten und die Europäische Union in Form einer wiederbelebten Atlantischen Allianz). Auf diese Weise könnte der Weg zu einer globalen Nation um ein Vielfaches einfacher werden.

12. Eine globale Regierung *und* Gemeinschaft?

Der Weg zu einer globalen Gemeinschaft

Vielleicht ist es möglich, sich so etwas wie eine de facto globale Regierung vorzustellen, die in ihrer Zuständigkeit und ihrer Amtsgewalt begrenzt ist, gleichsam ein Spross des Semi-Imperiums. Doch die Idee, wir könnten eine globale Gemeinschaft haben, ist eine echte Herausforderung für unsere Vorstellungskraft. Gemeinschaft wird häufig mit lokal angesiedelten sozialen Einheiten assoziiert, in denen sich die Mitglieder persönlich kennen. Zudem wird angenommen, dass die Menschen untereinander Bindungen ausbilden und eine moralische Kultur teilen müssen, damit die informelle soziale Kontrolle funktionieren kann, die wichtig ist, um soziale Ordnung zu begründen. Allerdings ist seit langem bekannt, dass Nationen einige Charakteristika einer Gemeinschaft annehmen können.[1] Aber was ist mit einem weltweiten »wir«? Sind nicht Gemeinschaften normalerweise dadurch definiert, dass sie sich von irgendwelchen anderen Menschen absondern? Kann es ein »wir« ohne ein »sie« geben?

Meine Antwort darauf ist, dass die neuen »sie« Massenvernichtungswaffen und Pandemien sind; sie eignen sich ausgezeichnet als Feinde der Menschheit. Wir haben schon länger sehen können, wie sich Menschen zusammenschließen, um außer Kontrolle geratene Flächenbrände oder Hochwasserkatastrophen zu bekämpfen, sie kämpfen nicht bloß gegen andere Menschen. Die Welt hat sich tragischerweise an Massenvernichtungswaffen gewöhnt, da sie selten eingesetzt wurden und weil die USA und die Sowjetunion in der Lage waren, Regeln und Strategien auszuarbeiten, mit denen die Gefahr einer atomaren Tragödie vermindert wurde. Die Angst vor Massenvernichtungswaffen und speziell Kernwaffen hat seit der Zeit, als die Menschen Schutzräume bauten und an Evakuierungsübungen teilnahmen, um sich vor der »Bombe« zu schützen, stark abgenommen.[2] Mittlerweile glauben unverbesserliche Optimisten, dass andere Länder mit weit weniger stabilen Regierungen fähig wären, das Gleiche zu tun. So wurde zum Beispiel der Vorschlag gemacht, man könne Nordkorea erlauben, sein Arsenal atomarer Waffen zu behalten und auszubauen, weil die ausgleichende Stärke amerikanischer, chinesischer und russischer Kernwaffen und anderer Nationen, die sie früher oder später erwerben, für ein Gegengewicht sorge.

Das ist eine gefährliche Denkweise, die an den Militärstrategen Herman Kahn erinnert und darauf hinausläuft, eine Welt mit atomar gerüsteten Mächten denkbar, anstatt unmöglich zu machen. Hier soll die Bemerkung genügen, dass sogar die vergleichsweise stabilen Vereinigten Staaten und die Sowjetunion bei mehreren Anlässen einem atomaren Weltuntergang sehr nahe kamen. Neuerdings zugänglich gemachte Dokumente enthüllen, dass Nikita Chruschtschows Drohungen, in Westberlin einzumarschieren, die Regierung Kennedy veranlasst hatten, einen atomaren Erstschlag gegen die UdSSR ernsthaft zu erwägen.[3] Die USA dachten auch daran, Atomwaffen in Vietnam einzusetzen.[4] Aus Angst, Israel könne überrollt werden, nachdem es die ersten Kämpfe im Oktoberkrieg von 1973 verloren hatte, ordnete der Verteidigungsminister Moshe Dayan an, die israelischen Raketen mit nuklearen Gefechtsköpfen zu bestücken.[5]

Noch gefährlicher ist, dass die Regierungen, die mittlerweile an der Entwicklung von Massenvernichtungswaffen arbeiten oder schon über sie verfügen, noch weit weniger verlässliche Weltbürger sind als die Vereinigten Staaten oder die Sowjetunion. Nordkoreas Herrscher Kim Jong Il gilt, freundlich ausgedrückt, als jemand, der nach einem anderen Trommler marschiert. Und es besteht immer die Gefahr, dass eines dieser Länder Massenvernichtungswaffen an einen Milliardär wie Osama Bin Laden oder andere Terroristen verkaufen wird. Kurz gesagt, Massenvernichtungswaffen haben in der Vergangenheit eine unmissverständliche und gegenwärtige Gefahr für alle und jeden dargestellt und tun das auch weiterhin.

Die Welt hat einen weiteren gemeinsamen Feind. Der Ausbruch von SARS im Jahr 2003 hat gezeigt, dass die Wendung »globales Dorf« viel mehr ist als ein Klischee. Wir können uns unschwer eine verhängnisvollere Krankheit vorstellen, die sich noch leichter verbreiten kann als SARS und für mehr Menschen tödlich ist. Ein gegen Antibiotika resistenter Bazillus, selbst ein Grippevirus, könnte eine solche Pandemie leicht auslösen. Abgesehen von den natürlich verursachten Pandemien könnten auch Terroristen eine Pandemie auslösen. Auf einen Anschlag mit Anthrax oder Botulinum-Giften sind wir schlecht vorbereitet; dergleichen Anschläge könnten aber ähnliche globale Katastrophen verursachen wie die Grippe von 1918, durch die weltweit mehr als 20 Millionen Menschen starben. Auch der HIV könnte sich verheerender auswirken, wenn ein stärkerer, mutierter Stamm aufträte.

Diese Szenarien teilen ein Merkmal. Die Menschen auf der Welt sind mit einer klaren und gegenwärtigen Gefahr konfrontiert, die ein planmäßiges Vorgehen dringend erfordert und der das alte System und seine veralteten Methoden nicht wirksam begegnen können. Der Ernst dieser Situation rechtfertigt ein globales Handeln, das ähnlich wie bei der Gründung einer Antiterror-Koalition in Reaktion auf den Terrorismus wahrscheinlich als legitim angesehen wird. Die Konvergenz der Interessen ist offensichtlich, und ein wichtiger Nebeneffekt einer solchen konzertierten Aktion wäre die Gemeinschaftsbildung.

Der von mir versuchte Durchgang durch die Stufen, die mit

dem Aufbau effektiver und legitimer globaler Behörden verbunden sind, soll unter anderem die Vorstellungskraft öffentlicher Intellektueller, von Spitzenpolitikern und Bürgern zugunsten des präventiven anstelle des reaktiven Handelns anregen. Nicht zuletzt kann ein Plan, der fertig in der Schublade liegt (und den man hervorholt, wenn eine Krise ausbricht), den Entscheidungsträgern helfen, wenn Panik oder Wut die Menschen auf sofortige Maßnahmen drängen lässt. Erfahrungen lassen darauf schließen, dass die Mobilisierungswirkungen von Katastrophen verpuffen, wenn keine durchdachten Pläne bereitliegen.

Es gibt ein paar Vorboten für die Entwicklung einer globalen Gemeinschaft, zu denen vermehrt Nationengrenzen überschreitende persönliche Bindungen gehören und ein rascher Anstieg der sogenannten transnationalen Staatsbürgerschaften: Menschen, die Pässe von mehr als einem Land besitzen, Menschen, die eine verschwommene nationale Identität haben, oder Menschen, die sich selbst für Weltbürger halten.[6] Vor allem aber führen die heute weltweit stattfindenden moralischen Dialoge, wie in der Erörterung der globalen normativen Synthese skizziert, bereits zur Ausbildung einiger globaler Normen und Werte und zu den Anfängen einer gemeinsamen politischen Kultur, die wichtige Bausteine für die Gemeinschaftsbildung sind, wie langsam und fern eine solche Entwicklung auch erscheinen mag.[7]

Gemeinschaften, das ist wichtig zu betonen, gibt es nicht im digitalen Wechsel – ein oder aus; sie existieren in unterschiedlichen Graden der Dichte. Der entstehende Konsens, wie dürftig er auch sein mag, kommt bereits in besonderen Einstellungen zum Ausdruck und nicht bloß in geteilten Allgemeinheiten. Beispiele für bestimmte Haltungen sind die gemeinsame Ablehnung von Landminen, Sexsklaven, Walfang, Elfenbeinhandel, der Umweltzerstörung und vielem mehr. Nicht jeder teilt solche Einstellungen, doch für die Werte in nationalen oder sogar lokalen Gemeinschaften gilt dasselbe: Nicht jeder hält sich an allgemein geteilte Werte, was aber eine unvermeidliche Wesensart menschlicher Natur ist. Dennoch gibt es einen breiten und dichter werdenden Konsens, der einige nichttriviale Folgen hat, wie sie im ersten Teil dieses Buches ausführlicher erläutert wurden.

Lawrence Lessig, kein blauäugiger Visionär, sondern ein großer Rechtswissenschaftler, schrieb jüngst: »Wir befinden uns heute bloß ein paar Jahre vor dem Moment, an dem Webster 1850 stand. Wir stehen kurz davor, sagen zu können, ›Ich spreche als ein Bürger der Welt‹, ohne dass ein normaler Mensch denkt, ›Was für ein Spinner.‹«[8] Es mag sein, dass er der Entwicklung voraus ist, aber das war Webster 1850 ebenfalls. Die Entwicklung der globalen Gemeinschaft hat vielleicht erst das Äquivalent zu Amerika im Jahr 1750 oder auch nur 1700 erreicht, als die Kolonien Teil eines Imperiums und noch nicht bereit waren, eine geeinte politische Gemeinschaft zu bilden, aber doch schon die gemeinschaftlichen Bindungen und mehrere Elemente einer gemeinsamen moralischen Kultur hatten.

In einer Zeit, die in Generationen statt in Jahren gemessen werden muss, kann ich mir eine Welt aus vielleicht zwanzig regionalen Gemeinschaften vorstellen, die wiederum zu einer kleineren Zahl supraregionaler Gemeinschaften gruppiert sind und von einer globalen Behörde und einer globalen Zivilgesellschaft gekrönt werden. Sie würde viele Merkmale einer Nation haben, die oft als eine Gemeinschaft definiert wird, die es sich in einem Staat eingerichtet hat. Das heißt, sie hätte nicht bloß die Befugnisse eines Staates, sondern auch einen Kern geteilter Werte, und sie würde über eine gewisse Loyalität der Weltbürger verfügen. Diese Charakteristika sind wesentlich, wenn das, was man eine globale Nation nennen könnte, fähig sein soll, Konflikte einzudämmen und Teilen der Bürgerschaft legitimerweise Lasten aufzuerlegen, die anderen zugutekommen.

Francis Fukuyama ist da anderer Ansicht:

»Manche Europäer glauben vielleicht, dass die stetige Akkumulation kleinerer internationaler Institutionen wie des ICC oder der verschiedenen Organisationen der Vereinten Nationen eines Tages zu etwas führen wird, was einer demokratischen Weltregierung gleicht. Aus meiner Sicht liegt die Chance, dass dies geschehen wird, so nahe bei Null, wie sie es im politischen Leben nur sein kann. Was man unter dem Aspekt der internationalen Institutionen praktisch wird aufbauen können, wird nicht legitim oder demokratisch sein, und was legitim und demokratisch sein wird, kann nicht aufgebaut werden. Wohl oder übel werden solche internationalen Institutionen, wie wir sie besitzen, Teillösungen sein müssen, die in einem Vakuum internationaler Legitimität oberhalb der Ebene des Nationalstaates existieren. Oder um es anders auszudrücken, was immer sie an Legitimität besitzen, wird man auf die ihnen zugrunde liegende Legitimität der Nationalstaaten und auf die von diesen ausgehandelte Vertragsverhältnisse gründen müssen.«[9]

Lassen wir die Leser und die Zukunft urteilen.

Ein globaler Staat in nationengleicher Gestalt oder als Entwurf sui generis?

Wie sollen die unterschiedlichen neuen globalen Behörden »gekrönt« werden, rechenschaftspflichtig gemacht werden, wie ihr Handeln legitimiert und die zugrunde liegenden Interessenunterschiede neutralisiert werden? Wenn solche Behörden nicht den Nationalstaaten verantwortlich sind, sondern über die Macht verfügen, unmittelbar im Namen ihrer Bürger zu handeln, wie können diese Stellen dann einer Aufsicht unterstellt werden und einer Aufsicht durch wen?

Das Denken zieht Sparsamkeit der Komplexität und übersichtliche Kompaktheit diffus geregelten Verhältnissen vor. Wenn man also das Bild der Regierung eines einheitlichen Staats für die Welt entwirft, ist das sehr verführerisch. Für diejenigen, die eine solche Vision unterhalten, wären die reformierten Vereinten Nationen das Weltparlament (mit zwei »Häusern«, nämlich einem neukonstituierten Sicherheitsrat und einer umstrukturierten Generalversammlung); das Sekretariat hätte die Funktion eines Kabinetts usw. Manchen schwebt sogar eine verfassunggebende Versammlung nach Art des Verfassungskonvents vor, durch den die Vereinigten Staaten begründet wurden, eine Versammlung, die auf globaler Ebene einberufen wird, um unter einer globalen Volksversammlung ein »bruchloses globales Rechtssystem« zu bilden.[10]

So wie ich es sehe, ist es wahrscheinlicher, dass eine neue globale Architektur aus mehreren verschiedenen Elementen zusammengeflickt werden wird, welche zumindest für die absehbare Zukunft keine völlig durchrationalisierte globale Regierung ausmachen werden. Wahrscheinlich ist auch, dass die neue Architektur weder aus einem von oben kommenden Ansatz (einer verfassunggebenden Versammlung) noch aus einem von unten kommenden Ansatz (als Ausdruck irgendeiner globalen sozialen Bewegung) hervorgehen wird, sondern vielmehr eine Kombination im Stil von Rube Goldberg darstellen wird, bei der verschiedene vorab existierende Teilstücke lernen, miteinander zu arbeiten.

In einem beschränkten, aber wichtigen Sinne wird die neue globale Struktur der Welt vor dem Westfälischen Frieden ähnlich sein, in der keine Autorität ein Herrschaftsmonopol über irgendein Territorium besaß; keine Macht hatte die volle Souveränität.[11] Es war eine Welt, in der alle, die Kirche, die Feudalherren und die Könige, einen legitimen und gültigen Anspruch auf einige Aspekte des Lebens stellten und das Verhältnis zueinander erst regeln mussten.[12] Ebenso würde in dieser neuen globalen Architektur – der Globalen Nation – eine radikal umgestaltete UNO für eine partielle Krönung sorgen, daneben aber auch diverse supranationale Körperschaften (der Internationale Strafgerichtshof z. B.) und Konferenzen der Leiter verschiedener globaler Behörden.

Hier können sich die Entwicklungen in der Europäischen Union als lehrreich erweisen. Am Aufbau ihrer diversen Gremien sind bereits mehrere Änderungen vorgenommen worden. Die Einzelheiten sind sehr verwickelt und unterliegen auch weiteren Veränderungen, die von den Verfassungsentwürfen abhängen, über die derzeit beraten wird und von denen schließlich einer angenommen und umgesetzt werden wird. (Regierungsformen weichen später oft deutlich von ihrer Ausgangsgestalt ab. In der amerikanischen Verfassung gibt es zum Beispiel keinen Verweis auf politische Parteien.) Nach einem Entwurf würden einige Entscheidungen entsprechend dem alten System nach wie vor von jeder nationalen Regierung selbst und von zwischenstaatlichen Gremien auf dem Verhandlungsweg getroffen (z. B. Justiz- und innere Angelegenheiten, insbesondere Immigration). Andere Fragen würden durch eine Struktur geregelt werden, in der jede Nation das Vetorecht hätte, weil Einstimmigkeit erforderlich wäre, obwohl Abstimmungen durchgeführt werden (z. B. wenn über eine EU-weite Körperschaftssteuer entschieden wird). Weitere politische Strategien würden so gebildet werden, als ob die Region mehr oder weniger eine demokratische Nation wäre, in der die Menschen Europas direkt abstimmen (ein oder zwei Präsidenten wählen z. B.) oder für Parteien ihrer Wahl stimmen würden (wie sie es beim Europäischen Parlament tun). Und mit einem Instrumentarium, das selten zuvor zur Anwendung kam und weder zum alten noch zum nationalen Modell passt, würden die EU-Mitgliedsnationen stärker an die Entscheidungen gebunden werden, die von einer Mehrheit der beteiligten *Nationen* getroffen werden – nicht mit Hilfe einer normalen Mehrheit, sondern einer gewichteten, die den Voten der kleineren Nationen mehr Gewicht gibt.

Ich will damit nicht sagen, dass das Modell der Europäischen Union (das sich selbst wandelt) die politische Struktur der entstehenden globalen Architektur sein wird oder dass es nicht verbessert werden könnte. Mein Beispiel soll lediglich veranschaulichen, wie ein supranationales System aus unterschiedlichen Elementen gebildet werden kann, ohne notwendigerweise irgendeinem bestimmten existierenden Muster zu folgen. Im Laufe der Zeit werden diese verschiedenen Körperschaften wahrscheinlich zu einer geschlosseneren und umfassenderen globalen Nation zusammenrücken. Die Präferenz für eine vollkommen durchrationalisierte Regierung sollte uns jedoch nicht übersehen lassen, was uns die komplizierteren neuen globalen Architekturen bieten können.

Was könnte in einem solchen globalen Entwurf enthalten sein? Ich liefere hierzu ein Bild, das sich aus all den Teilen zusammensetzt, die bisher eingeführt worden sind. Seine unterste Ebene werden die Nationalstaaten bilden, wobei deren Souveränität im Allgemeinen weniger heilig sein wird, weil sie in die regionalen Organisationen integriert sein werden. Er wird auch die üblichen, bunt gemischten zwischenstaatlichen (und zunehmend interregionalen) Gremien enthalten. Das heißt, die neue globale Architektur wird das alte System, das einem größeren Regionalismus angepasst ist, in sich enthalten.

Was immer das alte System an Problemen (oder Problemsegmenten) bearbeiten kann, wird vermutlich der intranationalen Verantwortung unterstellt werden, da die nationalen Vertreter ihren Regierungen berichten und von ihnen in den traditionellen Formen konstitutioneller Demokratien instruiert werden. Zugleich werden aber die regionalen Körperschaften (wie der Europäische Gerichtshof) und die supranationalen Körperschaften (wie der Internationale Strafgerichtshof) in wachsendem Maße beeinflussen, wie das alte System funktioniert. Um nur ein Beispiel zu geben: Als der Europäische Gerichtshof für Menschenrechte entschied, dass es nicht mit dem Recht vereinbar ist, Schwule vom Militärdienst auszuschließen, musste Großbritannien seine Innenpolitik in diesem Punkt ändern, um dem Urteil Folge zu leisten.[13]

Um die Nationen herum wird sich weiterhin eine vielfältige Struktur internationaler nichtstaatlicher Organisationen, informeller Netzwerke und sozialer Bewegungen – transnationaler kommunitaristischer Gruppen – entwickeln, die Elemente einer globalen Zivilgesellschaft sind, bei denen die Mitgliedschaft freiwillig ist. Das Handeln dieser Gruppen wird daher nicht demselben Grad an Rechenschaftspflichtigkeit unterworfen sein wie das einer Behörde mit staatlichen Befugnissen, obwohl sich ihr Handeln selbstverständlich in den Grenzen des Gesetzes bewegen muss.

Eine ganze Reihe globaler Behörden (oder eine globale Behörde mit vielfachen Funktionen und Abteilungen) wird eine wichtige neue Regierungsebene bilden, die dem alten System übergestülpt wird und es in einem erheblichen Umfang außer Kraft setzen oder ersetzen wird. Für die Verantwortlichkeit werden hier teilweise supranationale Gerichte sorgen, von denen der Internationale Strafgerichtshof (der selbst etwas umgestaltet werden müsste) ein Vorläufer ist. Diese Gerichte würden sich einerseits auf das entstehende internationale Recht stützen[14] und andererseits auf die Allgemeine Erklärung der Menschenrechte der Vereinten Nationen, die insbesondere dann, wenn sie um eine Erklärung der Pflichten erweitert wird, als wichtiges Element einer entstehenden globalen Verfassung dienen kann.

Wenn man dem EU-Modell in der einen oder anderen Weise folgen will, werden manche Angelegenheiten durch eine gewichtete Abstimmung von Vertretern der beteiligten Nationen (oder Regionen) entschieden werden (anstatt durch einen Konsens, wie ihn die NATO fordert). Die Entscheidungen werden auch eine enge und ständige Beratung diverser deliberativer Organe einschließen, insbesondere von den Vereinten Nationen mit der Supermacht oder den Großmächten, von den Leitern verschiedener globaler Behörden, den obersten Kreisen harter Macht. Eine stark umgestaltete UNO wird die wichtigste Quelle der Legitimation sein und ein wichtiger Ort, an dem an der Interessenkonvergenz gearbeitet wird.

Die Gestaltung sui generis der entstehenden globalen Nation zeichnet sich im Vergleich mit einem durchrationalisierten

Nationalstaat ab. Am wichtigsten ist der Umstand, dass die globalen Behörden den Vereinten Nationen nicht direkt verantwortlich sein werden; sie werden wahrscheinlich mehr wie Leiter von Behörden handeln, die bei ihren Überlegungen und Entscheidungen die Richtlinien berücksichtigen, die von den Vereinten Nationen festgelegt wurden. Ihre Ernennung wird jedoch höchstwahrscheinlich nicht der Weisung und Zustimmung der UNO unterliegen, noch werden die Vereinten Nationen in absehbarer Zukunft in der Lage sein, sie durch ein Misstrauensvotum abzusetzen. Die stark umstrukturierten Vereinten Nationen werden den Leiter dieser Behörden vorladen können, um der Generalversammlung oder ihren Ausschüssen einen Tätigkeitsbericht vorzulegen, und die Vereinten Nationen können im Hinblick auf die Tätigkeit einer Behörde befürwortende oder kritische Erklärungen abgeben. (Selbst in gut ausgestalteten Nationalstaaten ist die parlamentarische Kontrolle der verschiedenen staatlichen Behörden kaum so eindeutig, wie es manche Lehrbücher der Politikwissenschaft nahelegen, oder so einfach, wie die in der Öffentlichkeit verbreitete Idee davon, wie Demokratien funktionieren.)[15] Um es anders auszudrücken, ich erwarte, dass die neue globale Nation im Zuge ihrer Entwicklung eine wesentlich höhere Stufe der Krönung mit sich bringen wird, als sie gegenwärtig im internationalen System existiert, aber nicht annähernd dieselbe Stufe, die in einer gut entwickelten Nation existiert (siehe Abb. 1).

Eine rundum erneuerte UNO

Die Vereinten Nationen sind, obwohl sie umstrukturiert werden müssen, ein wichtiger Baustein jeder neuen globalen Architektur. Viele Verfechter der UNO, die es in Europa und unter fortschrittlichen Menschen in den Vereinigten Staaten und anderswo zahlreich gibt, behandeln die Organisation so, als ob sie bereits eine Art demokratischer Weltregierung wäre.

Deswegen messen sie der Frage, ob die Vereinten Nationen eine Vorgehensweise billigen, enorme Bedeutung bei, wie man bei der US-Invasion des Irak im Jahr 2003 sehen konnte. Sie verwechseln das, was die UNO eines Tages sein kann, mit dem, was sie heute ist, die »UN-wie-sie-sein-sollte« als Vision mit der »UN-wie-sie-ist« als Realität.

Die am Ende des Zweiten Weltkriegs auf Initiative der Vereinigten Staaten geschaffene UNO ist, so wie sie ist, eine stark angeschlagene Institution. Die Zusammensetzung des Sicherheitsrats spiegelt die Welt, wie sie in den 1940er Jahren geordnet war, und ignoriert größere Umwälzungen, die seitdem in der Welt stattgefunden haben.[16] Heute würde es beispielsweise mehr Sinn machen, Indien statt Frankreich in den Sicherheitsrat aufzunehmen. An dem Umstand, dass fünf Nationen wegen ihres Vetorechts letzten Endes das einzige Organ der Vereinten Nationen beherrschen, das eine ernstzunehmende Durchsetzungsfähigkeit hat, ist überhaupt nichts repräsentativ oder demokratisch. In der Vergangenheit haben die Vereinten Nationen oft Aktionen genehmigt, die von den westlichen Supermächten gutgeheißen wurden, so zum Beispiel während des Koreakriegs. (Präsident Truman hatte bereits US-Truppen in diesen Krieg entsandt, bevor der Sicherheitsrat den Einsatz von Gewaltmitteln in dieser Auseinandersetzung autorisierte.)[17]

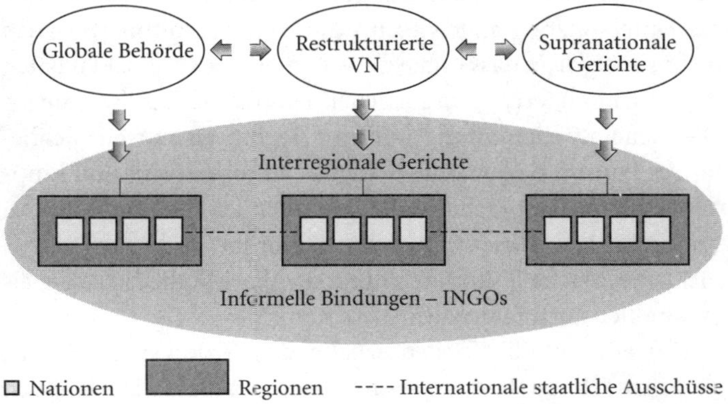

Die Legitimität der Vereinten Nationen ist schon seit langem zerrüttet, weil nicht bloß der Sicherheitsrat, sondern vor allem die Generalversammlung Dutzende von Resolutionen verabschiedet hat, die vielfach ignoriert wurden, ohne dass es für diejenigen, die sich über sie hinwegsetzten, wirklich Folgen gehabt hätte. Gegen Ende des Jahres 2002 zählten zu den Ländern, die gegen Resolutionen des Sicherheitsrats verstoßen hatten, Kroatien, Indien, Indonesien, Pakistan, Russland und Sudan.[18] Die Türkei und Marokko gehörten zu den Ländern mit den häufigsten Verstößen, wobei die Türkei seit 1974 in Bezug auf Zypern mindestens 24 Resolutionen des Sicherheitsrats missachtete und Marokko zwischen 1979 und 2001 in Bezug auf die Westsahara 16 Resolutionen außer Acht ließ.[19] Bei der einen oder anderen Gelegenheit führten Mitgliedsnationen des UN-Sicherheitsrats Krieg, ohne die Zustimmung des Rats einzuholen. Die USA fielen in Granada ein, die Sowjetunion griff die Tschechoslowakei und Ungarn an, die Franzosen und Briten marschierten in Ägypten ein. Was man der UNO, so wie sie ist, zugutehalten muss, ist im Wesentlichen, dass sie ein Forum bietet, auf dem Vertreter vieler Nationen zusammenkommen und Zwiesprache halten können.

Selbst ein treuer Freund der Vereinten Nationen gibt zu: »[Die Generalversammlung] war kein Parlament, zu dem sich der Sicherheitsrat wie ein Kabinett verhalten hätte, das ständig auf Unterstützung angewiesen wäre. Das Verhältnis war auch nicht so angelegt, dass es die Gewaltenteilung vorgesehen hätte, die ein Charakteristikum mancher demokratischer Systeme ist. Die Generalversammlung war von Beginn an nur ein deliberatives Forum; sie hatte die Befugnis, zu diskutieren und Empfehlungen auszusprechen, zu debattieren und Resolutionen zu verabschieden, aber keine echte Autorität und ganz gewiss nicht die Macht, Entscheidungen für die Mitgliedsstaaten als verbindlich aufzufassen.«[20]

Verweise auf die friedenserhaltenden Truppen der UNO, die »Blauhelme«, sind Anlass für Idealismus, aber die Truppen werden eigentlich nach Gutdünken der Mitgliedsnationen gestellt, die an einer bestimmten Aktion beteiligt sind.[21] Wenn Richard Butler schreibt, die Verträge über die Nichtverbreitung von Atomwaffen verlangten »ein verlässliches Mittel zur Durchsetzung«, das nur der Sicherheitsrat bereitstellen könne, muss er natürlich die Militärstreitkräfte meinen, die den nationalen Regierungen unterstehen, insbesondere den USA.[22]

Außerdem können die Vereinten Nationen keine Steuern einnehmen oder andersartig Einnahmen erzeugen. Ihr Budget ist deshalb von dem abhängig, was im Grunde genommen freiwillige Spenden der beteiligten Nationen sind.

Die Legitimität vieler Resolutionen der Generalversammlung und diverser Ausschüsse der UN ist schwer belastet aufgrund der Tatsache, dass deren Mitglieder viele Tyrannenstaaten und hochgradig autoritäre Regime einschließen, wozu unter anderem Myanmar, Kambodscha, die Zentralafrikanische Republik, Eritrea, Libyen, Laos, Singapur, Saudi-Arabien, Syrien, Sudan, Turkmenistan, Usbekistan und Vietnam gehören. In der Generalversammlung haben die Stimmen winziger Nationen wie Tuvalu und Liechtenstein dasselbe Gewicht wie die Stimmen Chinas und der Vereinigten Staaten. (Den USA gelang es im Jahr 2003 nicht, auf ihrer Suche nach Zustimmung für die Militäraktion gegen den Irak eine Mehrheit für eine zweite Resolution im Sicherheitsrat zusammenzubekommen, weil Frankreich im Wesentlichen Guinea, Angola und Kamerun effektiver bestach, als es die USA taten.)[23] Die Tatsache, dass die UN-Menschenrechtskommission Armenien, Kuba, Saudi-Arabien und Sudan zu Mitgliedern hat und Libyen im Jahr 2003 den Vorsitz innehatte, verhilft der Organisation nicht zu mehr Glaubwürdigkeit.

Die berüchtigte UN-Bürokratie lässt viele andere Bürokratien neben sich verblassen. Und wegen der zwischenstaatlichen Struktur der Organisation hat jede Arbeit, die durch sie ausgeführt wird, viele, wenn nicht sogar alle Fehler des alten Systems. Zudem haben die Vereinten Nationen so viele Missionen übernommen, dass sie vollkommen überbeansprucht sind. Viele, die sich auf die Vereinten Nationen beriefen, um die US-Invasion im Irak zu kritisieren, haben die UNO in anderen Fällen selbst schwer kritisiert.

Zur Reform der Vereinten Nationen sind zahllose Vorschläge gemacht worden.[24] Manche möchten die UNO im Grundsatz so erhalten, wie sie ist, und sie nur auf den neuesten Stand bringen, indem man etwa Japan und Deutschland zu Mitgliedern des UN-Sicherheitsrats ernennt, in Anerkennung der Tatsache, dass sie in der Gemeinschaft der Nationen zu vorbildlichen Mitgliedern rehabilitiert wurden. Andere sind bestrebt, die Einbeziehung von Ländern der Dritten Welt zu verstärken, und favorisieren Indien und Brasilien für einen Sitz im Sicherheitsrat. Ich bin mir alles andere als sicher, ob diese Vorschläge realistisch sind oder ausreichen würden, wenn man ihnen folgte; allerdings werden wenige anderer Meinung sein, wenn man sagt, die Vereinten Nationen müssen umfassend reformiert werden, sofern sie in der entstehenden globalen Nation eine entscheidende Rolle spielen sollen.[25]

Was selten diskutiert wird, aber von besonderer Bedeutung ist, wenn die vorangegangene Analyse irgendeinen Vorzug haben soll, ist die These, dass es Sinn macht, die Rolle der regionalen Körperschaften in der UNO zu stärken, um die Konsensbildung zu erleichtern und die Entwicklung solcher regional supranationaler Gemeinschaften zu begünstigen. Wenn man in dieser Weise vorgeht, würde Frankreich im UN-Sicherheitsrat nicht durch Deutschland ersetzt werden, wie manche empfohlen haben, sondern Frankreich würde von einem Vertreter der EU abgelöst werden. Andere Regionen, Lateinamerika zum Beispiel, würden einen Sitz bekommen, sobald sie Stabilität bewiesen haben. Da solche Veränderungen für die absehbare Zukunft höchst unwahrscheinlich sind, um es milde auszudrücken, könnte es praktikabler sein, eine neue Organisation zu errichten.

Unter dem Gesichtspunkt der Bedeutung, die ich dem Regionalismus als Trittstein zur globalen Behörde und Gemeinschaftsbildung beimesse, wäre es sinnvoll, wenn die UNO eine dritte Körperschaft bilden würde, einen Rat der Regionen, der sich aus den Vertretern der verschiedenen Regionen zusammensetzt. Solche regionalen Gruppierungen existieren bereits, obwohl eine erhebliche Neugruppierung ebenfalls möglich wäre. (Die UNO hat schon mehrere regionale Wirtschaftsausschüsse: jeweils einen für Europa, für Lateinamerika und die Karibik, für Asien und den pazifischen Raum und für Afrika.) Ein Rat der Regionen würde wahrscheinlich in der Lage sein, zu geteilten Auffassungen zu gelangen und sie sehr viel effektiver auszudrücken, als es die Generalversammlung kann. Folglich könnte ein Rat der Regionen wahrscheinlich eher die Aufmerksamkeit der interessierten globalen Öffentlichkeiten und von Leitern der globalen Behörden gewinnen. Eine Zeitlang könnte der Rat der Regionen sowohl einiges von der Arbeit übernehmen, die der Generalversammlung obliegt, als auch einige der Missionen, für die der weniger repräsentative Sicherheitsrat zuständig ist. Oftmals funktioniert die Einrichtung eines neuen Gremiums, das die Aufgaben der Organe übernimmt, die sich gegen den Wandel sträuben, besser als das hartnäckige Drängen auf Umgestaltung der überholten alten Organe.

Keine dieser Reformen berührt jedoch das eigentliche Thema: den Wunsch, die Vereinten Nationen zu einer Art globalem Parlament zu machen, das für die Menschen der Welt zu denjenigen sprechen wird, die sie auf der transnationalen Ebene regieren, und dem diese transnational Regierenden verantwortlich sind. Ein Dokument der Kampagne für eine demokratischere UNO drückt diese Ansichten gut aus:

> »[Ein] solideres und strukturell vernünftiges Mittel müsste entwickelt werden, um uns, ›we the peoples‹, mit dem Wahlrecht auszustatten.
>
> In den Vereinten Nationen der Zukunft muss die Vertretung des Volkes sehr viel ernster genommen werden.

> Die Interessen der Menschen [sollen] in der globalen Entscheidungsfindung besser repräsentiert werden, durch eine UN-Volksversammlung zum Beispiel.
>
> Eine Generalversammlung mit zwei Kammern könnte erwogen werden, eine mit den Regierungsvertretern, wie es sie gegenwärtig gibt, und die andere für die Vertretung nationaler Organisationen der Zivilgesellschaft [...] In diesem Stadium ist das nur eine Vision für die Zukunft. [...] Die Kommission empfiehlt als einen ersten Schritt in diese Richtung, dass Repräsentanten nichtstaatlicher Körperschaften, welche bei der Generalversammlung als zivilgesellschaftliche Organisationen akkreditiert sind, in ein Weltforum eingruppiert werden. [...][26]

Derartige Anregungen berücksichtigen die Tatsache nicht, dass eine politische Architektur nicht allzu weit von der politischen Realität abweichen kann. In einem globalen System, das nach dem Prinzip ›eine Person eine Stimme‹ funktioniert, würden ein paar Länder – China, Indien und Indonesien vielleicht – eine globale Mehrheit haben, und vom Rest der Welt würde erwartet werden, sich nach deren Willen zu richten. Nicht bloß die wohlhabenden Länder, sondern zahllose kleinere und weniger wohlhabende Nationen würden aus einem solchen politischen System mit Sicherheit aussteigen, selbst wenn dies einen verfassungsrechtlichen Minderheitenschutz vorsehen würde – was durchaus die Völker Dutzender, wenn nicht gar der meisten Nationen betreffen könnte.

Abgesehen davon, dass dies unpraktisch ist, wird ein ganz tiefgründiges Thema fast immer ignoriert, wenn die Rolle der Vereinten Nationen in der Welt diskutiert oder über ihre Zukunft nachgedacht wird: Demokratie macht nur dann Sinn, wenn es eine Gemeinschaft gibt, die regiert werden soll. Dieses Thema hatte ich im letzten Kapitel schon untersucht, es ist aber für eine kommunitaristische Theorie internationaler Beziehungen so eminent wichtig, dass ich es hier noch einmal aufnehme und etwas weiter ausführe.

So wie wir von jemandem, der in einen Bus einsteigt, um an

seinen Arbeitsplatz zu gelangen, nicht erwarten können, sich einem Mehrheitsprinzip zu beugen – mit dem die Busreisenden darüber abstimmen, welche Route der Bus fahren soll –, so kann man von den Mitgliedern der UNO nicht erwarten, sich Mehrheitsentscheidungen zu beugen ohne die vorausgesetzte Existenz einer viel stärkeren globalen Gemeinschaft. Die Unterwerfung unter das Mehrheitsprinzip ist mit der Bereitschaft verbunden, beträchtliche Opfer zu bringen, wenn man Abstimmungen verliert, und zwar nicht bloß deshalb, weil man an das Verfahren glaubt, sondern weil es den Willen der Gemeinschaft ausdrückt, deren Mitglied man ist. Und sie ist mit einem erheblichen Maß an Fürsorge für die anderen Mitglieder verbunden, mit einem Gefühl der Verpflichtung, das normalerweise nicht auf Nichtmitglieder ausgedehnt wird.

Der kommunitaristische Philosoph Charles Taylor schreibt, »ein moderner demokratischer Staat verlangt ein ›Volk‹ mit einer starken kollektiven Identität. Die Demokratie verpflichtet uns, in unserem gemeinsamen politischen Projekt viel mehr Solidarität und viel mehr Engagement füreinander aufzubringen, als es die hierarchischen und autoritären Gesellschaften vergangener Zeiten von uns verlangten.«[27] Die Demokratie als Stimme einer Mehrheit neigt zur Entfremdung von Untergruppen und scheitert daran, den Willen aller Bürger wirklich zu verkörpern. Wenn ein Staat keine Gemeinschaft hat, wenn er nicht genug Nation ist, ist es schwer, die Demokratie einzuführen oder aufrechtzuerhalten.

Das Gleiche gilt um ein Vielfaches mehr für Bündel von Nationen, deren geteilte Bindungen, Kultur und Identität verglichen mit denen von Nationen normalerweise unbedeutend sind. Damit die Vereinten Nationen eines Tages die Funktion einer demokratischen Regierungsform für alle Nationen wahrnehmen können, muss folglich ein stärker entwickeltes globales Gemeinschaftsgefühl vorhanden sein, so dass die Mehrheit die Minderheit mit politischen Maßnahmen belasten kann. In dem Prozess, den sie dazu durchlaufen muss, wird die UNO nicht nur von verbesserten transnationalen Bindungen und Netzwerken profitieren, sondern auch von der entstehenden normativen Synthese, die im ersten Teil dieses Buches untersucht wurde. Gemeinschaften sind nicht bloß Orte, an denen sich Menschen um andere kümmern, sie sind auch soziale Gruppen, die eine moralische Kultur teilen.[28] Die globale Gemeinschaft hat allerdings noch einen weiten Weg vor sich; die Demokratisierung der Vereinten Nationen wird deshalb wohl selbst bei denen, die gewillt sind, weit in die Zukunft zu schauen, jenseits des soziologischen Horizonts liegen.

Die UNO wird zwar, so wie sie ist, in der absehbaren Zukunft nicht einmal entfernt einem globalen demokratischen Parlament gleichen,[29] aber sie ist seit dem Ende des Kalten Kriegs zur wichtigsten Quelle für eine breitangelegte globale Legitimation geworden. Da sie ein globales Forum bietet – das einzige dieser Art, das dauerhaft und einbeziehend arbeitet –, ist sie ein Ort, wo Menschen aus verschiedenen Teilen der Erde zusammenkommen, um auszusprechen, was sie für moralisch angebracht halten. Ihre Motive sind höchst unterschiedlich, das Posieren üblich, und viele der Sprecher äußern nicht die Ansichten ihrer freien Bürger, weil keiner von ihren Bürgern frei ist. Dennoch artikulieren sie gemeinsam eine globale öffentliche Meinung – wenn sie relativ einstimmig sprechen – und wirken an der Bildung und Mobilisierung dieser Meinung mit.

Auch andere Körperschaften von der katholischen Kirche bis zu Amnesty International sind Legitimationsbeschaffer, aber ihre Stimmen werden von viel kleineren Öffentlichkeiten beachtet, und ihre Agenden umfassen ein viel schmaleres Spektrum internationaler Themen als die Agenda der Vereinten Nationen, die fast ein Monopol darauf haben, für die zugegebenermaßen unklare und vage Stimme der Weltbevölkerung zu sprechen. Wenn also die UNO ihre Besorgnis ausdrückt hinsichtlich des Status von Frauen oder der Erderwärmung, wird ihre Stimme nicht gehört, weil 51 % oder mehr Mitglieder

der Generalversammlung zugunsten einer bestimmten Position abgestimmt haben, und gewiss nicht, weil sie die Nationen tatsächlich dafür zur Verantwortung zieht, wenn diese sich weigern, ihre Resolutionen einzuhalten. Die Debatten der Generalversammlung äußern einen vagen Konsens der globalen interessierten Öffentlichkeit – sofern es einen derartigen Konsens gibt –, und bei einigen wenigen Anlässen helfen die Debatten, einen solchen Konsens zu bilden und zu artikulieren.[30] Das heißt, demokratische Verfahren sind nicht der einzige Weg, eine Vorgehensweise zu legitimieren. Die Vereinten Nationen werden folglich bei der Herausbildung der globalen Nation eine wichtige legitimierende Rolle zu spielen haben, ohne selbst demokratisch zu sein.

Die Vorstellung, dass eine Institution Legitimation verleihen kann, aber nicht demokratisch sein muss, sollte nicht überraschen. Die katholische Kirche zum Beispiel verbürgt Legitimität für Millionen Katholiken, doch noch hat nie jemand behaupten wollen, dass sie demokratisch ist. Gruppen von Intellektuellen – die von niemandem gewählt sind – geben beispielsweise Stellungnahmen dazu ab, was als ein gerechter Krieg gelten kann, weil bekannt ist, dass ihre öffentliche Stimme mit einer gewissen Legitimität ausgestattet ist.

Wenn Verträge abgeschlossen werden, richtet die UNO Sekretariate und Ausschüsse ein, die über die Arbeit der Vertragsparteien wachen und Berichte darüber vorlegen, welcher Fortschritt erzielt wird. Auf diese Weise lenkt die UNO die Aufmerksamkeit auf Länder, die diese Abkommen nicht einhalten, auch wenn sie wenig Kräfte hat, diesen Geltung zu verschaffen. Ein solches Verhalten fällt unter die kommunitaristische Idee des »leichten Antreibens«, wobei man Länder durch öffentliche Beschämung dazu anspornt, ihre Richtung zu ändern, wenn sie nicht dem gerecht werden, was der Konsens forderte, und sie umgekehrt lobt, wenn sie ihren Verpflichtungen gerecht werden. Das heißt, die Vereinten Nationen können abgesehen davon, dass sie eine gewünschte

Richtung äußern, auch die öffentliche Meinung mobilisieren, um diejenigen zu unterstützen, die sich daran halten, und diejenigen zu tadeln, die das nicht tun.

Der bei weitem beste Weg für die Vereinten Nationen zu mehr Glaubwürdigkeit in der Zukunft besteht darin, dass die UN-Mitglieder selbst demokratischer werden. Mit anderen Worten, der beste Weg, die UNO zu reformieren, besteht in der Reform ihrer Mitglieder. Damit meine ich nicht, dass man noch ein weiteres UN-Komitee bilden sollte, um wortreiche und inhaltsleere Berichte herauszugeben, die das Posieren der Mitglieder wiedergeben. Ich meine vielmehr, dass dann, wenn sich die UN-Mitglieder zu besseren Gesellschaften wandeln, die in Übereinstimmung mit der kommunitaristischen Konzeption mehr auf Autonomie und soziale Ordnung achten, auch die Vereinten Nationen ein großer Nutznießer sein werden. Wenn man annimmt, dass der globale Fortschritt in Richtung Demokratisierung im Krebsgang weitergehen wird wie bisher, bedeutet das auch die Ausweitung der globalen interessierten Öffentlichkeit, die Zugang zu freien Medien hat und fähig ist, sich moralisch und politisch auszudrücken. Sobald die Vertreter der Nationen in der UNO für ihr Volk sprechen werden anstatt für ihre Autokraten, werden auch die Vereinten Nationen eine gewichtigere Stimme haben.

Wenn gleichzeitig das Gefühl zunimmt, für das Gemeinwohl verantwortlich zu sein, könnten sich die UN-Mitglieder stärker verpflichtet fühlen, die Resolutionen der Organisation einzuhalten und ihren Pflichten nachzukommen. Eines Tages wird die UNO vielleicht sogar in der Lage sein, irgendeine Steuer zu erheben und zu kontrollieren, wie die daraus erzielten Einnahmen verwendet werden – ein Recht, das die Parlamente auszeichnet. Ein Bericht der Commission on Global Governance prüft mehrere Methoden der Besteuerung oder der Erhebung von Verbrauchsabgaben, die verwendet werden könnten, um die Vereinten Nationen zu finanzieren, wobei unter anderem eine Steuer auf Devisentransaktionen (die Tobin-Steuer), ein Zuschlag auf Flugtickets, Nutzergebühren für die Hochseefischerei und Nutzergebühren auf Aktivitäten in der Antarktis erwogen werden.[31] Solange die Vereinten Nationen auf nationale Mittelzuweisungen angewiesen sind, wird ihre allgemeine Handlungsfähigkeit, insbesondere beim Verstoß gegen die nationalen Präferenzen ihrer Hauptgeldgeber, weiterhin beschränkt bleiben. Sofern und sobald die UNO fähig sein sollte, einen verlässlichen Zufluss von Einnahmen herzustellen, wird sie einen Riesenschritt vorwärts gemacht haben, der es ihr ermöglicht, ein wichtiges Element der entstehenden globalen Nation zu sein.

Kurz gesagt, die UNO steuert bereits eine Hauptquelle der Legitimation zur globalen Nation bei. Theoretisch könnten das auch andere Organisationen tun, aber die Vereinten Nationen haben diese Rolle weitgehend monopolisiert. Tatsächlich spricht die UNO oft unter dem Gesichtspunkt der normativen Synthese, die anfangs schon erläutert wurde. Ein Kritiker könnte darauf hinweisen, dass sie in den strittigen Fragen oft zutiefst gespalten ist. Das ist jedoch nicht anders als bei einer nationalen Öffentlichkeit, die in Fragen wie etwa der Legitimität von Abtreibungen gespalten ist. (Ich verwende den Begriff »Legitimität« anstelle von »Moral«, weil ich mich darauf beziehe, in welcher Weise die öffentliche Politik und nicht das persönliche Verhalten beurteilt wird.) Das heißt, bei solchen Themen, bei denen kein Konsens auf breiter Basis vorhanden ist, kann die UNO nicht als legitimierende Instanz auftreten, und wird es auch nicht tun. Es gibt jedoch Fragen, bei denen sie Gewicht in der Waagschale hat, von den Menschenrechten bis zum Umweltschutz (wie man der Tatsache entnehmen kann, dass diejenigen, die gegen verschiedene Resolutionen verstoßen, versuchen, ihre Verstöße zu verbergen, Schadenersatz leisten, Besserung geloben oder den betreffenden Werten anderswie ihre Ehre erweisen). Wenn sich verschiedene globale Behörden herausbilden, könnten die umgestalteten Vereinten Nationen somit glaubwürdig die Frage stellen, ob deren Handeln legitim ist, was diese hauptsächlich auf Macht basierenden Behörden mehr zu echten Behörden machen würde, zu Organen nämlich, die sich weitgehend auf legitime anstatt auf rohe Macht stützen.

Selbst ein Visionär kann nicht so tief in die Zukunft schauen, dass er wüsste, wann eine solche Restrukturierung erfolgen wird oder wann die verschiedenen globalen Behörden vollständig der UN-Aufsicht unterstellt werden. Wahrscheinlich werden sich diese Behörden aber, in Übereinstimmung mit dem EU-Modell, hauptsächlich auf die restrukturierten Vereinten Nationen stützen, um von ihr Legitimität für ihr Handeln zu beziehen. Die Tatsache, dass deren antagonistische Partnerschaft auch weiter angespannt sein wird, sollte weder überraschen noch irgendjemanden beunruhigen. Schließlich gibt es sogar in den Demokratien, die man für gut etabliert hält, eine erhebliche Spannung zwischen der Legislative und den Exekutivorganen. Und es gibt keinen Grund anzunehmen, dass die globale Nation wie die beste aller Nationen aussehen wird, was immer das sein mag. Die Türkei und Chile haben zum Beispiel einigermaßen stabile Regierungen und Frieden im Innern, obwohl ihr Militär dem Parlament nicht vollständig verantwortlich ist, gerade so wie die Global Safety Authority (GSA) den Vereinten Nationen zwar nicht verantwortlich ist, aber gleichwohl von ihr erwartet wird, den legitimierenden Segen der Vereinten Nationen einzuholen.

Weiche und harte Macht greifen selten reibungslos ineinander, aber die verbesserte Legitimation kann die Anwendung harter Macht bremsen und umlenken, und diejenigen, die harte Macht ausüben, können die Art von Rückendeckung bieten, ohne die weiche Macht keinen Erfolg haben kann. Kurz, die politische Lücke wird nicht geschlossen werden, aber sie kann erheblich verkleinert werden, was uns der Etablierung eines Primats des Humanen näherbringen wird.

Schluss

Die Beobachtung, dass immer mehr Nationen auf der ganzen Welt dahin tendieren, einige Elemente der Autonomie (die Achtung für Rechte, eine demokratische Regierungsform und freiere Märkte eingeschlossen) in ihre Regimes zu integrieren – manche sehr langsam, manche schneller –, sollte nicht als sicherer Beweis dafür angesehen werden, dass sie sich zu einem westlichen Modell des politischen Systems, der Wirtschaft und Gesellschaft hinbewegen. Da der Osten von einem überaus hohen Grad sozialer Ordnung (oftmals einer erzwungenen Ordnung) und einem niedrigen Grad an Autonomie ausgeht, können Nationen des Ostens durchaus zu einem ausbalancierten Modell von Autonomie und Ordnung unterwegs sein, anstatt die Autonomie zu ihrem zentralen Wert machen zu wollen. Dass die USA – die am stärksten verwestlichte Gesellschaft – etwas dafür tun, um ihre soziale Ordnung zu stärken, liefert weitere Anhaltspunkte für die These, dass sich der Osten und der Westen in irgendeinem Bereich in der Mitte treffen werden, obgleich Autonomie und soziale Ordnung bei ihnen vielleicht nicht in exakt derselben Weise ausbalanciert sein werden.

Man darf nicht vergessen, dass Osten und Westen nicht bloß ihre jeweiligen Werte in die entstehende globale normative Synthese einbringen, sondern dass diese Werte im Laufe des synthetisierenden Prozesses modifiziert werden. Es gibt drei überaus wichtige Dimensionen, in denen Werte verändert werden.

1. Die soziale Ordnung wird sich so ändern, dass sie mehr auf weicher Macht und weniger auf Zwang beruht.
2. Der Aufbau von moralischen Grundlagen der Ordnung kann sich sowohl auf *moderate* religiöse Quellen als auch auf säkulare Quellen stützen und hängt nicht allein von den letzteren ab.
3. Autonomie darf keinen unbegrenzten Spielraum gewährt bekommen, sondern muss, besonders wenn es sich um den Markt handelt, eingehegt werden, genauso wie soziale Ordnung begrenzt sein muss.

Die entstehende globale normative Synthese vollzieht sich jetzt. Zu weiteren Fortschritten sollte ermutigt werden, da eine solche Synthese zumindest unter einem kommunitaristischen Gesichtspunkt zu einer – normativ verstanden – guten Gesellschaft führt.[1] Über die allgemeinen Konturen einer solchen Gesellschaft hinaus – jener sorgfältig austarierten Balance zwischen Autonomie und sozialer Ordnung und einer Ordnung, die größtenteils auf moralischer Überzeugung und informeller normativer Kontrolle beruht – bevorzugt eine derartige Synthese einige besondere Prinzipien: die Einbindung des Partikularismus in den Kontext des Universalismus; die Förderung weicher Macht; ein dichtes, aber bei weitem nicht hermetisches Netz normativer Kontrollen; einen Sinn für Selbstbeherrschung; und angemessene Beschränkungen für den Markt.

Schließlich hat die entstehende Synthese bestimmte Implikationen für die Außenpolitik, so die Übernahme eines Ansatzes des helfenden Lernens; die Öffnung von Gesellschaften anstelle der sofortigen Demokratisierung als oberste Priorität; eine Strategie der Einbeziehung anstelle der Isolierung; und die Unterstützung nicht nur säkularer Gruppen, sondern auch moderater religiöser Gruppen. Sie steht für Multilateralismus und Institutionenbildung und vor allem für Gemeinschaftsbildung – eine neue Form der globalen Architektur.

Nach dem Ende des Kalten Kriegs fragten sich viele, wie der

Aufbau der neuen globalen Architektur aussehen würde. Nach dem Terroranschlag vom 11. September 2001 waren Freunde wie Feinde der Vereinigten Staaten der Meinung, diese würden auf ein neues globales Imperium hinwirken, wenngleich ein ziemlich einmaliges. Die von den USA geleitete Invasion in den Irak im März 2003 – ohne Legitimation der UNO, ohne Kooperation der meisten Verbündeten und anderer Nationen und als Präventivschlag ohne klar bevorstehende Gefahr – war der vorläufige Höhepunkt in der kurzen Saison des amerikanischen Imperiums. Ein paar Monate später suchten die USA den Segen der Vereinten Nationen, sie hofierten ihre Verbündeten und andere Staaten, die Last der Besetzung zu teilen, sie schwenkten um auf multilaterale Ansätze im Umgang mit Nordkorea und Iran und wurden sich allmählich darüber klar, dass die Umgestaltung des Iraks und Afghanistans, ganz zu schweigen vom gesamten Nahen Osten, in eine »leuchtende und prosperierende Demokratie« weit außerhalb ihrer Möglichkeiten lag. Das amerikanische Volk mit seiner normalerweise höchst ambivalenten Haltung zur Rolle der USA in der Welt und mit der Erwartung, wie gewohnt schnelle und leichte militärische Siege mit wenigen Verlusten und geringen Kosten zu erringen, zeigte zunehmend Ungeduld, die Last des Imperiums schultern zu sollen.

Für die nahe Zukunft erwarte ich, dass die Vereinigten Staaten ihr Rolle als Supermacht zwar nicht aufgeben werden, aber ihre Kraft doch vermehrt in multilaterale und legitime Bestrebungen investieren werden – in den Kampf gegen den Terrorismus und in die Bemühungen um nukleare Abrüstung –, die eine gute Grundlage für eine globale Sicherheitsbehörde bilden. Diese Behörde legt das Fundament für einen globalen Staat, dessen oberste Pflicht wie bei allen Staaten darin besteht, die Sicherheit der auf seinem Territorium lebenden Menschen zu gewährleisten. Das Verhältnis zwischen dieser Behörde (sowie anderen, deren Entstehung sich abzeichnet) und den Vereinten Nationen ist kompliziert. Ich habe es als eine antagonistische Partnerschaft bezeichnet. Die Vereinten Nationen treten im Wesentlichen wie eine legitimierende Instanz auf, eine wichtige Quelle weicher Macht, und sie werden nach ihrer Umgestaltung sogar noch mehr weiche Macht erzeugen können. Wir sollten jedoch nicht übersehen, dass die Vereinten Nationen ohne die harte Macht der USA und anderer Staaten oft nicht wirkungsvoll sind. Für sich betrachtet bildet die UNO nicht einmal den Ansatz zu einer globalen Regierung. In Verbindung mit den mächtigen Staaten kann sie es allerdings sein. Es gibt viele Anhaltspunkte für die These, dass ein höheres Maß an globalem Regierungshandeln nicht nur dringend gebraucht wird, sondern auch langsam entsteht.

Als ein Versuch, zu einer kommunitaristischen Theorie internationaler Beziehungen beizutragen, ist dieses Buch insgesamt bewusst konstruktiv und normativ. Ich identifiziere Trends und urteile dann, ob sie die Welt besser machen, als sie es sonst wäre, oder ob sie die Welt in die falsche Richtung drängen. Für ein Buch, das den internationalen Beziehungen gewidmet ist, schenke ich moralischen Fragen viel Aufmerksamkeit. Diese Herangehensweise steht in scharfem Gegensatz zum Ansatz der Realisten, die öffentliche Angelegenheiten im Allgemeinen und internationale Angelegenheiten im Besonderen von militärischen und wirtschaftlichen Faktoren beherrscht sehen. Meine These ist, dass im Zuge der Entstehung einer globalen Gesellschaft, der Ausweitung des globalen Regierungshandelns (wenn auch von einer niedrigen Ausgangsstufe), des Eintretens von immer mehr Menschen aus immer mehr Weltgegenden in die Politik – kurz, mit beginnender Herausbildung einer globalen Gemeinschaft – normative Faktoren an Bedeutung gewinnen werden.

Zudem offenbart die Existenz eines weitverbreiteten spirituellen Hungers, dass Menschen, denen nach dem Zusammenbruch säkularer oder religiöser totalitärer Regime nur eine moralische Leere geblieben ist, eher bereit sind, Glaubenssysteme anzunehmen, die mit einer guten Gesellschaft unvereinbar sind. Daraus ergibt sich die besondere und dringende Notwendigkeit, »weiche« moralische Antworten zu geben.

Ich habe in diesem Buch die Frage gestellt, was eine gute Gesellschaft ausmacht (ein viel reichhaltigeres Konzept als das der Zivilgesellschaft). Mein Vorschlag war, um mein kommunitaristisches Mantra noch einmal zu wiederholen, dass es eine Gesellschaft ist, in der ein sorgfältig austariertes Gleichgewicht zwischen Autonomie (Rechten, Freiheit) und sozialer Ordnung besteht, und eine Gesellschaft, in der die soziale Ordnung weitgehend auf Überzeugung anstatt auf Zwang beruht. Einige Vorzeichen deuten darauf hin, dass die neue globale Architektur diese Richtung nimmt, indem sie sich zuallererst um das kümmert, was ich die Ethik des Überlebens nenne, und sich dann – leider bedauernswert langsam – um andere transnationale Herausforderungen kümmert, mit denen weder Nationen noch zwischenstaatliche Organisationen fertig werden.

Die neue globale Nation ist aus einer Vielzahl von Bausteinen zusammengeschustert. Sie ist weit entfernt von einem glatten, durchrationalisierten Entwurf. Nationen und zwischenstaatliche Organisationen (das alte System) spielen auch weiterhin eine Rolle. Transnationale kommunitaristische Körperschaften – INGOs, Netzwerke und soziale Bewegungen – helfen etwas, obwohl weniger, als ihre Verfechter zu glauben geneigt sind. Ein weiteres Stück im globalen Puzzle ist die Ausbildung geteilter transnationaler Sitten, Gesetze und moralischer Dialoge, die dabei helfen, eine globale Zivilgesellschaft zu etablieren. Vor allem die noch seltenen supranationalen Körperschaften – solche, die nicht von nationalen Regierungen oder von zwischenstaatlichen Organisationen abhängen – sind eine wichtige Ergänzung. Zu ihnen gehören regionale Körperschaften (speziell die Organe der Europäischen Union), der Internationale Strafgerichtshof, die ICANN (Internet Corporation for Assigned Names and Numbers) und einige Teile der Welthandelsorganisation. Was die regionalen Körperschaften angeht, so lässt sich nicht bestreiten, dass sie sich verfeinden könnten, wie es in früheren Zeiten der Fall war – wir hören ja bereits, dass Europäer von der Venus sind und Amerikaner vom Mars.[2] Es gibt allerdings einige Gründe zu glauben, dass diese Körperschaften durchaus als Elemente einer globalen Architektur dienen können, die unter dem Druck steht, neue Strategien und institutionelle Regelungen mit Dutzenden, wenn nicht gar mit 200 Nationen zu behandeln. Bausteine ganz anderer Art sind hingegen die neuen globalen Behörden, auf welche die entstehende globale Architektur ebenfalls zurückgreift. Die am weitesten entwickelte, die ›Globale Antiterrorismus-Behörde‹, ist so etwas wie ein weltweites Polizeiministerium, das von den Vereinigten Staaten und ihren Verbündeten geführt wird. Die Behörde hat bereits einen zweiten Flügel eröffnet, der an der nuklearen Abrüstung von Massenvernichtungswaffen arbeitet. Um mit Pandemien umgehen und Völkermord durch humanitäre Interventionen verhindern zu können, wird sie, wenn auch viel langsamer, weiter ausgebaut. Deshalb sage ich voraus, dass die globale Regierung in dem Maße, wie sie Gestalt annimmt, dem Muster folgen wird, nach dem die Entwicklung von Nationalstaaten verlief: Zuallererst konzentrierten sich die Nationalstaaten darauf, Sicherheit zu gewährleisten. Rechtsstaatliche und politische Rechte folgten später, soziale und ökonomische Rechte hinkten hinterher.

Ich komme nicht ohne Bedauern zu dem Schluss, dass eine globale Regierung auf Dauer nicht stabil gehalten werden kann, ohne dass ein gewisser Grad an vorgestellter globaler Gemeinschaft ausgebildet wird. Mit Bedauern deshalb, weil mir vollkommen klar ist, welche großen Schwierigkeiten damit verbunden sind. Es tröstet mich etwas, dass verschiedene Entwicklungen eine solche Gemeinschaft weniger undenkbar erscheinen lassen, als sie es lange war. Das ist insbesondere deshalb der Fall, weil an Feinden der Menschheit, mit denen sie es gemeinsam zu tun hat, kein Mangel herrscht.

Die Einsätze sind hoch, weil der Zugang zu Massenvernichtungswaffen und ihre Herstellung leichter werden und der Terrorismus mehr Verbreitung findet und Dutzende anderer transnationaler Probleme – von der Umweltzerstörung bis zum Menschenhandel – von den Nationen auf die herkömmliche Weise einfach nicht wirksam genug behandelt werden können.

Meiner Meinung nach ist es zweifellos so, dass die Welt ein neues Gefüge gemeinsamer Grundwerte und politischer Institutionen braucht und im Grunde genommen sogar eine echte globale Gemeinschaft, damit die Menschheit die Geschichte regieren kann, anstatt Gegenstand der Geschichte zu sein. Nur dann wird, wie Simson sagt, aus Starkem etwas Süßes werden. Zwischenzeitlich können wir die Mischung süßer machen, hoffe ich.

Danksagung

Ich bin Anne Hardenbergh zu Dank verpflichtet, weil sie dieses Buch von Anfang bis Ende begleitet, die Forschung geleitet und selbst zahllose Beiträge geliefert hat. Emily Prior bin ich ebenso wie Jared Bloom für unzählige redaktionelle Vorschläge dankbar. In den frühen Phasen dieses Projekts half Deirdre Mead bei der Forschung und Redaktion. Kommentare zu früheren Fassungen von John Ikenberry, Hans Joas, Lawrence Korb, Katherine Marshall und Andrew Volmert wurden dankbar angenommen. James B. Steinberg gebührt besonderer Dank für seine ausführlichen und sehr aufschlussreichen Kommentierungen einer vorhergehenden Fassung.

Anmerkungen

Vorwort zur deutschen Ausgabe

1 Amitai Etzioni, »Obama und die Menschenrechte«, *Süddeutsche Zeitung*, Nr. 179, Seite 11, 6. August 2010.
2 Siehe Stefan Halper, *The Beijing Consensus: How China's Authoritarian Model Will Dominate the Twenty-First Century*, New York: Basic Books 2010.
3 »China's thing about numbers: How an emerging superpower dragged its feet, then dictated terms, at a draining diplomatic marathon«, *The Economist*, 30. Dez. 2009; Sam Coates, »China to blame for failure of Cogenhagen climate deal, says Ed Miliband«, *The Times* (London), 21. Dez. 2009.
4 Zu einer ausführlicheren Diskussion dieses Punkts siehe Amitai Etzioni, »Spent: America After Consumerism«, *The New Republic*, 17. Juni 2009.
5 Amitai Etzioni, *From Empire to Community: A New Approach to International Relations*, New York: Palgrave Macmillan 2004, S. 76.
6 Ebenda, S. 187.
7 Ebenda.
8 Siehe Anne-Marie Slaughter, *A New World Order*, Princeton: Princeton University Press 2004.

Einleitung

1 Richter, 14,14: »Aus dem Fresser kam Nahrung, und aus einem Starken kam Süßes.« Zürcher Bibel, 2007. »Macht« ist meine eigene Übersetzung (A. E.).
2 Die Begrifflichkeit stammt aus folgenden Texten: »Imperium light« von Michel Ignatieff, »The Burden«, in: *New York Times Magazine*,

5. Jan. 2003, S. 24; »virtuelles Imperium« von Martin Walker, »America's Virtual Empire«, in: *World Policy Journal*, 19, Nr. 2 (2002), S. 13 – 20; »Neo Imperium« von G. John Ikenberry, »America's Imperial Ambition«, in: *Foreign Affairs*, 81, Nr. 5 (2002), S. 44 – 60; und »liberales Imperium« von Jedediah Purdy, »Liberal Empire: Assessing the Arguments«, in: *Ethics and International Affairs*, *17*, Nr. 12 (2003), S. 35.

3 Eine Umfrage von Newsweek fand heraus, dass 66 % der Amerikaner das derzeitige Ausgabenvolumen für den Wiederaufbau des Irak ablehnen und 69 % »befürchten, dass die USA im Irak für viele Jahre festsitzen werden, ohne bei ihren Zielen dort große Fortschritte zu machen«. Siehe »Newsweek Poll«, in: *Newsweek*, 25. Aug. 2003.

4 Siehe Amitai Etzioni, *My Brother's Keeper. A Memoir and a Message*, Lanham, Md. 2003, S. 319 – 363.

5 Meine Auffassungen zum kommunitaristischen Denken erläutere ich in: *The New Golden Rule. Community and Morality in a Democratic Society*, New York 1996 (dt. *Die Verantwortungsgesellschaft. Individualismus und Moral in der heutigen Demokratie*, Berlin 1999). Zum Text der kommunitaristischen Plattform, zu seinen Befürwortern und zu Informationen über das kommunitaristische Netzwerk siehe http://www.communitariannetwork.org. Artikel aus kommunitaristischer Perspektive finden sich in *The Responsive Community*, der einzigen Zeitschrift für kommunitaristisches Denken. Wichtigere kommunitaristische Texte von Soziologen sind: Philip Selznick, *The Communitarian Persuasion*, Washington, D. C. 2002 und *The Moral Commonwealth. Social Theory and the Promise of Community*, Berkeley 1992; Robert N. Bellah / Richard Madsen / William M. Sullivan / Ann Swidler / Steven M. Tipton, *Habits of the Heart. Individualism and Commitment in American Life*, Berkeley 1985 (dt. *Gewohnheiten des Herzens. Individualismus und Gemeinsinn in der amerikanischen Gesellschaft*, Köln 1987); sowie vorausgegangene Werke von Martin Buber, Emile Durkheim, Robert Nisbet und Ferdinand Tönnies. Zu den Autoren aus der politischen Theorie, die über den Kommunitarismus schreiben, gehören Michael Sandel, Charles Taylor und Michael Walzer. Ein besonders gut geschriebenes und empirisch gut belegtes Buch ist Alan Ehrenhalt, *The Lost City. Discovering the Forgotten Virtues of Community in the Chicago of the 1950s*, New York 1995. Weitere gute Bücher sind: Daniel A. Bell, *Communitarianism and Its Critics*, Oxford 1993; und Henry Tam, *Communitarianism. A New Agenda for Politics & Citizenship*, New York 1998. Der aufgeschlossene (oder neue) Kommu-

nitarismus sollte nicht mit dem autoritären Kommunitarismus verwechselt werden.

6 Siehe z. B. Richard Easterlin, »Income and Happiness: Towards a Unified Theory«, in: *Economic Journal,* 111 (2001), S. 465 – 484; Robert Frank, *Luxury Fever,* New York 1999; Jonathan L. Freedman, *Happy People. What Happiness Is, Who Has It, and Why,* New York 1978, S. 133 – 151; Ronald Inglehart, *Modernization and Postmodernization. Cultural, Economic, And Political Change in 43 Societies,* Princeton 1997, S. 87 (dt. *Modernisierung und Postmodernisierung: kultureller, wirtschaftlicher und politischer Wandel in 43 Gesellschaften,* Frankfurt am Main 1998); Robert E. Lane, *The Loss of Happiness in Market Democracies,* New Haven 2000; David G. Myers, *The Pursuit of Happiness. Who Is Happy – And Why,* New York 1992, S. 30 – 46; und Andrew J. Oswald, »Happiness and Economic Performance«, in: *Economic Journal,* 107 (1997), S. 1815 – 1831.

7 Pew Research Center for the People and the Press, *What the World Thinks in 2002. How Global Publics View Their Lives, Their Countries, The World, America,* Washington, D. C. 2002.

8 Siehe Catherine E. Rudder, »Can Congress Govern?«, in: Lawrence C. Dodd / Bruce I. Oppenheimer (Hg.), *Congress Reconsidered,* 5. Aufl., Washington, D. C. 1993, S. 365 – 374; und Elizabeth Drew, *Politics and Money. The New Road to Corruption,* New York 1983.

1. Die Grundrisse

1 So wie ›Legitimität‹ von maßgeblichen Werken gewöhnlich behandelt wird, definiert man sie als die »Grundlage solcher Regierungsgewalt, deren Ausübung aufseiten der Regierung mit dem Bewusstsein einhergeht, dass sie ein Recht hat zu regieren, und aufseiten der Regierten mit einer gewissen Anerkennung dieses Rechts einhergeht«. David L. Sills (Hg.), in: *International Encyclopedia of the Social Sciences,* New York 1968, S. 244. Robert Jackson zeigt, dass es anerkannte internationale Normen gibt, die Implikationen für die Bestimmung eines legitimen Verhaltens von Staaten haben. Siehe Robert Jackson, *The Global Covenant. Human Conduct in a World of States,* Oxford 2000.

2 Siehe z. B. Francis Fukuyama, *Das Ende der Geschichte: wo stehen wir?,* München 1992; Michael Mandelbaum, *The Ideas that Conquered the World. Peace, Democracy, and Free Markets in the Twenty-First Century,* New York 2002; und Fareed Zakaria, *The Future of*

Freedom. Illiberal Democracy at Home and Abroad, New York 2003.

3 George W. Bush, »Introduction«, in: *The National Security Strategy of the United States of America,* September 2002, zugänglich auf http://www.whitehouse.gov/nsc/nss.pdf. Zugriff am 28. 10. 2002.

4 Blair zitiert bei George F. Will, »... Or maybe not at all«, in: Washington Post, 17. Aug. 2003, B7.

5 Siehe Samuel P. Huntington, *The Clash of Civilizations and the Remaking of World Order,* New York 1996 (dt. *Kampf der Kulturen. Die Neugestaltung der Weltpolitik im 21. Jahrhundert,* Hamburg 2006); und Bernard Lewis, »The Roots of Muslim Rage«, in: *Atlantic Monthly,* Sept. 1990, S. 47 – 60.

6 Samuel P. Huntington, »The Clash of Civilizations«, in: *Foreign Affairs,* 72, Nr. 3 (Sommer 1993), S. 40.

7 Zu einem guten Vergleich zwischen Huntington und Fukuyama siehe Stanley Kurtz, »The Future of History«, in: *Policy Review,* Nr. 113 (2002), S. 43 – 58.

8 Thomas L. Friedman, *The Lexus and the Olive Tree,* New York 1999.

9 Einige Autoren sind der Auffassung, dass man in den kulturellen Traditionen Asiens Werte finden kann, die mit den Menschenrechten des Westens vergleichbar sind. Siehe z. B. Jefferson R. Plantilla / Sebasti L. Raj, S. J. (Hg.), *Human Rights in Asian Cultures: Continuity and Change,* Osaka 1997.

10 Bush zitiert bei William Kristol, »Morality in Foreign Policy«, in: *Weekly Standard,* 10. Februar 2003, S. 7.

11 Fareed Zakaria, »Culture Is Destiny. A Conversation with Lee Kuan Yew«, *Foreign Affairs,* S. 73, Nr. 2 (1994), S. 111.

12 Hau Pei-tsun, *Straight Talk,* Taipai, Taiwan Governmental Information Office 1993, zitiert bei Daniel A. Bell, *East Meets West. Human Rights and Democracy in East Asia,* Princeton 2000, S. 149 – 150.

13 Suzanne Haneef, *What Everyone Should Know about Islam and Muslims,* Chicago 1996, S. 118.

14 Herbert Bronstein, »Mitzvah and Autonomy. The Oxymoron of Reform Judaism«, in: *Tikkun,* 14, Nr. 4 (1999), S. 41.

15 Außer den genannten Quellen gibt es weitere, die sich den wesentlichen Lehrsätzen der Überzeugungssysteme des Ostens widmen. Dazu zählt die Untersuchung von Geir Helgesen, der zufolge fast 90 % der Südkoreaner der Aussage, »eine bessere Zukunft hängt von der Sozialmoral in der Gesellschaft ab«, zustimmen. Siehe G. Hel-

gesen, *Democracy and Authority in Korea,* New York 1998, S. 94; und T. R. Reid, *Confucius Lives Next Door. What Living in the East Teaches Us about Living in the West,* New York 2000.

16 Siehe den angeblich im November 2002 von Osama Bin Laden verfassten »Brief an das amerikanische Volk«, der in englischer Sprache auf der Website des *London Observer* veröffentlicht wurde. Zugänglich auf http://www.observer.co.uk/Print/0,3858,4552895,00.html. Zugriff am 25. 04. 2003.

17 Daniel A. Bell schreibt, »die Auffassung, dass ein politisches System im Stil der USA zu einem sozialen Zusammenbruch führen würde, ist in Asien weit verbreitet, und das untergräbt die moralische Autorität der Amerikaner in der Region«. Siehe *East Meets West,* Princeton, NJ. 2000, S. 57.

18 Louis Hartz, *The Liberal Tradition in America. An Interpretation of American Political Thought since the Revolution,* New York 1995.

19 Siehe z. B. Bruce Ackerman, *We the People,* Cambridge, Mass. 1991; Bernard Bailyn, *The Ideological Origins of the American Revolution,* Cambridge, Mass. 1967; J. G. A. Pocock, *The Machiavellian Moment. Florentine Political Thought and the Atlantic Republican Tradition,* Princeton, NJ. 1975; und Gordon Wood, *The Creation of the American Republic 1776 - 1787,* Chapel Hill 1969.

20 Siehe Amartya Sen, »Human Rights and Asian Values«, in: *New Republic,* 14. und 21. Juli 1997, S. 38 – 39.

21 Ich schreibe »umfassend«, weil alle Staaten einige Werte durchsetzen und keiner völlig neutral ist, wie William A. Galston gezeigt hat. Siehe William A. Galston, *Liberal Purposes. Goods, Virtues, and Diversity in the Liberal State,* Cambridge, Mass. 1991.

22 Zur weiteren Diskussion siehe Amitai Etzioni, *The New Golden Rule. Community and Morality in a Democratic Society,* New York 1986, S. 85 – 159.

23 Jonathan Rauch, »Confessions of an Alleged Libertarian (and the Virtues of ›Soft‹ Communitarianism)«, in: *The Responsive Community,* 10, Nr. 3 (2000), S. 23.

24 Zu den Unterschieden zwischen chinesischen und amerikanischen Gesellschaftsmodellen siehe Randall Peerenboom, *China's Long March toward Rule of Law,* New York 2002.

25 Liu Banyan/Perry Link, »A Great Leap Backward«, in: *New York Review of Books,* 8. Oktober 1998, S. 19.

26 Die Statistik stammt aus *World Factbook of Criminal Justice Systems* (Ausgaben 1989 – 1993) und einem Bericht der UNODC, Regionalvertretung Moskau (Ausgaben 1995 – 2001).

27 Paul Quinn-Judge, »Russian Roulette«, in: *Time* (International), 7. Sept. 1998.

28 Patrick Richter, »US Expert Outlines Social and Environmental Disaster in Russia«, *World Socialist Web Site,* 29. Oktober 1999. Zugänglich auf http://www.wsws.org/articles/1999/oct1999/russ-a29.shtml. Zugriff am 15. 07. 2003.

29 PBS Frontline, »Drug Abuse and Addiction«, in: *Facts & Stats of the Yeltsin Era.* Zugänglich auf http://www.pbs.org/wgbh/pages/frontline/shows/yeltsin/etc/facts.html. Zugriff am 15. 07. 2003.

30 Belinda Cooper, »The Fall of the Wall and the East German Police«, in: Milan Pagon (Hg.), *Policing in Central and Eastern Europe. Comparing Firsthand Knowledge with Experience from the West,* Ljubljana (College of Police and Security Studies) 1996. Zu einer Diskussion der Probleme Chinas siehe Banyan/Link, »Great Leap«, S. 19; und Patrick E. Tyler, »China Battles a Spreading Scourge of Illicit Drugs«, in: *New York Times,* 15. Nov. 1995, A1. Im Hinblick auf die zunehmenden Probleme in der ehemaligen Sowjetunion siehe John M. Kramer, »Drug Abuse in East-Central Europe«, in: *Problems of Post-Communism,* 44 (1997); S. 35 f.; und Sharon L. Wolchik, »The Politics of Transition in Central Europe«, in: *Problems of Post-Communism,* 42 (1995), S. 38.

31 David Rohde, »Afghans Lead World again in Poppy Crop«, in: *New York Times,* 29. Okt. 2002, A8; Bureau for International Narcotics and Law Enforcement Affairs, *International Narcotics Control Strategy Report,* März 2003, VII-3.

32 April Witt, »Afghan Poppies Proliferate. As Drug Trade Widens, Labs and Corruption Flourish«, in: *Washington Post,* 10. Juli 2003, A1.

33 »Dodge City on the Tigris«, in: *Economist,* 19. Juli 2003, S. 19.

34 Thomas Carothers, *Aiding Democracy Abroad. The Learning Curve,* Washington, D. C. 1999; Robert Kaplan, »Was Democracy Just a Moment?«, in: *The Atlantic Monthly,* Dez. 1997, S. 55 – 71.

35 Siehe Paul Berman, *Terror and Liberalism,* New York 2003; und Amitai Etzioni, »Opening Islam«, in: *Society* 39, Nr. 5 (Frühjahr 2002), S. 29 – 35.

36 Jon Sawyer, »Iran Clerics' Rule Facing Opposition. Dissidents Openly Challenge the Revolution of 1979«, in: *Saint Louis Post-Dispatch,* 12. Juli 2003, S. 4.

37 Die U. S. Agency for International Development (USAID) bemüht sich um die Förderung demokratischer Werte des Westens im Ausland. Zu ihren Versuchen, die Zivilgesellschaften anderer Nationen zu stärken und zu »öffnen«, gehören die Lehrerausbildung und

Austauschprogramme mit Zentralasien, die Mädchenbildung in Jordanien und Indien sowie die Ausstrahlung der Kindersendung *Sesamstraße* über ägyptische Fernsehsender.

38 Bill Bradley, »Civil Society and the Rebirth of Our National Community«, in: *The Responsive Community,* 5, Nr. 2 (1995), S. 4 – 10.

39 Jonathan Sacks ist der Ansicht, dass es eine religiöse globale Synthese gibt, die auf Toleranz und Vielfalt beruht. Jonathan Sacks, *Dignity of Difference. How to Avoid the Clash of Civilizations,* New York 2003 (dt. Wie wir den Krieg der Kulturen vermeiden können, Gütersloh 2007).

40 Die ›Carnegie Endowment for International Peace‹ hat diesen Fragen rund um die Reform in islamischen Ländern ein ganzes Symposium gewidmet. Siehe *Arab Reform Bulletin,* 1, Nr. 4 (Okt. 2003).

41 United States Department of the State, *Background Notes: Bahrain,* Washington, D. C. (U. S. Department of State, Feb. 2002). Zugänglich auf http://www.state.gov / r / pa / ei / bgn/5301.htm. Zugriff am 3. 2. 2003.

42 Douglas Jehl, »Democracy's Uneasy Steps in Islamic World«, in: *New York Times,* 23. Nov. 2001, A1.

43 Barbara Slavin, »Arab Law Makers Get Close-Up View of Democracy«, in: *USA Today,* 12. Dez. 2002, A12; Philip Dine, »Woman Breaks Ground in Run for Parliament Seat«, in: *St. Louis Post-Dispatch,* 8. Nov. 2002, A15.

44 Philip Dine, »U. S.-Iraqi Tension Takes Back Seat to Bahrain's Struggle to Improve Life«, in: *St. Louis Post-Dispatch,* 8. Nov. 2002, A1.

45 Somini Sengupta, »Bahrain Says 52 % Vote Turnout Meets Democratic Goals«, in: *New York Times,* 25. Okt. 2002, A6.

46 »Arabs Tiptoe to Democracy«, in: *Economist,* 7. Aug. 1999, S. 33.

47 Susan B. Glasser, »Qatar Reshapes Its Schools«, in: *Washington Post,* 2. Feb. 2003, A20.

48 Siehe »Saudi Arabia Announces First Local Council Elections, but No Date«, in: *New York Times,* 13. Okt. 2003, A3.

49 Eine interessante Erörterung der Notwendigkeit, die gemäßigte muslimische Mehrheit zu unterstützen, findet sich bei Graham E. Fuller, *The Future of Political Islam,* New York 2003.

50 Viele Wissenschaftler bezeichnen diese Hardliner als »Islamisten«. Noah Feldman sieht im Islamismus »eine umfassende politische, spirituelle und persönliche Weltanschauung, die sich im Gegensatz zu allem definiert, was nichtislamisch ist«. Zitiert in »A Survey of Islam and the West«, in: *Economist,* 13. Sept. 2003, S. 5.

51 So z. B. Charles Kurzman, der den liberalen Islam vom herkömm-

lichen Islam und vom wiederbelebten Islam unterscheidet sowie drei Erscheinungsweisen des liberalen Islam definiert (den liberalen, den schweigenden und die ausgelegte Scharia), siehe die Einleitung zu: Charles Kurzman (Hg.), *Liberal Islam. A Sourcebook,* New York 1998, S. 3 – 28. In »Islam and Ideology: Toward a Typology«, in: *International Journal of Middle East Studies,* 19 (1987), S. 307 – 336, diskutiert William E. Shepard fünf Formen des Islams (den säkularen, modernen, radikalen, traditionellen und neotraditionellen Islam); und Abdou Filali-Ansary vermerkt in »The Sources of Enlightened Muslim Thought«, in: *Journal of Democracy,* 14, Nr. 2 (2003), S. 19, dass es mindestens sechs Bezeichnungen für den »liberalen« Islam gibt, darunter den reformierten Islam, den modernen Islam, den protestantischen Islam, den positiven Islam, den Islam der Moderne und den aufgeklärten Islam.

52 Muqtedar Khan, »Who Are Moderate Muslims«, zugänglich auf http://www.ijtihad.org/moderatemuslims.htm. Zugriff am 2. 5. 2003.

53 Khaled M. Abou El Fadl, *Speaking in God's Name. Islamic Law, Authority, and Women,* Oxford 2001, S. 307.

54 Forough Jahanbakhsh, *Islam, Democracy, and Religious Modernism in Iran. 1953 – 2000,* Leiden 2001, S. 45 f.

55 Zitiert in »Reformists Versus Conservatives in Iran«, in: *Middle East Media Research Institute* (Inquiry and Analysis Series No. 55) 9. Mai 2001. Präsident Karsai führte auch den Vorsitz bei der Erarbeitung einer neuen Verfassung für Afghanistan, die das islamische Recht mit demokratischen Grundsätzen ausbalanciert. Siehe dazu auch Carlotta Gall, »New Afghan Constitution Juggles Koran and Democracy«, in: *New York Times,* 19. Okt. 2003, A3.

56 Khaled M. Abou El Fadl, *And God Knows the Soldiers. The Authoritative and Authoritarian in Islamic Discourse,* Lanham, MD. 2001, S. 24.

57 Ayelet Savyon, »The Call for Islamic Protestantism. Dr. Hashem Aghajari's Speech and Subsequent Death Sentence«, in: *Middle East Media Research Institute* (Special Dispatch Series, Nr. 445) 2. Dez. 2002.

58 Khan, »Who Are Moderate Muslims«, s. Anm. 52.

59 Abou El Fadl, *And God Knows the Soldiers,* s. Anm. 56, S. 90, S. 134.

60 Geneive Abdo, »Some Moderate Islamic Clerics Take a New Hard Line Against US«, in: *Boston Globe,* 16. März 2003, A20.

61 Hilary MacKenzie, »Clerics Vow to Wage a Holy War. Focus of

Islamic Conference is to Appease Kurds and Form Front Against United States«, in: *Gazette* (Montreal), 24. Dez. 2002, A22.

62 Eine ausgefeilte Analyse der Implikationen dieses Begriffs liefert Shehzad Saleem, »Islam and Non-Muslims. A New Perspective«, in: *Renaissance,* 12, Nr. 3 (2003).

63 Khaled M. Abou El Fadl, »Peaceful Jihad«, in: Michael Wolfe (Hg.), *Taking Back Islam. American Muslims Reclaim Their Faith,* Emmaus, Pa. 2002, S. 37.

64 Seyyed Hossein Nasr, *The Heart of Islam,* New York 2002, S. 260.

65 The Pew Research Center for the People and the Press, *Global Attitudes. 44-Nation Major Survey (2002),* 3. Juni 2003, Frage 53b, T91.

66 Angel M. Rabasa, *Political Islam in Southeast Asia. Moderates, Radicals, and Terrorists,* New York 2003, S. 15 f.

67 Ebenda, S. 16. Stichproben und Wahlergebnisse zeigen, dass die Zahl der Indonesier, die einen islamischen Staat wollen, nicht mehr als 15 % einer Gesamtbevölkerung von etwa 200 Millionen Einwohnern entspricht; siehe R. William Liddle / Saiful Mujani, »The Real Face of Indonesian Islam«, in: *New York Times,* 10. Nov. 2003, A15.

68 Chandra Muzaffar, Interview, 10. Okt. 2001. *Muslims,* produziert von Graham Judd und Elena Mannes, 120 Min., Independent Production Fund, 2002, Video. Zugänglich auf http://www.pbs.org/wgbh/pages/frontline/shows/muslims/interviews/muzaffar.html. Zugriff am 18. 7. 2003.

69 Pew Research Center, *Global Attitudes,* s. Anm. 65, Frage 53 a, T-91.

70 »It Could be Worse«, in: *Economist,* 28. Juni 2003, S. 15 – 16.

71 Siehe z. B. Thomas L. Friedman, »Drilling for Freedom«, in: *New York Times,* 20. Okt. 2002, Sek. 4, S. 11.

72 Für diesen Hinweis habe ich Daniel A. Bell zu danken. Siehe Theodore De Bary / Irene Bloom / Joseph Adler (Hg.), *Sources of Chinese Tradition,* New York 2000. De Bary hat viel über die »kommunitaristischen« Aspekte des Konfuzianismus geschrieben; siehe z. B. William Theodore De Bary, *Asian Values and Human Rights,* Cambridge, Mass. 1998. Zum Thema Konfuzianismus und Demokratie siehe Daniel A. Bell / Hahm Chaibong (Hg.), *Confucianism for the Modern World,* New York 2003. Zu den Schriften von Han Fei Tzu siehe die kurze, ausgezeichnete Übersetzung von Burton Watson (Hg.), *Basic Writings of Mo Tzu, Hsun Tzu, and Han Fei Tzu,* New York 1967.

73 Siehe z. B. Denny Roy, »Singapore, China, and the ›Soft Authoritarian Challenge‹«, in: *Asian Survey,* 34, Nr. 3 (1994), S. 231 – 242; und

Steven J. Hood, »The Myth of Asian-Style Democracy«, in: *Asian Survey,* 38, Nr. 9 (1998), S. 853 – 866.

74 Francis Fukuyama, *Der große Aufbruch. Wie unsere Gesellschaft eine neue Ordnung erfindet,* München 2002.

75 Die vom FBI geschätzten Zahlen der Straftaten nach dem Crime Index nahmen zwischen 1992 und 2001 um 18 % ab. Federal Bureau of Investigation, *Crime in the United States 2001: Uniform Crime Reports,* Washington, D. C. (Government Priniting Office) 2002, S. 10.

76 Zu den Geburtenraten bei Teenagern siehe Brady E. Hamilton / Joyce A. Martin / Paul D. Sutton, »Births. Preliminary Data for 2002«, in: *Centers for Disease Control and Prevention National Vital Statistics Reports,* 51, Nr. 11 (2003). Zu den Zahlen, die eine Abnahme des Marihuana-Konsums in den letzten zwanzig Jahren zeigen, siehe National Center for Health Statistics, *Health, United States, 1995,* Hyattsville, Md. 1996, S. 175 f. [Tabelle 65]; National Center for Health Statistics, *Health, United States, 2002,* mit Diagrammen zu den Trends beim Gesundheitszustand von Amerikanern, Hyattsville, Md. 2003, S. 201 f. [Tabelle 64].

77 Amitai Etzioni, *My Brother's Keeper. A Memoir and a Message,* Lanham, Md. 2003, S. 319 – 363.

78 Amitai Etzioni, *The New Golden Rule. Community and Morality in a Democratic Society,* New York 1996, S. 34 – 57.

79 »Human Rights at Fifty: Program 9849«. Narr. Mary Gray Davidson. Prod. Stanley Foundation. Common Ground Radio. KWPC, Muscatine, Iowa, 8. Dezember 1998. Transkript zugänglich auf http://www.commongroundradio.org / shows/98 / 9849.html. Zugriff am 27. 1. 2003.

80 Bilahari Kausikan, »Asia's Different Standard«, in: *Foreign Policy,* Nr. 92 (1993), S. 24.

81 Zu einer ausführlichen Erörterung der Debatte um asiatische Werte, einschließlich der Kritik an der Allgemeinen Erklärung der Menschenrechte, siehe Daniel A. Bell, *East Meets West,* Princeton 2000, S. 67. Siehe ebenfalls Joanne R. Bauer / Daniel A. Bell (Hg.), *The East Asian Challenge for Human Rights,* Cambridge 1999.

82 Daniel A. Bell skizziert die Möglichkeiten für eine nicht rechtliche, gemeinschaftliche Durchsetzung von Rechten und Pflichten – zum Beispiel mit Hilfe der Mediation –, die in den asiatischen Kulturen üblicher ist. Siehe Daniel A. Bell, *East Meets Wests,* Princeton 2000, S. 76 – 78.

83 Literaturhinweise siehe Einleitung, Anm. 5.

84 »A Universal Declaration of Human Responsibilities«, in: *The Responsive Community*, 8, Nr. 2 (1998), S. 71 – 77.

2. Spezielle Elemente der globalen normativen Synthese

1 Daniel Lerner, *The Passing of Traditional Society. Modernizing the Middle East,* New York 1958.

2 Amy Guttman, »Communitarian Critics of Liberalism«, in: *Philosophy and Public Affairs,* 14, Nr. 3 (Sommer 1985), S. 319.

3 Ferdinand Tönnies, *Gemeinschaft und Gesellschaft. Grundbegriffe der reinen Soziologie* (1887), Darmstadt 1979.

4 Joseph S. Nye, Jr., *The Paradox of American Power,* Oxford 2002, S. 8 f. (dt. *Das Paradox der amerikanischen Macht,* Hamburg 2003); und Nye, *Soft Power. The Means to Success in World Politics,* New York 2004.

5 Siehe Amitai Etzioni, *A Comparative Analysis of Complex Organizations,* New York 1961.

6 Ebenda.

7 Joseph S. Nye, Jr., »U. S. Power and Strategy After Iraq«, in: *Foreign Affairs,* 82, Nr. 4 (2003), S. 66.

8 Zur Komplexität der Entscheidung, was liberal ist, siehe Hans Joas, *Kriege und Werte. Studien zur Gewaltgeschichte des 20. Jahrhunderts,* Weilerswist 2000.

9 Zu einem umfassenden Begriff von ›Autorität‹ siehe Edward Craig (Hg.), *Routledge Encyclopedia of Philosophy,* London 1998, S. 584 – 586.

10 Simon, Herbert A., *Administrative Behavior,* New York 1957, S. 125.

11 Robert Kagan, »Looking für Legitimacy in All the Wrong Places«, in: *Foreign Policy,* Nr. 137 (2003), S. 70.

12 George F. Will, »Shrinking the U. N.«, in: *Washington Post,* 20. Feb. 2003, A39.

13 Charles Krauthammer, »Victory Changes Everything …«, in: *Washington Post,* 30. Nov. 2001, A41. Siehe auch Martin Kramer in Robert B. Satloff (Hg.), *War on Terror. The Middle East Dimension,* Washington D. C. 2002, S. 17 – 24.

14 Über die verstärkte Befürwortung eines legitimierteren Handelns, siehe Amitai Etzioni, *The Monochrome Society,* Princeton 2001, S. 232 – 245.

15 Es gibt viel radikale Kritik am Imperialismus der USA. Siehe auch Tariq Ali, *Bush in Babylon. The Recolonisation of Iraq,* New York

2003; Noam Chomsky, *Hybris. Die endgültige Sicherung der globalen Vormachtstellung der USA*, Hamburg 2003; Chalmers Johnson, *The Sorrows of Empire. Militarism, Secrecy, and the End of the Republic*, New York 2003; Robert Jay Lifton, *Superpower Syndrome. America's Apocalyptic Confrontation with the World*, New York 2003; John Newhouse, *Imperial America. The Bush Assault on World Order*, New York 2003; und George Soros, *Die Vorherrschaft der USA – eine Seifenblase*, München 2004.

3. Den Kapitalismus eindämmen

1 Zu einer Diskussion dieses Punktes siehe Robert Gilpin, *The Challenge of Global Capitalism*, Princeton 2000.

2 Jeffrey Sachs, *Poland's Jump to the Market Economy*, Cambridge, Mass. 1993.

3 Siehe z. B. die Erörterung amerikanischer Einstellungen gegenüber Geld und Materialismus in Robert Wuthnow, *God and Mammon in America*, New York 1994, S. 117 – 189; und die Zusammenstellung der Erhebungsdaten des Higher Education Research Institute durch das Center for Information & Research on Civic Learning and Engagement (CIRCLE), die zeigt, dass es College-Anfängern mehr darum geht, einmal finanziell gut dazustehen, als darum, eine sinnvolle Lebensphilosophie auszubilden. Siehe CIRCLE, »Changing Priorities: Money Counts«, abrufbar auf http://www.civicyouth.org/research/areas/youth_attit.htm. Zugriff am 17. 7. 2003.

4 Obwohl das Bruttosozialprodukt in den ehemals kommunistischen Ländern steigt, ist der Prozentsatz derer, die den Eindruck haben, dass ihre Nation »2002 in die richtige Richtung geht«, relativ niedrig: 18 % in Bulgarien und Mazedonien, 28 % in Kroatien und 34 % in Rumänien. Andere Zahlen im gleichen Zusammenhang deuten darauf hin, dass sich in dieser Region die »Nutznießer der Reform selbst als Opfer des Wandels betrachten«. Siehe »Never Had It so Good. Trouble Is, It Doesn't Feel that Way«, in: *Economist*, 13. Sept. 2003, S. 69.

5 Frank M. Andrews / Stephen B. Withey, *Social Indicators of Well-Being. Americans' Perceptions of Life Quality*, New York 1976, S. 254 f.

6 Jonathan L. Freedman, *Happy People. What Happiness Is, Who Has It, and Why*, New York 1978.

7 David G. Myers / Ed Diener, »Who Is Happy?«, in: *Psychological Science* 6 (1995), S. 12 – 14.

8 Richard A. Easterlin, »Income and Happiness. Towards a Unified Theory«, in: *Economic Journal,* 111 (2001), S. 469, 471.

9 Will Hutton, *A Declaration of Interdependence. Why America Should Rejoin the World,* New York 2003.

10 Siehe unter vielen anderen Daniel Doherty / Amitai Etzioni (Hg.), *Voluntary Simplicity,* Lanham, Md. 2003; und Amitai Etzioni, *The Monochrome Society,* Princeton 2001, S. 48 – 78.

11 Abraham Maslow, *Toward a Psychology of Being,* 3. Aufl., New York 1998 (dt. *Psychologie des Seins,* 3. Ausg., Frankfurt am Main 1994); und Amitai Etzioni, *Die aktive Gesellschaft. Eine Theorie gesellschaftlicher und politischer Prozesse,* Opladen 1975, Kap. 21.

12 Siehe Etzioni, *Monochrome Society,* S. 48 – 78, über die freiwillige Einfachheit im Lebensstil.

13 Robert Fogel, *The Fourth Great Awakening and the Future of Egalitarianism,* Chicago 1999.

14 Zur Bedeutung des Konfuzianismus für eine moderne Politik und Gesellschaft siehe Daniel A. Bell / Hahm Chaibong (Hg.), *Confucianism for the Modern World,* New York 2003.

15 »Confucius and the Party Line«, in: *Economist,* 24. Mai 2003, S. 38.

16 Außer der bereits erwähnten Literatur siehe Juliet Schor, *The Overworked American. Why We Want What We Don't Need,* New York 1999, S. 111 – 142.

17 Paul Berman führt aus, warum es nutzlos ist, Terroristen mit säkularen Argumenten zu konfrontieren: »Die Anhänger des Qutb in ihrer wilden Art sprechen von riesigen Problemen der Menschen, und sie treiben einander zu Tod und Mord an. Aber von was reden die Gegner dieser Leute? Die Spitzenpolitiker reden von UN-Resolutionen, von Unilateralismus, von Multilateralismus, von Waffeninspekteuren, von Zwang und von Nichterzwingung. Das ist keine Antwort auf die Terroristen ... Wer wird vom Heiligen und vom Säkularen, von der physischen und der spirituellen Welt sprechen?« Paul Berman, »The Philosopher of Islamic Terror«, in: *New York Times,* 23. März 2003, Sek. 6, S. 24.

18 Elizabeth Shakman Hurd, »The Hidden Life of Secularism. Implications for the U. S. in Iraq«, unveröffentlichtes MS, 2003.

19 Peter L. Berger, »The Desecularization of the World. A Global Overview«, in: Peter L. Berger (Hg.), *The Desecularization of the World. Resurgent Religion and World Politics,* Washington, D. C. 1999, S. 2.

20 David B. Barrett / George T. Kunan / Todd M. Johnson, *World Christian Encyclopedia,* Band 1, Oxford 2001, S. 624.

21 Alan Aldridge, *Religion in the Contemporary World. A Sociological Introduction,* Cambridge 2000, S. 109 f.

22 Die Zahlen stammen aus Barrett / Kunan / Johnson, *World Christian Encyclopedia,* S. 793, 757 und 91.

23 Siehe z. B. Rodney Stark / Roger Finke, *Acts of Faith Explaining the Human Side of Religion,* Berkeley 2000, S. 74; David C. Lewis, *After Atheism. Religion and Ethnicity in Russia and Central Asia,* Surrey, U. K. 2000, S. 194; und Barrett / Kunan / Johnson, *World Christian Encyclopedia,* S. 603, 619.

24 Barrett / Kunan / Johnson, *World Christian Encyclopedia,* S. 191.

25 Philip Jenkins, *The Next Christendom. The Coming of Global Christianity,* Oxford 2002, S. 71 (dt. *Die Zukunft des Christentums. Eine Analyse der weltweiten Entwicklung im 21. Jahrhundert,* Gießen / Basel 2006).

26 Die Zahlen sind jeweils Barrett / Kunan / Johnson, *World Christian Encyclopedia,* S. 734 und 372 entnommen.

27 Zahlen ebenfalls aus Barrett / Kunan / Johnson, *World Christian Encyclopedia,* S. 13, 13, 360 und 360.

28 Aldrige, *Religion in the Contemporary World,* S. 106 f.

29 Gabriel A. Almond / R. Scott Appleby / Emmanuel Sivan, *Strong Religion. The Rise of Fundamentalisms Around the World,* Chicago 2003.

30 José Casanova, *Public Religions in the Modern World,* Chicago 1994, S. 5.

31 Zur Bedeutung türkischer Politik und Religion siehe außerdem Noah Feldman, *After Jihad. America and the Struggle for Islamic Democracy,* New York 2003.

32 Asla Aydintasbas, »Muslim Democrats«, in: *Wall Street Journal,* 30. Okt. 2002, A18.

33 Steven Lee Myers, »Russian Group Is Offering Values to Fill a Void«, in: *New York Times,* 16. Feb. 2003, Sek. 1, S. 8.

34 Das Experimentieren der Amerikaner mit alternativen Formen der Religion und Spiritualität beschreibt Robert Wuthnow, *After Heaven. Spirituality in America Since the 1950s,* Berkeley 1998.

35 In Skandinavien besuchen z. B. weniger als 5 % der Menschen regelmäßig einen Gottesdienst. Siehe »Happy Family«, in: *Economist,* 23. Jan. 1999, S. 3 – 7.

36 Christopher Lasch, *Das Zeitalter des Narzissmus,* München 1980.

4. Moralische Dialoge

1 Gareth Porter / Janet Welsh Brown, *Global Environmental Politics*, Boulder, Col. 1996, S. 69 – 105; Beth Simmons, »International Law and State Behavior: Commitment and Compliance in International Monetary Affairs«, in: *American Political Science Review* 94, Nr. 4 (2000), S. 819 – 835.

2 Charles Taylor argumentiert, dass es einen freiwilligen globalen Konsens zu den Menschenrechten gibt, obwohl verschiedene Kulturen bei der Rechtfertigung dieser universellen Normen uneins sein mögen. Siehe Charles Taylor, »Conditions of an Unforced Consensus on Human Rights«, in: Joanne R. Bauer / Daniel A. Bell, *The East Asian Challenge for Human Rights*, New York 1999.

3 Barbara Harff, »No Lessons Learned from the Holocaust? Assessing Risks of Genocide and Political Mass Murder Since 1955«, in: *American Political Science Review*, 97, Nr. 1 (2003), S. 57 – 73.

4 Aufgrund der Wahrnehmung eines zunehmenden Anti-Amerikanismus in der Welt drängen mehrere Gruppen darauf, diesem mit »öffentlicher Diplomatie« zu begegnen. Christopher Ross schreibt beispielsweise: »Ich freue mich über die sich durchsetzende Erkenntnis, dass es sich direkt auf die Sicherheit und das Wohl der Nation auswirkt, wie sich die US-Regierung im Ausland verständlich macht – und wem.« Siehe Christopher Ross, »Public Diplomacy Comes of Age«, in: *Washington Quarterly*, 25, Nr. 2 (Frühjahr 2002), S. 75; Antony J. Blinken, »Winning the War of Ideas«, in: *Washington Quarterly*, 25, Nr. 2 (Frühjahr 2002), S. 101 – 114; und *Finding America's Voice. A Strategy for Reinvigorating U. S. Public Diplomacy, The Council on Foreign Relations Independent Task Force Report*, New York 2003.

5 Robert Satloff, »How to Win Friends and Influence Arabs«, in: *Weekly Standard*, 18. Aug. 2003, S. 18.

6 Steven R. Weisman, »U. S. Must Counteract Image in Muslim World, Panel Says«, in: *New York Times*, 1. Okt. 2003, A1, A8.

7 Jane Perlez, »U. S. Asks Muslims Why It Is Unloved. Indonesians Reply«, in: *New York Times*, 27. Sept. 2003, A3. Hervorhebung von mir, A. E.

5. Implikationen für die amerikanische (und westliche) Außenpolitik

1 Das bekannteste Buch zur neorealistischen Theorie ist Kenneth Waltz, *Theory of International Politics,* Reading, Mass. 1979. Stephen G. Brooks beschreibt ebenfalls die rivalisierenden realistischen Theorien in: »Dueling Realisms«, in: *International Organization,* 51, Nr. 3 (Sommer 1997), S. 445 – 477.

2 Leslie H. Gelb / Justine A. Rosenthal, »The Rise of Ethics in Foreign Policy«, in: *Foreign Affairs,* 82, Nr. 3 (2003), S. 2 – 7. Audie Klotz ist der Ansicht, dass die Verurteilung der Apartheid durch die internationale Gemeinschaft auf die Existenz geteilter moralischer Normen verweist; siehe Audie Klotz, *Norms in International Relations. The Struggle Against Apartheid,* Ithaca, N. Y. 1995.

3 Siehe z. B. George W. Bush, »Remarks: U. S. Humanitarian Aid to Afghanistan«, Washington, D. C., 11. Okt. 2002. Auf http://www.whitehouse.gov / news / releases/2002 / 10/20021011 – 3.html. Zugriff am 11. 2. 2003; und David E. Sanger / James Dao, »U. S. Is Completing Plan to Promote a Democratic Iraq«, in: *New York Times,* 6. Januar 2003, A1.

4 Zu den Bemühungen der USA, 18 Länder zu demokratisieren, siehe Minxin Pei / Sara Kasper, »The ›Morning After‹ Regime Change. Should US Force Democracy Again?«, in: *Christian Science Monitor,* 15. Jan. 2003, S. 9. Siehe auch Amitai Etzioni, »A Self-Restrained Approach to Nation Building by Foreign Powers«, 2003, unveröffentlichtes Manuskript.

5 Zu diesen Elementen siehe Graham Allison, »Deepening Russian Democracy. Progress and Pitfalls in Putin's Government«, in: *Harvard International Review,* 24, Nr. 2 (2002), S. 63 f.; Archie Brown, »Russia and Democratization«, in: *Problems of Post-Communism,* 46, Nr. 5 (1999), S. 5 f.; Robert A. Dahl, *Polyarchy. Participants and Opposition,* New Haven, Conn. 1971, S. 3; und Adeed Dawisha / Karen Dawisha, »How To Build a Democratic Iraq«, in: *Foreign Affairs,* 82, Nr. 3 (2003), S. 47.

6 Freedom House, das jährlich eine Bewertung der Freiheit und Grundrechte in allen Nationen vornimmt, kommt im Jahr 2003 auf 121 »Wahldemokratien«. Siehe Adrian Karatnycky / Aili Piano / Arch Puddington (Hg.), *Freedom in the World. The Annual Survey of Political Rights and Civil Liberties 2003,* New York 2003, S. 707.

7 Zu einer Untersuchung der in den USA herrschenden Neigung,

Demokratie zu exportieren, siehe Gideon Rose, »Democracy Promotion and American Foreign Policy«, in: *International Security,* 25, Nr. 3 (2000/2001), S. 186 – 203.

8 Siehe z. B. Robert D. Kaplan, *The Coming Anarchy,* New York 2000.

9 Fareed Zakaria, *The Future of Freedom. Illiberal Democracy at Home and Abroad,* New York 2003.

10 Fareed Zakaria vertritt die Ansicht, dass »die Eile, mit der man im Laufe der letzten Jahrzehnte Länder zu Wahlen gedrängt hat, in vielen Fällen kontraproduktiv gewesen ist«. Zakaria, *Future of Freedom,* S. 155.

11 Mathews zitiert bei Lawrence F. Kaplan, »Democrats Against Democracy«, in: *Wall Street Journal,* 19. März 2003, A14.

12 Siehe Amy Chua, *World on Fire. How Exporting Free Market Democracy Breeds Ethnic Hatred and Global Instability,* New York 2003 (dt. *Die Welt in Flammen. Wie Demokratie zu Rassismus und Unterdrückung führen kann,* München 2011, im Erscheinen).

13 Siehe z. B. Larry Diamond/Juan J. Linz/Seymour Martin Lipset (Hg.), *Politics in Developing Countries. Comparing Experiences with Democracy,* 2. Aufl., Boulder, Col. 1995; Guillermo O'Donnell/Philippe C. Schmitter, *Transitions from Authoritarian Rule. Tentative Conclusions About Uncertain Democracies,* Baltimore 1986; Dietrich Rueschemeyer/Evelyne Huber Stephens/John D. Stephens, *Capitalist Development and Democracy,* Chicago 1992; Samuel P. Huntington, *Political Order in Changing Societies,* New Haven, Conn. 1968; und Adam Przeworski et al., »What Makes Democracies Endure?«, in: *Journal of Democracy,* 7, Nr. 1 (1996), S. 37 – 55.

14 Ithiel de Sola Pool, *Technologies of Freedom,* Cambridge, Mass. 1983.

15 Einen anderen Standpunkt vertritt Mark Palmer, *Breaking the Real Axis of Evil,* Lanham, Md. 2003.

16 Als frühere französische Kolonie gestattet die Elfenbeinküste den französischen Truppen die Stationierung innerhalb ihrer Grenzen. Bis zum Staatsstreich von 2002 war die Elfenbeinküste eine relativ stabile ehemalige Kolonie. Nach dem Staatsstreich verstärkte Frankreich jedoch seine Truppenpräsenz, und obwohl es in dem Konflikt eigentlich neutral bleiben wollte, verteidigte es die Regierung gegen einen versuchten Umsturz.

17 Zu einer besonders fundierten Berichterstattung über den Gegenstand siehe Glenn Kessler/Robin Wright, »Realities Overtake Arab Democracy Drive«, in: *Washington Post,* 3. Dez. 2003, A22 f.

18 *The Journal of Democracy,* eine vierteljährliche Publikation der ›National Endowment for Democracy's International Forum for

Democratic Studies‹ und The Johns Hopkins University Press widmet sich diesen Fragen.

19 Pei / Kasper, »The ›Morning After‹ Regime Change«, S. 9. Nancy Berneo argumentiert, das Scheitern von Demokratien erfolge aufgrund der Manipulation durch politische Eliten und nicht infolge der stereotyp auftauchenden, wütenden, polarisierten Massen. Siehe Nancy Berneo, *Ordinary People in Extraordinary Times. The Citizenry and the Breakdown of Democracy,* Princeton 2003.

20 Theoretiker haben viele verschiedene Vorbedingungen für Demokratie ausgemacht, siehe unter anderem folgende Autoren: Allison, »Deepening Russian Democracy«, S. 62 – 67; Brown, »Russia and Democratization«, S. 3 – 13; Robert Dahl, *Democracy and Its Critics,* New Haven, Conn. 1989; Dahl, *Polyarchy;* A. Dawisha / K. Dawisha, »How To Build a Democratic Iraq«, S. 36 – 50; Larry Diamond / Juan J. Linz / Seymour Martin Lipset (Hg.), *Politics in Developing Countries. Comparing Experiences with Democracy,* 2. Aufl., Boulder, Col. 1995; Juan J. Linz / Alfred Stepan, *Problems of Democratic Transition and Consolidation. Southern Europe, South America, and Post-Communist Europe,* Baltimore 1996; Guillermo O'Donnell / Philippe C. Schmitter, *Transitions from Authoritarian Rule. Tentative Conclusions About Uncertain Democracies,* Baltimore 1986; und Adam Przeworski et al., »What Makes Democracies Endure?«, in: *Journal of Democracy,* 7, Nr. 1 (1996), S. 37 – 55.

21 Max Boot, »What Next? The Bush Foreign Policy Agenda Beyond Iraq«, in: *Weekly Standard,* 5. Mai 2003, S. 29.

22 Siehe z. B. Stephen E. Ambrose, »The Master (Nation) Builder«, in: *National Review,* 11. März 2002, S. 30 – 32; Bob Geldof, »A Continent in Crisis.We must Act Now to Prevent Apocalypse«, in: *Observer* (London), 15. Juni 2003, S. 20; und Gordon Brown, »Marshall Plan for the Next 50 Years«, in: *Washington Post,* 17. Dez. 2001, A23.

23 Siehe Niall Ferguson, »Empire on a Shoestring«, in: *Washington Post,* 20. Juli 2003, B1, und Ferguson, »The Empire Slinks Back«, in: *New York Times Magazine,* 27. April 2003, S. 52 – 57.

24 Paul M. Kennedy, *Aufstieg und Fall der großen Mächte. Ökonomischer Wandel und militärische Konflikte von 1500 bis 2000,* Frankfurt a. M. 2000. Andere sind der Meinung, Kennedys Vorhersagen fiskalischer Überbeanspruchung können sich heute bewahrheiten, aber nicht wegen einer ausufernden Verpflichtung militärischer Truppen in Übersee, sondern vielmehr wegen der sich verändernden landeseigenen Demographie, z. B. einer alternden Bevölkerung, und chro-

nischer Haushaltsdefizite. Siehe Niall Ferguson / Laurence J. Kotlikoff, »Going Critical. American Power and the Consequences of Fiscal Overstretch«, in: *National Interest*, Nr. 73 (Herbst 2003), S. 22 – 32.

25 Chalmers A. Johnson, *Ein Imperium verfällt. Wann endet das amerikanische Jahrhundert?*, München 2000.

26 Charles Krauthammer macht darauf aufmerksam, dass »die USA ökonomisch nicht überbeansprucht sind. Psychologisch kommen wir aber an unsere Grenzen«, in Charles Krauthammer, »Help Wanted. Why America Needs To Lean Hard on Its Allies to Lend a Hand in Iraq«, in: *Time*, 1. Sept. 2003, S. 72.

27 Jane Perlez, »Saudis Quietly Promote Strict Islam in Indonesia«, in: *New York Times*, 5. Juli 2003, A3.

28 Richard N. Haass, »Sanctioning Madness«, in: *Foreign Affairs*, 76 (1997), S. 75 – 79. Siehe auch Puneet Talwar, »Iran in the Balance«, in: *Foreign Affairs*, 80 (2001), S. 58 – 71; Richard N. Haass / Meghan L. O'Sullivan (Hg.), *Honey and Vinegar. Incentives, Sanctions, and Foreign Policy*, Washington, D. C. 2000; Suzanne Maloney, »America and Iran. From Containment to Coexistence«, in: *Policy Brief No. 87*, Washington, D. C., August 2001.

29 Zu Fallstudien, welche die Effektivität des Engagements in so unterschiedlichen Ländern wie China, Irak, Nordkorea, Südafrika, der Sowjetunion und Vietnam belegen, siehe die Artikel in Haass / O'Sullivan, *Honey and Vinegar*. Andere Texte, die für das Engagement sprechen, sind: Talwar, »Iran in the Balance«, S. 58 – 71; Haass, »Sanctioning Madness«, S. 74 – 85; und Joseph S. Nye, Jr., »The Case for Deep Engagement«, in: *Foreign Affairs*, 74, Nr. 4 (1995), S. 90 – 102. Das klassische Argument für die Isolierung bringt der frühere Senator Jesse Helms, »What Sanctions Epidemic?«, in: *Foreign Affairs*, 78, Nr. 1 (1999), S. 1 – 7.

30 Die chinesische Regierung hat sich in Reaktion auf ökonomischen Druck weiter geöffnet. So hatte China in der Vergangenheit die meisten Regierungsinformationen geheimgehalten, musste aber, um der WTO beitreten zu können, alle Vorschriften öffentlich machen, die Handel und Investment im Inland betrafen. Seitdem hat China angefangen, ein Informationsfreiheitsgesetz zu schaffen, das die Bürger in die Lage versetzen wird, eine ganze Reihe Informationen zu beziehen, die zuvor geheim waren. Siehe »The Right To Know«, in: *Economist*, 25. Okt. 2003, S. 40.

31 »U. S. Gains Libyan Nuclear Gear And Flies It to Knoxville, Tenn.«, in: *New York Times*, 28. Jan. 2004, A4.

32 Im Jahr 2011 wurde Gadaffi wegen der Verletzung von Menschenrechten angegriffen, was in eine Aktion in Richtung Regimewechsel umgeschlagen ist. Welche Verbrechen auch immer er 2011 und vorher begangen hat, sie entwerten dennoch nicht, dass er früher einen größeren Beitrag zum Weltfrieden geleistet hat. Wenn die Führer von Iran, Nordkorea sowie von Indien und Pakistan dasselbe heute tun würden, dann wäre die Welt ein besserer Ort – selbst wenn sie ihren Umgang mit den Menschenrechten nicht geändert hätten, so überaus wünschenswert dies ist.

33 Helms, »What Sanctions Epidemic?«, S. 5.

34 Katherine Marshall, »Development and Religion. A Different Lens on Development Debates«, in: *Peabody Journal of Education,* 76 (2001), S. 339.

35 Anshuman A. Mondal, »Liberal Islam?«, in: *Prospect,* Januar 2003, S. 31.

36 Zur Bedeutung von Religion im öffentlichen Leben siehe Ashis Nandy, »An Anti-Secularist Manifesto«, in: *The Romance of the State. And the Fate of Dissent in the Tropics,* New York 2002, S. 34 – 60.

37 Mary Ann Glendon, *Rights Talk. The Impoverishment of Political Discourse,* New York 1991.

38 Joseph R. Biden, Jr., »Statement on Afghan Relief and Reconstruction«, 3. Okt. 2001. Zugänglich auf http://foreign.senate.gov/Democratic/press/statements/statements_011003.html. Zugriff am 5. 5. 2003.

39 Deborah Loh, »Malaysian Education System Can Be Good Model for Afghanistan«, in: *New Straits Times* (Malaysia), 9. Jan. 2002, S. 7.

40 Präsident Bush legte im September 2003 einen Entwurf für Bestimmungen vor, die es mehr karitativen, religiösen Gruppen erlauben sollten, sich um staatliche Mittel zu bewerben, um auf diese Weise seine Aktion einer konfessionell gebundenen Initiative auszuweiten. Das Ministerium für Gesundheit und Soziales hatte schon während der Amtszeit von Bush 30,5 Millionen Dollar an über 80 konfessionell gebundene Organisationen in 45 Staaten vergeben. Ausführlicher dazu siehe Deb Riechmann, »U. S. Allowing Funds to Religious Groups«, in: *Associated Press,* 22. Sept. 2003.

41 Michael Tanner, »Corrupting Charity«, in: *USA Today Magazine,* September 2001, S. 16.

42 Catholic Charities, »Frequently Asked Questions: General«. Zugänglich auf http://www.catholiccharitiesinfo.org/faqs/general.htm. Zugriff am 6. 5. 2003.

43 Joseph R. Hagal, »Faith-Based Community Development: Past, Present, Future«, in: *America,* 23. April 2001, S. 15.

44 Siehe Sophie van Bijsterveld, *The Empty Throne. Democracy and the Rule of Law in Transition,* Utrecht 2002.

45 Die beiden bekanntesten Definitionen des Multilateralismus stammen von Robert O. Keohane und John G. Ruggie. Keohane definiert den Multilateralismus als »die Praxis, nationale Strategien in Gruppen von drei oder mehr Staaten zu koordinieren«. Siehe Robert O. Keohane, »Multilateralism. An Agenda for Research«, in: *International Journal,* 45 (1990), S. 731. Ruggie unterscheidet zwischen dieser nominalen Definition und seiner eigenen qualitativen Definition des Multilateralismus: »eine institutionelle Form, die Beziehungen zwischen drei oder mehr Staaten auf der Basis verallgemeinerter Verhaltensgrundsätze koordiniert: das heißt Prinzipien, die für eine Klasse von Handlungen ein angemessenes Verhalten bestimmen, ohne Rücksicht auf die partikularistischen Interessen der Parteien oder die strategischen Erfordernisse, die bei irgendeinem besonderen Vorkommnis existieren mögen.« John Gerard Ruggie, »Multilateralism. The Anatomy of an Institution«, in: J. G. Ruggie (Hg.), *Multilateralism Matters. The Theory and Praxis of an Institutional Form,* New York 1993, S. 11. In einem späteren Werk bestimmt Ruggie den Multilateralismus als eine »internationale Ordnung, in der die Vereinigten Staaten bemüht sind, bestimmte, leicht kommunitaristische Prinzipien einzusetzen und nach ihnen zu leben«. John Gerard Ruggie, *Winning the Peace. America and World Order in the New Era,* New York 1996, S. 4.

46 Joseph S. Nye, Jr., *The Paradox of American Power. Why the World's Only Superpower Can't Go It Alone,* New York 2002, S. 158 (dt. *Das Paradox der amerikanischen Macht,* Hamburg 2003).

47 Das klassische Werk zu diesem Thema ist E. Allen Lind / Tom R. Tyler, *The Social Psychology of Procedural Justice,* New York 1988.

48 Stephen Zunes, »United Nations Security Council Resolutions Currently Being Violated by Countries Other than Iraq«, in: *Foreign Policy in Focus,* 28. Feb. 2003. Zugänglich auf http://www.globalpolicy.org/security/issues/israel-palestine/2003/0228vio.htm. Zugriff am 21. 11. 2003.

49 Ebenda.

50 Die Hutus beispielsweise verbreiteten ihre Absichten über das Radio, lange bevor der Völkermord begann. Siehe Philip Gourevitch, *We Wish To Inform You that Tomorrow We Will Be Killed With our*

Families. Stories from Rwanda, New York 1999; und Fergal Keane, *Season of Blood. A Rwandan Journey,* New York 1995.

51 Siehe unter anderem, William Alonso, »Citizenship, Nationality, and Other Identities«, in: *Journal of International Affairs,* 48 (1995), S. 585 – 599; Rainer Baubock, *Transnational Citizenship. Membership and Rights in International Migration,* Brookfield, Vt. 1995; Richard Munch, *Nation and Citizenship in the Global Age. From National to Transnational Ties and Identities,* New York 2001; Daniel M. Weinstock, »Prospects for Transnational Citizenship and Democracy«, in: *Ethics & International Affairs,* 15, Nr. 2 (2001), S. 53 – 66. Siehe auch die Website der World Service Authority, die Reisepässe und andere Dokumente für »Weltbürger« ausgibt: http://www.worldgovernment.org.

52 Max Boot, »America's Destiny Is to Police the World«, in: *Financial Times* (London), 17. Feb. 2003, S. 21; Max Boot, »American Imperialism? No Need to Run Away from Label«, in: *USA Today,* 5. Mai 2003, 15A; und Max Boot, *The Savage Wars of Peace. Small Wars and the Rise of American Power,* New York 2002. Siehe auch Niall Ferguson, *Empire. The Rise and Demise of the British World Order and the Lessons for Global Power,* New York 2003.

53 Joshua Muravchik, *The Imperative of American Leadership. A Challenge to Neo-Isolationism,* Washington, D. C. 1996.

54 Wright ist der Auffassung, dass zwar die Geschichte vorzugeben scheint, dass Amerika diesen Weg nehmen wird, der ihm zuwachsenden globalen Mission aber die moralische Herausforderung innewohnt, die wechselseitige Abhängigkeit der Menschheit zu akzeptieren. Eine Abhängigkeit, in welcher »unser Wohlergehen entscheidend mit dem Wohlergehen der anderen verknüpft ist, und unsere Freiheit von dem wohlwollenden Verständnis der anderen abhängt«. Robert Wright, »Two Years Later, a Thousand Years Ago«, in: *New York Times,* 11. Sept. 2003. Zur Idee eines zufälligen amerikanischen Imperiums siehe z. B., »Show Me the Way to Go Home«, in: *Economist,* 15. Aug. 2003, S. 10; und Sebastian Mallaby, »The Reluctant Imperialist. Terrorism, Failed States, and the Case for American Empire«, in: *Foreign Affairs,* 81, Nr. 2 (2002), S. 2 – 7.

55 Zur Berichterstattung über Bushs Äußerungen siehe Peter Ford, »Europe Cringes at Bush ›Crusade‹ against Terrorists«, in: *Christian Science Monitor,* 19. Sept. 2001, S. 12. Zur Berichterstattung über die Äußerungen von Generalleutnant William G. Boykin siehe Douglas Jehl, »The Struggle for Iraq: Pentagon; U. S. General Apologizes for Remarks About Islam«, in: *New York Times,* 18. Okt. 2003, A6.

6. Globale Agenden: Hobbes versus Locke

1 Nach Vietnam fürchteten die Vereinigten Staaten zunehmend Konstellationen, bei denen ihr Militär in die inneren Konflikte anderer Länder oder in eine »schleichende Mission« verwickelt werden könnte. Dieser Ausdruck verbreitete sich ganz besonders nach dem Debakel in Somalia: siehe z. B. John R. Bolton, »Wrong Turn in Somalia«, in: *Foreign Affairs,* 73, Nr. 1 (1994), S. 56 – 66, und Susan D. Miller, »Locating Accountability. The Media and Peacekeeping«, in: *Journal of International Affairs,* 55 (2002), S. 369 – 390.

2 Marrack Goulding beurteilt die verschiedenen Instrumente, die genutzt werden können, um mit tyrannischen Regierungen fertig zu werden, darunter die Diplomatie, Wirtschaftssanktionen, internationale Gerichte und militärische Interventionen. Siehe Marrack Goulding, »Deliverance from Evil«, in: *Global Governance,* 9, Nr. 2 (April / Juni 2003), S. 147 – 152.

3 Umfassende Sanktionen von der Art, wie sie gegen Saddams Irak und Castros Kuba eingesetzt wurden, üben ebenfalls Zwang aus. Deshalb sollten sie auch ähnlich behandelt werden. Ich verwende den Ausdruck »umfassend«, weil begrenzte Sanktionen, wie etwa ein Importverbot gentechnisch veränderter Lebensmittel, wohlweislich als Teil der Handelsvereinbarungen zwischen freien Ländern gelten können und nicht dieselben Fragen aufwerfen wie umfassende Sanktionen.

4 Ich verwende diesen Ausdruck so, wie er in der politikwissenschaftlichen Literatur und im gewöhnlichen Sprachgebrauch normalerweise verwendet wird. Siehe z. B. Dolf Sternberger, *International Encyclopedia of the Social Sciences,* Band 9, Stichwort »legitimacy«. Ich bin mir der Fragen bewusst, die dies aufwirft, insbesondere dahingehend, wessen Werte darin einbezogen sind, und im Hinblick auf den Relativismus. Ich habe mich bereits an anderer Stelle damit befasst; siehe Kapitel 8 von *The New Golden Rule. Community and Morality in a Democratic Society,* New York 1996 (dt. *Die Verantwortungsgesellschaft. Individualismus und Moral in der heutigen Demokratie,* Berlin 1999) und hoffe, künftig noch auf die Problematik zurückzukommen.

5 Etzioni, *New Golden Rule,* S. 217 – 257.

6 Siehe z. B. G. John Ikenberry, *After Victory. Institutions, Strategic Restraint, and the Rebuilding of Order after Major Wars,* Princeton 2001; und Joseph S Nye, Jr., *Das Paradox amerikanischer Macht,* Hamburg 2003.

7 Lawrence Korb verweist darauf, dass Amerikas Recht, sich gegen »die jüngste Verbindung des Radikalismus mit zerstörerischen Techniken« zur Wehr zu setzen, kein Hinderungsgrund sein sollte, mit anderen Nationen zu kooperieren, um globale Gefährdungen der Sicherheit zu verringern. Lawrence J. Korb, *A New National Security Strategy in an Age of Terrorists, Tyrants, and Weapons of Mass Destruction, A Council on Foreign Relations Policy Initiative,* New York 2003, S. 35.

8 Zu einer Analyse der Notwendigkeit von Sicherheit und Ordnung als Ergänzung zu einer moralischen Außenpolitik siehe Stanley Hoffmann, »In Defense of Mother Teresa. Morality in Foreign Policy«, in: *Foreign Affairs,* 75, Nr. 2 (1996), S. 172 – 175.

9 Vgl. Hedley Bull, *The Anarchical Society. A Study of Order in World Politics,* New York 1977, S. 46.

10 Siehe z. B. Daniel Kahneman / Amos Tversky, »Prospect Theory. An Analysis of Decision Under Risk«, in: *Econmetrica,* 47 (1979), S. 263 – 291.

11 Zu einer ausgezeichneten Diskussion dieser Punkte siehe Ashton B. Carter, »Overhauling Counterproliferation«, in: *Technology in Society,* 26, Nr. 2 und 3 (April / Juli 2004); Scott D. Sagan, »The Perils of Proliferation in South Asia«, in: *Asian Survey,* Nov. / Dez. 2001, S. 1064 – 1086; und Tod Lindberg, »Deterrence and Prevention. Why a War against Saddam Is Crucial to the Future of Deterrence«, in: *Weekly Standard,* 2. Feb. 2003.

12 Henry Sokolski ist der Meinung, die US-Regierung solle sich als Erstes um Algeriens Nuklearwaffenprogramm kümmern, bevor sie auf die Kernwaffenpläne von Nordkorea und Iran reagiert. Henry Sokolski, »The Qaddafi Precedent«, in: *Weekly Standard,* 26. Jan. 2004, S. 12 f.

13 Auf der anderen Seite sagt Matake Kamiya, Japan sei nicht willens und auch nicht fähig, jemals eine Atommacht zu werden. Siehe Matake Kamiya, »Nuclear Japan. Oxymoron or Coming Soon?«, in: *Washington Quarterly,* 26, Nr. 1 (2003), S. 63 – 75.

14 Praful Bidwai und Achin Vanaik vertreten den Standpunkt, Indiens Kernwaffenprogramm sei ursprünglich von der Bharatiya Janata Party (BJP) als eine Trophäe gesehen worden und ohne große Erwägung seiner strategischen Implikationen verfolgt worden. Siehe Praful Bidwai / Achin Vanaik, *New Nukes. India, Pakistan, and Global Nuclear Disarmament,* New York 2000.

15 K. Shankar Bajpai skizziert das Argument für eine amerikanische Beteiligung an der Vermittlung zwischen Indien und Pakistan in

»Untangling India and Pakistan«, in: *Foreign Affairs,* 82, Nr. 3 (2003), S. 112 – 126.

16 Insbesondere Probleme im Zusammenhang mit Gewalt zwischen den Religionen im Inland. Jüngste Wahlen im indischen Staat Gujarat haben eine Welle Hindu-Nationalisten an die Macht gebracht, die vorhandene Spannungen nach muslimischen Unruhen, die zum Tod von 59 Hindus führten, verschärfen könnten. Dazu ausführlicher Amy Waldman, »A Secular India, or Not? At Strife Scene, Vote Is Test«, in: *New York Times,* 12. Dez. 2002, A16. Siehe auch John Lancaster, »Hindu Nationalists Win Indian State Election; Riot-Torn Gujarat Picks Hard-Liners«, in: *Washington Post,* 16. Dez. 2002, A16.

17 Siehe dazu Fußnote 32 von Kapitel 5.

18 Carla Anne Robbins, »The U. N.: Searching for Relevance – Operation Bypass: Why U. S. Gave U. N. No Role in Plan To Halt Arms Ships – Sole Superpower's Approach To Fighting Proliferation Challenges the World Body – A Boarding on the High Seas«, in: *Wall Street Journal,* 21. Okt. 2003, A1.

19 Mark Valencia, »Pressing for Sea Change«, in: *Washington Times,* 25. Aug. 2003, A15.

20 Philip Shenon, »U. S. Reaches Deal to Limit Transfers of Portable Missiles«, in: *New York Times* (London), 21. Okt. 2003, A1.

21 Judy Dempsey, »EU Foreign Ministers Agree Policy on WMD Strategy Document«, in: *Financial Times* (London), 17. Juni 2003, S. 9.

22 Diese Aktivitäten sind Teil des ›Nunn-Lugar Cooperative Threat Reduction Program‹. Informativ zu diesem Programm ist unter anderem Gilles Andréani, »The Disarray of US Non-Proliferation Policy«, in: *Survival,* 41, Nr. 4 (1999 – 2000), S. 42 – 61.

23 Informationen zu dem Rahmen-Kontrollprogramm in den USA und der EU und zur ›U. S. Enhanced Proliferation Control Initiative‹, siehe Henry D Sokolski, *Best of Intentions. America's Campaign Against Strategic Weapons Proliferation,* Westport, Conn. 2001, S. 108; und David A. Cooper, *Competing Western Strategies against the Proliferation of Weapons of Mass Destruction, Westport,* Conn. 2002, S. 64.

24 Ausführlicher dazu Graham Allison, »How to Stop Nuclear Terror«, in: *Foreign Affairs,* 83, Nr. 1 (2004), S. 64 – 74; und Lee Feinstein/ Anne-Marie Slaughter, »A Duty to Prevent«, in: *Foreign Affairs,* 83, Nr. 1 (2004), S. 136 – 150.

25 Henry Sokolski, »Nukes on the Loose«, in: *Weekly Standard,* 23. Juni 2003, S. 21.

26 Robert Wright, »A Real War on Terrorism. The Threat of Terrorism Naturally Grows«, in: *Slate,* 4. Sept. 2002. Zugänglich auf http://slate.msn.com/id/2070210/entry/2070799. Zugriff am 24. 7. 2003.

27 Mehr zu den START-Verträgen siehe bei Amy F. Woolfe, »91 139: Strategic Arms Reduction Treaties (START I & II): Verification and Compliance Issues«, in: *Congressional Research Service Reports,* 22. Nov. 1996. Informationen zum Moskauer Vertrag siehe bei Drake Bennett, »Critical Mess. How the Neocons are Promoting Nuclear Proliferation«, in: *American Prospect,* 1. Juli 2003, S. 49. Die Nuclear Threat Initiative ist eine nützliche Quelle, um sich über Bemühungen zu informieren, die dem Einsatz und der Proliferation von WMD vorbeugen sollen. Ihre Website http://www.nti.org bietet tägliche Nachrichten und auch gründlichere Berichte.

28 Victor Zaborsky, »What to Control and How to Control: Nonproliferation Dilemmas«, in: *World Affairs,* 161, Nr. 2 (1998), S. 96. Eine vollständige Liste der Nationen, die entweder auf Kernwaffenprogramme verzichtet haben oder sich entschieden haben, sie aufzugeben, findet sich bei Ariel E. Levite, »Never Say Never Again«, in: *International Security,* 27, Nr. 3 (2002/2003), S. 62.

29 Bennett, »Critical Mess«, S. 50.

30 Zaborsky, »What to Control«, S. 97.

31 Carlos Feu Alvim, »2000 NPT Review Conference: Statements«, 27. April 2000.

32 *The Nunn-Lugar Vision 1992–2002,* Washington, D. C. (Nuclear Threat Initiative), o. J., verschiedene Seiten.

33 Ebenda.

34 Ebenda, S. 2.

35 Ebenda, S. 3.

36 Ebenda.

37 Mit der Operation namens »Project Vinca« wurden im August 2002 48 Kilogramm hochangereichertes Uran aus einer Produktionsanlage in Jugoslawien entfernt und in ein sichereres Lager in Russland verbracht. Zu einer Untersuchung der Vorteile eines Ankaufs hochangereicherten Urans von angreifbaren Nationen sowie anderer nützlicher Verfahren siehe Matthew Bunn/Anthony Wier/John Holdren, *Controlling Nuclear Warheads and Materials. A Report Card and Action Plan,* Washington, D. C. (Nuclear Threat Initiative und Project on Managing the Atom, Harvard University, März 2003), S. 115–118.

38 Susan B. Glasser, »Russia Takes Back Uranium from Romania; U. S.

Paid for Move to Avert Threat«, in: *Washington Post,* 22. September 2003, A16.

39 Die IAEA benötigt harte Macht, und zwar nicht nur um geregelte Inspektionen sicherzustellen, sondern auch um die Bestimmungen des Atomwaffensperrvertrag aufrechterhalten zu können; z. B. zu verhindern, dass Nationen wie Iran atomwaffenfähiges Material erhalten. Siehe »Iran's Nuclear Ambitions. Tightening the Rein«, in: *Economist,* 13. Sept. 2003, S. 12.

40 »United Nations Peacekeeping Operations: Background Note«, 18. Juni 2003. Zugänglich auf http://www.un.org/peace/bnote010101.pdf. Zugriff am 27. 8. 2003.

41 David Rohde, »Dutch UN Peacekeepers Questioned as US, NATO Prep for Bosnia Mission«, in: *Christian Science Monitor,* 25. Okt. 1995, S. 7.

42 Was ich unter diesen deontologischen Begriffen verstehe, erläutere ich in: Etzioni, *New Golden Rule,* S. 217 – 257.

43 Siehe z. B. Samantha Power, *A Problem from Hell. America and the Age of Genocide,* New York 2002. Siehe auch Nicholas J. Wheeler, *Saving Strangers. Humanitarian Intervention in International Society,* Oxford 2003; und Gareth Evans / Mohamed Sahnoun, »The Responsibility to Protect«, in: *Foreign Affairs,* 81, Nr. 6 (Nov. / Dez. 2002), S. 99 – 110.

44 Zur ausführlicheren Diskussion dieser Themen siehe Mohammed Ayoob, »Humanitarian Intervention and International Society«, in: *Global Governance,* 7, Nr. 3 (Juli – Sept. 2001), S. 225 – 230; Fiona Terry, *Condemned to Repeat? The Paradox of Humanitarian Intervention,* Ithaca 2002; Larry Minear, *The Humanitarian Enterprise. Dilemmas and Discoveries,* Bloomfield 2002; und David Rieff, *A Bed for the Night. Humanitarianism in Crisis,* New York 2002.

45 Obwohl David Frumkin der Ansicht ist, dass die humanitären Interventionen im Kosovo und anderswo relativ einfach waren, im Vergleich mit den enormen Schwierigkeiten, die mit der Friedenserhaltung in von Konflikten zerrütteten Regionen verbunden sind. Siehe David Frumkin, *Kosovo Crossing. American Ideals Meet Reality on the Balkan Battlefields,* New York 1999.

46 Siehe die Essays in »A Decade of Humanitarian Intervention«, in: *Orbis* 45 (2001), S. 495 – 578; Rieff, *A Bed for the Night;* und Nicholas J. Wheeler, *Saving Strangers. Humanitarian Intervention in International Society,* Oxford 2003.

47 Kenneth L. Cain, »Send the Marines«, in: *New York Times,* 8. Aug. 2003, A21; und Colum Lynch, »Rights Activists Worried By Afri-

can Peacekeepers«, in: *Washington Post,* 5. Aug. 2003, A10; Rachel Bronson verteidigt diese Standby-Lösung in »When Soldiers Become Cops«, in: *Foreign Affairs,* 81, Nr. 6 (Nov. / Dez. 2002, S. 122 – 132).

48 Nicholas J. Wheeler / Tim Dunne, »East Timor and the New Humanitarian Interventionism«, in: *International Affairs,* 77 (2001), S. 805 – 827.

49 Douglas Farah, »Sierra Leone Gets Pledge of British Aid; Official Says Ships Will Stay after Most Troops Leave«, in: *Washington Post,* 9. Juni 2000, A28.

50 Lawrence Freedman / Efraim Karsh, *The Gulf Conflict 1990 – 1991,* Princeton 1993, xxix.

51 Michael Ignatieff, »The Burden«, in: *New York Times Magazine,* 5. Jan. 2003, S. 22 – 27+.

52 Stockholm International Peace Research Institute, »Recent Trends in Military Expenditure«. Zugänglich auf http://projects.sipri.org/milex/mex_trends.html. Zugriff am 8. 9. 2003.

53 Immanuel Kant war vielleicht der Erste, der in *Zum ewigen Frieden* (1796) über die Möglichkeiten des Friedens unter gleichgesinnten Staaten schrieb. Kant, *Zum ewigen Frieden. Ein philosophischer Entwurf, in: Schriften zur Anthropologie, Geschichtsphilosophie, Politik und Pädagogik,* Band I, Frankfurt am Main 1978; siehe auch Bruce Russett / John Oneal, *Triangulating Peace. Democracy, Interdependence, and International Organizations,* New York 2001. Zur demokratischen Friedenstheorie siehe u. a. Michael J. Doyle, »Liberalism and World Politics«, in: *American Political Science Review,* 80 (1986), S. 1151 – 1169; David Lake, »Powerful Pacifists. Democratic States and War«, in: *American Political Science Review,* 86 (1992), S. 24 – 38; und John Owen, »How Liberalism Produces Democratic Peace«, in: *International Security,* 19, Nr. 2 (1992), S. 87 – 125. Zur Kritik an der demokratischen Friedenstheorie siehe u. a. Henry Farber / Joanne Gowa, »Polities and Peace«, in: *International Security,* 20, Nr. 2 (1995), S. 123 – 147; Errol A. Henderson, *Democracy and War. The End of an Illusion?,* Boulder, Col. 2002; Christopher Layne, »Kant or Cant. The Myth of the Democratic Peace«, in: *International Security,* 19, Nr. 2 (1994), S. 5 – 94; und David Spiro, »The Insignificance of the Democratic Peace«, in: *International Security,* 19, Nr. 2 (1994), S. 50 – 86.

54 Kenneth A. Schultz ergänzt das Argument des Weltfriedens um eine Nuance, indem er mit der Spieltheorie den Nachweis führt, dass die Existenz demokratischer Institutionen die Wahrscheinlichkeit ver-

ringert, dass ein Staat einen Konflikt beginnt. Kenneth A. Schultz, *Democracy and Coercive Diplomacy,* Cambridge 2001.

55 Tony Smith zitiert bei Gary T. Dempsey, »Fool's Errands. America's Recent Encounters with Nation Building«, in: *Mediterranean Quarterly,* 12, Nr. 1 (2001), S. 61.

7. Beschneidung nationaler Souveränität: Wofür?

1 Einen Überblick über die heutigen Herausforderungen für das Westfälische System bietet Chris Brown, *Sovereignty, Rights and Justice,* Cambridge 2002. Zu einer realistischen Perspektive siehe Stephen D. Krasner, *Sovereignty. Organized Hypocrisy,* Princeton 1999; und seinen Kritiker, Christian Reus-Smit, *The Moral Purpose of the State. Culture, Social Identity, and Institutional Rationality in International Relations,* Princeton 1999 sowie Daniel Philpott, *Revolutions in Sovereignty. How Ideas Shaped Modern International Relations,* Princeton 2001.

2 Lee Feinstein / Anne Marie Slaughter, »A Duty to Prevent«, in: *Foreign Affairs,* 83, Nr. 1 (2004), S. 136 – 150.

8. Das alte System ist überlastet

1 Alexander Wendt trägt ein teleologisches Argument dafür vor, weshalb eine Weltregierung unausweichlich ist. Danach wird Anarchie und internationale Instabilität die Staaten veranlassen, sich zunehmend einer universellen politischen und militärischen Organisation zu nähern. Siehe Alexander Wendt, »Why a World State is Inevitable. Teleology and the Logic of Anarchy«, in: *European Journal of International Relations,* 9, Nr. 4 (2003), S. 491 – 542.

2 Siehe David R. Johnson / David Post, »Law and Borders – The Rise of Law in Cyberspace«, in: *Stanford Law Review,* 48 (1996), S. 1367 – 1402; Lawrence Lessig, *Code, and Other Laws of Cyberspace,* New York 1999; zu den Grenzen kooperativer Bemühungen um die Kontrolle der Pornographie im Internet siehe Warren Hoge, »19 Countries Join in Raids on Internet Pornography«, in: *New York Times,* 29. Nov. 2001, A11.

3 Robert E. Hudec, *Enforcing International Trade Law. The Evolution of the Modern GATT Legal System,* Austin, Tex. 1991; Alec Stone Sweet, »The New GATT. Dispute Resolution and Judicialization of

the Trade Regime«, in: Mary L. Volcansek (Hg.), *Law above Nations. Supranational Courts and the Legalization of Politics,* Gainesville 1997, S. 118 – 141; Robert E. Hudec, »The New WTO Dispute Settlement Procedure. An Overview of the First Three Years«, in: *Minnesota Journal of Global Trade,* 8 (1999), S. 1 – 53.

4 Eine Untersuchung der besonderen Faktoren im Handel würde thematisch weit wegführen. Kurz gesagt wird der Handel offenbar von supranationalen Konzernen gestützt, die kein produktives Interesse an der Behandlung anderer Probleme haben, und er verspricht, sich auf verhältnismäßig kurze Sicht für alle Beteiligten auszuzahlen.

5 James H. Mittelman / Robert Johnston, »The Globalization of Organized Crime, the Courtesan State, and the Corruption of Civil Society«, in: *Global Governance,* 5 (1999), S. 113.

6 United States National Security Council, *International Crime Threat Assessment, Washington,* D. C. 2000. Zugänglich auf http://clinton4.nara.gov/WH/EOP/NSC/_Documents.html. Zugriff am 15. 8. 2003.

7 »BCCI Committed Fraud Worldwide, Panel Finds«, in: *St. Louis Post-Dispatch,* 2. Okt. 1992, 13A; und Mark Galeotti, »Underworld and Upperworld. Transnational Organized Crime«, in: Daphné Josselin / William Wallace (Hg.), *Non-State Actors in World Politics, Hampshire,* U. K. 2001, S. 204.

8 Mittelman / Johnston, »The Globalization of Organized Crime«, S. 113.

9 David Bickford von Inter Access Risk Management, zitiert bei Vincent Boland, »Earnings from Organized Crime Reach $ 1,000 bn«, in: *Financial Times* (London), 14. Feb. 1997, S. 16.

10 Louise I. Shelley, »Transnational Organized Crime. An Imminent Threat to the Nation-State?«, in: *Journal of International Affairs,* 48 (1995), S. 488 f., Hervorhebung von mir, A. E.

11 National Intelligence Council, »Global Trends 2015. A Dialogue about the Future with Nongovernment Experts«, Dez. 2000, S. 41. Zugänglich auf http://www.cia.gov / cia / reports / globaltrends2015/ index.html. Zugriff am 21. 3. 2003.

12 Christopher Sulavik, »Facing Down Traffickers«, in: *Time,* 25. Aug. 2003, S. 31.

13 Angeführt bei Christopher Marquis, »A Crackdown on the Traffic in Humans«, in: *New York Times,* 26. Feb. 2003, A3; und angeführt bei Carolyn Lochhead, »Sex Trade Uses Bay Area to Bring in Women, Kids«, in: *San Francisco Chronicle,* 26. Feb. 2003, A3.

14 Elizabeth Fernandez / Stephanie Salter, »Ugly Americans: Sex Tourists«, in: *San Francisco Chronicle,* 17. Feb. 2003, A1.

15 Generalstaatsanwalt John Ashcroft, zitiert bei Lochhead, »Sex Trade«, A3.

16 Vanda Carson, »Sex Tour Laws Failing to Stop Trade«, in: *The Weekend Australian*, 1. März 2003, S. 8.

17 Audrey Gillan, »Special Investigation. The Teenagers Traded for Slave Labor and Sex«, in: *Guardian* (London), 30. Juli 2003, S. 1.

18 Gary Gardner, »Accelerating the Shift to Sustainability«, in: Linda Starke (Hg.), *State of the World 2001,* New York 2001, S. 190.

19 Maude Barlow / Tony Clarke, »Who Owns Water?«, in: *Nation,* 2. – 9. Sept. 2002, S. 12.

20 Food and Agriculture Organization, *State of the World's Forests 2001,* Rome 2001, S. 46.

21 »Fisheries Depletion«, in: *The Ecologist,* 32 (2002), S. 8.

22 World Health Organization, »HIV/AIDS in Sub-Saharan Africa«, Power Point Presentation, Juli 2002. Zugänglich auf http://www.who.int / hiv / facts / ppt1/en. Zugriff am 20. 3. 2003.

23 UNAIDS und World Health Organization, *AIDS Epidemic Update,* Dez. 2002. Statistics Worldwide: 4. Statistics Russia: 12. Statistics elsewhere: 7. Zugänglich auf http://www.who.int / hiv / facts / en / epi-update_en.pdf. Zugriff am 20. 6. 2003.

24 Andy Ho, »Why Epidemics Still Surprise Us«, in: *New York Times,* 1. April 2003, A23.

25 Jack Woodall zitiert in »World Health Organization's Efforts to Develop a Worldwide Alert System to Catch Diseases Earlier«, einem Interview von Brenda Wilson in: *Morning Edition,* National Public Radio, 13. Mai 2003, Lexis / Nexis.

26 Zitiert in »Imitating Property Is Theft«, in: *Economist,* 17. Mai 2003, S. 53.

27 Ellen McCarthy, »A New Focus on Movie Piracy«, in: *Washington Post,* 14. Okt. 2002, E5; Josh Fineman, »Fast Action Could Benefit Record Labels«, in: *Gazette* (Montreal), 13. Feb. 2001, C2; »Pirates of the Information Age«, in: *Weekly Standard,* 18. März 2003, S. 1.

28 Jamie Smyth, »40 % of Business Software Programs Illegal Copies, Survey Shows«, in: *Irish Times,* 4. Juni 2003, S. 16.

29 »Pirate King Khan Gets Jail Sentence«, in: *Computer Reseller News,* 14. Juli 2003, S. 4.

30 »Imitating Property«, S. 54.

31 Die Daten wurden hochgerechnet aus CERT Coordination Center und mi2g Graphiken und Tabellen bei Bob Tedeschi, »E-Commerce Report. Crime Is Soaring in Cyberspace, but Many Companies Keep It Quiet«, in: *New York Times,* 27. Jan. 2003, C4.

32 Zitiert bei John Schwartz, »Securing the Lines of a Wired Nation«, in: *New York Times,* 4. Okt. 2001, G1.

33 Symantec Internet Security Threat Report, zitiert bei Ariana Eunjung Cha, »Despite U. S. Efforts, Web Crimes Thrive«, in: *Washington Post,* 20. Mai 2003, A14 (Tabelle).

34 Computer-Kriminalität umfasst mehr als nur das Hacken. Beamte in Deutschland deckten z. B. einen internationalen Kinderpornographie-Ring auf, an dem über 26 000 Verdächtige beteiligt waren, die beschuldigt werden, in 166 Ländern illegale Bilder in das Internet gestellt zu haben. Siehe Richard Bernstein, »Germany Says it Uncovered Huge Child Pornography Ring«, in: *New York Times,* 22. Sept. 2003, A3.

35 James Adams argumentiert, da Regierungen und Militärs mehr auf Computer angewiesen seien, würden sie für virtuelle Angriffe angreifbarer werden als je zuvor. In der Zukunft könnte der Cyberspace zur »neuen Frontlinie der Kriegsführung« werden. Siehe James Adams, »Virtual Defense«, in: *Foreign Affairs,* 80, Nr. 3 (2001), S. 98 – 112.

36 Vincent Kong, »›GateSecure‹ Against Viruses«, in: *New Straits Times* (Malaysia), 20. Juni 2002, S. 45.

37 Ariana Eunjung Cha, »Internet Dream Turn to Crime: Russian Start-Up Firm Targeted U. S. Companies«, in: *Washington Post,* 18. Mai 2003, A18.

38 »Why The Internet May Make Outlaws Of Us All«, in: *The Age* (Melbourne), 29. Juli 2000, S. 11.

39 Angeführt bei Jennifer Lee, »130 Arrested Since Jan. 1 in Internet Frauds That Snared 89 000 Victims, Ashcroft Says«, in: *Washington Post,* 17. Mai 2003, A11.

40 Zu einer Zusammenstellung internationaler Verträge siehe Focus 2003: Treaties Against Transnational Organized Crime and Terrorism. Zugänglich auf http://untreaty.un.org/English/Treaty-Event2003/index.htm. Zugriff am 29. 08. 2003.

9. Die globale Zivilgesellschaft: Ihre Reichweite und Begrenzungen

1 Zu einer allgemeinen Diskussion der INGOs siehe Josselin / Wallace, »Non-State Actors in World Politics: A Framework« und »Non-State Actors in World Politics: The Lessons«, in: Daphné Josselin / William Wallace (Hg.), *Non-State Actors in World Politics,* New York 2001, S. 1 – 20 und S. 251 – 260.

2 Siehe z. B. James N. Rosenau / Ernst-Otto Czempiel (Hg.), *Governance without Government. Order and Change in World Politics,* Cambridge 1992; Oran R. Young, *Governance in World Affairs,* Ithaca, N. Y. 1999; Thomas G. Weiss / Leon Gordenker (Hg.), *NGOs, the UN, and Global Governance,* Boulder, Col. 1996.

3 John Keane, *Global Civil Society?,* Cambridge 2003. Siehe auch Helmut Anheier / Marlies Glasius / Mary Kaldor (Hg.), *Global Civil Society 2001,* Oxford 2001.

4 Manchmal wird Governance so definiert, als sei damit nur die Regierung erfasst, siehe z. B. Wolfgang H. Reinicke, *Global Public Policy. Governing without Government?,* Washington, D. C. 1998, S. 4.

5 Siehe Fred Halliday: »The Romance of Non-State Actors«, in: *Non-State Actors,* S. 21 – 37; siehe auch Jessica Mathews, »Power Shift«, in: *Foreign Affairs,* 76, Nr. 1 (1997), S. 50 – 66; Peter Spiro, »New Global Communities. Nongovernmental Organizations in International Decision-Making Institutions«, in: *Washington Quarterly,* 18, Nr. 1 (1995), S. 45 – 56; und James N. Rosenau, »Governance in the Twenty-first Century«, in: *Global Governance,* 1 (1995), S. 13 – 43.

6 Lester M. Salamon, »Rise of the Nonprofit Sector«, in: *Foreign Affairs,* 73, Nr. 4 (1994), S. 109 f.

7 Vgl. David Held, *Democracy and the Global Order,* Stanford, Calif. 1995.

8 Wolfgang Reinicke / Francis Deng, *Critical Choices. The United Nations, Networks, and the Future of Global Governance,* Ottawa (International Development Research Centre) 2000, S. 27.

9 Zu einer Definition weicher Gesetze siehe Michael L. McKinney / Robert M. Schoch, *Environmental Science Systems and Solutions,* 3. Aufl., Boston 2003.

10 Ethan A. Nadelmann, »Global Prohibition Regimes. The Evolution of Norms in International Society«, in: *International Organization,* 44, Nr. 4 (1990), S. 515 – 517.

11 Zur internationalen Anwendung von Normen und Gesetzen siehe die Arbeiten von Harold Hongju Koh, insbesondere »How is International Human Rights Law Enforced?«, in: *Indiana Law Journal,* 74 (1999), S. 1397 - 1417; und »Why Do Nations Obey International Law?«, in: *Yale Law Journal,* 106 (1997), S. 2598 – 2659.

12 Zu einer Untersuchung der aufkommenden Rolle von INGOs in der Formulierung von UN-Verträgen sowie zu ihren Beschränkungen siehe Anne Marie Clark / Elisabeth J. Friedman / Kathryn Hochstetler, »The Sovereign Limits of Global Civil Society. A Comparison of

NGO Participation in UN World Conferences on the Environment, Human Rights, and Women«, in: *World Politics,* 51, Nr. 1 (1998), S. 1 – 35. Zu den Erfolgen transnationaler sozialer Bewegungen im Hinblick auf die Menschenrechte siehe Susan Burgerman, *Moral Victories. How Activists Provoke Multilateral Action,* Ithaca, N. Y. 2001. Der klassische Text über transnationale soziale Bewegungen allgemein ist Margaret Keck / Kathryn Sikkink, *Activists Beyond Borders. Advocacy Networks in International Relations,* Ithaca, N. Y. 1998. Zu Beispielen für erfolgreiche INGO Proteste und Boycottmaßnahmen siehe »Non-Governmental Organisations and Business. Living with the Enemy«, in: *Economist,* 9. Aug. 2003, S. 49.

13 Thomas Risse / Stephen C. Ropp / Kathryn Sikkink (Hg.), *The Power of Human Rights. International Norms and Domestic Change,* Cambridge 1999.

14 Sanjeev Khagram / James V. Rikker / Kathryn Sikkink (Hg.), *Restructuring World Politics. Transnational Social Movements, Network, and Norms,* Minneapolis 2002.

15 Elizabeth A. Donnelly, »Proclaiming Jubilee. The Debt and Structural Adjustment Network«, in: *Restructuring World Politics,* S. 164; und »Debt Relief Coalition Says Work Still Ahead«, in: *Christian Century,* 18. Feb. 2001, S. 11.

16 Sanjeev Khagram, »Restructuring the Global Politics of Development. The Case of India's Narmada Valley Dams«, in: *Restructuring World Politics,* S. 206 – 230.

17 Maggie Black, »Narmada River Rising«, in: *New Internationalist,* 350 (2002), S. 8. In Reaktion auf die massiven Demonstrationen gegen große Staudammprojekte im Narmada Valley wurde die ›World Commission on Dams‹ geschaffen. Zu einer Erörterung dieser Kommission siehe Jennifer M. Brinkerhoff, »Global Public Policy, Partnership, and the Case of the World Commission on Dams«, in: *Public Administration Review,* 62 (2002), S. 324 – 336.

18 Benjamin R. Barber, »Globalizing Democracy«, in: *American Prospect,* 11. Sept. 2000, S. 16.

19 Zur Größe und Macht dieser Körperschaften siehe David Bollier, *The Rise of Netpolitik. How the Internet Is Changing International Politics and Diplomacy,* Washington, D. C. (Aspen Institute) 2002.

20 Zu den Problemen, die sich auf die NGOs in den ehemaligen kommunistischen Ländern auswirken, siehe Sarah E. Mendelson / John K. Glenn, *The Power and Limits of NGOs. A Critical Look at Building Democracy in Eastern Europe and Eurasia,* New York 2002.

21 Zur Rolle und zum Wachstum der NGOs im Umweltschutzbereich

siehe insbesondere Thomas Princen / Matthias Finger, *Environmental NGOs in World Politics. Linking the Local and the Global,* London 1994.

22 Nadelmann, »Global Prohibition Regimes«, S. 525.

10. Neue Globale Behörden

1 Zu einer höchst bedeutsamen Untersuchung der Funktionen und Prozeduren, die in internationalen Institutionen benötigt werden, siehe Robert O. Keohane, »Governance in a Partially Globalized World«, in: *American Political Science Review,* 95, Nr. 1 (2001), S. 1 – 13.

2 In den Vereinigten Staaten nennt sich die Gruppe die World Federalist Association (früher die United World Federalists), http://www.wfa.org. Siehe auch die internationale Website der World Federalist Movement, http://www.worldfederalist.org. Zu weiteren Schriften über eine Weltregierung siehe unter zahllosen anderen Richard Falk, *Positive Prescription for the Near Future. A World Order Perspective, World Order Series Program Occasional Paper No. 20,* Princeton 1991; und James A. Yunker, *World Union on the Horizon. The Case for Supernational Federation,* Lanham, Md. 1993.

3 Eines der umfassendsten Unternehmen zur Reform der Vereinten Nationen ist ein Vorschlag der Commission on Global Governance, *Our Global Neighborhood,* New York 1995.

4 Siehe David Mitrany, *A Working Peace System, Royal Institute of International Affairs,* London 1943.

5 Anne-Marie Slaughter, »The Real New World Order«, in: *Foreign Affairs,* 76, Nr. 5 (1997), S. 183 – 197; Robert O. Keohane / Joseph S. Nye, »Transgovernmental Relations and International Organizations«, in: *World Politics,* 27, Nr. 1 (1974), S. 39 – 62; Samuel P. Huntington, »Transnational Organizations in World Politics«, in: *World Politics,* 25 (1973), S. 333 – 368. Siehe auch Ariel Colonomos, »Non-State Actors as Moral Entrepreneurs. A Transnational Perspective on Ethics Networks«, in: Daphné Josselin / William Wallace (Hg.), *Non-State Actors in World Politics,* New York 2001, S. 76 – 89.

6 Keohane / Nye, »Transgovernmental Relations«, S. 39 – 62. Siehe auch Diane Stone, »The ›Policy Research‹ Knowledge Elite and Global Policy Processes«, in: *Non-State Actors,* S. 113 – 132.

7 Anne-Marie Slaughter, »The Accountability of Government Networks«, in: *Indiana Journal of Global Legal Studies,* 8 (2001), S. 347

und »Governing the Global Economy through Government Networks«, in: Michael Byers (Hg.), *The Role of Law in International Politics,* New York 2000, S. 179 f.

8 Siehe Slaughter, »The Real New World Order«, S. 186 – 189; dies., »Governing the Global Economy«, S. 181 – 191; und Sol Picciotto, »Networks in International Economic Integration. Fragmented States and the Dilemmas of Neo-Liberalism«, in: *Northwestern Journal of International Law & Business,* 17 (1996 / 1997), S. 1043.

9 Ann Florini, *The Coming Democracy. New Rules for Running a New World,* Washington, D. C. 2003.

10 Zu einer hervorragenden Erörterung der damit angesprochenen Fragen siehe John Keane, *Global Civil Society?,* Cambridge 2003, S. 175 – 209.

11 Siehe z. B. Wole Akande, »Agricultural Subsidies in Rich Countries. Barriers to Fair Trade for Africa«, in: *Yellow Times,* 6. April 2002. Zugänglich auf http://www.yellowtimes.org / article.php?sid=197. Zugriff am 18. 7. 2003; Edmund L. Andrews, »Rich Nations Are Criticized for Enforcing Trade Barriers«, in: *New York Times,* 30. Sept. 2002, A8; Harry Dunphy, »Cut Trade Barriers, World Bank Urges«, in: *Deseret News* (Salt Lake City), 14. April 2003, A9; und Conn Hallinan, »The ›Buy American‹ Package«, in: *Global Affairs Commentary,* 27. Nov. 2002. Zugänglich auf http://fpif.org / pdf / gac/0211aid.pdf. Zugriff am 17. 7. 2003.

12 Zu einer umfassenden Kritik der Idee, dass Armut die Ursache des Terrorismus ist, siehe Walter Laqueur, *Krieg dem Westen. Terrorismus im 21. Jahrhundert,* erw. Ausgabe, Berlin 2004.

13 Global AIDS Alliance, »US Senators Durbin and Specter Spearhead Letter from More Than 13 US Senators Urging Emergency Spending to Stop Global AIDS«, in: *Press Release,* 5. März 2002. Zugänglich auf http://www.globalaids-alliance.org / durbin_specter.html. Zugriff am 17. 7. 2003. Siehe außerdem Paula J. Dobriansky, *Remarks to an INR Conference on War Instability and Public Health in Sub-Saharan Africa,* Washington, D. C., 7. Juni 2001. Zu einem guten Überblick über die HIV-Problematik siehe Stefan Elbe, *Strategic Implications of HIV/AIDS, Adelphi Paper 357,* New York 2003.

14 Zu einer ergänzenden Erörterung siehe Solomon R. Benatar / Abdallah S. Daar / Peter A. Singer, »Global Health Ethics. The Rationale for Mutual Caring«, in: *International Affairs,* 79, Nr. 1 (2003), S. 107 – 138.

15 Alan Krueger / Jitka Maleckova, *Education, Poverty, Political Violence and Terrorism: Is There a Causal Connection? NBER Working Paper*

9074, Juli 2002. Zugänglich auf http://www.nber.org/papers/w9074. Zugriff am 13. 8. 2003.

16 George Soros, »The Bubble of American Supremacy«, in: *Atlantic Monthly,* Dez. 2003, S. 63 – 66. Joseph E. Stiglitz, *Die Schatten der Globalisierung,* München 2004.

17 Thomas H. Marshall, *Bürgerrechte und soziale Klassen. Zur Soziologie des Wohlfahrtsstaates* (1950), Frankfurt a. M. 1992.

18 Siehe z. B. *National Statistics,* »Income Inequality Gap Widens Slightly from Mid-1990s«, 11. April 2003. Zugänglich auf http://www.statistics.gov.uk/CCI/nugget.asp?ID=332&Pos=&ColRank=1&Rank=374. Zugriff am 11. 9. 2003.

19 Philip Selznick, »Social Justice. A Communitarian Perspective«, in: *The Responsive Community,* 6, Nr. 4 (1996), S. 13 – 25.

20 Rob Stein, »WHO Gets Wider Power to Fight Global Health Threats«, in: *Washington Post,* 28. Mai 2003, A15.

21 Siehe Richard Benedick, *Ozone Diplomacy. New Directions in Safeguarding the Planet,* erweiterte Ausgabe, Cambridge, Mass. 1998.

22 Nicole Itano, »Bush Touts African AIDS Triumphs«, in: *Christian Science Monitor,* 8. Juli 2003, S. 6. Zu Uganda siehe insbesondere Janice A. Hogel (Hg.), *What Happened in Uganda? Declining HIV Prevalence, Behavior Change, and the National Response,* Washington, D. C. 2002.

23 Angus Maddison, *The World Economy. A Millennial Perspective,* Paris (Organization for Economic Cooperation and Development) 2001, Tabelle C3–C.

24 Zur Kritik an transnationalen Regierungsnetzwerken siehe Philip Alston, »The Myopia of the Handmaidens. International Lawyers and Globalization«, in: *European Journal of International Law,* 8 (1997), S. 435 – 448; Picciotto, »Networks in International Economic Integration«, S. 1014 – 1056; Stephen J. Toope, »Emerging Patterns of Governance and International Law«, in: Michael Byers (Hg.), *The Role of Law in International Politics,* New York 2000, S. 91 – 108; und John Peterson, »Get Away from Me Closer, You're Near Me Too Far. Europe and America after the Uruguay Round«, in: Mark A. Pollack/Gregory C. Shaffer (Hg.), *Transatlantic Governance in the Global Economy,* Lanham, Md. 2001, S. 45 – 72.

25 Die Information zur Bedeutung der Kriege stammt aus Paul M. Kennedy, *Aufstieg und Fall der großen Mächte. Ökonomischer Wandel und militärische Konflikte von 1500 bis 2000,* Frankfurt a. M. 2000; und von Michael Geyer/Charles Bright, »Global Violence and Nationalizing Wars in Eurasia and America. The Geopolitics of War

in the Mid-Nineteenth Century«, in: *Comparative Studies in Society & History,* 38 (1996), S. 619 – 657.

26 *World Encyclopedia of Peace,* 2. Aufl., Stichwort »world government«.

27 Siehe z. B. James N. Rosenau / Ernst-Otto Czempiel (Hg.), *Governance without Government. Order and Change in World Politics,* Cambridge 1992; Keohane / Nye, »Transgovernmental Relations«, S. 39 – 62; Jessica Mathews, »Power Shift«, in: *Foreign Affairs,* 76, Nr. 1 (1997), S. 50 – 66.

28 Kofi Annan, »Problems without Passports«, in: *Foreign Policy,* Nr. 132 (2002), S. 30.

11. Supranationale Organe

1 Zu anderen Entwicklungen bei internationalen Gesetzen und Gerichten und im Verhältnis zu nationalen Gesetzen und Gerichten siehe Joseph H. H. Weiler, »The Democracy Deficit of Transnational Governance. What Role for Technology?«, vorgetragen auf dem Kongress der ›International Political Science Association‹ in Quebec City, 1. – 5. Aug. 2000. Zu einer ausführlichen Diskussion der Bedeutung von Erzwingungsfähigkeiten supranationaler Körperschaften, ihrer Entwicklung in der Europäischen Union und der Implikationen für die Weltgerichte siehe Anne-Marie Slaughter / Laurence R. Helfer, »Toward a Theory of Effective Supranational Adjucation«, in: *Yale Law Journal,* 107 (1997), S. 273 – 328; und auch Anne-Marie Slaughter, »Fortieth Anniversary Perspective. Judicial Globalization«, in: *Virginia Journal of International Law,* 40 (2000), S. 1103 – 1123; Slaughter, »The Real New World Order«, in: *Foreign Affairs,* 76, Nr. 5 (1997), S. 183 – 197; William J. Aceves, »Liberalism and International Legal Scholarship. The Pinochet Case and the Move Toward a Universal System of Transnational Law Litigation«, in: *Harvard International Law Journal,* 41, Nr. 1 (2000), S. 129 – 184; und Mary L. Volcansek (Hg.), *Law above Nations. Supranational Courts and the Legalization of Politics,* Gainesville, Fl. 1997.

2 Radmila May, »The Yugoslav War Crimes Tribunal: Part Two«, in: *Contemporary Review,* Okt. 1999, S. 174 – 179.

3 Sean D. Murphy, »Progress and Jurisprudence of the International Criminal Tribunal for the Former Yugoslavia«, in: *American Journal of International Law,* 93 (1999), S. 57 – 97.

4 Ales Stone Sweet, »The New GATT. Dispute Resolution and Judi-

cialization of the Trade Regime«, in: Volcansek (Hg.), *Law above Nations.* S. 118 – 141.

5 Mary L. Volcansek, »Supranational Courts in a Political Context«, in: Volcansek (Hg.), *Law above Nations,* S. 1 – 19.

6 Ebenda, S. 3.

7 Es ist unklar, in welchem Umfang die ICANN wirklich supranational ist. Esther Dyson zufolge, der ehemaligen Vorsitzenden des Verwaltungsrats der ICANN, wurden viele Mitglieder des Verwaltungsrats von ihren nationalen Regierungen ausgewählt und genau instruiert, welche Standpunkte sie zu vertreten hätten (persönliche Mitteilung von Dyson, 1. Jan. 2001). Zu einem historischen Abriss der ICANN, ihrer Strategie und politischen Auswirkungen siehe Milton Mueller, *Ruling the Root. Internet Governance and the Taming of Cyberspace,* Cambridge, Mass. 2002 und Daniel J. Paré, *Internet Governance in Transition. Who Is the Master of This Domain?,* Lanham, Md. 2003.

8 Christopher R. Drahozal, »Commercial Norms, Commercial Codes, and International Commercial Arbitration«, in: *Vanderbilt Journal of Transnational Law,* 33 (2000), S. 79 – 146. Zur internationalen Handelskammer siehe auch Karsten Ronit / Volker Schneider, »Global Governance through Private Organizations«, in: *Governance. An International Journal of Policy and Administration,* 12 (1999), S. 243 – 266.

9 John Peterson, »Get Away from Me Closer, You're Near Me Too Far. Europe and America after the Uruguay Round«, in: Mark A. Pollack / Gregory C. Shaffer (Hg.), *Transatlantic Governance in the Global Economy,* Lanham, Md. 2001, S. 45 – 72; Sol Picciotto, »Networks in International Economic Integration. Fragmented States and the Dilemmas of Neo-Liberalism«, in: *Northwestern Journal of International Law & Business,* 17 (1996 / 1997), S. 1014 – 1056; und Stephen J. Toope, »Emerging Patterns of Governance and International Law«, in: Michael Byers (Hg.), *The Role of Law in International Politics,* New York 2000, S. 91 – 108.

10 Amitai Etzioni, *Political Unification Revisited. On Building Supranational Communities,* Lanham, Md. 2001.

11 Amitai Etzioni, *Political Unification. A Comparative Study of Leaders and Forces,* New York 1965.

12 Alexander Wendt, »Collective Identity Formation and the International State«, in: *American Political Science Review,* 88, Nr. 2 (1994), S. 384.

13 Ernst B. Haas, *The Uniting of Europe. Political, Social, and Economic Forces,* 1950 – 1957, Stanford, Calif. 1968.

14 Andere, die diese Richtung der Analyse ebenfalls vertraten, sind Leon N. Lindberg, *The Political Dynamics of European Economic Integration,* Stanford, Calif. 1963, und Stephen George, *Politics and Policy in the European Community,* New York 1985.

15 Andrew Moravcsik sieht bei der Europäischen Union keinerlei Aussicht auf Supranationalität, die er einer Föderation und dem Ende der nationalen Autonomie für die Mitgliedsstaaten gleichsetzt (persönliche Mitteilung, 3. Juli 2003). Eine ausführliche Darstellung seiner Ideen zur Europäischen Union ist Andrew Moravczik, *The Choice for Europe. Social Purpose and State Power from Messina to Maastricht,* Ithaca, N. Y. 1998. Frühe Kritik an Haas und anderen Neofunktionalisten findet sich bei Roger D. Hansen, »Regional Integration. Reflections on a Decade of Theoretical Efforts«, in: *World Politics,* 21, Nr. 2 (1969), S. 242 – 271 und Stanley Hoffman, »European Process at Atlantic Crosspurposes«, in: *Journal of Common Market Studies,* 3 (1965), S. 85 – 101. Weitere Kritik kommt von Çinar Özen, »Neo-Functionalism and the Change in the Dynamics of Turkey-EU Relations«, in: *Perspectives. Journal of International Affairs,* 3, Nr. 3 (1998). Zugänglich auf http://www.mfa.gov.tr/grupa/percept/lll-3/ozen.htm. Zugriff am 29. 8. 2003.

16 Amitai Etzioni, *Political Unification,* New York 1965.

17 Zur Analyse der Evolution der Europäischen Union heute siehe Loukas Tsoukalis, *What Kind of Europe?,* Oxford 2003.

18 Man beachte, dass weder Deutschland noch Italien eine Nation im echten Sinne des Wortes waren und dass in beiden Fällen Militärmacht eingesetzt wurde, um die Einheit herzustellen oder aufrechtzuerhalten.

19 Thomas Jansen, *The European People's Party. Origins and Development,* New York 1998, S. 19 (dt. *Die Europäische Volkspartei: Entstehung und Entwicklung,* Brüssel (Generalsekretariat der Europ. Volkspartei) 2006).

20 Christopher Lord, Einleitung zu David S. Bell/Christopher Lord (Hg.), *Transnational Parties in the European Union,* Aldershot, U. K. 1998, S. 5; Julie Smith, »How European Are European Elections?«, in: John Gaffney (Hg.), *Political Parties and the European Union,* London 1996, S. 275 – 290.

21 Ulrich Beck, »Understanding the Real Europe«, in: *Dissent,* 50, Nr. 3 (2003), S. 32 – 38; und Keith B. Richburg, »A Generation on the Move in Europe. For Continent's Young, Borders Are No Longer an Obstacle«, in: *Washington Post,* 22. Juli 2003, A1.

22 »How Football Unites Europe«, in: *Economist,* 31. Mai 2003, S. 55.

23 Charles Taylor, »No Community, No Democracy, Part I«, in: *The Responsive Community,* 13, Nr. 4 (2003), S. 17 – 27.
24 Joshua A. Fishman, »The New Linguistic Order«, in: *Foreign Policy,* 113 (1998 / 1999), S. 26.
25 Siehe Morton H. Halperin, *Bureaucratic Politics and Foreign Policy,* Washington, D. C. 1974.
26 Scott Morrison, »The Tobacco Moguls and Canada's Dollars 1 Billion Charge of Smuggling«, in: *Financial Times* (London), 6. Jan. 2000, S. 14.
27 »Responsible Regionalism«, in: *Economist,* 22. Dez. 2000, S. 19.
28 Im Oktober 2003 unterzeichneten die Mitglieder des ASEAN den Bali Concord II, der die Umgestaltung zu einer »Wirtschaftsgemeinschaft im europäischen Stil in weniger als zwei Jahrzehnten« anstrebt. Siehe »S. E. Asian Leaders Sign Landmark Accord«, in: *Associated Press,* 7. Okt. 2003, Lexis / Nexis.
29 International Bank for Reconstruction and Development, International Finance Corporation, International Development Association, »Executive Directors and Alternates«, 1. Feb. 2003. Zugänglich auf http://siteresources.worldbank.org/EXTABOUTUS/Resources/b-eds.pdf. Zugriff am 20. 3. 2003.

12. Eine globale Regierung *und* Gemeinschaft?

1 Benedict R. O. G. Anderson, *Imagined Communities. Reflections on the Origin and Spread of Nationalism,* London 1983 (dt. *Die Erfindung der Nation. Zur Karriere eines erfolgreichen Konzepts,* Frankfurt a. M. 1996). Zu einer kosmopolitischen Untersuchung der globalen politischen Gemeinschaft im Entstehen siehe Andrew Linklater, *The Transformation of the Political Community,* Cambridge 1998.
2 Richard N. Haass, *The Reluctant Sheriff. The United States After the Cold War,* New York (Council on Foreign Relations Press) 1997.
3 Fred Kaplan, »JFK's First Strike Plan«, in: *Atlantic Monthly,* Okt. 2001, S. 81.
4 Walter Pincus, »'67 Study Discouraged Use of Nuclear Weapons in Vietnam War«, in: *Washington Post,* 9. März 2003, A26; und James A. Nathan, »The Heyday of the New Strategy«, in: Nathan (Hg.), *The Cuban Missile Crisis Revisited,* New York 1992, S. 9.
5 Benny Morris, *Righteous Victims,* New York 1999, S. 404.
6 Siehe u. a. William Alonso, »Citizenship, Nationality, and Other Identities«, in: *Journal of International Affairs,* 48 (1995), S. 585 –

599; Rainer Baubock, *Transnational Citizenship. Membership and Rights in International Migration,* Brookfield, Vt. 1995; Richard Munch, *Nation and Citizenship in the Global Age. From National to Transnational Ties and Identities,* New York 2001; Daniel M. Weinstock, »Prospects for Transnational Citizenship and Democracy«, in: *Ethics & International Affairs,* 15, Nr. 2 (2001), S. 53 – 66. Siehe auch die Website der World Service Authority, die Reisepässe und andere Dokumente für »Weltbürger« ausgibt: http://www.worldgovernment.org.

7 Martha Finnemore, »Norms, Culture, and World Politics. Insights from Sociology's Institutionalism«, in: *International Organization,* 50 (1996), S. 325 – 348; Volker Rittberger (Hg.), *Regime Theory and International Relations,* Oxford 1993; Peter J. Katzenstein (Hg.), *The Culture of National Security. Norms and Identity in World Politics,* New York 1996.

8 Lawrence Lessig, *Code, and Other Laws of Cyberspace,* New York 1999, S. 226.

9 Francis Fukuyama, »Has History Restarted Since September 11?«, John Bonython Lecture, Melbourne, Australien, 8. Aug. 2002. Zugänglich auf http://www.cis.org.au/Events/JBL/JBL02.htm. Zugriff am 16. 9. 2002.

10 Siehe Richard Falk und Andrew Strauss, »On The Creation of a Global Peoples Assembly. Legitimacy and the Power of Popular Sovereignty«, in: *Stanford Journal of International Law,* 36 (2000), S. 191 – 220, die sich eine Zivilgesellschaft vorstellen, die zusammenkommt, um einen Vertrag abzufassen oder um mit den Sitzungen für eine globale Volksversammlung zu beginnen.

11 Eugene Webster, *A Modern History of Europe,* New York 1971, S. 4 f.

12 Shepard B. Clough, *A History of the Western World,* Boston 1964, S. 234.

13 Alexander Nicoll, »Gay Activists Welcome Forces' Code of Conduct«, in: *Financial Times,* 13. Jan. 2000, S. 2.

14 Mark Gibney, »The Evolving Architecture of International Law. On the Need for an International Civil Court«, in: *Fletcher Forum of World Affairs Journal,* 26 (2002), S. 47 – 56.

15 Siehe die Aufsätze in Lawrence C. Dodd / Bruce I. Oppenheimer (Hg.), *Congress Reconsidered,* 5. Aufl., Washington, D. C. 1993, und Elizabeth Drew, *Politics and Money. The New Road to Corruption,* New York 1983.

16 Dem früheren Generalsekretär der UN, Javier Pérez de Cuéllar,

zufolge war es die Rolle des Sekretariats, nicht des Sicherheitsrats, die in der UN-Charta festgeschriebenen Grundsätze einzuhalten und »für das größere internationale Interesse zu sprechen, ein Interesse, das mehr ist als die bloße Summe aus den Interessen einzelner Mitgliedsstaaten«. Zitiert bei Bruce Cronin, »The Two Faces of the United Nations. The Tension Between Intergovernmentalism and Transnationalism«, in: *Global Governance,* 8 (2002), S. 53 – 71.

17 Louis Fisher, »The Korean War. On What Legal Basis Did Truman Act?«, in: *American Journal of International Law,* 89 (1995), S. 33.

18 Stephen Zunes, »United Nations Security Council Resolutions Currently Being Violated by Countries Other than Iraq«, in: *Foreign Policy in Focus,* 2. Okt. 2002. Zugänglich auf http://www.fpif.org/pdf/gac/0210unres.pdf. Zugriff am 11. 2. 2003.

19 Ebenda.

20 Commission on Global Governance, *Our Global Neighborhood,* S. 242.

21 Joseph P. Bialke, »United Nations Peace Operations. Applicable Norms and the Application of the Law in Armed Conflict«, in: *Air Force Law Review,* 50 (2001), S. 15.

22 Richard Butler, »Improving Nonproliferation Enforcement«, in: *Washington Quarterly,* 26, Nr. 4 (2003), S. 142.

23 David Usborne, »Diplomatic Defeat for Britain and US, But Squabbling Continues«, in: *Independent* (London), 18. März 2003, S. 5.

24 Siehe dazu unter vielen anderen Commission on Global Governance, *Our Global Neighborhood,* New York 1995 und The Independent Working Group on the Future of the United Nations, »The United Nations in its Second Half-Century«. Zugänglich auf http://www.library.yale.edu/un/unle.htm. Zugriff am 15. 8. 2003.

25 Siehe z. B. Thomas G. Weiss, »The Illusion of UN Security Council Reform«, in: *Washington Quarterly,* 26, Nr. 4 (2003), S. 147 – 161.

26 Erskine Childers und Brian Urquhart; Yale Report on the Future of the United Nations; UN Research Institute for Social Development; und die World Commission on Culture and Development zitiert von der ›Campaign for a More Democratic United Nations‹ in: »High-Level Support For Citizens' Representation in the UN«. Zugänglich auf http://www.camdun-online.gn.apc.org/support.html. Zugriff 7. 7. 2003.

27 Charles Taylor, »Democratic Exclusion (and Its Remedies?)«, in: Alan C. Cairns et al. (Hg.), *Citizenship, Diversity, and Pluralism. Canadian and Comparative Perspectives,* Ithaca, N. Y. 1999, S. 271. Siehe auch Sunil Khilnani, »Democracy and Modern Political

Community. Limits and Possibilities«, in: *Economy and Society,* 20, Nr. 2 (1991), S. 196 – 204. Zur ergänzenden Diskussion siehe James G. Marsh / Johan P. Olsen, *Democratic Governance,* New York 1995.

28 Amitai Etzioni, *New Golden Rule,* New York 1996 (dt. *Die Verantwortungsgesellschaft,* Berlin 1999).

29 Siehe dazu die Commission on Global Governance, die den Standpunkt vertritt, dass »die Generalversammlung von Anfang an nur ein deliberatives Forum war; sie hatte die Befugnis zu diskutieren und Empfehlungen auszusprechen, zu debattieren und Resolutionen zu verabschieden, aber keine echte Autorität und gewiss nicht die Macht, für die Mitgliedsstaaten verbindliche Entscheidungen zu treffen«. Commission on Global Governance, *Our Global Neighborhood,* S. 242.

30 Ich bin mir völlig bewusst, dass Konsens und moralische Legitimität nicht auf dasselbe hinauslaufen. Die Bezugnahme hier ist der politische Konsens. Zu weiteren Erörterungen des Punkts siehe Amitai Etzioni, *New Golden Rule,* New York 1996, S. 217 – 257.

31 Commission on Global Governance, *Our Global Neighborhood,* S. 219 – 221.

Schluss

1 Literaturhinweise hierzu siehe Anmerkung 5 der Einleitung.

2 Robert Kagan, *Of Paradise and Power. America and Europe in the New World Order,* New York 2003 (dt. *Macht und Ohnmacht. Amerika und Europa in der neuen Weltordnung,* Berlin 2003).

Gerhard Schulze
Krisen
Das Alarmdilemma
256 Seiten. Gebunden

Kein Tag ohne Krise. Und immer geht es um alles, um den Untergang der Welt, das Ende der Menschheit. Gerhard Schulze kehrt in seinem schwungvollen und leidenschaftlichen Essay den Blick um: von der Krise auf das Reden über sie. Unter welchen Voraussetzungen sprechen wir von einer Krise? Welche Denkoperationen setzt das voraus? Worauf einigen wir uns, nachdem wir das Für und Wider erwogen haben? Und schließlich: Was ist überhaupt das Normale? Glänzend formuliert, öffnet seine kritische Analyse die Augen für unsere Gegenwart zwischen Expertentum, Risiko, Alarmdilemma und Dialektik der Vorsicht. Damit uns Krisen nicht überfordern, brauchen wir den Blick auf uns selbst. Eine Dosis Skepsis, zeigt Gerhard Schulze, könnte helfen.

»... ein Plädoyer für
Selbstironie als Bürgerpflicht.«
Focus

Daniel Heller-Roazen

Der Feind aller

Der Pirat und das Recht

Aus dem Englischen von Horst Brühmann

348 Seiten. Gebunden

Für die Römer war der Pirat der „Feind aller": Er ist kein Bürger eines Staates, er bewegt sich auf offener See, die niemandem gehört und wo keine Gesetze gelten, man kann nicht mit ihm verhandeln und er ist nicht mit einem Krieg zu besiegen. Bis heute stellt er eine immense Herausforderung an das Recht und die Politik dar.

In seiner brillanten Studie zeichnet Daniel Heller-Roazen die Genealogie dieser Herausforderung von der Antike bis heute nach. Mit leichter, eleganter Hand beschreibt er, wie und warum der Pirat aus allen territorialen, politischen, kriegerischen und rechtlichen Kategorien herausfällt und wie er zu der zentralen zeitgenössischen Figur hat werden können, als die wir ihn heute erleben.

»Es handelt sich hier um ein ebenso gelehrtes wie kluges Buch.«
Herfried Münkler, Die Zeit

»Mit umfassender Kenntnis der Rechtsquellen seit der Antike und mit subtilen Interpretationen gewinnt der Autor dem rechtsgeschichtlichen Thema aufregende Facetten ab.«
Rudolf Walther, taz

S. Fischer

fi 1-031410 / 1